A BÍBLIA DO CUSTOMER DEVELOPMENT

STEVEN GARY BLANK

DO SONHO À REALIZAÇÃO EM

3ª edição

4 PASSOS

Four Steps to the Epiphany

Estratégias para a criação de empresas de sucesso

Tradução: Cristina Sant'Anna
Revisão técnica: Marcelo Salim, Cassiano Farani, Elie Besso e Brunno Cruz
(Centro de empreendedorismo do IBMEC-RJ)

Presidente
Henrique José Branco Brazão Farinha
Publisher
Eduardo Viegas Meirelles Villela
Editora
Cláudia Elissa Rondelli Ramos
Revisão de Texto
Fernanda Simões Lopes/Know-how Editorial
Projeto Gráfico e Editoração
Janaina Beltrame/Know-how Editorial
Capa
Alex Alprim
Tradução
Cristina Sant'Anna
Revisão Técnica
Marcelo Salim, Cassiano Farani, Elie Besso e Brunno Cruz (Centro de empreendedorismo do IBMEC-RJ)
Impressão
Edições Loyola

Copyright © 2012 by Editora Évora
Copyright © 2007 by Steven G. Blank

Todos os direitos reservados. Nenhuma parte deste livro pode ser reproduzido ou transmitido em nenhuma forma ou meio, eletrônico ou mecânico, incluindo fotocópia, gravação ou por qualquer sistema de armazenagem e recuperação, sem permissão por escrito da editora.

Rua Sergipe, 401 – conj. 1310 – Consolação
São Paulo, SP – CEP 01243-906
Telefone: (11) 3562-7814 / 3562-7815
Site: http://www.editoraevora.com.br
E-mail: contato@editoraevora.com.br

Dados Internacionais para Catalogação na Publicação (CIP)

B576d
    Blank, Steven Gary
      [The four steps to the epiphany. Português]
      Do sonho à realização em 4 passos: estratégias para a criação de empresas de sucesso / Steve Gary Blank – 3. ed. - São Paulo: Évora, 2012.
      368p.

      Tradução de: The four steps to the epiphany: successful strategies for products that win
      Inclui bibliografia.
      ISBN 978-85-63993-42-7

      1. Sucesso nos negócios. 2. Novos produtos. 3. Planejamento empresarial. 4. Clientes - Contatos. I. Título.

                                                                      CDD- 658.4012

José Carlos dos Santos Macedo   Bibliotecário CRB7 n. 3575

Agradecimentos

Em meus 25 anos como empreendedor na área de tecnologia, tive a sorte de contar com três extraordinários mentores, cada um deles brilhante em seu próprio campo de atuação: Ben Wegbreit me ensinou a pensar; com Gordon Bell aprendi sobre o que pensar; e Allen Michels me mostrou como transformar o pensamento em ação direta e imediata.

Fui também muito feliz de ter trabalhado no Vale do Silício quando esses três grandes influentes dos praticantes e estrategistas de marketing estavam na ativa. Como VP (Vice-Presidente) de marketing, fui profundamente influenciado pelo foco no cliente proposto nos livros de Bill Davidow, ex-vice-presidente de marketing da Intel e fundador da Mohr Davidow Ventures e me considero feliz por tê-lo tido como membro do conselho na MIPS Computers. Regis McKenna já era um lendário profissional de marketing e relações públicas, e possuía sua própria agência quando comecei minha carreira. Porém, suas ideias e práticas ecoam até hoje em meu trabalho. Finalmente, ainda me lembro do meu cabelo arrepiado na nuca quando li pela primeira vez Geoff Moore e a noção de "abismo". Foi a primeira vez que percebi que existem padrões de comportamento que se repetem e que poderiam explicar o até então inexplicável.

Na UC Berkeley Haas Business School, Jerry Engel, diretor do Lester Center on Entrepreneurship, foi suficientemente corajoso de me oferecer a oportunidade de testar e ensinar a Metodologia de Desenvolvimento de Clientes a centenas de estudantes indefesos. O professor John Freeman, na Haas, deu contribuições valiosas a respeito dos diferentes ciclos de venda por tipo de mercado. Finalmente, meu primeiro parceiro de aulas na Haas, Rob Majteles, garantiu que meus alunos pudessem receber meu entusiasmo, assim como um programa acadêmico coerente e seus trabalhos de conclusão corrigidos no prazo. Em Stanford, Tom Byers, Mark Leslie, Audrey Maclean e Mike Lyons foram muito gentis ao me convidar para dar aula com eles na Graduate School of Engineering e aprimoraram minha metodologia com outras contribuições aos ciclos de vendas de novos produtos. Por fim, a Columbia Business School possibilitou que eu apresentasse meu curso e esse livro para seus estudantes no programa de MBA que possui em conjunto com a Haas Business School.

No mundo do capital de risco, além de participar da fundação de algumas de minhas *startups*, John Feiber, da MDV, e Katherine Gould, da Foundation Capital, têm sido importantes conselheiros e apoiadores.

Meus amigos Steve Weinstein, Bob Dorf, Bernard Fraenkel, Todd Basche e Jim Wickett fazem inúmeros e valiosos comentários, além de darem sugestões.

Will Harvey e Eric Ries, da IMVU, foram as primeiras cobaias corporativas a implementar algumas ou todas as etapas da Metodologia do Desenvolvimento de Clientes. Este livro tem que ser lido por todo novo funcionário contratado na empresa deles. Fred Durham, da CafePress, me convidou para ter um lugar em seu conselho consultivo e me permite observar um empreendedor de primeira linha em ação.

Além de dirigir a engenharia da IMVU, Eric Ries também atua nas horas vagas como revisor e me ajudou a eliminar os vergonhosos erros tipográficos das edições anteriores deste livro.

Em suma, o livro estaria empobrecido sem todas estas contribuições.

Finalmente, minha esposa Alison Elliott, que não apenas aturou minha obsessão por encontrar uma metodologia nos estágios iniciais do desenvolvimento de clientes e minha paixão por dar aulas, mas também acrescenta sua sabedoria, objetividade e clareza ao meu pensamento. Esse livro não teria sido escrito sem ela.

Apresentação

à edição brasileira

Ao longo de 16 anos como empreendedor, sempre fiquei fascinado em como algumas organizações simplesmente davam certo em seus intentos, enquanto outras repetidamente falhavam. Por um tempo, pensei que elas possuíam algo a mais, sabiam de alguma coisa diferente ou, então, tinham acesso a algo que simplesmente não estava disponível para todos. As estatísticas corroboravam com meu pensamento: mais da metade das empresas no Brasil fecham suas portas antes de seu terceiro ano de vida. E o mais curioso de tudo isso era que o processo não estava restrito a pequenas e médias empresas e nem ao nosso país. Gigantes como Coca-Cola e Motorola, empresas globais, com todos os recursos financeiros, departamentos inteiros trabalhando em conjunto, pesquisas globais de mercado e um sem número de clientes e seguidores, erravam grosseiramente no lançamento de novos produtos. Se, com todos esses recursos à disposição, o fracasso estava logo ali, batendo na porta, o que dizer para alguém que está começando a se aventurar no mundo dos negócios a partir de seu quarto, de seu pequeno escritório ou de sua garagem, com enormes restrições de todo tipo?

Porque alguns conseguiam e outros não? O que era diferente para vencedores e perdedores? Algo estava incompleto na literatura vigente sobre negócios. Se seguíssemos a metodologia proposta, com todas as pesquisas de mercado e financiamento, e utilizando um planejamento estruturado, nosso sucesso estaria garantido, certo? Errado! Como explicar a existência de conglomerados mundiais que foram criados por empreendedores que nem sequer foram à escola, tiveram acesso à informação ou a capital? Ou, então, de nossos vizinhos empreendedores, migrantes, imigrantes e muitos outros, que transformam uma barraquinha em multinacionais?

"Deve existir um padrão", sempre me questionei. Esse processo caótico de tentativa e erro, de sangue, suor e lágrimas, de inspiração e muita, muita transpiração na hora de desenvolver algo novo sempre segue uma regra: um séquito de clientes satisfeitos. É para eles que as empresas trabalham, é por eles que o capitalismo existe.

Até que me deparei com o trabalho de Steve Blank e um mundo novo se descortinou aos meu olhos. Em todos os casos, de startups a multinacionais lançando novas unidades de negócios, do estudante de MBA ao dono da quitanda, os vencedores seguiam o padrão que eu sempre procurei: o foco no cliente. Empresas desenvolvidas com a soberba de suas próprias lógicas falham, empresas desenvolvidas com base em uma necessidade real de alguém geralmente atingem o sucesso. O processo é simples.

É disso que *Os 4 passos da realização* trata: como promover o desenvolvimento de clientes, em detrimento de apenas o desenvolvimento de produtos. O fracasso nunca esteve relacionado a produtos ruins, mas sim à falta de pessoas ou empresas que enxergassem valor naquela solução. A lógica é inversa e, de tão simplista, parece óbvia. Mas não é. De forma magistral, Blank conseguiu organizar o processo essencialmente empírico de entendimento das necessidades do mercado e aprendizado em algo estruturado, mensurável, interativo e de fácil leitura. E o mais importante: criou um guia de aplicação prática nas mais variadas áreas de negócios da economia, que pode ser aprendido e replicado.

Seja bem-vindo!

Cassiano Farani
professor do Centro de Empreendedorismo do IBMEC-RJ
e fundou a empresa 99Canvas, referência nacional em cursos e
treinamentos de empreendedorismo e criação de negócios inovadores

Prefácio
à edição brasileira

Quanto mais alguém se envolve com a criação de novos negócios – seja como empreendedor à frente de sua *startup*, como capitalista de risco que financia a aventura, ou mesmo um professor que aprende e ensina o processo aos demais –, mais percebe que pouco se sabe sobre o real caminho para o sucesso.

Tudo o que lemos, ouvimos, assistimos, enfim, toda a informação que já reunimos a respeito de como se construir uma empresa bem-sucedida a partir do zero é como uma barraca de acampamento em uma floresta de ignorância. O que se vê na maioria das vezes são arremedos de teoria baseados em casos particulares de sucesso.

Apostar suas fichas em uma aventura de negócios baseando-se puramente nas características daqueles que alcançaram bons resultados anteriormente é mais ou menos como tentar voar colando penas no corpo, apenas porque os pássaros têm penas e conseguem voar. Repetir características de pessoas e empresas bem-sucedidas não caracteriza necessariamente um processo que leva ao sucesso.

Tudo fica ainda mais nebuloso nos tempos atuais, quando o chão tem saído de baixo dos nossos pés com frequência jamais vista na história. Nossas crenças são colocadas à prova todos os dias e o passado já não serve mais tão bem para prever o futuro como costumava. A curva sino está sendo achatada. Cada vez mais, o "diferente" passa a fazer parte do que se considera "normal". O mercado de massa está moribundo e atender bem aos muitos nichos é a nova lei magna.

Em meio a tantos desafios, é muito bom poder contar com a experiência e a clarividência de Steven Gary Blank, que, com seu livro *Os 4 passos da realização*, joga luz sobre teorias e práticas que caminhavam para o ocultismo. A proposta de Blank é bem diferente do pensamento médio e vem sendo testada diariamente no maior polo mundial de inovação e lançamento de *startups*, o Vale do Silício. Sua receita para o sucesso é simples, mas não simplória. Requer muita disciplina e boa dose de inteligência.

O autor preconiza que desenvolver o mercado é tão importante quanto desenvolver o produto. Quem já esteve à frente de uma *startup* perceberá que Blank sabe mesmo sobre o que fala. A descrição dos equívocos comuns cometidos por empreendedores que seguem a mentalidade do "engenheiro" e desenvolvem o melhor produto possível para um mercado imaginário fará com que alguns se sintam protagonistas da narrativa. Blank deixará claro por que o cliente não é "uma" parte, mas a principal parte do problema.

Mas, um aviso antes de começar: este é um livro para quem quer bem mais do que pílulas de informação, autoajuda e obviedades. É um tratado sobre como se construir um negócio inovador e torná-lo globalmente dominante em seu nicho específico de mercado. Se você abrir sua mente e concentrar-se na torrente de aprendizado proporcionado pelo livro, Steve Blank reconfigurará seus neurônios de modo que você jamais verá o mundo dos negócios do mesmo jeito novamente. Leia, aprenda e vá lá fora divertir-se e voar bem alto!

Marcelo Salim
criou e dirige o centro de empreendedorismo do IBMEC-RJ,
é sócio de empresas em diferentes segmentos do mercado, investidor e
membro do conselho de administração de relevantes empresas nacionais

Prefácio

A Jornada do Herói

Um herói clássico, geralmente, é o fundador de algo – o fundador de uma nova era, de uma nova religião, de uma nova cidade, de um novo estilo de vida. Para encontrar algo novo, a pessoa deve abandonar o antigo e sair em busca de uma ideia inicial, a semente com potencial para trazer à tona o inusitado.

Joseph Campbell, O herói de mil faces

Joseph Campbell popularizou o estereótipo da jornada que é recorrente nas mitologias e religiões de diversas culturas em todo o mundo. De Moisés e a sarça ardente a Luke Skywalker encontrando Obi wan Kenobi, a jornada sempre começa com um herói que ouve o chamado para uma busca. No início da viagem, o trajeto não está claro e o objetivo não está à vista. Cada herói enfrenta seu próprio conjunto de obstáculos, embora a percepção aguçada de Campbell aponte que o enredo dessas histórias é sempre o mesmo. Não existem mil heróis, mas um único herói com mil faces.

A jornada do herói é um modo adequado de refletir sobre as *startups*. Todas as empresas e novos produtos começam com uma visão quase mitológica – a esperança do que podem vir a serem e o objetivo de que alguns poucos conseguem ver. É essa visão clara e excitante que diferenciam os empreendedores dos presidentes-executivos de grandes empresas, e as *startups* dos negócios já existentes. Os fundadores da nova empresa colocam-se em ação para provar sua visão e mostrar que o negócio é real, e não algum tipo de alucinação; para vencer, devem abandonar o *status quo* e se arriscar no que parece ser um novo caminho, sempre cercados por incertezas. Os obstáculos, as dificuldades e o desastre estão logo adiante e a jornada, para ser bem--sucedida, precisa de mais do que recursos financeiros. Ela exige o máximo de vigor, agilidade e coragem.

A maioria dos empreendedores considera que sua jornada é única. No entanto, o que Campbell indicou para a jornada dos heróis também vale para as *startups*: as diferenças estão apenas nos detalhes, já que o *enredo é sempre o mesmo*. Muitos empreendedores começam a viagem sem um mapa nas mãos, sem acreditar que um modelo ou formato possa ser aplicado à sua aventura. Eles estão errados. O caminho de sucesso para uma *startup* já foi bastante trilhado e é bem conhecido. O segredo é que ninguém ainda o tinha escrito.

Pessoas como nós, que somos empreendedores seriais, seguimos nossa própria jornada heroica, levando conosco funcionários e investidores. Ao longo do caminho fizemos coisas à nossa moda; ouvindo bons, maus e até nenhum conselho. Lá pela quinta ou sexta startup, pelo menos alguns de nós começaram a reconhecer que existiam padrões emergentes entre nossos sucessos e fracassos. Isto é, existe uma verdadeira trajetória replicável para o sucesso, uma trajetória que elimina ou mitiga os maiores riscos, e possibilita que o negócio se desenvolva e se transforme em uma grande e bem-sucedida empresa. Um de nós decidiu mapear esta jornada nas páginas seguintes.

Descobrindo a trajetória

O desenvolvimento de clientes surgiu durante meu período como consultor para as duas companhias de capital de risco que haviam investido juntas cerca de 12 milhões de dólares em minha mais recente e fracassada startup. (Minha mãe me perguntou se eles iam acabar me fazendo devolver o dinheiro. Quando disse a ela que, além de não quererem o dinheiro de volta, ainda estavam pensando em me dar mais para um novo empreendimento, ela parou um pouco e respondeu com um forte sotaque russo: "Só nos Estados Unidos as ruas são pavimentadas com ouro.") Eu prestava consultoria orientando os novos investimentos das duas firmas de capital de risco. Para minha surpresa, eu me divertia observando as outras startups de uma perspectiva externa. E, para a alegria de todos, eu rapidamente conseguia diagnosticar o que precisava ser modificado. Quase ao mesmo tempo, outras duas empresas me convidaram para integrar seus conselhos consultivos. Como membro e consultor, vivenciei minha primeira experiência empresarial "fora do corpo de empreendedor".

Como não estava pessoalmente envolvido, eu me tornei um observador imparcial. Desse ponto de vista privilegiado, comecei a vislumbrar algo mais profundo do que já havia visto antes: parecia existir um padrão no meio do caos. Argumentos que eu ouvira em minhas próprias startups pareciam estar sendo repetidos pelos outros. As mesmas questões vinham à tona novamente: gestores de grandes empresas *versus* empreendedores, fundadores *versus* gestores profissionais, engenharia *versus* marketing, marketing *versus* vendas, falta de foco nas questões centrais, perda dos prazos de vendas, esgotamento dos recursos financeiros e busca por novos financiamentos. Comecei, então, a apreciar como os capitalistas de risco de primeira linha desenvolveram um padrão para reconhecer os tipos comuns de problemas. "Ah, sim, a companhia X, eles estão com o problema 343. Estão aqui os seis caminhos mais adequados para que o solucionem com Y probabilidade de sucesso." Na verdade, ninguém era tão bom assim, mas alguns deles tinham realmente um "faro apurado" para essa espécie de problema operacional.

Mesmo assim, alguma coisa ainda incomodava minha mente. Se os bons capitalistas de risco podiam reconhecer e, às vezes, até prever o tipo de problema que estava ocorrendo, será que isso não significava que as questões eram mais estruturais do que endêmicas? Não haveria algo fundamentalmente equivocado no modo com que todo mundo organizava e gerenciava uma startup? Seria possível que os problemas em toda startup fossem de alguma forma autoinfligidos e pudessem ser minimizados com uma estrutura diferente? Apesar disso, quando conversei com meus amigos capitalistas de risco, eles responderam: "Bem, é assim que as startups funcionam. Nós as gerenciamos desse jeito desde sempre; não há outro modo de fazer isso."

Depois de meu oitavo e último projeto empreendedor, a E.piphany, ficou claro que havia um modo melhor de gerenciar startups. A ideia de Joseph Campbell dos padrões repetidos na mitologia é igualmente aplicável à estruturação bem-sucedida de uma startup. Todas (seja a nova divisão de negócios em uma grande companhia ou aquela iniciada em uma simples garagem) seguem padrões similares – uma série de etapas que, quando seguidas, podem eliminar grande parte das incertezas iniciais. Olhando em retrospectiva para as *startups* que se desenvolveram, vemos esse padrão se repetir inúmeras vezes.

Então, o que torna algumas startups um sucesso e faz outras colocarem até os móveis à venda? Simplesmente o seguinte: aquelas que sobrevivem aos primeiros duros anos não seguem o modelo tradicional de lançamento centrado em produto, defendido pelos gerentes de produto e pela comunidade dos capitalistas de risco. Por tentativa e erro, contratando e demitindo, todas as startups bem-sucedidas inventaram um processo paralelo ao desenvolvimento de produtos. Em especial, os bem-sucedidos inventaram e vivenciam um processo de descoberta e aprendizado com foco no cliente. Chamo esse processo de "desenvolvimento de clientes", um parente do "desenvolvimento de produto", a qual cada e toda startup bem-sucedida replica – tendo, ou não, consciência disso.

Este livro descreve o "desenvolvimento de clientes" em detalhes. O modelo é um paradoxo porque é seguido por toda startup bem-sucedida, mesmo que não tenha sido articulado por ninguém. Sua proposição básica é a antítese da sabedoria comum, embora esta seja seguida por todos os que se tornam vencedores. É uma trajetória que está escondida bem diante dos nossos olhos.

Sumário

Introdução
Vencedores e perdedores 1

Capítulo 1
Rota do desastre: modelo de desenvolvimento de produto 7

Capítulo 2
Rota da epifania: modelo de desenvolvimento de clientes 29

Capítulo 3
Rota da epifania: descoberta do cliente 45

Capítulo 4
Rota da epifania: validação pelo cliente 105

Capítulo 5
Rota da epifania: geração de demanda 159

Capítulo 6
Rota da epifania: estruturação do negócio 205

Referências 259

Apêndice A
Equipe de desenvolvimento de clientes 267

Apêndice B
Gabarito do desenvolvimento de clientes 275

Introdução

Vencedores e perdedores

O que aconteceria se você descobrisse que tudo que sabe sobre lançar produtos no mercado está errado? O que faria diferente se percebesse que somente um entre dez lançamentos de produtos resulta em um negócio rentável? Você continuaria a operar da mesma forma, semana após semana, ano após ano? O fato surpreendente é que empresas grandes e pequenas, gigantes corporativos estabelecidos, assim como startups nascentes, falham em nove de dez tentativas ao lançarem seus produtos. Eles queimam desnecessariamente bilhões de dólares enquanto tentam forçar a entrada de novos produtos em mercados em que ninguém está interessado em comprá-los. Reiteradamente, eles retornam ao mesmo processo que os levou ao fracasso.

O fenômeno ocorre repetidamente em todas categorias de produtos, seja de alta ou baixa tecnologia, de consumo ou *business to business*. Alguns desastrosos lançamentos de produtos já se tornaram lendas:

- **O modelo Phaeton da Volkswagen.** A Volkswagen ignorou todas as lições do lançamento do sedan de luxo Lexus pela Toyota. Custo até hoje: US$ 500 milhões.
- **O CD de fotos da Kodak.** A Kodak ofereceu aos consumidores de câmeras ainda com filme fotográfico a possibilidade de colocarem suas fotos em um CD para vê-las em um aparelho de televisão. Isso foi há mais de dez anos e os consumidores ainda não estavam prontos para a tecnologia. Os profissionais de marketing ignoraram este fato. Custo: US$ 150 milhões.
- **Segway.** Acharam que seu mercado fosse todas as pessoas do mundo que caminham e realizaram caras e confusas ações de comunicação para todos os consumidores com talão de cheque. Ainda em busca de um mercado real. Custo até agora: US$ 200 milhões.

- **Newton da Apple.** Eles estavam seguros quanto ao potencial de mercado para o assistente pessoal digital (PDA), mas chegaram muito cedo. Mesmo assim, gastaram como se já existisse demanda. Custo: US$ 100 milhões.
- **Jaguar X-Type.** Criado sob a perspectiva da Ford, esse modelo compacto recebeu irrefletidamente a marca Jaguar, afastando-se dos consumidores de alta renda da grife. Custo: US$ 200 milhões.
- **Webvan – entrega em domicílio de compras de supermercado.** O aplicativo matador da internet. A empresa gastou muito mais dinheiro do que tinha em caixa. Mesmo nos tempos da bolha da internet, os custos e a infraestrutura cresceram mais depressa do que a base de clientes. Prejuízo: US$ 800 milhões.
- **Minidisc players da Sony.** A versão menor do CD se tornou bastante popular no Japão. Mas o Japão não são os Estados Unidos. Custo até hoje: US$ 500 milhões depois de dez anos fazendo marketing.
- **Cigarros eletrônicos da R.J. Reynolds.** Atendeu ao público em geral (não fumante), mas não entendeu que os consumidores de cigarros não se importam com a fumaça. Custo: US$ 450 milhões.
- **Sistema telefônico Iridium da Motorola a partir de satélite.** Um triunfo da engenharia construído para suportar uma base de milhões de clientes. Ninguém perguntou ao cliente se ele queria isso. Custo: US$ 5 bilhões. Sim, bilhões. Satélites são tremendamente caros.

Eu poderia ir adiante. E você, provavelmente, poderia adicionar seus casos favoritos à lista. Mas e se eu lhe dissesse que desastres como esses podem ser evitados? E se eu dissesse que estão disponíveis métodos para o lançamento de produtos que aumentam dramaticamente as chances de a novidade encontrar seu mercado – com uma garantia mínima de que haverá consumidores prontos, desejosos e dispostos a pagar para colocar as mãos naquela coisa totalmente nova que está sendo criada em um laboratório de Pesquisa e Desenvolvimento (P&D)?

Os métodos que eu advogo neste livro – são facilmente explicáveis e compreensíveis, mas vão contra o modo com que a maioria das empresas opera. Não existem muitos gestores por aí dispostos a rejeitar a sabedoria convencional que orienta a maioria das empresas no lançamento de seus produtos no mercado. Mas esses gestores e empreendedores, que seguem essa trajetória diferenciada, descobrem que existem clientes ávidos por seus produtos.

Apenas para citar alguns que seguiram a trilha certa nos recentes lançamentos de seus produtos:

- **Swiffer da Procter & Gamble.** Um rodo giratório com panos descartáveis. Pesquisa e planejamento sofisticados levaram a um resultado de mercado de US$ 2,1 bilhões em 2003.
- **Prius da Toyota.** Eles encontraram um nicho para o carro elétrico híbrido. Como uma clássica inovação disruptiva, as vendas vão crescer e a Toyota vai

continuar dominando o mercado automobilístico dos Estados Unidos. Nos primeiros cinco anos, as vendas chegaram a US$ 5 bilhões. Por volta de 2015, os carros híbridos devem chegar a ser 35% do mercado norte-americano de automóveis.

- **Yoplait GoGurt da General Mills.** Iogurte em bisnagas. A meta era ampliar a base de consumidores o máximo possível além de crianças e bebês. As pesquisas indicaram que o iogurte em bisnaga é mais fácil de consumir quando se está em movimento.

A diferença entre vencedores e perdedores

Toda empresa tem alguma metodologia para o desenvolvimento, lançamento e gerenciamento do ciclo de vida de produtos. Esses processos possibilitam planos detalhados, metas para cada etapa da colocação de um produto no mercado: dimensionamento do mercado, estimativa de vendas, desenvolvimento de documentos de requisitos de marketing e priorização dos atributos do produto. Mesmo assim, ao final do dia com todos esses procedimentos, o fato embaraçoso continua a ser que nove entre dez novos produtos são um fracasso.

A diferença entre vencedores e perdedores é simples. Produtos desenvolvidos com um gerenciamento orientado para os clientes rápida e frequentemente vencem. Produtos lançados com uma estrutura de marketing e vendas que se envolvem superficialmente no processo de desenvolvimento perdem. É simples assim.

A realidade da maioria das empresas atualmente é que as metodologias existentes para o lançamento de produtos são focadas em atividades internas. Embora as informações vindas dos clientes possam ser um ponto de verificação ou filtro, elas não direcionam o processo.

Este livro não é outro conjunto de processos de desenvolvimento de produtos, uma simples extensão do que já existe. A taxa de mortalidade de novos produtos indica que isso não funciona; esta é a realidade. Os processos existentes não possibilitam predição ou orientação sobre o comportamento do consumidor, portanto, precisamos estruturar um que nos dê essa possibilidade.

O que este livro oferece é uma revisão radical de todo o processo de introdução de novos produtos no mercado. Ele evidencia que as empresas necessitam de um processo paralelo de desenvolvimento de produto; dedicado a colocar o cliente e suas necessidades na liderança do processo de lançamentos – antes que os produtos sejam lançados e distribuídos.

A lição é clara: ouvir os futuros consumidores e ir a campo investigar as necessidades potenciais dos clientes e dos mercados antes de a empresa se comprometer com uma trajetória determinada e com as especificações precisas do produto – essa é a diferença entre vencedores e perdedores. Esse é o processo de desenvolvimento de clientes descrito neste livro.

Para quem é este livro?

Quando comecei a escrever este livro, considerei que a audiência seria pequena e sua aplicabilidade bastante restrita. Primeiro, acreditei que meus leitores seriam criadores de startups.

Com esse público-alvo em mente, fui conversar com empresas de capital de risco e com as startups que tinham em seus portfólios para testar os conceitos do desenvolvimento de clientes. Muitas dessas startups já haviam ultrapassado o estágio "nós estamos apenas começando". De início, achei que o modelo de desenvolvimento de clientes poderia ser interessante para elas, mas não particularmente relevante para os CEOs e outros executivos que estão no meio da construção de uma empresa. Esse grupo tem problemas operacionais reais do dia a dia para resolver e a última coisa em que pensam é ler um texto obscuro que lhes dirá o que deveriam ter feito no ano que passou. Mas quanto mais eu conversava com as startups e investia tempo para compreender suas questões, mais eu percebia que todos estavam sob pressão para resolver o mesmo conjunto de problemas: Onde está nosso mercado? Quem são nossos clientes? Como montar a melhor equipe? Como aumentar as vendas? Tais questões são o centro da metodologia do desenvolvimento de clientes.

Não surpreendentemente, existe uma grande quantidade de livros a respeito do fracasso e do sucesso do lançamento de produtos pelas grandes empresas. Quanto mais eu lia e então conversava com as empresas de grande porte, mais eu me convencia de que o modelo de desenvolvimento de clientes é ainda mais aplicável às companhias já existentes que pretendem lançar novos produtos em novos mercados. O desafio de entender o cliente e encontrar o mercado é o mesmo para uma grande empresa assim como para uma startup. Mas as grandes empresas têm processos e procedimentos estabelecidos bem definidos que são a antítese do modelo de desenvolvimento de clientes. Em outras palavras, as diretrizes para introduzir um novo produto em um novo mercado são opostas às regras bem afinadas seguidas pelas bem-sucedidas companhias de grande porte, de fato, são uma receita de fracasso quando se trata de uma iniciativa com o perfil de startup. O custo de lançamento de um produto em um novo mercado pode exceder muitas vezes a ordem de magnitude do orçamento de anos de uma startup. Embora os retornos esperados possam ser gigantescos, cometer esse gênero de equívoco em uma grande companhia pode ser catastrófico.

Finalmente, havia encontrado a audiência para meu livro: toda equipe empenhada em lançar um produto, seja uma pequena startup de um empreendedor ou uma empresa de grande porte. Este livro não é para o CEO, mas para todos os executivos e funcionários em negócios nascentes; os fundadores, os engenheiros, o VP de vendas, o VP de marketing – qualquer um que esteja lutando para obter respostas sobre como encontrar clientes e mercados. Este livro vai ajudar você a dar forma ao processo de desenvolvimento de clientes.

Ao longo deste livro, utilizo os termos empreendedor e startup de maneira bem ampla. Essas palavras incluem os bravos guerreiros da divisão de novos produtos das maiores companhias globais, assim como aqueles três adolescentes que começam a trabalhar na garagem de casa. Nos dois casos, o processo é assustadoramente idêntico.

Estet ou qualquer outro mapa só vai levar você onde deseja chegar se tiver disciplina para segui-lo juntamente com a visão e a paixão que caracterizam os melhores empreendedores. Como nos grandes artistas, essas são qualidades inatas que fazem dos empreendedores seguidamente bem-sucedidos uma raça rara. Execução incansável e resiliência também são algo que não se encontra em livros. São melhor aprendidas fora do escritório, saindo para ouvir incontáveis clientes potenciais na tentativa de entender o que faz a cabeça deles. Ou seja, voltar a um cliente potencial que disse "não" para descobrir como transformá-lo em um "sim".

Este livro vai lhe mostrar o caminho. Completar a jornada do herói é sua responsabilidade.

Para quem não é este livro?

São os casos em que a aplicação da metodologia do desenvolvimento de clientes não é apropriada. São aqueles negócios em que o ditado "construa o produto e os clientes virão atrás" é realmente verdadeiro. Por exemplo, em startups de biotecnologia, se você descobrir uma droga que cure um tipo específico de câncer, a estratégia de desenvolvimento de clientes é simplesmente perda de tempo; não é preciso um processo formal para descobrir que haverá uma ampla demanda de usuários para a droga.

O risco das empresas de biotecnologia está na primeira fase de desenvolvimento do produto: assumir uma hipótese de pesquisa e desenvolvê-la com sucesso até chegar a uma droga eficiente; e não na parte final, que se refere à aceitação e à adoção pelos consumidores. Se a empresa consegue desenvolver uma droga eficaz e obter a aprovação dos órgãos reguladores, os consumidores vão literalmente dar a vida para comprá-la.

Para chegar a um teste Fase III ("eficácia e segurança controladas", a última etapa antes de submeter a aplicação da nova droga ao Food and Drug Administration – FDA), a companhia já investiu pelo menos quatro anos e meio e cerca de 50 milhões de dólares em testes clínicos. Para esses negócios, a questão não é o desenvolvimento de clientes para entender suas necessidades, mas muito mais encontrar o parceiro certo e as estratégias adequadas para o licenciamento e os canais de distribuição de seus produtos.

Alguns pontos em comum são encontrados em produtos médicos e do setor de energia. Seus usuários e mercados são conhecidos, assim, se o produto for desenvolvido, o negócio está assegurado. Muitos empreendedores no estágio inicial do negócio acreditam que o aforismo "construa e eles virão" é capaz de descrever suas empresas. Nossa restrição é que isso se aplica a poucos, não à maioria.

Para os outros que são como nós, para quem as principais questões giram em torno da aceitação pelo consumidorpelocliente e da adoção pelo mercado, este livro mostra o caminho.

Rota do desastre:
modelo de desenvolvimento de produto

... como o portão é largo e a estrada, ampla, muitos são aqueles que seguem o caminho da destruição.

Mateus 7:13

Todo viajante inicia sua jornada enfrentando a decisão de que estrada seguir. A rota mais percorrida parece a escolha óbvia. O mesmo é verdade na busca do sucesso de uma startup: trilhar a trajetória da sabedoria comum – aquela que foi usada por muitas startups antes – surge como o caminho certo. O conselho oferecido há mais de dois mil anos, porém, continua a ser relevante para as startups contemporâneas, ou seja, a estrada larga e ampla conduz diretamente ao desastre. Como e por que isso acontece é o tema deste capítulo.

Deixe-me começar por uma história preventiva. No auge da bolha das ponto-com, a Webvan surgiu como uma das mais eletrizantes startups, com uma ideia que potencialmente atenderia a todas as pessoas que cuidam da própria casa. Captando um montante de dinheiro nunca visto antes (mais de 800 milhões de dólares em capital público e privado), a empresa tinha o objetivo de revolucionar o varejo de produtos de supermercados, estimado em 450 bilhões de dólares, com um serviço de pedidos *on-line* e entrega no mesmo dia da compra. A empresa acreditava que essa era uma "aplicação matadora" para a "aplicativo matador" internet. Ninguém mais teria que sair de casa para fazer compras de supermercado. Bastaria apenas escolher, clicar e pedir. O CEO da Webvan disse à *Forbes* que a empresa "iria definir as novas regras do maior setor de consumo da economia".

Além de acumular megafortunas, seus empreendedores pareciam estar fazendo tudo certo. A Webvan correu para comprar amplos armazéns automatizados e adquiriu frotas de caminhonetes para fazer entregas, enquanto desenvolvia um site fácil de usar. Ela também contratou um CEO vindo da área de consultoria, endossado pelos investidores de capital de risco. Além disso, a maioria de seus primeiros clientes gostava realmente do serviço. Mas, praticamente 24 meses depois abrir seu capital na Bolsa de Valores (IPO – *Initial Public Offer*), a Webvan estava quebrada e fora do negócio. Por que isso aconteceu?

Não houve falha de execução. A empresa fez tudo o que o conselho e os investidores pediram. Em particular, seguia com fervor o tradicional modelo de desenvolvimento de produto comumente usado pelas startups, inclusive o conceito de "fique grande depressa", que era o mantra daquela época. Porém, a falha na pergunta "Onde estão os clientes?" demonstra como um modelo bem testado e bastante aplicado pode conduzir ao desastre até mesmo uma *startup* com ótimo investimento e gestão.

Diagrama do desenvolvimento de produto

Ao entregar um novo produto ao mercado, toda empresa utiliza alguma forma de modelo de desenvolvimento de produto (Figura 1.1). Surgido no início do século XX, esse modelo centrado no produto descreve um processo que evoluiu da indústria de manufatura. Foi adotado pelo setor de alimentos empacotados em 1950, disseminou-se para a área de tecnologia no último terço do século XX e transformou-se em parte integrante da cultura das startups.

Em um primeiro olhar, seu diagrama parece ser útil e inofensivo, ilustrativo do processo de como fazer para um novo produto chegar às mãos de clientes. Ironicamente, esse modelo se encaixa muito bem para o lançamento de um novo produto em um mercado preestabelecido e já bem definido, no qual a base da concorrência é compreendida e os clientes, conhecidos.

A ironia é que poucas startups ajustam-se a esse critério. Algumas nem sequer sabem quais serão seus mercados. Mesmo assim, persistem em utilizar o modelo não somente para desenvolver o produto, mas como um mapa para encontrar os clientes, estimar quantidade e prazo das vendas do lançamento e estruturar o plano de receitas. O modelo de desenvolvimento de produto se tornou uma ferramenta multiuso para o cronograma executivo de toda startup, para o planejamento e também o orçamento. Os investidores, por exemplo, utilizam seu diagrama para definir e planejar o financiamento do empreendimento. Todos os envolvidos aplicam um mapa formatado especificamente para as diferentes áreas e depois se surpreendem quando acabam perdidos.

Figura 1.1 Diagrama do desenvolvimento de produto

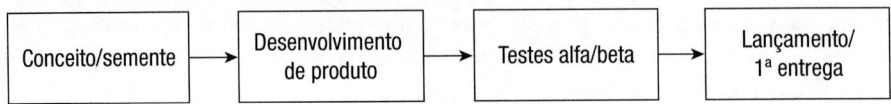

Para verificar o que está errado no uso desse modelo como guia para a estruturação de uma startup, vamos primeiro observar como é utilizado no lançamento de um produto. A cada etapa, discutiremos as ações sob dois aspectos: na prática geral e no exemplo específico da Webvan, que conseguiu queimar 800 milhões de dólares em três anos. Então, dissecaremos as consequências tóxicas desse modelo para as startups.

O que está errado com o modelo de desenvolvimento de produto de modo geral e como isso levou à implosão de quase 1 bilhão de dólares pela Webvan? Vamos analisar o modelo etapa por etapa.

Etapa de conceito/semente

Na etapa de conceito/semente, os fundadores capturam sua paixão e visão e as transformam nas ideias-chave da empresa, as quais rapidamente se tornam um plano de negócios, que, às vezes, toma forma através de um proverbial guardanapo de papel. A primeira coisa capturada e colocada no papel é a visão da companhia.

Em seguida, questões em torno do produto precisam ser definidas: Qual é o conceito do produto ou serviço? É possível ser desenvolvido? É necessária mais pesquisa técnica para assegurar esse desenvolvimento? Quais são seus diferenciais e benefícios?

Em segundo lugar, quem serão os clientes e onde eles podem ser encontrados? Dados estatísticos e de pesquisa de mercado, além de entrevistas com potenciais clientes, determinarão se as ideias têm mérito.

O passo seguinte prova como o produto em última instância chegará aos clientes e aos potenciais canais de distribuição. Nessa fase, as empresas começam a pensar sobre quem são os concorrentes e como se diferenciam. Eles traçam o primeiro mapa de posicionamento e o usam para explicar a empresa e seus benefícios aos investidores de capital de risco.

A discussão sobre a distribuição leva a algumas percepções básicas a respeito de precificação. A partir dos custos do produto, do orçamento da parte técnica e dos cronogramas, é criada uma planilha com o esboço do primeiro projeto financeiro do plano de negócios. Se a companhia for bancada por capitalistas de risco, o modelo financeiro deve ser atraente, além de crível. Caso seja uma nova divisão dentro de uma grande companhia, as previsões devem tratar do retorno sobre o investimento (ROI). Criatividade, paixão e experiência combinam-se nessa etapa de conceito/semente na esperança de convencer um investidor a financiar a empresa ou a nova divisão.

A Webvan fez tudo isso extremamente bem. Criada em dezembro de 1996, com uma história atraente e um fundador com histórico positivo, essa empresa levantou 10 milhões de dólares entre capitalistas de risco do Vale do Silício em 1997. Nos dois anos seguintes, outras levas de recursos privados seriam aportadas, totalizando inacreditáveis 393 milhões, antes da abertura do capital da empresa na Bolsa de Valores.

Desenvolvimento de produto

Nessa segunda etapa, todo mundo para de falar e começa a trabalhar. Os respectivos departamentos são formados e a companhia começa a se especializar por funções.

A engenharia foca a construção do produto: seu *design*, as especificações do primeiro lançamento e a contratação da equipe para construí-lo. Essa é a etapa da estruturação chamada simplesmente de "desenvolvimento do produto", que é responsável por delinear os gráficos com a trajetória da empresa e definir os marcos-chave da produção. Com essas informações em mãos, a engenharia calcula as datas de entrega e os custos de desenvolvimento.

Enquanto isso, o marketing refina a dimensão do mercado definida no plano de negócio (um mercado é um conjunto de empresas com atributos comuns) e começa a focar os primeiros clientes. Em uma startup bem organizada (aquela com sentido de processo), a equipe de marketing deve também organizar um ou dois grupos com foco no mercado em que acham que a empresa atuará, além de preparar documentos de requisitos de marketing para passar à engenharia. O marketing ainda inicia o desenvolvimento de uma apresentação de vendas, cria os materiais de apoio (apresentações e lâminas de dados) e contrata uma agência de comunicação corporativa. Nessa fase, ou por volta do teste alfa, a empresa tradicionalmente contrata um VP de vendas.

No caso da Webvan, a engenharia movia-se em duas frentes: construir os armazéns automatizados e desenvolver o site. Os armazéns automatizados eram uma maravilha tecnológica, muito além do que possuía qualquer cadeia de supermercados. Esteiras e carrosséis transportavam os alimentos para fora das prateleiras até onde os trabalhadores estavam empacotando os produtos para a entrega. A Webvan também estruturou seu próprio gerenciamento de estoque, sistema de manejo dos produtos e software para gerenciar o processo completo entre o pedido do cliente e a entrega. Esse software se comunicava com o site da empresa e enviava instruções para as várias áreas automatizadas do centro de distribuição para atender aos pedidos dos consumidores. Assim que uma entrega era programada, o sistema definia a rota mais eficiente para levar os produtos até a casa do cliente.

Paralelamente, o planejamento iniciou um programa de marketing e promoção para fortalecer o nome da marca, conquistar clientes para experimentar o serviço entre o público-alvo prioritário, desenvolver a fidelidade do consumidor e maximizar o uso e a repetição de compras pelo site. A ideia era construir a marca Webvan e a lealdade dos clientes com programas de comunicação corporativa, propaganda e promoção.

Testes alfa/beta

Na terceira etapa, a engenharia trabalha com um pequeno grupo de usuários externos à empresa para se certificar de que o produto funciona como está especificado e realizar testes que previnam falhas. O marketing desenvolve um plano completo de comunicação, além de criar um conjunto de materiais de apoio para vendas e começar a colocar em ação o programa de relações públicas. A agência de relações públicas refina o posicionamento e inicia os contatos com os profissionais da mídia, enquanto o marketing dá a partida nas atividades de *branding*.

O setor de vendas consegue a adesão do primeiro grupo de clientes beta (que se voluntariam para pagar pelo privilégio de testar um novo produto), começa a desenvolver o canal de distribuição selecionado e, além disso, contrata e amplia a estrutura de vendas, levando-a para fora do quartel-general da empresa. Os investidores de capital de risco passam a medir o progresso pelo número de pedidos colocados durante a primeira entrega ao mercado.

Espera-se que, por volta desse ponto, os investidores estejam satisfeitos com o produto e com sua evolução diante dos clientes e que comecem a pensar em aportar mais dinheiro. O CEO aprimora seu discurso para captar recursos financeiros, sai às ruas e faz ligações em busca de mais capital.

A Webvan começou seu teste beta com a entrega domiciliar de produtos de supermercado em maio de 1999 com aproximadamente 1.100 clientes. Ao mesmo tempo, a onda de comunicação corporativa teve início com centenas de reportagens fazendo alarde sobre a mais nova empresa no mercado de pedidos *on-line*. Investidores privados injetaram centenas de milhões de dólares no negócio.

Lançamento/primeira entrega

O lançamento e a primeira entrega integram a etapa final desse modelo – o alvo para o qual a empresa esteve até agora se dirigindo. Com o produto funcionando (pelo menos, um pouco), a empresa entra no modo expansão de despesas. A área de vendas está maciçamente estruturada e conta com uma equipe de alcance nacional; o canal tem cotas e metas. O marketing está no auge. A companhia realiza um grande evento com a imprensa e o marketing lança uma série de ações para gerar demanda no usuário final (feiras, seminários, propaganda, e-mails e daí por diante). O conselho consultivo passa a mensurar a *performance* da empresa comparado os resultados das vendas (que, tipicamente, foi escrito há um ano ou pouco mais, quando o empreendedor estava buscando o aporte inicial).

Estruturar os canais de vendas e dar suporte às ações de marketing pode queimar muito dinheiro. Assumindo que não haverá liquidez tão logo (com uma fusão ou uma IPO) para a empresa, será necessário aportar mais capital. O CEO verifica as atividades de lançamento do produto e o crescimento das equipes de vendas e marketing e, mais uma vez, estende a mão aberta à comunidade de investidores (na bolha das pontocom, os investidores costumavam fazer uma IPO logo no lançamento do produto, pegavam o dinheiro e se mandavam antes mesmo de ser escrita uma história de sucesso ou fracasso).

Se você já participou de uma startup, não há dúvida de que o modelo operacional lhe parece familiar. Centrado no produto e na execução, é usado por incontáveis *startups* para levar seu primeiro produto ao mercado.

A Webvan lançou sua primeira loja online em junho de 1999 (apenas um mês depois de começar o teste beta) e realizou sua IPO somente sessenta dias mais tarde. A empresa levantou 400 milhões de dólares e teve uma capitalização de 8,5 bilhões no dia da IPO – maior do que a soma das três redes líderes de supermercados nos Estados Unidos.

O que está errado nesse quadro?

Dado que o modelo de desenvolvimento de produto é usado por quase toda organização que lança produtos, perguntar o que está errado aqui parece tão herético quanto querer saber "O que há de errado em respirar?". Mesmo assim, para a Webvan e para milhares de outras startups, o modelo falhou miseravelmente.

A primeira dica sobre a falha está no próprio nome do modelo, que é o de *desenvolvimento de produto*, não um modelo de marketing, nem de contratação de vendas, de aquisição de clientes ou de financiamento. Ainda assim, as startups tradicionalmente têm aplicado o modelo de desenvolvimento de produto para gerenciar e dar ritmo a todas aquelas atividades não relacionadas à engenharia. A confusão com o nome é apenas um mero sinal de suas dez maiores falhas.

1. Onde estão os clientes?

Para começo de conversa, o diagrama de desenvolvimento de produto ignora completamente a verdade fundamental sobre as startups e todos os novos produtos. O maior risco – e, consequentemente, a maior causa de fracasso – das startups *não é* o desenvolvimento do novo produto, mas o de novos clientes e mercados. As startups não fracassam porque não têm um produto, mas porque lhes faltam *clientes e um modelo financeiro comprovado*. Apenas esse fato já é uma ótima dica sobre o que está errado na aplicação do Diagrama em questão como guia único do que deve executar uma startup. É preciso olhar para o modelo de desenvolvimento de produto e se perguntar: "Onde está o cliente?".

2. Foco único na data da primeira entrega

Aplicar o modelo de desenvolvimento de produto força as áreas de vendas e marketing a focarem a data da primeira entrega ao mercado. A maioria dos mais competentes executivos de vendas e marketing tem em mente essa data, olha para o calendário na parede e, então, começa a programar seu trabalho de trás para frente, definindo como atuará somente até a queima de fogos de artifício no dia do lançamento do produto.

A falha desse pensamento está no fato de que "a data da primeira entrega" é apenas o dia em que o setor de desenvolvimento de produto acredita que este estará "pronto", já que está preparado para ser lançado. Isso não significa que a empresa tenha compreendido seus clientes ou como anunciar e vender para eles. (Leia novamente a frase anterior. É uma grande ideia.) Mesmo assim, em quase toda startup, prontas ou não, as equipes de vendas, marketing e desenvolvimento de negócios acertam seus relógios departamentais pela data da primeira entrega ao mercado. E até pior, os investidores na startup também estão gerenciando suas expectativas financeiras por essa data.

O coro de vozes dos investidores afirma: "É assim que vocês devem fazer. Levar o produto ao mercado é o que fazem as equipes de vendas e marketing em uma startup. É assim que se ganha dinheiro". Esse é um conselho fatal: ignore-o. Focar somente a data da primeira entrega ao mercado resulta em uma estratégia reversa do tipo "atirar, apontar, preparar!". Obviamente, sua empresa ou nova divisão de negócios quer ter um produto para anunciar e vender, mas isso não pode ser feito até que você compreenda *para quem* você vai vender e *por que* essas pessoas comprariam seu produto. O modelo de desenvolvimento de produto está tão direcionado para a construção e a entrega do produto, que ignora inteiramente o processo que chamo de *descoberta do cliente* – de fato, um erro fundamental e fatal.

Pense em toda startup em que você já se envolveu ou conheceu. O foco não estava na data de entrega do produto ao mercado? Toda a energia, direcionamento e ação não estavam em finalizar o produto e entregá-lo? Lembre o que aconteceu depois da festa da primeira entrega, quando o champanhe acabou e os balões murcharam. A equipe de vendas agora precisa encontrar a quantidade de clientes que a companhia definiu quando escreveu o primeiro plano de negócios. Por certo, a área de vendas pode ter conseguido um grupo de clientes beta, mas eles são representativos para que a empresa ganhe escala em um mercado de massa? (Em qualquer segmento, o mercado de massa é o lugar em que está a maioria dos clientes e eles tendem a ser compradores pragmáticos avessos a risco) Repetidamente, somente depois da primeira entrega as startups realmente descobrem que seus clientes pioneiros não levam à escalabilidade, que o produto não soluciona um problema valioso ou ainda que o custo de distribuição é muito alto. Como se já não fosse ruim o suficiente, essas startups agora estão sobrecarregadas por uma estrutura de vendas grande e cara, que se frustra ao tentar executar uma estratégia perdedora, e por uma equipe de marketing, que tenta desesperadamente gerar demanda sem compreender as necessidades do cliente. E, enquanto marketing e vendas ficam zanzando em busca de um mercado sustentável, a companhia queima um de seus ativos mais preciosos – o caixa.

Na Webvan, pode ser que a febre das pontocom tenha intensificado seu fervor inexorável na primeira entrega ao mercado, mas esse foco unilateral foi típico da maioria das startups. Na primeira entrega ao mercado, a Webvan tinha quatrocentos funcionários e contratou mais quinhentos durante os seis meses seguintes. Por volta de maio de 1999, a empresa inaugurou seu primeiro centro de distribuição no valor de 40 milhões de dólares, construído e capacitado para uma base de clientes que eles só podiam imaginar. Mas tinha se comprometido com a construção de outros quinze centros de distribuição do mesmo tamanho. Por quê? Porque o plano de negócio da Webvan previa que essa era a meta – não importando se os resultados com os clientes estavam contra ou de acordo.

3. Ênfase na execução em vez de no aprendizado e na descoberta

Nas startups, a ênfase recai sobre o "faça isso e faça depressa". Portanto, é natural que os executivos de vendas e marketing acreditem que foram contratados para fazer o que sabem e não para aprender. Partem do princípio de que sua experiência anterior é relevante para esse novo empreendimento. Portanto, devem usar esse conhecimento para planejar e executar programas de marketing e vendas que deram certo antes.

Em geral, essa é uma suposição falha. Antes de vender um produto, temos que perguntar e responder algumas questões bastante básicas: Quais são os problemas solucionados por nosso produto? Os clientes percebem esses problemas como importantes e o produto como um "tenho que ter"? Se nossos clientes são empresas, quem, nessas organizações, tem um problema que pode ser resolvido por nosso produto? Se estivermos vendendo para usuários finais, como atingi-los? Qual é a dimensão do problema deles? Para quem temos que dar o primeiro telefonema de venda? Quem mais tem que aprovar a compra? Quantos clientes são necessários para a empresa se tornar rentável? Qual é o tamanho médio de cada pedido?

A maioria dos empreendedores vai lhe dizer: "Já sei todas as respostas. Por que teria que aprendê-las novamente?". É da natureza humana que aquilo que você acha que sabe nem sempre é aquilo que você sabe. Um pouco de humildade pode fazer bem. Sua experiência passada pode nao ser relevante para sua nova empresa. Se você realmente conhece as respostas para as perguntas dos clientes, o processo de desenvolvimento de clientes será ágil e lhe dará a oportunidade de confirmar sua compreensão.

A empresa precisa responder a essas perguntas antes de começar a vender. Para startups em um novo mercado, essas não são atividades meramente de *execução*; são atividades de *aprendizado e descoberta*, críticas para o sucesso ou o fracasso da empresa.

Por que essa distinção é importante? Dê outra olhada no diagrama de desenvolvimento de produto; perceba que há um agradável fluxo linear da esquerda para a direita. O desenvolvimento de um produto, seja direcionado para clientes corporativos ou consumidores, é um processo de passo a passo centrado na execução. Cada etapa ocorre em uma progressão lógica que pode ser elaborada através do diagrama de PERT (uma técnica de gerenciamento de projeto para determinar quanto tempo será necessário até a conclusão), com marcos e recursos destinados para que cada uma delas seja atingida.

Mesmo que ninguém tenha lhe dito antes, um bom dia de apresentação de um novo produto a um grupo de clientes é sempre dois passos adiante e um atrás. De fato, a melhor forma de descrever o que ocorre do lado de fora do prédio da empresa é uma série de círculos recursivos – assim traçados para representarem a natureza iterativa do que realmente acontece em um ambiente de aprendizado e descoberta. Dados e informações sobre os consumidores e o mercado são reunidos incrementalmente, um de cada vez. Ainda que algumas dessas etapas o conduzam na direção errada ou cegamente pela estrada. Você percebe que convidou os clientes errados, passa a não entender por que as pessoas comprariam o produto ou perde de vista quais diferenciais são realmente importantes. A habilidade para aprender com esses descaminhos é o que distingue uma startup de sucesso daquelas cujos nomes são esquecidos entre as desaparecidas.

Como toda startup focada na execução de um plano, a Webvan contratou um vice-presidente de *merchandising*, um vice-presidente de marketing e um vice-presidente de gerenciamento de produto – três áreas orientadas para a execução de uma estratégia de vendas, não no aprendizado e na descoberta das necessidades dos clientes. Sessenta dias depois da primeira entrega ao mercado, essas três equipes receberam o reforço de mais de cinquenta funcionários.

4. Falta de marcos definidos para vendas, marketing e desenvolvimento de negócios

Um grande ponto que se pode ressaltar na metodologia de desenvolvimento de produto é que ela oferece uma estrutura sem ambiguidades, com marcos e metas muito bem definidas. O significado das etapas de testes alfa e beta e da primeira entrega ao mercado é bastante óbvio para a maioria dos engenheiros. Caso o produto falhe, você detém o processo e conserta o produto. As atividades de marketing e vendas, antes da primeira entrega ao mercado, são forjadas, esfuziantes e carecem de objetivos concretos e mensuráveis. Não contam com nenhuma forma para deter o processo e resolver o que não vai bem (e até mesmo para saber o que está errado).

Que espécie de objetivos deveria querer ou buscar uma startup? Esta é uma questão-chave. A maioria dos executivos de vendas e de marketing foca as atividades de execução porque, pelo menos, elas são mensuráveis. Por exemplo, em vendas, a receita é o número que mais interessa. Os vendedores a usam como um indicador da evolução da compreensão deles em relação aos clientes. Alguns executivos de vendas consideram que contratar a equipe é um de seus principais objetivos. Outros voltam-se para a conquista rápida de clientes do tipo "referência" (capazes de atrair outros pela própria proeminência). Os profissionais de marketing, por sua vez, acreditam que esteja pautada em criar apresentações corporativas, lâminas de dados e materiais de apoio a vendas. Outros, ainda, acham que contratar uma agência de relações públicas no mercado e conseguir capas de revistas para o lançamento do produto são suas grandes metas.

Na realidade, nenhum dos tópicos citados é um objetivo real. Colocando a questão de modo simples: uma startup com foco deveria conseguir uma profunda compreensão do cliente e de seus problemas; traçar um mapa replicável do processo de compra pelo cliente; além de construir um modelo financeiro que leve à rentabilidade.

Os marcos apropriados para medir o progresso de uma startup respondem a perguntas como: Quão bem conseguimos entender os problemas do cliente? Quanto ele estaria disposto a pagar para resolvê-los? Os diferenciais de nosso produto podem solucioná-los? Nós entendemos o negócio de nosso cliente? Conhecemos a hierarquia das necessidades do cliente? Encontramos clientes visionários, que serão os primeiros a comprar nosso produto? Somos um "tenho que ter" para esses clientes? Compreendemos bem o bastante o mapa de vendas para oferecer consistentemente o produto? Sabemos do que precisamos para que o produto seja rentável? Os planos de vendas e de negócios são realistas, viáveis e passíveis de crescimento? O que faremos se nosso modelo se provar errado?

A Webvan não tinha marcos que lhe dissessem "pare e avalie os resultados", foram dois mil pedidos por dia *versus* oito mil previstos no lançamento de seu produto. Antes que qualquer *feedback* significativo pudesse ser dado pelo cliente e estivesse em mãos, e apenas um mês depois da primeira entrega ao mercado, a Webvan assinou um acordo de 1 bilhão de dólares (sim, 1 BILHÃO) com a Bechtel. A empresa se comprometia com a construção de mais 26 centros de distribuição automatizados nos próximos três anos.

Com sua pressa pela execução, a Webvan pulou as etapas de aprendizado e de descoberta. Existe uma enorme diferença entre um processo que enfatiza a obtenção das respostas para as perguntas fundamentais que enumerei antes e o modelo de desenvolvimento de produto que busca manter as primeiras vendas e as atividades de marketing em sincronia com a data da primeira entrega ao mercado. Para entender o que quero dizer, considere o diagrama de desenvolvimento de produto sob o ponto de vista dos profissionais de marketing e vendas.

5. Uso da metodologia de desenvolvimento de produto para mensurar vendas

Aplicar o diagrama de desenvolvimento de produto para o desenvolvimento de clientes é como usar o relógio para medir a temperatura. Os dois mensuram algo, mas não aquilo que você quer.

A Figura 1.2 mostra como parece o diagrama do desenvolvimento de produto sob a óptica de vendas. Um VP de vendas olha para esse diagrama e diz: "Hum, se o teste beta está em dia, é melhor eu contar com uma pequena equipe de vendas pronta antes dessa data para conquistar nossos 'clientes pioneiros'. E, se a data da primeira entrega está certa, então, preciso contratar e treinar uma equipe de vendedores nessa época". Por quê? "Bem, porque o plano de receitas com o qual nos comprometemos com os investidores mostra que geraríamos receita de clientes a partir da data da primeira entrega ao mercado."

Figura 1.2 A visão da equipe de vendas

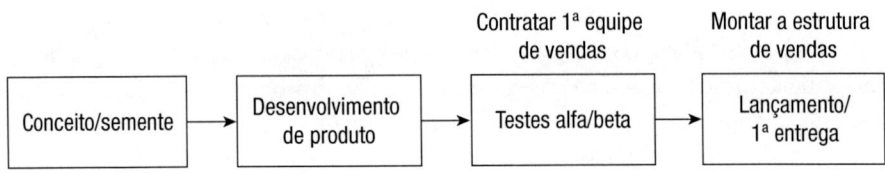

Espero que esse tipo de pensamento já esteja soando insensato para você. O plano prevê grandes volumes de vendas a venda em volume no dia em que a engenharia termina de desenvolver o produto. Que tipo de plano afirma isso? A causa é o plano de negócios, que utiliza o modelo de desenvolvimento de produtos para definir metas. A consequência é que o processo de vendas não prevê a descoberta do mercado adequado e nem se os clientes terão verba para comprar o seu produto. Em vez disso, o modelo de desenvolvimento de produto é aplicado para cronometrar o momento que a empresa estará pronta para vender. Essa atitude, "pronto, ou não, lá vamos nós!", significa que você não saberá se o plano e a estratégia de vendas vão funcionar até a primeira entrega ao mercado. Qual é a consequência se você perceber que a estratégia de vendas está equivocada? Você já tem uma estrutura de vendas queimando dinheiro e um caixa que precisa ser redirecionado o mais depressa possível. Não admira que a sobrevida de um VP de vendas em uma startup seja de cerca de nove meses depois da primeira entrega. "Construa o produto e os clientes virão", isso não é estratégia; é pregação.

A Webvan teve esse problema em um grau considerável. Depois da primeira entrega ao mercado, a empresa tinha uma surpresa desagradável esperando por ela. Os consumidores recusavam-se a se comportar do jeito que o plano de negócios da Webvan previra. Seis meses depois do lançamento em junho de 1999, o volume médio diário de pedidos era de 2.500. Parece muito bom? Nada mal para uma startup? E era mesmo. Infelizmente, o plano de negócios da Webvan previa 8.500 pedidos em média por dia, o número necessário para que a empresa chegasse à rentabilidade. Isso significa que o centro de distribuição, capacitado para operar o volume de pedidos equivalente a cerca de dezoito supermercados, estava utilizando menos de 30% de sua capacidade instalada. Ops!

6. Uso da metodologia de desenvolvimento de produto para mensurar marketing

O executivo de marketing olha para o diagrama de desenvolvimento de produto e vê algo bem diferente (Figura 1.3). Para a área de marketing, a primeira entrega ao mercado significa passar a fornecer clientes potenciais para a projeção do fluxo de vendas. Para criar essa demanda, no momento da primeira entrega, suas atividades começam bem antes, pelo método de desenvolvimento de produtos. Enquanto o produto está sendo desenvolvido pela engenharia, o marketing começa a criar apresentações corporativas e materiais de apoio a vendas. Implícito nessas peças, está o "posicionamento" da empresa e do produto. Olhando à frente para o lançamento do produto, o marketing contrata uma agência de relações públicas para refinar o posicionamento e dar início ao "barulho inicial" sobre a nova empresa. Esta agência ajuda a empresa a entender e influenciar os analistas, especialistas e principais profissionais do mercado. Essas ações levam a uma enxurrada de eventos com a imprensa e entrevistas, tudo com foco na data de lançamento do produto (durante a bolha da internet, outra função do departamento de marketing era "comprar" a fidelidade dos clientes com enormes despesas em propaganda e promoção para criar uma marca).

Figura 1.3 Visão da equipe de marketing

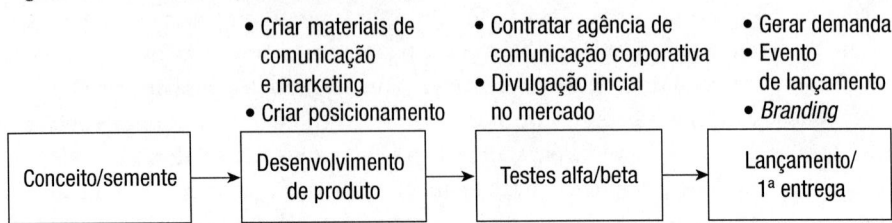

Em uma primeira olhada, esse processo parece bem razoável, exceto por um pequeno item: todas essas atividades de marketing ocorrem antes de os clientes começarem a comprar – antes de a área de vendas ter tido a chance de realmente testar o posicionamento, a estratégia e as ações de geração de demanda diante de consumidores reais. De fato, todos os planos de marketing são feitos em um vácuo virtual, em que não há informações e *feedback* reais dos clientes. Com certeza, profissionais de marketing experientes procuram ter alguma interação precoce com os clientes antes do lançamento do produto, mas, se fazem isso, é por iniciativa própria, não como parte de um processo bem definido. Muitos profissionais de marketing de primeira viagem passam grande parte do tempo atrás de suas mesas nas empresas. Isso é realmente surpreendente porque em uma startup não existem fatos dentro da empresa, apenas opiniões. Mesmo que se faça o pessoal de marketing sair de trás das mesas e ir a campo, a rota ainda está definida na contramão do sucesso deles. Observe novamente o diagrama de desenvolvimento de produto. Quando o marketing descobrirá se as atividades de posicionamento, divulgação na mídia e geração de demanda realmente funcionam? Depois da primeira entrega ao mercado. A marcha inexorável em direção a essa data não tem um processo cíclico no qual se diga: "Se nossas hipóteses estiverem erradas, talvez possamos tentar algo diferente".

Essa "marcha mortal do marketing" aconteceu na Webvan. Nos primeiros seis meses do negócio, a empresa conquistou impressionantes 47 mil novos clientes. No entanto, nesses seis meses, 71% dos 2 mil pedidos diários eram feitos por clientes que já haviam usado o serviço. Isso significava que a Webvan tinha que atrair mais clientes novos e precisava ainda reduzir o número de consumidores que fazia um pedido e nunca mais voltava a usar o serviço.

Esses fatos contradizem as percepções de marketing no plano original de negócios. Como acontece em muitas startups, essas convicções estavam equivocadas. Mesmo assim, a Webvan aumentou seus gastos (particularmente ao construir e operar grandes centros de distribuição) com base nessas adivinhações sem verificação.

7. Escalabilidade prematura

Ter as áreas de vendas e marketing acreditando que, a partir da primeira entrega ao mercado – faça chuva ou faça sol –, eles precisam contar com uma estrutura completa e equipe contratada, leva a outro desastre: ganho de escala prematuro.

Os executivos de uma startup contam com três documentos que orientam sua decisão de criar estrutura e contratar: o plano de negócio, o modelo de desenvolvimento de produto e a previsão de receitas. São todos documentos de execução – portanto, gastam e contratam como se o sucesso estivesse assegurado. Como já mencionado anteriormente, não há nenhum marco que alerte: "Pare ou vá devagar até que você compreenda bem o cliente". Até mesmo os mais experientes executivos sucumbem à forte pressão para que estruturem suas áreas e contratem, atendendo ao "plano" – sem se importarem com o *feedback* dos primeiros clientes.

No caso da Webvan, o ganho de escala prematuro foi parte integral da cultura da empresa e do domínio do mantra dos investidores de capital de risco: "Fique grande depressa". A Webvan investiu 18 milhões de dólares para desenvolver um software proprietário e 40 milhões para construir seu primeiro armazém automatizado – antes mesmo de ter entregado um único produto aos clientes. O ganho de escala prematuro trouxe consequências terríveis, já que as despesas da Webvan estavam altas a ponto de assegurarem que as faculdades de administração ensinassem esse estudo de caso por anos a fio.

Como o comportamento dos clientes continuava a ser diferente do que o previsto no plano de negócios, a empresa pouco a pouco se deu conta de que havia exagerado na estrutura e na complexidade do serviço. O modelo de negócio fazia sentido somente diante dos altos volumes de pedidos previstos no papel. A média diária de pedidos estava significativamente abaixo do que a empresa precisava para se tornar rentável. Para ter a esperança de chegar a margens brutas desejadas, a Webvan tinha que encontrar um modo para aumentar substancialmente o número de clientes, o volume de pedidos feitos por eles e também a média dos produtos comprados por pedido.

8. Espiral fatal: O custo de lançar erradamente um produto

O ganho de escala prematuro é a causa imediata da espiral fatal, porque acelera a taxa de queima de capital. Estrutura de vendas, instalações, custos de infraestrutura, gastos com recrutamento e seleção e despesas de viagens começam a dilapidar o fluxo de caixa e a pressão por receita cresce exponencialmente. Enquanto isso, o departamento de marketing está gastando altas somas para gerar demanda para a estrutura de vendas. Está também investindo em "capital de credibilidade" para divulgar e explicar o posicionamento da empresa para a imprensa, os analistas e os clientes.

Na época da primeira entrega ao mercado, as consequências desdobram-se em um ritual da startup, quase como em uma apresentação de teatro Noh (uma forma clássica japonesa). O que acontece quando você tem equipes completas de marketing e vendas, mas não tem a mínima ideia de quem é o cliente ou por que ele deveria comprar seu produto? A área de vendas começa a descumprir as metas. O conselho começa a ficar preocupado. O VP de vendas é convidado pelos conselheiros para uma reunião e, ainda otimista, apresenta uma série de explicações razoáveis. Coletivamente, os conselheiros erguem uma sobrancelha. O VP volta para sua equipe e exorta a todos que trabalhem ainda com mais afinco.

Enquanto isso, os vendedores passam a inventar e a testar suas próprias alternativas – diferentes departamentos das empresas para entrar em contato e versões novas das apresentações corporativas. Em vez de contar com uma metodologia de aprendizado e descoberta, a equipe de vendas se transforma em um grupo desorganizado e aflito que queima uma porção de dinheiro. De volta ao escritório, os slides das apresentações estão sendo alterados semanalmente (às vezes, diariamente), enquanto o marketing tenta "arranjar uma história melhor" e envia as mais recentes novidades a uma estrutura de vendas completamente confusa. O moral em campo e na área de marketing começa "a cair por terra". Os vendedores passam a achar que "o produto não pode ser vendido; ninguém quer comprá-lo".

Na próxima reunião do conselho, os números de vendas ainda não batem com o plano. O VP de vendas olha para os sapatos e cruza os pés. Agora, os conselheiros erguem as duas sobrancelhas e olham com jeito inquisidor para o CEO. O VP de vendas, com a testada banhada de suor, sai da reunião e organiza algumas sessões motivacionais agitadas com os vendedores. Na próxima reunião do conselho, se os números de vendas ainda estiverem fracos, a desgraça bate à porta. Não só as metas não foram alcançadas como agora quem transpira é o CEO, por causa das despesas contínuas. Por quê? Porque a empresa estabeleceu seu número de funcionários e gastos de acordo com as expectativas de vendas e receitas prevista no plano de negócio. O resto da organização (desenvolvimento de produto, marketing e áreas de suporte) começou a gastar mais caixa, contando que o setor de vendas atingisse suas metas. Nesse momento, a empresa entrou no modo de crise. A essa altura, duas coisas típicas acontecem. Primeira, o VP de vendas é queimado. Nas reuniões do conselho, ninguém quer sentar perto dele. As pessoas afastam suas cadeiras para o outro lado da sala. Tendo falhado para alcançar as metas, ele faz parte do passado. Que sua "fritura" demore três reuniões ou um ano, isso é irrelevante; o VP de vendas de uma startup que não atinge as metas é chamado de ex-VP de vendas (a não ser que ele seja um de seus fundadores e, então, será condenado a ocupar um cargo com o título nebuloso de VP de algo).

A seguir, um novo VP de vendas é contratado. Rapidamente, ele chega à conclusão de que a empresa não entendeu seus clientes e como vender para eles. Decide também que o posicionamento e a estratégia de marketing estão incorretos. Agora, é o VP de marketing que começa a suar. Já que um novo VP de vendas foi contratado para "consertar" a área, o departamento de marketing vai ter que reagir e interagir com alguém que acredita que tudo o que foi feito antes na companhia está errado. O novo VP de vendas revê todas as estratégias e táticas anteriores e estrutura um novo plano para a área. Assim, ele conquista uma lua de mel temporária com o CEO e o conselho. Nesse meio de tempo, o VP de marketing original está tentando trazer à tona uma nova estratégia de posicionamento para dar suporte ao novo VP de vendas. Em geral, isso resulta em conflito, quando não, em guerra feroz. Se as vendas não entrarem nos eixos, o próximo executivo a procurar emprego não será o novo VP de vendas (ele chegou há tão pouco tempo que não pode ainda ser demitido) e, sim, o de marketing. O racional por trás desse processo é: "Nós substituímos o VP de vendas, então, este não pode ser o problema. Deve ser uma falha do marketing".

Às vezes, tudo o que é preciso para corrigir a trajetória de uma startup são um ou dois ciclos iterativos para a definição do correto mapa de vendas e do posicionamento de marketing, fazendo a empresa encontrar uma quantidade exuberante de clientes. Infelizmente, no entanto, com muita frequência, o quadro descrito antes é apenas o começo de uma espiral fatal. Se mudar os executivos de vendas e marketing não foi o bastante para colocar a companhia na trilha certa, os investidores começam a falar que "precisamos do CEO certo para essa fase". Isso quer dizer que o CEO anda pela empresa, condenado silenciosamente à morte. Além disso, como o presidente executivo provavelmente é um dos fundadores, tem início o chamado trauma da demissão do CEO. Normalmente, os CEOs fundadores agarram-se ao batente da porta de seus escritórios, enquanto os investidores tentam afastar suas mãos do controle executivo da empresa. É muito doloroso ver isso, mas ocorre em mais da metade das startups com CEOs de primeira viagem.

Em tempos de abundância financeira, uma startup pode passar por dois ou três ciclos negativos em torno do lançamento fracassado de um produto com baixo resultado de vendas. Por outro lado, se há uma recessão, os investidores ficam mais cuidadosos com suas carteiras e contabilizam os desperdícios de dinheiro de forma prudente. startup pode simplesmente não conseguir uma nova rodada de financiamento e ter que fechar as portas.

No caso da Webvan, a espiral fatal foi pública e confusa, já que nenhum dos problemas estava ocorrendo na privacidade de uma companhia fechada. A consequência de abrir o capital foi que o mar de tinta vermelha dos resultados negativos era divulgado trimestralmente para que todos vissem. Em vez de perceber que o modelo não era realista e reduzir a escala, a empresa continuou a investir pesadamente em marketing e promoção (para conquistar mais clientes e manter os já existentes) e nas instalações de distribuição (construindo novas em outras regiões do país para alcançar mais clientes). No final de 2000, a Webvan tinha acumulado um déficit de 612,7 milhões de dólares e o caixa estava em hemorragia. Sete meses depois, entrou em concordata.

9. Nem todas as startups são parecidas

Uma verdade fundamental sobre as startups, completamente ignorada pelo modelo de desenvolvimento de produto, é que nem todas são parecidas. Um dos conceitos radicais que norteiam este livro é que as startups dividem-se em quatro categorias básicas:

- Lançar um novo produto em um mercado existente.
- Lançar um novo produto em um novo mercado.
- Lançar um novo produto em um mercado existente e tentar ressegmentá-lo como *um entrante* de baixo custo.
- Lançar um novo produto em um mercado existente e tentar ressegmentá-lo como um operador de nicho.

Essas diferenças serão desenvolvidas em detalhes nos próximos capítulos. O que é importante saber agora é que o tradicional modelo de desenvolvimento de produto, às vezes, é bem-sucedido para lançar um produto em um mercado conhecido e com consumidores conhecidos (opção 1). Executar práticas anteriores nesse tipo de mercado pode dar certo se o mercado é similar às experiências passadas. No entanto, como a maioria das startups não busca mercados conhecidos (caindo na segunda e terceira categorias), os executivos não têm a menor pista de quem são seus clientes.

A Webvan encontrava-se na quarta categoria: uma empresa lançando um novo serviço (compras *on-line* e entrega no mesmo dia de produtos de supermercado) em um mercado existente (o varejo desses produtos), tentando criar um nicho. Alguém poderia argumentar que a ideia da Webvan era tão radical que se encaixava na segunda categoria – lançar um novo produto em um novo mercado. Mas, também nesse caso, a habilidade de a Webvan predizer a aceitação dos consumidores e a disseminação do hábito de comprar *on-line* não estava baseada em fatos, apenas nas hipóteses não testadas do plano de negócios. (A modelagem das taxas de adoção pelos consumidores usando modelos quantitativos tradicionais como a curva de Bass é impossível na primeira entrega ao cliente para as categorias 2 e 3. Não existem dados iniciais de venda suficientes para validar as previsões.)

Aqui está o ponto. Como as quatro categorias de startups têm diferentes taxas de adoção e aceitação pelos clientes, as vendas e estratégias de marketing diferem dramaticamente. Uma empresa criada em um novo mercado pode não ser rentável durante cinco ou mais anos, enquanto que uma em um mercado existente deve gerar receita entre doze e dezoito meses. Como resultado, o modelo de desenvolvimento de produto não é apenas inútil; é perigoso. Ele não diz nada às equipes de finanças, marketing e vendas sobre como descrever seus diferenciais únicos e vender em cada tipo de startup, nem tampouco como prever os recursos necessários para o sucesso.

10. Expectativas irreais

Argumentei que o modelo de desenvolvimento de produto conduz a erros fundamentais e, às vezes fatais, no primeiro ou segundo ano de vida de uma startup. Podemos resumir esses erros em termos de três expectativas irreais:

- O *diagrama de desenvolvimento de produto* pode acabar sendo usado como base para orientar atividades que não se relacionam com o desenvolvimento de produto – entre elas, descobrir o cliente, o mercado e um modelo de negócio viável.
- O *desenvolvimento de clientes* vai se mover pelo mesmo cronograma do desenvolvimento de produto.
- Todos os tipos de startups e todos os novos produtos terão as mesmas taxas de aceitação e adoção a partir da primeira entrega ao mercado.

Somando-se a esses três erros, existe mais um. As startups enfrentam enorme pressão por parte dos investidores para se tornarem rentáveis. Às vezes, para criar esses empreendimentos, seus fundadores fazem previsões financeiras não realistas – sobre o tamanho do mercado, crescimento – ou simplesmente ignoram as consequências do tipo de mercado no qual escolheram entrar. Essas expectativas otimistas tornam-se o plano de voo das startups, forçando a execução de suas ações na direção de metas irreais e inatingíveis.

A Webvan cometeu todos esses erros, visível e publicamente. Mesmo assim, muitos observadores apontaram que sua falência foi apenas uma das muitas do "estouro da bolha das pontocom", atribuindo o fracasso do empreendimento a algo relacionado à internet. Porém, a realidade é mais profunda e relevante. A Webvan e o colapso de todas as pontocom resultam dessas três expectativas que acabo de descrever; "erga o negócio e os clientes virão" (mesmo que os números do financiamento sejam altos) não é uma estratégia para o sucesso.

Então, qual é a alternativa?

Se o diagrama de desenvolvimento de produto não é um mapa apropriado para as startups, então, qual é? Para muitos, a expressão "processo analítico de vendas e marketing em startups" é contraditório. No entanto, existem empreendedores em busca de um modelo bem-sucedido para entender mercados e descobrir clientes.

Desde o início da década de 1990, a coisa mais próxima do Santo Graal para as atividades de marketing e vendas em startups tem sido a curva do ciclo de vida da adoção tecnológica e a noção de abismo.

Curva do ciclo de vida da adoção tecnológica

A curva do ciclo de vida da adoção tecnológica (Figura 1.4) foi desenvolvida por Everett Rogers e popularizada e aprimorada juntamente com a noção de abismo, por Geoff Moore. Elas apresentam aos empreendedores cinco ideias provocativas para análise e reflexão:

- A tecnologia é adotada em fases por grupos de clientes com perfis distintos – entusiastas, visionários, pragmáticos, conservadores e céticos.
- Os dois primeiros grupos, os entusiastas e os visionários, são os "pioneiros do mercado". Os outros dois, pragmáticos e conservadores, são "a maioria do mercado".
- O formato que descreve o mercado de todo produto assemelha-se a uma curva em sino. O mercado de pioneiros é pequeno, mas cresce exponencialmente para a maioria do mercado.
- Existe um "abismo" entre cada um dos diferentes grupos de usuários, mas o mais largo deles fica entre os pioneiros e a maioria.
- O maior problema para cruzar esse abismo é que as lições de marketing e vendas e o sucesso alcançado entre os clientes pioneiros não podem ser ex-

trapolados para a maioria do mercado, já que os pragmáticos e conservadores não confiam nos pioneiros como referência. Sendo assim, estratégias de vendas e marketing completamente novas são necessárias para conquistar a próxima fatia do mercado, que é muito maior.

Figura 1.4 Curva do ciclo de vida da adoção tecnológica

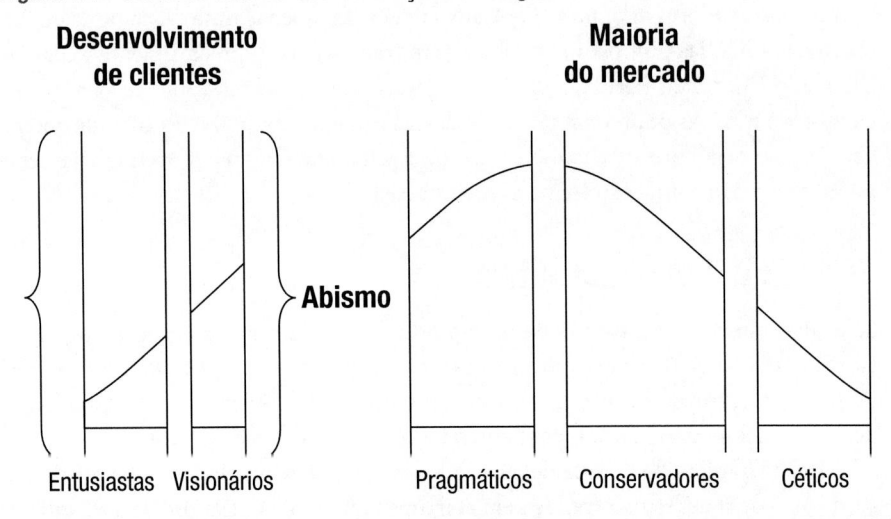

Desenvolvimento de clientes — Entusiastas, Visionários

Abismo

Maioria do mercado — Pragmáticos, Conservadores, Céticos

Vamos refletir brevemente sobre por que essa noção não oferece um bom mapa para as startups em suas atividades mais iniciais. Com essa última peça no tabuleiro, estamos prontos para considerar a rota alternativa proposta por este livro e que, asseguro, é seguida por todas as startups de sucesso. No primeiro dia de atividade, o empreendedor olha inspiradamente para a graciosa curva de sino mostrada na Figura 1.4, sonhando com o dia em que levará sua empresa ao auge, determinado a evitar aqueles abismos assustadores. Ok, tudo isso soa muito bem. Mas e daí? Os empreendedores deveriam dar uma boa olhada na curva do ciclo de vida da adoção tecnológica. É informativa? Interessante? Ela faz você pensar em estratégias analíticas profundas e maravilhosas? Bem, esqueça. Se você acaba de dar início à sua startup, essa é a última vez que você viu essa curva, pelo menos, até o próximo ano. Os problemas que você vai enfrentar começam muito antes de qualquer abismo. De fato, você deve ficar bem satisfeito quando estiver envolvido em atividades para cruzar abismos, porque isso será um sinal de sucesso.

A curva do ciclo de vida da adoção tecnológica realmente oferece boas ideias porque existem de verdade diferentes tipos de clientes ao longo do ciclo de vida de uma empresa ou um produto. No entanto, essa curva sedutora leva os empreendedores nas etapas iniciais de um negócio a quatro conclusões nocivas.

Primeira: a curva conduz os empreendedores com naturalidade em direção a sonhos de glória com a maioria do mercado. Nas etapas iniciais da construção de uma empresa, é melhor que esses sonhos sejam esquecidos. Não para sempre, mas por enquanto. Por quê? A dura realidade é que, se você não realizar corretamente a primeira parte do processo de desenvolvimento de clientes, não chegará à maioria do mercado. Vai cair fora do negócio.

Segunda: essa ideia nos convida a pensar nos entusiastas da tecnologia como uma parte da curva de adoção. Na curva, eles parecem ser o grupo pioneiro de clientes, mas na realidade não são. Os entusiastas são uma peça do quebra-cabeça da trajetória da descoberta dos "reais" clientes iniciais dispostos a pagar pelo produto e que nos ajudam a encontrar um processo replicável de vendas. Você deve lidar com eles para entender sua influência no mapa de vendas, mas os entusiastas raramente *pagam* por alguma coisa.

Terceira: a noção de que a base de clientes de uma startup crescerá em uma curva suave e contínua leva à ideia tentadora e perigosa de que a adoção pelos clientes é simplesmente um problema de execução de vendas. Mesmo quando o conceito de abismo é adicionado, juntamente com a observação de que os usuários pioneiros são diferentes dos que formam a maioria do mercado, somente nos sonhos dos empreendedores e nos estudos de caso das faculdades de administração, a base de clientes evolui no formato de uma curva de adoção. Como veremos adiante, a verdadeira transição entre os grupos de clientes é, na melhor hipótese, uma função em degraus (e dependente do tipo de mercado).

Quarta: a curva do ciclo de vida da adoção tecnológica, juntamente com os livros escritos sobre ela, enfatizam os fatores "execução e adoção". Até esse momento, está tudo muito bem, mas como minha avó costumava dizer: "Você deve ser muito sortudo para estar com esse problema". Nos estágios iniciais de uma startup, o foco na "execução" vai tirar você do negócio. Em vez disso, você precisa de um processo de "aprendizado e descoberta" para conduzir o empreendimento ao ponto em que saiba o que vai executar.

Portanto, no lugar de sonhar com estratégias para cruzar abismos, o primeiro passo de uma startup é dar foco aos processos de aprendizado e descoberta, antes de começar a dar escala ao negócio. Por tentativa e erro, contratando e demitindo, as startups bem-sucedidas inventaram um método paralelo ao desenvolvimento de produto, que é centrado no mercado e no cliente e que eu chamo de "desenvolvimento de clientes".

Desenvolvimento de clientes
Bom-senso diante do modelo de desenvolvimento de produto

É interessante imaginar o que aconteceria, caso você dissesse a seus investidores de capital de risco que contratou o melhor time de engenheiros, mas não pretende usar nenhum processo ou metodologia para colocar o produto no mercado. Você pode se imaginar dizendo: "Beeemm, não precisamos de nenhuma maldita metodologia de desenvolvimento de produto. Vamos seguir por nossas próprias pernas". Só em sonho! As startups aplicam a metodologia de desenvolvimento de produto para conseguirem mensurar o progresso da equipe, além de controlarem o fluxo de caixa e o cronograma de lançamento. Como vimos antes, não titubeamos para contratar os melhores talentos de marketing, vendas e desenvolvimento de negócios, colocá-los em uma startup e dizer a eles: "Vão descobrir quem quer comprar isso aqui e vendam logo um monte. Avisem quando tiverem acabado, mas mantenham-se vagos e balancem muito as mãos quando perguntarem a vocês como estão evoluindo". Parece um pouco idiota, não? Mas essa é a situação das startups atualmente. Não há um processo definido com marcos mensuráveis para a descoberta do cliente, desenvolvimento do mercado e validação do modelo de negócio.

O modelo de desenvolvimento de clientes em uma startup parte de uma premissa simples: aprender e descobrir quem serão os primeiros clientes da empresa e de que mercado fazem parte de um processo distinto e separado do desenvolvimento de produto. A soma dessas atividades é o desenvolvimento de clientes. Note que eu estou fazendo um esforço enorme para não chamar o desenvolvimento de clientes de "processo de vendas" ou de "processo de marketing". A razão desse cuidado vai ficar clara quando falarmos sobre como estruturar a equipe para o processo de desenvolvimento de clientes em um capítulo mais adiante. No entanto, desde já, que fique estabelecido que não estamos vendendo, nem fazendo marketing. Antes que qualquer estrutura tradicional de marketing e vendas possa existir, a empresa tem que comprovar que existe o mercado, verificar se alguém pagaria de verdade pelas soluções vislumbradas e, então, seguir em frente para criar a demanda. Essas atividades de teste, aprendizado e descoberta são o que tornam única uma startup e o que fazem o desenvolvimento de clientes tão diferente do processo de desenvolvimento de produto.

O modelo de desenvolvimento de clientes objetiva ser tudo o que o diagrama de desenvolvimento de produto não é. Enquanto o desenvolvimento de produto é focado na primeira entrega ao mercado, o modelo de desenvolvimento de clientes move-se pelo aprendizado precoce sobre os clientes e suas necessidades. Além disso, o modelo ergue-se sobre a ideia de que toda startup tem um conjunto definível de marcos que nenhuma injeção de capital deve acelerar. Mais dinheiro será útil mais tarde, mas não agora. A bolha da internet foi o maior experimento científico nessa área. Você não consegue criar mercado ou gerar demanda quando não há clientes interessados. A boa notícia é que esses clientes e os marcos do mercado podem ser definidos e mensurados. A má notícia é que chegar a esses marcos é uma arte. Uma arte corporificada na paixão de indivíduos que trabalham para tornar realidade uma visão. Isso é o que torna as startups tão excitantes.

O *postscriptum* irônicoA ironia da história da Webvan é que outra empresa, a Tesco, conseguiu ultrapassar a etapa dos usuários pioneiros e se tornou o maior varejo *on-line* de produtos de supermercado do mundo. Os responsáveis por esse processo na Tesco não levantaram um financiamento astronômico para lançar o serviço. Eles aprenderam e descobriram o que os clientes queriam e encontraram um modelo financeiro que funcionou. Começaram o serviço de compras *on-line* usando suas lojas de varejo na Inglaterra como plataforma de lançamento. Em 2002, tinham criado um negócio *on-line* rentável, recebendo 85 mil pedidos por semana e movimentando mais de 559 milhões em vendas. A Tesco pôde implementar seu varejo *on-line* por uma fração do investimento realizado na Webvan porque foi capaz de colocá-lo em pé a partir da infraestrutura existente em suas mais de 929 lojas. Em junho de 2001, o varejo *on-line* de produtos de supermercado voltou aos Estados Unidos, quando a Tesco entrou no mercado, comprando 35% de participação no serviço da Safeway.

Explícita ou implicitamente, a Tesco compreendeu o processo proposto pelo modelo de desenvolvimento de clientes. O próximo capítulo descreve esse modelo detalhadamente.

2

Rota da epifania: modelo de desenvolvimento de clientes

... como o portão é pequeno e a estrada, estreita, poucos são os que encontram o caminho para a vida.

Mateus 7:14

O mercado de móveis não costuma surpreender as pessoas por sua inovação. Ainda assim, durante a época de ouro das pontocom (quando todo dinheiro injetado pelos investidores de capital de risco ainda não era o bastante), o serviço de compras *on-line* de móveis deu origem a uma série de empresas arrojadas, como a Furniture.com e a Living.com. Com um gerenciamento operacional à la James Dean ("viva depressa e morra jovem"), companhias com esse perfil captaram milhões de dólares dos capitalistas de risco e rapidamente se queimaram. Enquanto isso, uma startup muito diferente, a Design Within Reach, começou a erguer um negócio tijolo por tijolo. O que aconteceu com a empresa e por que sua história muito instrutiva?

Em uma época na qual as pontocom de móveis ainda estavam sugando o dinheiro de investidores, o fundador da Design Within Reach, Rob Forbes, aproximou-se de mim para pedir que eu o ajudasse a obter financiamento para a empresa. A meta de Rob era desenvolver um catálogo de negócios oferecendo acesso fácil a móveis de bom *design*, frequentemente só encontrados nos *showrooms* de *designers*. Em seus vinte anos de trabalho como *designer* de móveis profissionais, ele percebeu um grande problema daquela indústria: para arquitetos e decoradores e também para empresas, como hotéis e restaurantes, os móveis com *design* de alta qualidade demoravam quatro meses para serem entregues. Os clientes repetidamente comentavam com Rob: "Queria comprar móveis bem desenhados e bem feitos sem ter que esperar tanto tempo para recebê-los". Com uma ninharia, Rob estruturou e mandou imprimir um catálogo de móveis (mais da metade das peças era exclusiva), que ele mantinha em estoque para pronta entrega. Ele passara bastante tempo ouvindo os clientes e os *designers* de móveis. Depois, aprimorou o catálogo e o estoque para que atendessem às necessidades dos *designers* e varreu o mundo em busca de *design* exclusivo. Seu negócio incipiente estava começando a ganhar asas; agora, ele queria levantar capital de risco para financiar o crescimento da empresa.

"Sem problema", respondi. Com a agenda na mão e fazendo algumas ligações em busca de dinheiro, eu consegui levar Rob para se encontrar com alguns dos melhores e mais brilhantes capitalistas de risco da Sand Hill Road, no Vale do Silício. Rob fazia sua apresentação e indicava que havia um mercado *business to business* de 17,5 bilhões para móveis de bom *design* e de alta qualidade. Demonstrava que a atual distribuição do setor de movelaria era arcaica, fragmentada e ávida por reestruturação, já que as fábricas enfrentavam um sistema complexo de representantes, revendas e lojas regionais que impediam o acesso direto aos clientes. Em geral, os consumidores esperam cerca de quatro meses pela entrega dos produtos e arcavam com acréscimos desnecessários sobre o preço de mais de 40%. Ao ouvir Rob falar, era óbvio que ele tinha identificado um problema real, desenvolvido uma solução e verificado junto a clientes pagantes que o serviço atendia a suas necessidades.

A apresentação era tão convincente que ficava difícil imaginar outro setor em que os clientes estivessem tão mal atendidos. Mesmo assim, a reação dos capitalistas de risco foi uniformemente negativa: "O quê? Você não tem um site? Não faz transações de *e-commerce*? Onde estão as atividades para construção de marca? Queremos financiar startups com plataforma web. Talvez pudéssemos nos interessar, se você transformasse seu catálogo de móveis em um site de *e-commerce*". Pacientemente, Rob continuava a explicar que seu negócio era orientado para o que o cliente necessitava e queria. Os arquitetos e decoradores gostam de ver um catálogo impresso, enquanto estão deitados na cama em seus momentos de lazer. Eles querem mostrar o catálogo a seus clientes finais. Embora Rob não pretendesse ignorar a web, esse poderia ser o próximo passo, não o primeiro para construir a empresa.

"Rob", os capitalistas de risco respondiam sabiamente, "a Furniture.com é uma das mais quentes pontocom que estão no mercado. Somando tudo, eles conseguiram levantar mais de cem milhões de dólares entre capitalistas de risco do primeiro time. A Furniture.com e outras startups quentes como eles está vendendo móveis na web. Volte quando repensar sua estratégia".

Eu não podia acreditar: Rob tinha uma excelente solução, um modelo de negócio comprovado e ninguém queria financiá-lo. Mas, como empreendedor tenaz que era, manteve-se firme em sua posição. Ele acreditava que as pontocom de móveis estavam baseadas em uma falsa premissa de que a oportunidade de negócio era a compra *on-line* de móveis para residências. Ele acreditava que a oportunidade subjacente era a oferta de produtos de *alta qualidade* para um público *seleto e diferenciado* dos outros fornecedores e conseguir que a entrega dos móveis fosse realizada rapidamente. Essas diferenças, público seleto *versus* consumidores em geral e móveis de alta qualidade *versus* produtos comoditizados, eram cruciais para seu sucesso ou para um grande fracasso.

Por fim, Rob conseguiu levantar dinheiro entre amigos e familiares e bem mais tarde obteve uma pequena injeção de capital de risco. Vamos dar um salto de seis anos: a Design Within Reach tornara-se uma próspera empresa de capital aberto, valendo 180 milhões. Contava com 56 lojas de varejo e um site de *e-commerce*. Sua marca é bem conhecida e reconhecida na comunidade de *designers*. Ah, e o que aconteceu com a Furniture.com? Já está relegada à poeira dos fracassos esquecidos.

Por que a Design Within Reach venceu, quando startups extremamente bem financiadas, como a Furniture.com, fracassaram? O que Rob Forbes sabia ou fez para tornar sua empresa uma vencedora? É possível que outras pessoas repliquem esse sucesso?

Quatro passos até a epifania

Para a maioria das startups, falta um processo de descoberta de seus mercados, localização de seus primeiros clientes, validação de suas percepções e de desenvolvimento do negócio. Algumas poucas bem-sucedidas, como a Design Within Reach, fazem tudo isso. A diferença é que as vitoriosas inventam um modelo de desenvolvimento de clientes.

O modelo de desenvolvimento de clientes, apresentado na Figura 2.1, é formatado para resolver os dez problemas do modelo de desenvolvimento de produto mencionados no Capítulo 1. Sua força está em seu rigor e sua flexibilidade. O modelo separa todas as atividades relacionadas a clientes nos estágios iniciais de uma empresa dentro de seus próprios processos, formatados como quatro passos fáceis de entender: descoberta de clientes, validação pelo cliente, geração de demanda e estruturação do negócio. Como você verá adiante, esses passos acolhem e dão suporte consistente às atividades de uma startup no desenvolvimento de produtos. Cada um deles resulta em entregas específicas que serão descritas em capítulos subsequentes.

Figura 2.1   Modelo de desenvolvimento de clientes

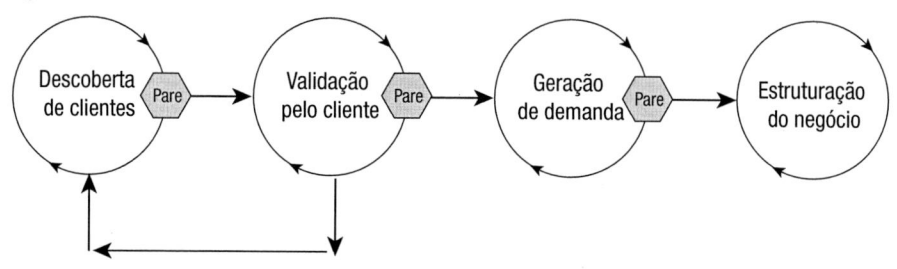

O modelo de desenvolvimento de clientes não é uma substituição do modelo de desenvolvimento de produto, mas um parceiro. De modo geral, o desenvolvimento de clientes foca a compreensão dos problemas e das necessidades dos clientes, na validação pelo cliente, para que seja possível construir um modelo de vendas que possa ser replicado, na geração de demanda que possa ser orientada pelo que quer o usuário e na estruturação do negócio, para fazer a transição do empreendimento da etapa de aprendizado e descoberta para uma máquina bem azeitada e construída para a execução. Como discutiremos adiante neste capítulo, é fundamental para o modelo proposto a noção de que a escolha do tipo de mercado afeta o modo como a empresa vai implementar suas vendas, seu marketing e seus recursos financeiros.

Observe: uma grande diferença entre esse modelo e o tradicional de desenvolvimento de produto é que cada etapa é formatada como um percurso circular com setas recursivas. Os círculos e as setas enfatizam o fato de que cada etapa do desenvolvimento de clientes é iterativa e passível de ser repetida. Esse é um modo polido de dizer: "Ao contrário do que propõe o modelo de desenvolvimento de produto, encontrar o mercado e os clientes certos é imprevisível e nós vamos ferrar você várias vezes até que entenda isso". Nossa experiência com startups mostra que somente nas faculdades de Administração, os estudos de caso evoluem em uma agradável progressão. Por natureza, a descoberta do mercado e dos clientes garante que você vai estar errado várias vezes. No entanto, diferentemente do modelo de desenvolvimento do produto, o de desenvolvimento de clientes assume que haverá a necessidade de muitas iterações em cada um dos quatro passos até que você esteja convicto. Nesse ponto, é valioso ponderar por um momento, porque a filosofia do "está tudo bem errar, se você planeja aprender com isso", é o cerne da metodologia apresentada neste livro.

No diagrama de desenvolvimento de produto, retroceder é considerado um fracasso. Exatamente por isso, os profissionais de uma startup ficam embaraçados quando estão em campo aprendendo, errando e entendendo mais sobre o mercado e o cliente. O diagrama que eles estão acostumados a usar até hoje diz: "Vá da esquerda para a direita e você vai ser um sucesso. Vá da direita para a esquerda e você vai ser demitido". Não é de se admirar que os esforços de vendas e marketing das startups tendam a seguir em frente, mesmo quando está óbvio e patente que eles nem desconfiam onde está o mercado (imagine tentar a filosofia do desenvolvimento de produtos com marca-passos e mísseis).

Ao contrário, o diagrama de desenvolvimento de clientes indica que retroceder é natural e valioso como parte do processo de aprendizado e descoberta. Nessa nova metodologia, você se mantém girando em cada etapa até conquistar "velocidade de escape", ou seja, até que gere conhecimento suficiente para conduzi-lo ao próximo passo.

Note que, no diagrama, o círculo denominado validação pelo cliente tem um retorno adicional à descoberta do cliente. Como verá adiante, a validação pelo cliente é um ponto de verificação-chave para compreender se você realmente conta com um produto que os clientes querem comprar e um mapa de como vender. Se você não conseguir encontrar muitos clientes dispostos a pagar na etapa de validação, o modelo faz você retornar à descoberta para que volte a buscar quais clientes querem e pagariam pelo produto.

Uma consequência interessante desse processo é que ele mantém a startup com despesas baixas até que a empresa consiga validar seu modelo de negócio ao encontrar clientes pagantes. Nas duas primeiras etapas do desenvolvimento de clientes, até mesmo um fluxo de caixa infinito é inútil, porque isso apenas obscureceria o fato de você ter conseguido encontrar, ou não, um mercado (contar com muito dinheiro em caixa torna tentadora a ideia de distribuir gratuitamente ou dar grandes descontos no produto para conquistar os primeiros clientes etc., enquanto você pensa: "cobraremos depois"; mas isso raramente ocorre assim). Como o modelo de desenvolvimento de clientes assume que a trajetória da maioria das startups deve passar pelo menos duas vezes pelas duas etapas iniciais, isso possibilita a uma empresa bem administrada a chance de estimar cuidadosamente seus recursos para economizá-los. A companhia não monta estruturas não relacionadas ao desenvolvimento de produto (vendas, marketing, desenvolvimento de negócios) até que tenha em mãos a comprovação (um mapa de vendas testado e pedidos válidos em carteira) de que aquele é um empreendimento que vale a pena colocar em pé. Assim que obtém essas provas, a empresa parte para as duas últimas etapas – geração de demanda e estruturação do negócio para explorar a oportunidade encontrada e validada.

Um ponto importante do modelo de desenvolvimento de clientes é que ele descreve as melhores práticas das startups vencedoras. Apresente esse processo a empreendedores que conduziram suas empresas muito além de uma IPO (oferta pública inicial de ações na Bolsa de Valores) e você vai ver cabeças balançando em concordância. É que até agora, simplesmente ninguém havia mapeado explicitamente a jornada deles até o sucesso. Ainda mais surpreendente, embora o modelo de desenvolvimento de clientes possa parecer uma ideia nova para os empreendedores, existem várias semelhanças com uma estratégia de combate de guerra conhecida como "OODA Loop", criada por John Boyd[1] e adotada pelas Forças Armadas dos Estados Unidos na Segunda Guerra do Golfo (você vai ouvir mais sobre a OODA Loop adiante neste capítulo).

Os próximos quatro capítulos oferecerão uma abordagem detalhada de cada um dos passos do modelo de desenvolvimento de clientes. A visão geral a seguir vai orientar você a respeito do processo como um todo.

Passo 1 – Descoberta do cliente

A meta dessa etapa é justamente o que indica seu nome: descobrir quem são os clientes para seu produto e se o problema que você acredita que pode resolver é importante para eles. De modo mais formal, essa fase envolve descobrir se as hipóteses de problema, produto e cliente de seu plano de negócio estão corretas. Para fazer isso, você tem que deixar para trás as atividades de adivinhação e "sair da empresa" com o objetivo de aprender quais são os problemas importantes para o cliente, o que em seu

---

[1] Veja bibliografia comentada no tópico: "Livros da guerra como estratégia".

produto soluciona esses pontos e especificamente quem são seus clientes e usuários finais (por exemplo, quem tem o poder ou pode influenciar a decisão de compra e quem realmente vai usar o produto diariamente). O que você descobrir também vai ajudá-lo a formatar a descrição dos atributos únicos do seu produto para os clientes potenciais. Uma ideia importante é que a meta do desenvolvimento de clientes *não é coletar listas de diferenciais dos clientes prospectivos* e nem *realizar uma porção de discussões em grupo (focus groups)* com eles. Em uma startup, são os fundadores e a equipe de desenvolvimento de produto que definem as características do primeiro produto. A tarefa do time de desenvolvimento de clientes é verificar se existem clientes e mercado para essa visão (leia novamente essa frase. Não é intuitivamente óbvio, mas as especificações do produto inicial saem da visão dos fundadores e não resultam da soma de percepções originadas em grupos de discussão).

A premissa básica da Furniture.com e da Living.com era muito boa. Comprar móveis requer grande investimento de tempo e a seleção entre muitas lojas pode ser desgastante. Além disso, a espera pelas peças adquiridas pode parecer interminável. Embora esses varejos *on-line* tivessem marcos de desenvolvimento de produto, não tinham marcos formais para o desenvolvimento de clientes. Na Furniture.com, o foco era chegar ao mercado antes e depressa. A empresa investiu 7 milhões de dólares para desenvolver seu site, o sistema de *e-commerce* e a rede de fornecedores antes de saber qual seria a demanda dos consumidores. Assim que o site ficou pronto e a rede de fornecedores estruturada, a Furniture.com começou a entrega. Mesmo quando a empresa descobriu que seus custos de logística e marketing eram mais altos do que o planejado e que os fabricantes renomados de móveis não queriam se indispor com sua rede tradicional de distribuição por lojas, decidiu avançar baseada no seu plano de negócio.

Na Design Within Reach, ao contrário, Rob Forbes era um grande defensor de uma visão centrada no cliente. Ele conversava continuamente com fornecedores e consumidores. Além disso, não saiu por aí pregando sobre a visão de seu negócio e nem contando para os clientes quais produtos passaria a entregar (o instinto natural de qualquer empreendedor nessa etapa). Em vez disso, ele estava em campo, ouvindo e descobrindo como seus clientes operavam e quais serão seus principais problemas. Rob acreditava que cada nova versão lançada de seu catálogo de móveis era uma lição aprendida com os clientes. Para criar um novo catálogo, ele somava o *feedback* dos clientes e o resultado em vendas da versão anterior, formatando as devidas mudanças. Reuniões inteiras da equipe eram dedicadas a sessões de "lições aprendidas" e "o que não funcionou". Consequentemente, cada vez que um novo catálogo chegava às ruas, cresciam o tamanho do pedido feito por cliente e o número de clientes novos.

Passo 2 – Validação pelo cliente

A validação pelo cliente é a hora da verdade. A meta dessa etapa é construir um mapa de vendas replicável pelas equipes de marketing e vendas, que vão segui-lo mais tarde. O mapa de vendas é a cartilha do processo de vendas comprovado e replicável que foi testado em campo com sucesso durante a venda do produto para os clientes pioneiros. A validação pelo cliente prova que você encontrou um conjunto de consumidores e um mercado, que reagem positivamente a sua oferta: pelo alívio de custos entregue a eles. Nessa etapa, a compra do produto pelo consumidor valida muitas das palavras positivas ouvidas por você dos clientes potenciais.

Em essência, a descoberta do cliente e a validação pelo cliente corroboram seu modelo de negócio. Ao completar esses dois passos, você terá verificado o mercado, localizado os clientes, testado o valor percebido de seu produto, identificado quem realmente paga pela compra, estabelecido sua precificação e estratégia de distribuição e checado o processo e o ciclo de vendas. Se, e somente se, você encontrar um grupo replicável de clientes com um processo de vendas replicável e considerar que esse lugar é capaz de produzir um modelo de negócio rentável, seguirá para a próxima etapa (ganhar escala e cruzar o abismo).

A Design Within Reach começou pela hipótese de que seus clientes formavam um pequeno perfil de *designers* profissionais. Rob Forbes tratou essa ideia como um palpite inteligente e testou sua premissa analisando o resultado de vendas de cada novo catálogo. Manteve-se refinando suas percepções até que encontrou um modelo de cliente e um processo de vendas replicável e que poderia ser expandido.

Esse é o ponto em que os varejistas *on-line* de móveis deveriam ter parado para se reagrupar. Embora os clientes não tenham reagido da forma prevista em seus modelos de negócios, o fato de prosseguirem com a execução baseada no mesmo plano foi o responsável pelo desastre.

Passo 3 – Geração de demanda

A geração de demanda se estrutura a partir do sucesso alcançado pela empresa em suas vendas iniciais. Sua meta é gerar demanda pelos usuários finais e conduzi-la para o canal de vendas da empresa. Esse passo vem depois da validação pelo cliente para fazer com que as despesas de marketing mais pesadas ocorram depois do ponto em que a startup já conquistou seus primeiros clientes: isso possibilita que a companhia controle seu fluxo de caixa e proteja seu ativo mais precioso.

O processo de geração de demanda varia com o tipo de startup. Como eu observei no Capítulo 1, as startups não são todas iguais. Algumas estão entrando em mercados já bem definidos pela concorrência, outras estão criando um mercado em que não existem concorrentes nem produtos similares e, por fim, há também aquelas que estão tentando ser um híbrido das duas primeiras ao ressegmentar um mercado existente como um entrante de baixo custo ou delimitando um novo nicho. Cada uma dessas estratégias de tipo de mercado exige um conjunto bem diferente de atividades de geração de demanda.

No folder de apresentação da Furniture.com, o primeiro ponto abaixo da estratégia de crescimento era "estabelecer uma marca forte". A Furniture.com lançou-se com uma campanha publicitária de 20 milhões de dólares, incluindo anúncios na televisão, na rádio e *on-line*. A empresa gastou um total de 34 milhões em marketing e propaganda, embora as receitas tenham atingido apenas 10,9 milhões (outro varejo de móveis *on-line*, a Living.com, concordou em pagar 145 milhões para aparecer na homepage da gigante do comércio eletrônico, Amazon.com, durante quatro anos). A construção de marca e os pesados investimentos em propaganda fazem todo sentido em mercados existentes, nos quais os clientes já entendem seu produto ou serviço. No entanto, em um mercado inteiramente novo, esse tipo de lançamento "agressivo" é como jogar dinheiro ralo abaixo. Os clientes não têm a menor ideia do que você está falando e você não tem a menor ideia se eles vão se comportar da maneira prevista.

Passo 4 – Estruturação do negócio

Essa etapa é a transição da equipe informal de desenvolvimento de clientes com suas atividades focadas no aprendizado e na descoberta para os departamentos formais com seus VPs de vendas, marketing e desenvolvimento de negócios. Esses executivos agora estarão dedicados à estruturação de áreas orientadas para a missão com o objetivo de tirar o melhor do sucesso inicial da empresa no mercado.

Ao contrário desse processo incremental, o ganho de escala prematuro leva as startups à falência. Quando as vendas da Furniture.com chegaram a 10 milhões de dólares, a empresa tinha 209 funcionários e um fluxo de caixa que se provaria catastrófico se nenhuma das previsões do plano de negócios estivesse incorreta. A abordagem parecia ser "gastar o máximo possível na aquisição de clientes antes de a música parar de tocar". A entrega de móveis pesados de diversos fabricantes resultou em consumidores insatisfeitos, já que os itens perdiam-se, atrasavam ou chegavam danificados. Irrigada com o caixa dos investidores, a empresa reagiu como as pontocom tendem a responder a seus problemas: gastou dinheiro. A reentrada e a duplicação de pedidos começaram a pipocar nos armazéns. A empresa estava queimando os recursos financeiros dos investidores como se fossem lenha barata. Em janeiro de 2000, a companhia estava se preparando para realizar a abertura do capital na bolsa de valores, mas desistiu e saltou direto para uma conversa sobre falência com seus advogados em junho daquele mesmo ano. Por fim, a empresa conseguiu levantar 27 milhões com investidores de capital de risco, mas com uma avaliação bem pior do que na última vez em que havia captado dinheiro no mercado. Lutando pela sobrevivência, a Furniture.com começou a cortar custos furiosamente. A empresa, que oferecia frete gratuito para entrega, passou a cobrar 95 dólares de taxa. Então, demitiu 41% dos funcionários. Mas nunca respondeu à pergunta-chave: Existe um modo de vender móveis comoditizados pela internet e entregá-los com eficiência de custo quando não se conta com uma rede nacional de lojas?

Na Design Within Reach, Rob Forbes gerenciava a empresa com uma ninharia. O fluxo de caixa era mantido baixo: primeiro, por necessidade, porque ele conseguiu dinheiro com amigos, familiares e poucos investidores casuais; e, segundo, por planejamento, enquanto sua equipe estava procurando um mapa de vendas que pudesse ser expandido. Rob estava encontrando um jeito de vender móveis sem uma rede de lojas – e esse jeito era chamado de catálogo.

Os quatro tipos de mercados das startups

Desde tempos imemoriais, os necrológios das empresas fracassadas incluem: "Eu não entendo o que aconteceu. Fizemos tudo o que funcionou em nossa última startup". O fracasso não se deve à falta de energia, esforço ou paixão. Pode ser simplesmente falta de entendimento de que *existem quatro tipos de startups* e cada uma delas exige um conjunto muito diferente de requisitos para ser bem-sucedida:

- Startups que estão entrando em um mercado existente.
- Startups que estão criando um mercado totalmente novo.
- Startups que querem ressegmentar um mercado existente como uma operadora de baixo custo.
- Startups que querem ressegmentar um mercado existente como uma operadora de nicho.

(Inovações "disruptiva" e "de sustentação", eloquentemente descritas por Clayton Christensen, são outro modo de nomear os tipos de mercado novo e existente.)

Como apontei no Capítulo 1, pensar e agir como se todas as startups fossem iguais é um erro estratégico. É uma falácia acreditar que as estratégias e as táticas que funcionaram para uma startup podem ser apropriadas para outra, já que o tipo de mercado altera tudo o que a empresa executa.

Como exemplo, imagine que estamos em outubro de 1999 e você é Donna Dubinsky, CEO de uma corajosa *startup*, a Handspring, no bilionário mercado dos Assistentes pessoais digitais (*Personal Digital Assistant* – PDAs). Outras empresas no mesmo mercado em 1999 eram a Palm, criadora original da inovação, assim como a Microsoft e a Hewlett-Packard. Em outubro de 1999, Donna disse a seu VP de vendas: "Nos próximos doze meses, quero que a Handspring conquiste 20% do mercado de PDAs". O VP de vendas engoliu em seco e se virou para o VP de marketing, dizendo: "Quero que você desvie a demanda dos usuários finais de nossos concorrentes para nossos canais de vendas". O VP de marketing olhou para todos os outros PDAs do mercado e diferenciou o produto da Handspring, enfatizando sua *performance* e capacidade de expansão. Resultado final? Depois de doze meses, as receitas da Handspring eram de 170 milhões de dólares. Isso foi possível porque, em 1999, Donna e a Handspring estavam em um mercado existente. Os consumidores dessa startup já entendiam o que era um PDA. A empresa não precisou educar os clientes do mercado, até porque o produto dela era melhor do que o da concorrência – e eles fizeram isso brilhantemente.

O que torna esse exemplo realmente interessante é o seguinte: volte três anos na história para 1996. Antes da Handspring, Donna e sua equipe tinham fundado a Palm Computing, a pioneira em PDA. Antes de a Palm entrar em cena, o mercado desses aparelhos não existia (alguns experimentos, como o Newton, da Apple, tinham surgido e desaparecido). Mas imagine se Donna tivesse virado para seu VP de vendas em 1996 e dito: "Quero conquistar 20% do mercado de PDA no final do primeiro ano". Seu VP de vendas poderia, então, ter falado para o VP de marketing: "Quero que você desvie a demanda dos usuários finais de nossos concorrentes para nossos canais de vendas". E o VP de marketing então pensou: "Vamos contar para todo mundo como o PDA da Palm é rápido". Caso tivessem feito isso em 1996, o resultado de vendas seria zero. Naquele momento, nenhum cliente potencial tinha sequer ouvido falar em PDA. Ninguém sabia o que esse aparelho podia fazer, não existia demanda latente de usuários finais e, portanto, enfatizar os diferenciais técnicos do produto seria irrelevante. O que a Palm precisava era educar os clientes potenciais sobre o que um PDA era capaz de fazer por eles. De acordo com nossa definição, com um produto que permitia que o usuário fizesse algo que não conseguia realizar antes, a Palm estava *criando um mercado*. Ao contrário, em 1999, a Handspring, estava em *um mercado existente*.

A lição retirada dessa história é a seguinte: mesmo estando essencialmente com a mesma equipe e o mesmo produto, a Handspring teria fracassado se tivesse aplicado as mesmas estratégias de marketing e vendas que foram bem-sucedidas anteriormente na Palm. E a recíproca é verdadeira também: a Palm teria falhado e queimado dinheiro se tivesse usado as estratégias da Handspring. O tipo de mercado muda tudo.

Ele muda sua avaliação das necessidades do cliente, a taxa de adoção pelo mercado, como o consumidor entende as próprias necessidades e como você posiciona o produto diante dele. O tipo de mercado também altera o tamanho do mercado e a forma como você deve realizar o lançamento do produto. A Tabela 2.1 mostra quais são as diferenças.

Tabela 2.1 Tipo de mercado altera tudo

Cliente	Mercado	Vendas	Finanças
Necessidades	Tamanho	Canal de distribuição	Entrada de capital
Taxa de adoção	Custo de entrada	Margens	Prazo até a rentabilidade
Reconhecimento do problema	Tipo de lançamento	Ciclo de vendas	
Posicionamento	Barreiras competitivas		

Antes que qualquer atividade de marketing e vendas possa começar, a empresa deve se manter testando e perguntando: "Que tipo de startup nós somos?". Para entender por que, leve em consideração os quatro tipos de mercado detalhados a seguir.

Um novo produto em um mercado existente

Um mercado existente é bem fácil de ser compreendido. Uma startup está em um mercado existente, quando seu produto oferece melhor *performance* do que os atuais. Performance elevada pode significar que um produto ou serviço é mais rápido, faz algo melhor ou aprimora substancialmente o que já está no mercado. A boa notícia é que os usuários e o mercado são bem conhecidos, assim como seus concorrentes. De fato, os concorrentes definem o mercado. A base de concorrência está, por conseguinte, no produto e nos seus diferenciais.

Você pode entrar em um mercado existente como uma alternativa mais barata ou como um reposicionamento de "nicho" para o produto, mas, nesse caso, nós chamaremos de ressegmentação de mercado ressegmentado.

Um novo produto em um novo mercado

Outra possibilidade é introduzir um novo produto em um novo mercado. O que é um novo mercado? É o que acontece quando uma empresa cria uma ampla base de clientes que *não conseguiam realizar algo antes*, mas que foi viabilizado agora por uma real inovação ou quando a redução de preço é tão dramática, que possibilita a geração de uma nova classe de usuários. Ou, ainda, quando o produto novo soluciona questões de disponibilidade, eficiência, conveniência ou localização, que nenhum outro conseguiu antes. O primeiro computador portátil da Compaq possibilitou que os executivos carregassem seus computadores com eles, algo que simplesmente era impossível antes. A Compaq, portanto, criou um novo mercado, o mercado de computadores portáteis. Com o Quicken, a Intuit ofereceu um jeito para as pessoas gerenciarem as próprias finanças no computador, ao escreverem cheques automaticamente e manter um registro deles, além de fazer reconciliação do balanço mensalmente – algo que as pessoas detestam fazer e pouca gente faz bem. Ao fazer isso, a Intuit criou o mercado da contabilidade doméstica (ao falar em "criou o mercado", não estou me referindo à "primeira empresa" que lançou o produto, mas àquela cuja fatia de mercado e onipresença associadas ao próprio mercado).

Em um novo mercado, a boa notícia é que os diferenciais do produto são, de início, irrelevantes, porque não existem concorrentes (a não ser outras startups irrequietas). A má notícia é que os usuários e o mercado são indefinidos e desconhecidos. Quando você está criando um novo mercado, seu problema não é como competir com outras empresas em relação aos diferenciais do produto, mas como convencer uma fatia de clientes que sua visão não é uma alucinação. A criação de um novo mercado exige que você compreenda se existe uma grande base de clientes que não conseguia realizar aquilo antes, se esses clientes podem ser convencidos de que querem ou precisam de seu novo produto e se a adoção vai acontecer enquanto você ainda está vivo. Também requer uma análise sofisticada em finanças – como gerenciar o fluxo de caixa durante a fase de adoção e como encontrar e lidar com investidores que tenham paciência e bolsos fundos.

Um novo produto tentando ressegmentar um mercado existente: baixo custo

Mais da metade das startups segue essa trajetória híbrida de tentar introduzir um novo produto que ressegmenta um mercado existente, o que pode assumir duas formas: estratégia de baixo custo ou estratégia de nicho (por falar nisso, segmentação não é sinônimo de diferenciação, significa que você encontrou um espaço claro e distinto na mente dos consumidores que é único, exclusivo, compreensível e, mais importante, está relacionado a algo que eles valorizam, querem e precisam agora).

A ressegmentação de baixo custo é exatamente o que parece: clientes com renda menor em um mercado existente que comprariam "*performance* boa o bastante" se o preço do produto fosse substancialmente rebaixado? Se você realmente puder ser um entrante de baixo custo (e rentável), entrar em um mercado existente nesse segmento é divertido, já que as empresas consolidadas tendem a abandonar a fatia de negócios com margens estreitas.

Um novo produto tentando ressegmentar um mercado existente: nicho

A ressegmentação por nicho é ligeiramente diferente. Trata-se de olhar para um mercado existente e perguntar: "Uma parte desse mercado compraria um novo produto formatado para atender suas necessidades mais específicas? Mesmo se custar mais? Ou uma *performance* pior em algum aspecto do produto seria irrelevante para esse nicho?". A ressegmentação por nicho tenta convencer os consumidores de que algumas características do novo produto são radicais o bastante para mudar a forma e as regras do mercado existente. Diferentemente da ressegmentação de baixo custo, a de nicho busca o cerne dos negócios rentáveis naquele mercado existente.

Nos dois casos de ressegmentação, ocorre uma mudança em como as pessoas pensam sobre os produtos daquele mercado existente. A In-n-Out Burger é um caso clássico de ressegmentação de um mercado existente. Quem acharia que uma nova cadeia de *fast-food* (agora com duzentas lojas próprias) poderia entrar de modo bem-sucedido em um mercado existente e já dominado pelo McDonald's e o Burger King? No entanto, a In-n-Out foi vitoriosa simplesmente observando como os líderes do mercado desviaram-se do conceito original de uma cadeia de hambúrgueres. Em 2001, o McDonald's contava com mais de 55 itens em seu menu e nenhum deles tinha um sabor especialmente bom. Em um claro contraste, a In-n-Out oferecia apenas três: todos frescos, de alta qualidade e particularmente saborosos. Eles focaram a essência do segmento de *fast-food*, isto é, os consumidores que queriam hambúrgueres de alta qualidade e nada mais.

Embora a ressegmentação de um mercado existente seja a escolha mais comum das startups, é também a opção com mais sutilezas. Em uma estratégia de ressegmentação de baixo custo, é necessário um planejamento de produto de longo prazo que use o baixo custo para entrar no mercado e obter rentabilidade, mas que preveja também o crescimento para patamares mais altos de renda. Na ressegmentação por nicho, a estratégia enfrenta concorrentes arraigados, dispostos a defender ferozmente seus mercados rentáveis. E as duas estratégias exigem perspicácia e agilidade no posicionamento de como o novo produto redefinirá o mercado.

Tipo de mercado e processo de desenvolvimento de clientes

Conforme a empresa vai seguindo o processo de desenvolvimento de clientes, a importância do tipo de mercado aumenta a cada etapa. Durante o primeiro passo, de descoberta do cliente, todas as startups, não importa o tipo de mercado, devem sair detrás da mesa e ir conversar com os clientes. Na validação pelo cliente, emergem as diferenças entre as startups por tipo de mercado e as estratégias de posicionamento e vendas divergem rapidamente. Na geração de demanda, a terceira etapa, as diferenças tornam-se agudas, já que as estratégias de aquisição de clientes e vendas diferem dramaticamente de acordo com o tipo de mercado. É nessa fase que as startups que não conseguirem entender o tipo de mercado no qual escolheram atuar podem acabar fora do tabuleiro. No Capítulo 5, vamos enfatizar essas armadilhas potenciais.

A velocidade com que a empresa avança no processo de desenvolvimento de clientes também depende do tipo de mercado. Mesmo que você tenha pedido demissão na sexta-feira passada para começar na segunda em uma startup em um mercado existente que faz um produto similar, mas melhor, ainda assim será preciso responder a essas perguntas. Mas o processo será um passeio que poderá ser cumprido em algumas semanas ou poucos meses.

Por outro lado, uma empresa criando um novo mercado está diante de um conjunto de questões em aberto. Passar pelo processo de desenvolvimento de clientes, nesse caso, pode levar um ano, dois ou até um pouco mais de tempo.

A Tabela 2.2 resume as diferenças entre os quatro tipos de mercado. Como você vai ver, o modelo de desenvolvimento de clientes oferece uma metodologia explícita para responder à pergunta: "Que tipo de startup nós somos?". Essa é uma questão que será recorrente em cada uma das quatro etapas.

Tabela 2.2 Características dos "tipos de mercado"

Cliente	Mercado existente	Mercado ressegmentado	Novo mercado
Clientes	Existentes	Existentes	Entrada de capital Prazo até a rentabilidade
Necessidades dos clientes	Performance	• Custo • Necessidade percebida	Simplicidade e conveniência
Performance	Melhor/mais rápido	• Boa o bastante para baixo preço • Boa o bastante para novo nicho	Baixa em "atributos tradicionais", aprimorada pelas métricas de novos consumidores
Concorrência	Existente	Existente	Não consumo/outras startups
Riscos	Existência de concorrentes	• Concorrentes • Falha na estratégia de nicho	Adoção pelo mercado

Sincronia entre desenvolvimento de produto e desenvolvimento de clientes

Como sugeri no Capítulo 1, o desenvolvimento de clientes não é um substituto das atividades realizadas pela equipe de desenvolvimento de produto. Em vez disso, ambos são processos paralelos. Enquanto o grupo de desenvolvimento de clientes está engajado em atividades centradas no cliente fora da empresa, a equipe de desenvolvimento de produto está focada nas atividades centradas no produto, realizadas internamente. Em um primeiro momento, pode parecer que não existe muita conexão entre as duas áreas. Mas isso é um equívoco. Para que uma startup seja bem-sucedida, os dois processos devem permanecer sincronizados e operar em concerto.

No entanto, o modo como as duas equipes interagem em uma startup está a 180 graus de como atuariam em uma grande companhia. A tarefa da engenharia em uma grande empresa é desenvolver produtos de continuidade para um mercado existente, realizado a partir de vários pontos já conhecidos: quem são os clientes, o que eles precisam, em que mercados estão e quem são os concorrentes da empresa (todos os benefícios de estar em um mercado existente, mais a vantagem de já se ter clientes e receita). A interação entre o desenvolvimento de produto e o de clientes em uma grande empresa está orientada para oferecer novos diferenciais e funções aos clientes já existentes por um preço que maximize a fatia de mercado e a rentabilidade da empresa.

Ao contrário, na maioria das startups, só é possível tentar adivinhar quem são os clientes e onde estão. A única certeza no primeiro dia de atividade é a visão do produto. Por conseguinte, a meta do desenvolvimento de clientes em uma startup é encontrar o mercado para o produto como está especificado e não desenvolver ou refinar as especificações com base em um mercado desconhecido. Essa é uma diferença fundamental entre as grandes empresas e a maioria das startups.

Para pontuar de outro modo, as grandes empresas moldam o desenvolvimento de novos produtos para clientes conhecidos. Os novos benefícios do produto surgem de um refinamento contínuo de acordo com as exigências dos clientes, do mercado e um ambiente competitivo também já conhecido. Dessa forma, fica mais claro como será a adoção pelos clientes e pelo mercado. As startups, porém, começam com especificações de produto conhecidas e moldam seu desenvolvimento de produto a clientes desconhecidos. Os atributos do produto surgem da visão e aprovação diante de exigências dos clientes e de exigências de mercado desconhecidos. Enquanto o mercado e os clientes tornam-se mais claros devido a sucessivos refinamentos, as características do produto são direcionadas para melhor satisfazê-los. Em resumo, nas grandes companhias, as especificações do produto são orientadas pelo mercado; nas startups, o marketing é orientado pelo produto.

Nos dois casos, as equipes de desenvolvimento de produto e de clientes devem estar de mãos dadas. Na maioria das startups, porém, a única sincronização formal entre engenharia e vendas/marketing ocorre quando os profissionais se perfilam para travar batalhas incertas. Os engenheiros dizem: "Como foi que você prometeu esses diferenciais para os clientes? Não é isso que estamos desenvolvendo". E os vendedores respondem: "Como é que vocês estão deixando para trás os diferenciais prometidos no lançamento? Nós precisamos oferecer esses recursos para conseguir fechar contratos". Uma das metas de um processo formal de desenvolvimento de clientes é assegurar que os focos no produto e no cliente mantenham-se orquestrados sem rancores e sem grandes surpresas.

Alguns exemplos dos pontos de sincronização são os seguintes:

- Em cada um dos passos – descoberta do cliente, validação pelo cliente, geração de demanda e estruturação do negócio – as equipes de desenvolvimento de produto e de clientes encontram-se em reuniões formais de sincronização. Somente se os dois grupos estiverem de acordo, a equipe de desenvolvimento de clientes segue em frente para a próxima etapa.

- Na descoberta do cliente, a equipe do desenvolvimento de clientes esforça-se para validar as especificações do produto, não para descobrir uma nova série de diferenciais. Se os consumidores não acharem que há um problema a ser resolvido, avaliarem que a questão não é das piores ou não considerarem que as especificações do produto serão capazes de solucionar o problema deles, somente aí as equipes de desenvolvimento de produto e de clientes voltam a se reunir para refinar ou adicionar diferenciais ao produto.
- Ainda na descoberta do cliente, quando os consumidores tiverem demonstrado consistentemente que o produto necessita de novos recursos ou precisa ser modificado, o VP de desenvolvimento de produto vai junto ouvir o retorno dos clientes antes que algum diferencial seja adicionado.
- Na etapa de validação pelo cliente, os profissionais-chave da equipe de desenvolvimento de produto vão encarar o cliente como parte da equipe de apoio a pré-vendas.
- Na estruturação do negócio, a equipe de desenvolvimento do produto instala e dá suporte aos primeiros produtos comercializados, enquanto treina o time de serviço técnico de pós-venda.

Conforme você for lendo cada uma das etapas nos capítulos que se seguem, perceberá que a ênfase na sincronização perpassa por todo o processo de desenvolvimento de clientes.

Resumo:
Processo de desenvolvimento de clientes

O modelo de desenvolvimento de clientes consiste em quatro passos bem definidos: descoberta do cliente, validação pelo cliente, geração de demanda e estruturação do negócio. Como você verá nos próximos capítulos deste livro, cada etapa exige um conjunto claro e conciso de itens de entrega que oferece à empresa e aos investidores provas incontestáveis do progresso que está sendo alcançado na interação com o mercado. Mais do que isso, as primeiras três fases do desenvolvimento de clientes podem ser cumpridas com uma equipe que cabe em uma garagem.

Embora cada etapa tenha seus objetivos específicos, o processo como um todo tem suas metas globais: provar que existe um negócio rentável e que pode fazer a startupse expandir. É isso o que transforma um negócio não lucrativo em um empreendimento rentável.

Ser um empreendedor vitorioso significa encontrar a trajetória em meio à névoa, à confusão, fazendo um número infinito de escolhas. Para chegar lá, você precisa não apenas de uma visão, mas de um processo. Este livro oferece a você o processo. A premissa é muito simples: se você passar, cuidadosa e rigorosamente, pelas quatro etapas do desenvolvimento de clientes, vai aumentar as chances de chegar ao sucesso e alcançar a epifania.

Passo a passo da descoberta do cliente

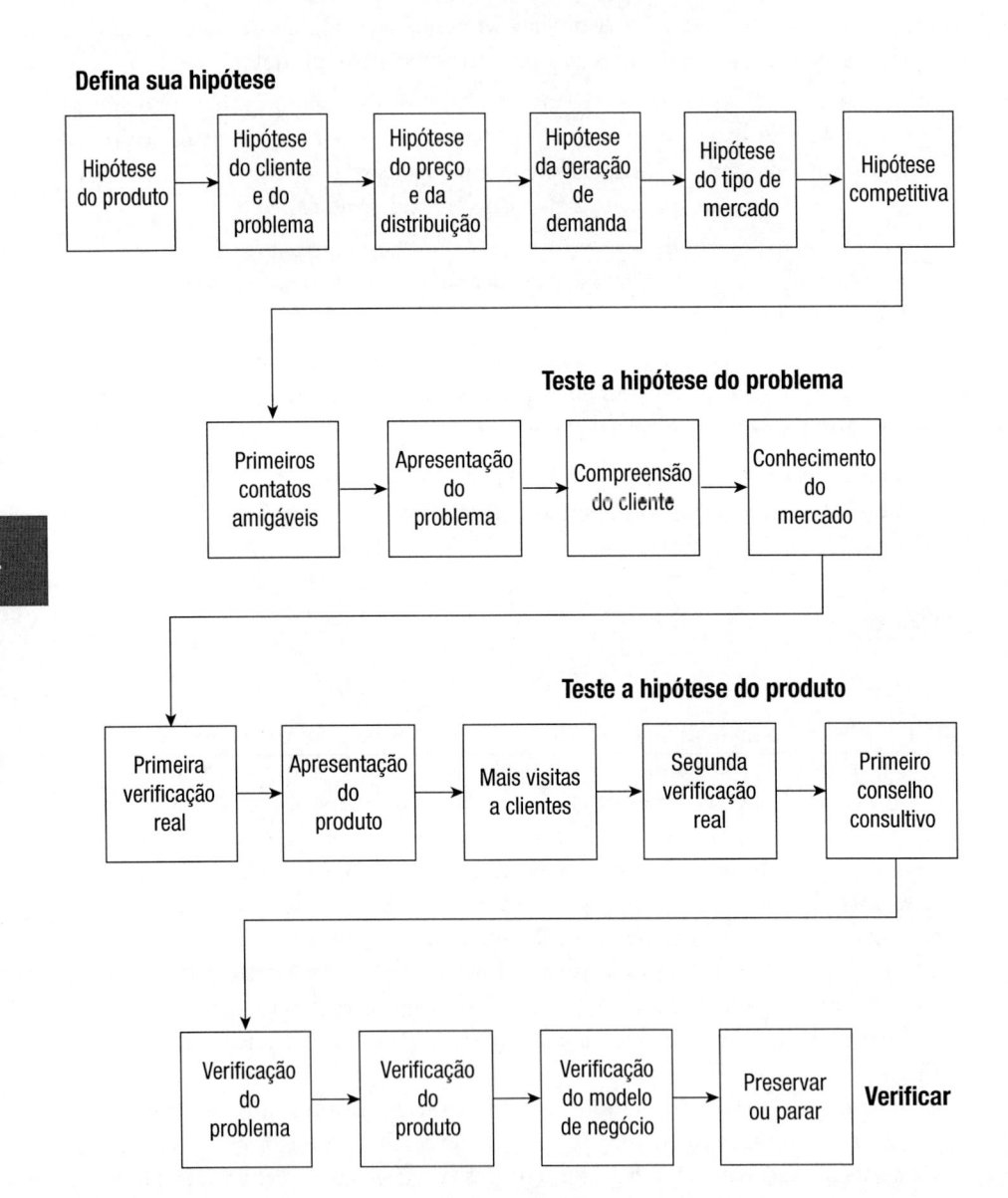

Defina sua hipótese

Hipótese do produto → Hipótese do cliente e do problema → Hipótese do preço e da distribuição → Hipótese da geração de demanda → Hipótese do tipo de mercado → Hipótese competitiva

Teste a hipótese do problema

Primeiros contatos amigáveis → Apresentação do problema → Compreensão do cliente → Conhecimento do mercado

Teste a hipótese do produto

Primeira verificação real → Apresentação do produto → Mais visitas a clientes → Segunda verificação real → Primeiro conselho consultivo

Verificar

Verificação do problema → Verificação do produto → Verificação do modelo de negócio → Preservar ou parar

3

Rota da epifania: descoberta do cliente

Uma jornada com milhares de quilômetros começa com um único passo.

Lao Tzu

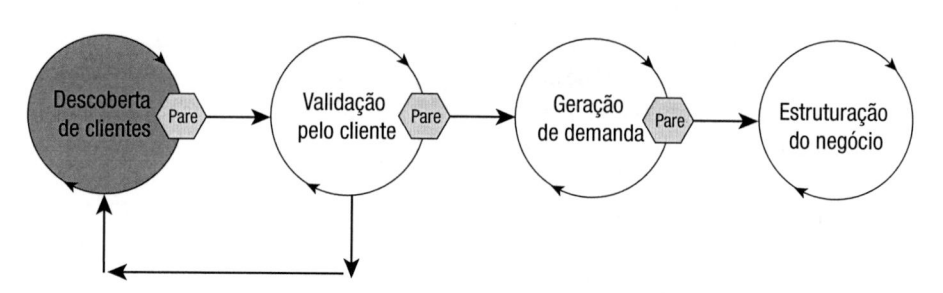

Descoberta de clientes → Pare → Validação pelo cliente → Pare → Geração de demanda → Pare → Estruturação do negócio

Em 1994, Steve Powell teve a ideia de criar um novo tipo de aparelho para escritórios domésticos. Aproveitando a conexão de alta velocidade chamada ISDN (Integrated Services Digital Network), o empreendedor vislumbrou o desenvolvimento do novo canivete de escoteiro para as pequenas empresas, integrando em um único aparelho fax, secretária eletrônica, encaminhamento inteligente de chamadas, e-mail, vídeo e telefone. De início, ele imaginou que o mercado para o novo dispositivo seriam os onze milhões de pessoas que tinham pequenas empresas ou trabalhavam em casa (o chamado mercado SOHO – Small Office/Home Office).

A visão técnica de Steve era sedutora e ele captou 3 milhões de dólares na primeira rodada com os investidores para financiar sua empresa, a FastOffice. Como a maioria das startups tecnológicas, a FastOffice foi de início liderada por seu fundador, embora Steve fosse um engenheiro de formação. Um ano depois, ele conseguiu mais 5 milhões em uma nova rodada de financiamento, quando sua startup foi ainda melhor avaliada. De acordo com a melhor tradição do Vale do Silício, sua equipe seguia o canônico diagrama de desenvolvimento de produto e, em dezoito meses, este estava pronto para a primeira entrega ao mercado do aparelho, com o nome de *front desk*. Só havia um pequeno problema. O *front desk* custava 1.395 dólares e, a esse preço, os consumidores não estavam exatamente fazendo fila na frente da FastOffice.

Como em toda startup de tecnologia, os membros do conselho consultivo de Steve partiram do princípio de que a primeira entrega ao mercado significa que a empresa passará a ter receita de vendas no dia em que o produto for disponibilizado aos clientes. Seis meses depois da primeira entrega ao mercado, a empresa não estava cumprindo o plano de receitas e os investidores estavam insatisfeitos.

Foi por essa época que eu conheci Steve e sua equipe de gerentes. Os capitalistas de risco que o financiaram me pediram para ajudá-lo com o "posicionamento" da empresa (hoje em dia, quando ouço esse tipo de pedido, sei que é um código para dizer: "O produto está no mercado, mas não está vendendo bem. Tem alguma ideia?"). Quando vi uma demo do *front desk*, minha reação foi: "Uau! É realmente um aparelho inovador. Adoraria ter um em casa. Quanto custa?". Quando Steve me disse que seu preço era 1.400 dólares, minha resposta foi: "Caramba, eu não compraria um, mas não dá para eu entrar no teste beta?". Ainda lembro a resposta imediata de Steve: "Essa é a reação de todo mundo. O que está errado? Por que você não compraria um?". A dura realidade era que a FastOffice tinha criado um Rolls Royce para clientes com orçamento compatível com um Volkswagen. Poucos – infelizmente, muito poucos – pequenos escritórios domésticos podem pagar por um aparelho desse preço.

Steve e sua equipe cometeram um dos erros-padrão das startups. Eles desenvolveram um ótimo produto, mas foram negligentes na hora de investir o mesmo tempo para desenvolver o mercado. O mercado SOHO simplesmente não via um valioso problema para ser resolvido pelo *front desk* e o aparelho não se tornava um "tenho que ter", especialmente por aquele preço alto. A FastOffice tinha uma solução em busca de um problema.

Quando Steve e sua equipe perceberam que as pessoas não pagariam 1.400 dólares por um "acessório bom de ter", eles precisaram encontrar outra estratégia. Como em toda startup que enfrenta esse tipo de problema, a FastOffice demitiu o VP de vendas e buscou uma nova estratégia de marketing e vendas. Agora, em vez de vender para as pessoas que trabalham em casa, a startup queria conquistar as corporações integrantes da *Fortune 1000* com "força de trabalho distribuída" – vendedores trabalhando em casa. O raciocínio era que um VP de vendas de uma grande empresa poderia justificar o gasto de 1.400 dólares em um funcionário gerador de alto valor para a empresa. A ideia era que o "novo" produto, agora renomeado de *home desk*, podia fazer um único vendedor parecer como uma grande filial.

Embora a nova estratégia pudesse ser boa no papel, ela enfrentou o mesmo problema da anterior: o produto era "bom de ter", mas não existia nenhum problema crítico que ele resolvesse. Os VPs de vendas não vão para a cama preocupados com os vendedores em seus escritórios remotos. Eles se preocupam em como fazer para alcançar as metas.

O que se seguiu, foi a versão ritual para as startups do teatro Noh japonês, como mencionei no Capítulo 1. Diante do fracasso de seu Plano B, a FastOffice demitiu o VP de marketing e foi atrás de outra nova estratégia. A empresa estava agora na espiral fatal das startups: a equipe de executivos mudava a cada nova estratégia adotada.

Depois que a terceira tentativa também não funcionou, Steve não era mais o CEO e o conselho trouxe um experiente executivo de negócios.

O mais interessante na história da FastOffice não é o fato de ser única, mas justamente o de ser muito comum. Repetidamente, as startups põem foco na primeira entrega ao mercado e, somente depois que o produto está disponível, percebem que os consumidores não se comportam como o esperado. Quando a empresa entende que as receitas não atingirão as expectativas, a situação torna-se complicada. A história termina aqui? Não, vamos voltar à FastOffice, depois de explicar a filosofia da descoberta do cliente.

Como a maioria das startups, a FastOffice sabia desenvolver o produto e como mensurar seu progresso pela data da primeira entrega ao mercado. O que faltou para a empresa foi um conjunto inicial de metas em desenvolvimento de clientes, o que teria possibilitado a mensuração do progresso também na compreensão do cliente e na definição de um mercado para o produto. Essas metas teriam sido alcançadas, quando a FastOffice fosse capaz de responder às seguintes perguntas:

- Você identificou um problema que o cliente quer resolver?
- O produto soluciona essa necessidade dos clientes?
- Em caso positivo, você tem um modelo de negócio viável e rentável?
- Você aprendeu o suficiente para ir ao mercado e vender o produto?

Responder a essas questões é o propósito do primeiro passo do modelo de desenvolvimento de clientes, a descoberta do cliente. Este capítulo explica como fazê-lo.

Filosofia da descoberta do cliente

Deixe-me colocar o propósito da descoberta do cliente de um modo um pouco mais formal. Uma startup começa com uma visão: de um novo produto ou serviço, de como o produto chegará aos clientes e de por que diversos clientes iriam querer comprar aquele produto. A No início da *startup*, a maior parte do que os fundadores acreditam sobre o mercado e seus clientes potenciais são palpites. Para transformar a visão em realidade (e em uma empresa rentável), uma startup precisa testar esses palpites, ou hipóteses, e descobrir se estão corretos. Portanto, a meta geral da etapa de descoberta do cliente refere-se ao seguinte: transformar as hipóteses iniciais dos fundadores sobre o mercado e os clientes em fatos, e já que estes acontecem do lado de fora do prédio da companhia, a atividade primária é se colocar diante dos clientes. Somente depois que os fundadores passarem por essa etapa, eles podem saber se o que tinham era uma visão válida ou uma alucinação.

Parece simples, não é? Mesmo assim, para quem já trabalhou em empresas de porte, o processo de descoberta do cliente é desorientador. Todas as regras que os profissionais de marketing aprenderam sobre gerenciamento de produto nas grandes companhias são viradas de cabeça para baixo. É instrutivo enumerar todas as atividades que você *não realizará*:

- Compreender os desejos e as necessidades de *todos* os consumidores.
- Fazer uma lista de *todos* os diferenciais desejados pelos clientes antes de comprar o produto.
- Entregar à equipe de produto uma lista dos diferenciais, somando todos os desejos dos clientes.
- Levar ao desenvolvimento de produto um detalhado documento de requisitos de marketing.
- Realizar grupos de discussão (*focus groups*) para testar a reação dos clientes diante do produto para ver se eles iriam comprá-lo.

Em vez disso, você vai desenvolver seu produto para alguns e não para a maioria. Mais do que isso, vai começar a desenvolver o produto antes mesmo de saber se existem consumidores interessados nele.

Para executivos experientes no gerenciamento de marketing e de produtos, essas afirmações não são apenas desorientadoras e contraintuitivas, são heréticas. Tudo o que estou dizendo que você não irá fazer é aquilo que os profissionais de gerenciamento de marketing e produtos foram treinados para realizar muito bem. Por que as necessidades de todos os clientes potenciais não são importantes? Por que o primeiro produto de uma nova companhia é tão diferente do produto de continuidade de uma grande empresa? O que há com os primeiros clientes de uma startup que torna as regras tão diferentes?

Desenvolva o produto para alguns, não para a maioria

Em um processo tradicional de gerenciamento de marketing e de produtos, a meta é gerar um documento de requisitos de marketing (MRD – sigla em inglês para *Marketing Requirements Document*). O MRD contém a soma de todas as possíveis características exigidas pelo cliente e priorizadas em um esforço colaborativo entre as áreas de marketing, vendas e engenharia. Marketing realiza grupos de discussão, analisa os dados de venda obtidos em campo e foca nas exigências e reclamações dos clientes. A soma dessas informações leva às características exigidas pelo cliente, que são acrescentadas às especificações do produto, sendo que a equipe de engenharia as desenvolve para o próximo lançamento.

Embora esse processo seja racional para companhias estabelecidas entrando em um mercado existente, é uma bobagem para as startups. Por quê? Em empresas estabelecidas, o processo do MRD assegura que a engenharia desenvolva um produto que tenha apelo no mercado existente. Mas, nesse caso, os clientes e suas necessidades são conhecidos. Em uma startup, o primeiro produto *não é* criado para satisfazer a maioria dos consumidores. Nenhuma delas suporta os custos do esforço de engenharia ou o tempo necessário para o desenvolvimento de um produto com todos os diferenciais exigidos pela maioria em seu primeiro lançamento. O produto demoraria anos para chegar ao mercado e, quando fosse lançado, já estaria obsoleto. Uma startup bem-sucedida resolve esse dilema colocando o foco do desenvolvimento e do esforço inicial de venda no pequeno grupo de clientes pioneiros que "comprou" a visão do produto. É esse seleto conjunto de consumidores visionários que dará à empresa o *feedback* de que necessita para adicionar características aos lançamentos seguintes. Os entusiastas de novos produtos, que espalham a novidade, são chamados de evangelistas. Mas nós precisamos de uma nova palavra para designar esses *clientes* visionários – aqueles que não vão apenas divulgar a boa nova a respeito de um produto ainda inacabado e não testado, mas que também estão dispostos a pagar por ele. Por essa razão, eu sempre me refiro a eles como os "primeiros evangelistas" em inglês, *earlyvangelists*)[2].

Primeiro evangelista: o cliente mais importante que você conhecerá

Os primeiros evangelistas precoces são uma linhagem especial de clientes, ansiosos em assumir o risco de experimentar o produto ou serviço de sua startup, porque foram realmente capazes de vislumbrar o potencial de solução de um problema crítico e imediato – e têm também a verba para comprar. Infelizmente, não são muitos os clientes que se encaixam nesse perfil. A seguir, um exemplo do mundo corporativo.

Imagine uma agência bancária com uma fila que dá a volta no quarteirão em uma sexta-feira, quando os clientes demoram uma hora – ou mais – para entrar e sacar no caixa o cheque do pagamento. Agora, imagine que você é o fundador de uma empresa de software, que pode ajudar o banco a reduzir o tempo de espera dos clientes para dez minutos. Você marca uma reunião no banco e diz ao presidente: "Eu tenho um produto que pode resolver seu problema". Se a resposta for: "Que problema?", você está diante de um cliente que não percebe que tem uma necessidade premente e que existe uma nova solução. Nos primeiros dois anos de vida de uma startup, não há como esperar que ele se torne um cliente e qualquer *feedback* recebido dele será inútil. Clientes assim são os chamados "conservadores", porque têm uma "necessidade latente".

Outra resposta do presidente do banco poderia ser: "Sim, temos um problema terrível. Sinto-me muito mal em relação a isso e, nos dias mais quentes do ano, chego a levar copos de água fresca para os clientes que estão esperando na fila." Nesse caso, o presidente do banco é aquele cliente que reconhece que tem um problema, mas não está motivado a fazer muito mais do que tratar paliativamente os sintomas. Esse perfil pode oferecer um *feedback* útil sobre o tipo de problema que estão passando, porém, o mais provável é que não sejam os primeiros da fila para comprar um novo produto. Como têm uma "necessidade ativa", você provavelmente vai conseguir vender mais tarde, quando puder entregar um produto desenvolvido para a "maioria do mercado" (*mainstream market*). Mas não neste momento.

Mas, caso esse seja um bom dia, pode ser que você entre no banco e ouça o presidente lhe responder: "Sim, é um problema enorme. De fato, nos faz perder negócios no total de 500 mil dólares por ano. Estou buscando uma solução de software que

---

[2] Existe um ótimo material para estudo sobre "usuários líderes", que foi popularizado por Eric Von Hippel, do MIT. Veja também Enos (1962), Freeman (1968), Shaw (1985) e Lilen & Morrison (2001).

possa reduzir o tempo de processamento e pagamento de cheques em 70%. O software tem que se integrar à ponta final de nosso sistema Oracle e deve custar menos do que 150 mil dólares. Além disso, preciso que seja entregue em seis meses". Agora você está ficando quente; esse é um cliente que "visualiza a solução do problema". Seria ainda melhor se o presidente dissesse: "Não vi um único pacote de software que resolva nosso problema, então, pedi ao nosso departamento de TI para desenvolver um. Eles deram uma solução doméstica, mas o software continua a dar problemas nos caixas e nosso CIO tem dificuldade para mantê-la em operação".

Você está quase lá: encontrou um cliente que enfrenta um problema tão desesperador que buscou a própria solução doméstica, estruturada com a junção de partes que não se integram muito bem.

Por último, imagine que o presidente do banco diga: "Cara, se conseguisse encontrar alguém que me vendesse a solução desse problema, poderíamos gastar 500 mil dólares que já estão orçados para esse ano" (Verdade seja dita, na vida real nenhum cliente diria isso. Mas podemos sonhar, não é?). A essa altura, você encontrou o cliente supremo para uma startup tentando vender seus produtos para empresas. Embora esses não tenham tantos zeros no preço, os primeiros evangelistas precoces podem ser encontrados, traçando a mesma hierarquia de necessidades.

Os primeiros evangelistas precoces podem ser identificados pelas seguintes características (Figura 3.1):

- O cliente tem um problema.
- O cliente percebe que tem um problema.
- O cliente está ativamente buscando a solução e tem prazo para encontrá-la.
- O problema é tão grave que o cliente inventou sozinho uma solução provisória.
- O cliente já alocou verba, ou pode viabilizá-la rapidamente, para solucionar o problema.

Figura 3.1 Características dos primeiros evangelistas

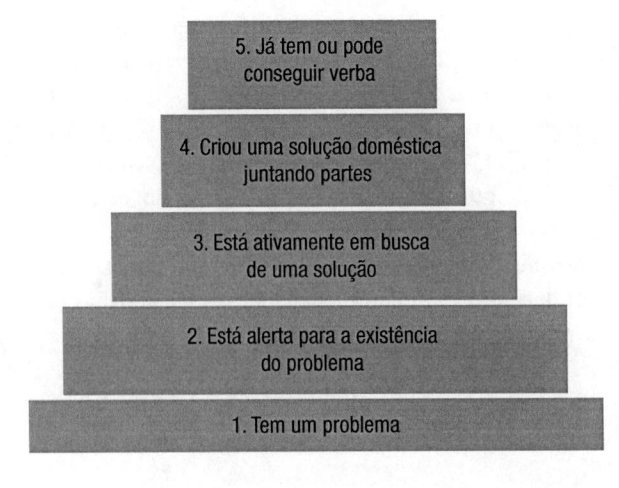

5. Já tem ou pode conseguir verba

4. Criou uma solução doméstica juntando partes

3. Está ativamente em busca de uma solução

2. Está alerta para a existência do problema

1. Tem um problema

Você pode pensar nessas características como se fossem a escala de sofrimento do cliente. A definição da gravidade do problema nessa escala é uma parte crítica da descoberta do cliente. Para mim, os primeiros evangelistas serão encontrados a partir dos pontos quatro e cinco: aqueles já tentaram criar uma solução doméstica (seja em uma empresa desenvolvendo um software ou em casa, juntando um garfo, uma lâmpada e um aspirador) e têm, ou podem conseguir, verba para a compra. Essas pessoas são as candidatas perfeitas para se tornarem primeiros evangelistas precoces, os quais você contará para obter *feedback* e fechar as primeiras vendas; são eles que vão contar aos outros sobre seu produto e divulgar ao mundo que o visionário agora é realidade. Além disso, quando você os encontrar, adicione mentalmente seus nomes à lista de clientes especialistas que podem futuramente integrar seu conselho consultivo (mais sobre "conselhos consultivos" será abordado no Capítulo 4).

Comece o desenvolvimento com base na visão

A ideia de que uma startup desenvolve o produto para um grupo pequeno de clientes iniciais, em vez de buscar as especificações genéricas para a maioria do mercado, é radical. O que vem a seguir é igualmente revolucionário.

No dia em que a empresa começa suas atividades, há muito pouca informação sobre os clientes que possibilite gerar as especificações do produto. A empresa não sabe quem são os clientes (pode achar que sabe) e nem o que querem como diferenciais. Uma alternativa poderia ser deixar a equipe de desenvolvimento de produto parada até que os profissionais de desenvolvimento do cliente consigam encontrar esses clientes. No entanto, contar com um produto para demonstrar e iterar é útil para levar adiante o processo de desenvolvimento de clientes. Uma abordagem mais produtiva é *começar* o desenvolvimento de produto com uma lista de características norteada pela visão e experiência dos fundadores da empresa.

A seguir, o modelo de desenvolvimento de clientes prevê que os fundadores peguem o produto como especificado e busquem clientes no mercado – qualquer um – que pagariam para tê-lo exatamente como está. Quando encontrar esses clientes, então, você molda o primeiro lançamento do produto para satisfazer às necessidades deles.

A mudança na linha de pensamento é importante. Para o primeiro produto de uma startup, o propósito inicial para se colocar diante dos clientes *não é* reunir as características exigidas para então fazer as mudanças. Em vez disso, seu objetivo ao conversar com os consumidores potenciais é *encontrar os clientes para o produto que você já desenvolveu*.

Se, e somente se, nenhum cliente puder ser encontrado para o produto como está especificado, você retornará as novas exigências para a equipe de desenvolvimento de produto. No modelo de desenvolvimento de clientes, então, *atender* as exigências de diferenciais são uma exceção, mais do que uma regra. Isso elimina a lista interminável de exigências que sempre atrasa a primeira entrega ao mercado e enlouquece a equipe de desenvolvimento de produto.

Mas se o desenvolvimento de produto vai simplesmente começar a projetar sem nenhum *feedback* dos clientes, por que é preciso conversar com os consumidores potenciais? Por que não apenas desenvolver o produto, disponibilizá-lo ao mercado e ter esperanças de que alguém o compre? A palavra-chave é *começar* a desenvolver o produto. A tarefa do desenvolvimento de clientes é obter informações para a empresa sobre os clientes, e paralelamente acompanhar o ritmo do desenvolvimento de produto – nesse processo, é preciso assegurar-se que haverá clientes pagantes no dia em que o produto for entregue ao mercado. Um de seus benefícios colaterais importantes é a credibilidade recíproca que se acumula entre as equipes de desenvolvimento de produto e de clientes. A primeira poderá interagir com um grupo que realmente entende os desejos e necessidades dos clientes. Sendo assim, ninguém do time desenvolvimento de produto revirará os olhos a cada vez que for pedida uma característica ou uma mudança no produto, porque, em vez disso, eles sabem que a demanda vem de uma equipe que conhece profundamente as necessidades dos clientes.

Conforme o grupo de desenvolvimento de clientes fizer novas descobertas sobre as necessidades do pequeno conjunto inicial de clientes, poderá oferecer *feedback*s valiosos para a equipe de desenvolvimento de produto. Como veremos, essas reuniões de sincronização entre as áreas de desenvolvimento de cliente e desenvolvimento de produto garantem que, assim que uma informação-chave sobre os clientes for encontrada, seja integrada ao desenvolvimento futuro do produto.

Para resumir a filosofia da descoberta do cliente: em forte contraste com a abordagem MRD de desenvolver um produto para um grupo massivo de consumidores, o primeiro lançamento bem-sucedido de uma startup é formatado para "ser suficientemente bom apenas para o primeiro grupo de clientes pagantes". O propósito da descoberta do cliente é identificar esses visionários-chave, entender suas necessidades e verificar se o produto soluciona um problema que eles estão dispostos a pagar para resolver – ou não. Enquanto isso, você começa o desenvolvimento com base na visão inicial, usando seus clientes visionários para testar se ela tem um mercado; e você a ajusta de acordo com o que descobre.

Se a FastOffice tivesse entendido essa filosofia, poderia ter evitado várias falsas entregas ao mercado. Mas, como às vezes acontece, houve um final feliz (pelo menos, para os investidores que entraram mais tarde no negócio), já que a empresa sobreviveu e voltou a entrar no jogo. Seu novo CEO trabalhou junto com Steve Powell (que se tornou o executivo na área de tecnologia) para compreender o verdadeiro ativo tecnológico da FastOffice. A nova liderança eliminou as áreas de vendas e marketing e deixou a empresa apenas com a equipe principal de engenheiros. Os dois descobriram que o principal ativo tecnológico da companhia estava nas linhas capazes de transmitir vozes e dados. A FastOffice descartou seus produtos domésticos, refocou o posicionamento e hoje é uma das principais fornecedoras de equipamentos para as operadoras de telecomunicações. O processo de desenvolvimento de clientes teria levado a empresa a essa conclusão muito antes.

Visão geral do processo de descoberta do cliente

Eu já mencionei alguns dos elementos da filosofia por trás desse primeiro passo do modelo de desenvolvimento de clientes. A seguir, ao longo desta segunda parte do capítulo, apresentarei uma visão geral do processo inteiro.

Como em todos os passos do desenvolvimento de clientes, divido a descoberta do cliente em fases. Diferentemente dos passos subsequentes, a descoberta do cliente tem uma "fase 0": antes mesmo de começar, você precisa obter a adesão e o compromisso do conselho consultivo e da equipe de executivos quanto ao processo que será adotado. Depois disso, a descoberta do cliente tem quatro fases (Figura 3.2).

Figura 3.2 Descoberta do cliente: visão geral do processo

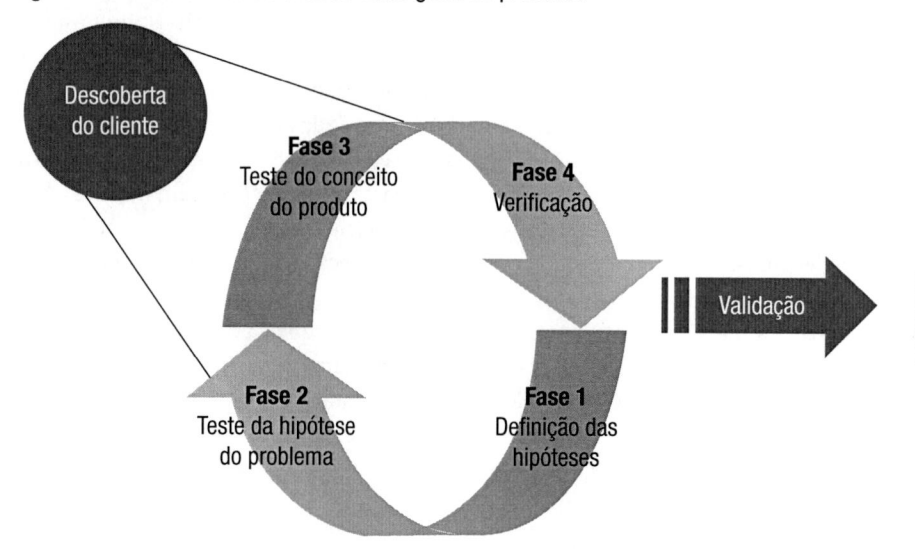

- Descoberta do cliente
- Fase 1 Definição das hipóteses
- Fase 2 Teste da hipótese do problema
- Fase 3 Teste do conceito do produto
- Fase 4 Verificação
- Validação

A Fase 1 é um rigoroso processo de redação para definir as hipóteses implícitas na visão da empresa. Trata-se das suposições sobre o produto, os clientes, o preço, a demanda, o mercado e a concorrência que serão testadas ao longo do restante desse passo.

Na Fase 2, você vai validar essas suposições, testando-as diante dos clientes potenciais. Nesse ponto, deve dar prioridade a falar muito pouco e ouvir o máximo possível. Sua meta é entender os clientes e os problemas deles e, enquanto faz isso, conquistar uma compreensão profunda de alguns aspectos do cliente: a essência do negócio, a sequência de tarefas, a estrutura organizacional e as necessidades em relação ao produto. Então, você retorna à startup para consolidar o que aprendeu, atualizar a engenharia com o *feedback* dos clientes e revisar conjuntamente os *briefings* do produto e do cliente.

Na Fase 3, a partir do conceito revisado do produto, você testa os recursos dele diante dos clientes. A meta não é vender o produto, mas validar as hipóteses da Fase 1 até que os clientes digam: "Sim, esses atributos do produto resolvem nosso problema".

Ao mesmo tempo em que você estará testando as características do produto também vai checar uma ideia mais ampla: a validade completa de seu modelo de negócio. Um modelo de negócio válido consiste em clientes que dão grande valor a sua solução, considerando que sua oferta é, para uma companhia, "de missão crítica" ou, para um consumidor, um produto "tenho que ter". Diante dos compradores potenciais, você deve testar fatores como preço, estratégia de canais de distribuição, processo e ciclo de vendas, além de descobrir quem é o cliente pagante (aquele que detém a verba). Isso é igualmente válido para produtos de consumo, ao vender para um adolescente, por exemplo, significa que o cliente econômico são seus pais, enquanto o usuário é o filho.

Finalmente, na Fase 4, você para e verifica sua compreensão geral sobre o problema do cliente, se o produto soluciona essas questões, quanto os consumidores estão dispostos a pagar pelo produto e se as receitas geradas resultarão em um modelo de negócio rentável. Essa fase culmina com as entregas do passo da descoberta do cliente: um documento com a definição do problema, um documento ampliado com os requisitos do produto, um plano atualizado de vendas e receitas e um plano consistente para o produto e o negócio. Com as características do produto e o modelo de negócio validados, você decide se já aprendeu bastante para seguir em frente e tentar vender o produto para uns poucos clientes visionários ou se precisa retroceder para aprender mais. Se, e somente se, você for bem-sucedido nesse passo, pode avançar para a validação pelo cliente.

Essa é a mais absoluta síntese do processo de descoberta do cliente. No restante deste capítulo, cada fase que eu indiquei anteriormente será detalhada. A tabela no final do capítulo resume o conteúdo em tópicos juntamente com os itens de entrega de cada fase, que indicarão seu grau de sucesso. Mas, antes de seguirmos para o detalhamento de cada fase, você precisa entender quem vai realizar as atividades do desenvolvimento de clientes. Quem faz parte da equipe?

Equipe do desenvolvimento de clientes

O processo de desenvolvimento de clientes abre mão dos títulos e cargos tradicionais e os substitui por outros que são mais funcionais. Enquanto a startup se move pelas primeiras duas etapas do processo, a empresa não tem estruturas de vendas, marketing ou desenvolvimento de negócios e nem tampouco seus respectivos VPs. Em vez disso, o processo se apoia em uma equipe empresarial de desenvolvimento de clientes (no Apêndice A é apresentado o raciocínio utilizado no conceito da equipe do desenvolvimento de clientes).

De início, essa "equipe" pode ser formada pelo fundador com formação técnica que se desloca para conversar com os clientes, enquanto um grupo de cinco engenheiros escreve o código (ou monta o equipamento, faz o *design* de uma nova xícara de café etc.). Com frequência, inclui um "líder de desenvolvimento de clientes", que é um profissional com experiência anterior em marketing ou gerenciamento de produto e que se sinta confortável para transitar nas conversas entre os clientes e a equipe de desenvolvimento de produto. Mais tarde, quando a startup estiver no passo de validação pelo cliente, a equipe de desenvolvimento de clientes pode ser ampliada, passando a contar com um profissional dedicado ao "fechamento de pedidos", responsável pela logística de conseguir a assinatura dos clientes nos primeiros contratos.

Mas, seja com uma única pessoa ou um grupo, o desenvolvimento de clientes tem que contar com autoridade para mudar radicalmente a direção, o produto ou a missão da empresa, além de ser criativa e flexível como a mente de um empreendedor. Para ser bem-sucedido nesse processo, esse time precisa ter:

- Habilidade para ouvir as objeções dos clientes e compreender se eles têm restrições ao produto, à apresentação, ao preço ou a algo mais (ou se está diante do cliente errado).
- Experiência para transitar entre os clientes e a equipe de desenvolvimento de produto.
- Habilidade para conviver com mudanças constantes.
- Capacidade de se colocar no lugar dos clientes e entender como funcionam e quais são os problemas enfrentados por eles.

Complementando a atuação da equipe de desenvolvimento de clientes está o grupo de execução de produto da startup. Enquanto os profissionais de Desenvolvimento de Clientes estão fora da empresa conversando com os clientes, os engenheiros focam a criação do produto real. Em geral, esse grupo é liderado pelo visionário técnico que conduz os esforços de desenvolvimento do produto. Como você verá adiante, o diálogo sistemático entre o desenvolvimento de clientes e a execução do produto é um requisito crítico.

Fase 0: obtendo consenso e adesão

A Fase 0 consiste na obtenção de consenso e adesão entre todos os principais participantes-chave em torno de diversos fundamentos, inclusive do próprio processo de desenvolvimento de clientes, da missão e dos valores fundamentais da empresa.

O desenvolvimento de clientes como um processo separado do desenvolvimento de produto é um conceito novo e nem todos os executivos conseguem entendê-lo. Nem tampouco todos os membros do conselho. O tipo de mercado também é um conceito novo e está envolvido em diversas decisões importantes do processo de desenvolvimento de clientes. Sendo assim, antes de a empresa abraçar o desenvolvimento de clientes como um processo formal, você precisa conseguir preparar adequadamente todos os participantes. Então, precisa haver consenso entre os investidores e os fundadores sobre o processo, as principais contratações e os valores a praticar. Você precisa certificar-se de que todos os participantes – fundadores, executivos-chave e conselheiros – compreendem a distinção entre desenvolvimento de produto, desenvolvimento de clientes e tipos, além de verdadeiramente aceitarem o valor dessa diferenciação.

O processo de desenvolvimento de produto enfatiza a tem seu foco na execução. Já o de clientes enfatiza o aprendizado, a descoberta e o erro. Por essa razão, você precisa assegurar-se que haja recursos financeiros suficientes para passar duas ou três vezes pelos passos de descoberta do cliente e de validação pelo cliente. Essa é uma discussão que o time de fundadores deve ter com o conselho logo de início. Os conselheiros consideram que o processo de Desenvolvimento de Clientes é um ciclo que pode ser repetido? que é necessário e valioso investir tempo nisso?

Fundamental para o processo é o compromisso da equipe de desenvolvimento do produto de passar pelo menos 15% de seu tempo fora da empresa para conversar com os clientes. Você precisa repassar essas diferenças organizacionais com todos os profissionais da startup para ter certeza de que todo mundo está de acordo.

Você deve também articular por escrito a visão sobre o produto e a empresa (os porquês que justificam o início do empreendimento), e pode ser chamada de definição de uma missão: a essa altura da vida de sua empresa, esse documento nada mais é do que a resposta para: "No que estávamos pensando quando fomos ao mercado buscar financiamento?". Não são necessários mais do que aqueles dois parágrafos usados no plano de negócio para descrever seu produto e o mercado-alvo. Redija por escrito essas ideias e as pregue na parede. Quando a companhia ficar confusa sobre o produto a desenvolver ou que mercado atender, volte-se para a definição da missão. Essa referência constante à definição básica do negócio é chamada de liderança orientada para a missão. Nos momentos de crise ou confusão, lembrar porque a empresa existe e quais são suas metas pode ser uma luz bem-vinda na escuridão.

Ao longo do tempo, a definição da missão da empresa muda. Pode ser uma alteração sutil ocorrida durante vários meses ou algo brusco que aconteça em apenas uma semana, mas um grupo de administradores sábios não mudará a missão por causa do último modismo do mercado ou do produto.

Finalmente, próximo à definição da missão, você vai colocar na parede os valores essenciais do time de fundadores. Diferentemente da missão, esses valores não se referem ao mercado e ao produto. São as crenças fundamentais que sustentam a empresa e que resistem ao teste do tempo: os pilares éticos, morais e emocionais sobre os quais o empreendimento está sendo erguido. Um bom exemplo de valores duradouros são os dez mandamentos. Não é comum a gente ouvir alguém dizer: "Bom, quem sabe nos livramos do segundo mandamento?". Mais de quatro mil anos depois de terem sido colocados no papel – está bem, nas tábuas – esses valores ainda são os alicerces da ética judaico-cristã.

Para dar um exemplo mais próximo de nossos propósitos, o time de fundadores de uma indústria farmacêutica articulou um valor essencial bastante poderoso: "Primeiro e acima de tudo, acreditamos em produzir drogas que ajudem as pessoas". Eles poderiam ter dito: "Nós acreditamos primeiro no lucro, não interessa a que custo", e esse também seria um valor essencial. Certo ou errado, não importa, desde que os valores expressem verdadeiramente o que acredita a empresa.

Quando a missão ou a direção da empresa ficam incertas, os valores podem ser a referência para direcionar e orientar a atuação do negócio. Para que sejam praticáveis, devem ser articulados, no máximo, de três a cinco valores[3].

Fase 1: Definição das hipóteses

```
[Hipótese        ] → [Hipótese do cliente ] → [Hipótese do preço    ]
[do produto      ]   [e do problema       ]   [e da distribuição    ]
        ↓
[Hipótese da geração] → [Hipótese do tipo] → [Hipótese      ]
[de demanda         ]   [de mercado      ]   [competitiva   ]
```

Uma vez que a empresa aderiu ao processo de desenvolvimento de clientes na Fase 0, a primeira etapa da descoberta do cliente é redigir todas as suposições iniciais da startup. Colocá-las no papel é fundamental porque durante todo o processo de desenvolvimento de clientes você vai estar se referindo a elas, testando-as e atualizando-as. O resumo das hipóteses deve ser posto na forma de uma ou duas folhas de papel com um *briefing* das seguintes áreas:

- Produto.
- Cliente e seu problema.
- Canal e preço.
- Geração de demanda.
- Tipo de mercado.
- Concorrência.

De início, você pode considerar que faltam informações para completar as hipóteses. De fato, alguns de seus *briefing*s podem parecer bem ocos mas não se preocupe; eles servirão como um esboço para sua orientação. Durante o passo da descoberta do cliente, você voltará frequentemente a esses *briefing*s para preencher as lacunas e modificar as hipóteses originais com os novos fatos aprendidos, conforme for ouvindo mais e mais consumidores. Nessa primeira fase, você deve colocar no papel o que sabe (ou acha que sabe) e criar um modelo para registrar as novas informações que vai descobrir.

---

[3] Um livro seminal sobre valores essenciais é *Feitas para durar – práticas bem-sucedidas de empresas visionárias*, de James C. Collins e Jerry I. Porras.

A. Definição das hipóteses:

Produto

```
[Hipótese do produto] → [Hipótese do cliente e do problema] → [Hipótese do preço e da distribuição]
         ↓
[Hipótese da geração de demanda] → [Hipótese do tipo de mercado] → [Hipótese competitiva]
```

A hipótese do produto consiste nas suposições iniciais feitas pelo time de fundadores sobre o produto e seu desenvolvimento. Parte disso integrava o plano original do negócio.

Primeira reunião de sincronização entre desenvolvimento de clientes e desenvolvimento de produto

Boa parte do *briefing* de produto é gerada pela equipe de desenvolvimento de produto. Essa é uma das poucas vezes em que você pedirá ao líder da execução do produto e seu parceiro, o visionário técnico, para que se engajem em um exercício no papel. Mas contar com uma hipótese do produto redigida e em forma de *briefing*, formada por consenso entre todos os executivos, é necessário para que a equipe de desenvolvimento de clientes possa começar seu trabalho.

O *briefing* de produto deve abranger essas seis áreas:

- Características do produto.
- Benefícios do produto.
- Propriedade intelectual.
- Análise de dependência.
- Cronograma de entrega do produto.
- Custo total de propriedade/adoção.

A seguir, apresento uma descrição curta do que precisa estar contido por área.

Hipótese do produto: características

A lista de atributos do produto é um documento de uma página com uma ou duas frases diretas sobre os dez (ou menos) principais recursos (caso haja alguma ambiguidade em uma sentença sobre uma característica, inclua uma referência a um documento mais detalhado da engenharia). A lista de características é o contrato por escrito da equipe de desenvolvimento de produto com o restante da empresa. O maior desafio será decidir que recursos serão entregues e em que ordem de prioridade. Vamos tratar de como priorizar os recursos na primeira entrega ao mercado um pouco mais adiante.

Hipótese do produto: benefícios

Essa lista descreve sucintamente que benefícios serão disponibilizados aos clientes (Algo novo? Algo melhor? Mais rápido? Mais barato?). Em grandes empresas, é normal para a área de marketing descrever os benefícios do produto. O modelo de desenvolvimento de clientes, no entanto, reconhece que o marketing ainda não sabe muito sobre os clientes. Em um startup, é o desenvolvimento de produto que detém todos os "fatos" sobre o cliente. Use essa reunião para compartilhar essas suposições. Nesse momento, cabe ao pessoal de marketing morder a língua e ouvir as suposições do grupo de desenvolvimento de produto a respeito de quais atributos beneficiarão os clientes. Essa visão técnica sobre os benefícios representa a hipótese que você irá testar diante das opiniões reais dos clientes.

Hipótese do produto: propriedade intelectual

Na próxima parte do *briefing*, a equipe de desenvolvimento de produto faz um resumo bastante conciso das suposições e perguntas em relação à propriedade intelectual (PI): Está sendo criado algo único? Em termos de PI, algo pode ser patenteado? Existem segredos a proteger? Já verificaram se estão infringindo algum direito de PI de outros? Será preciso licenciar patentes de outros? Embora as equipes de desenvolvimento de produto costumem achar essas questões de PI um aborrecimento e os administradores considerem proibitivas as despesas de patenteamento, assumir uma posição proativa nessa questão é uma atitude prudente. Conforme sua empresa for crescendo, outras companhias podem achar que houve infração de patentes. Portanto, contar com providências nas questões de PI pode ser útil nessa batalha. E, muito mais importante, se você possuir patentes críticas em uma indústria nascente, elas podem vir a se tornar um ótimo ativo financeiro.

Hipótese do produto: análise de dependência

A análise de dependência é mais simples do que parece. As equipes de desenvolvimento de clientes e de produto preparam conjuntamente um documento que afirma: "Para que nossa empresa seja bem-sucedida (ou seja, vender o produto em determinado volume), é preciso que aconteçam as seguintes coisas, que estão fora de nosso controle". Entre essas situações, podem estar: outra infraestrutura tecnológica precisa emergir (por exemplo, todos os celulares precisam ter acesso à web; as fibras ópticas precisam chegar a todos os domicílios; os carros elétricos devem ganhar escala no mercado etc.), mudanças no estilo de vida ou no comportamento de compra dos consumidores, novas leis, alterações na conjuntura econômica, e daí por diante. Para cada fator, a análise de dependência especifica o que precisa acontecer (vamos dizer, a ampla adoção da telepatia), quando precisa ocorrer (a telepatia deve ser comum entre os consumidores com menos de 25 anos até 2020) e o que representa para a empresa a hipótese disto não acontecer (em vez disso, seu produto terá que usar a internet). Também deve ser colocado por escrito como a empresa pode medir se cada mudança externa vai ocorrer no prazo que necessita (em 2020, os estudantes que entrarem na faculdade já lerão a mente dos colegas).

Hipótese do produto: cronograma de entrega do produto

Na hipótese do cronograma de entrega, a equipe de desenvolvimento do produto não especifica somente a data do primeiro lançamento no mercado, mas define os prazos e as características que serão oferecidos pelos próximos produtos de continuidade dentro da maior linha de tempo que possam vislumbrar (por volta de dezoito meses). Nas startups, esse pedido em geral faz surgir uma reação do tipo: "Como eu posso dar a data dos futuros lançamentos se mal sei quando será o primeiro?". É uma boa pergunta. Por isso, é preciso deixar claro para a equipe de produto por que você precisa da colaboração deles e de suas melhores estimativas. Elas são importantes porque o time de desenvolvimento de clientes estará em campo, tentando convencer um pequeno grupo de primeiros clientes a comprar com base nas especificações do produto, muito antes de sua entrega física. Para fazer isso, eles precisam pintar um quadro para os clientes de como o produto será no futuro, depois de vários lançamentos. Esses clientes estão comprando a visão total do que será o lançamento no futuro e é por isso que estão dispostos a pagar agora por um primeiro produto ainda incompleto, com falhas e pouco funcional.

Pedir datas nessa fase pode gerar ansiedade na equipe de desenvolvimento de produto. Reassegure para eles que esse primeiro cronograma não é imutável: usado ao longo da descoberta do cliente para testar a reação dos clientes, não para assumir compromissos com eles. No início da próxima etapa, a equipe de validação pelo cliente vai revisitar o cronograma e, aí sim, pedir um comprometimento com datas que possam se tornar obrigações contratuais com os clientes.

Hipótese do produto: custo total de aquisição/adoção

A análise da adoção estima o custo total de propriedade pelo cliente, isto é, quanto ele terá que gastar para comprar e utilizar o seu produto. Para produtos empresariais, o cliente precisará adquirir um novo computador para rodar o software? Precisará de treinamento para utilizá-lo? Há outras mudanças físicas ou organizacionais que precisarão ser realizadas? Qual será o custo da aplicação do produto em toda a companhia? Para os produtos de consumo, essa análise mede o custo da "adoção" para atender suas necessidades. O cliente precisará alterar seu estilo de vida? Terá que mudar algo em seu orçamento ou no comportamento de uso? Precisará descartar ou tornar obsoleto algo que usa atualmente? Enquanto a equipe de desenvolvimento de clientes prepara essa análise, o grupo de desenvolvimento de produto apresenta *feedback* se as estimativas são realistas.

Quando todas essas seis hipóteses estiverem escritas, a empresa contará com uma descrição do produto com certo nível de detalhes. Cole esse documento na parede. Logo, estará acompanhado por outros. Em seguida, você estará diante dos clientes, testando essas suposições.

B. Definição das hipóteses
Cliente

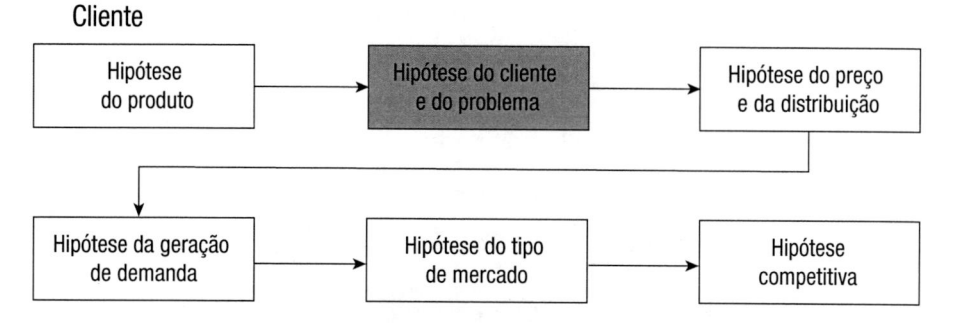

```
[Hipótese do produto] → [Hipótese do cliente e do problema] → [Hipótese do preço e da distribuição]
        ↓
[Hipótese da geração de demanda] → [Hipótese do tipo de mercado] → [Hipótese competitiva]
```

O processo de consolidação do *briefing* do cliente é semelhante ao de produto, com exceção de que aqui a equipe de desenvolvimento de clientes assume a tarefa de colocar por escrito suas suposições iniciais, que envolvem dois importantes aspectos: quem é o cliente (hipótese do cliente) e qual é o problema dele (hipótese do problema). Ao longo do processo de descoberta do cliente, você fundamentará essas suposições com informações adicionais sobre:

- Tipos de clientes.
- Problemas dos clientes.
- Um dia na vida do seu cliente.
- Estrutura organizacional e mapa de influência do cliente.
- Justificativa do ROI (retorno sobre investimento).
- Conjunto mínimo de características do produto.

Hipótese do cliente: tipos

Se você já teve a oportunidade de fazer uma venda, seja uma borracha para um consumidor ou um sistema de telecomunicações de 1 milhão de dólares para uma empresa, sabe que cada processo passa antes pelas mãos de uma série de tomadores de decisão. Portanto, a primeira pergunta a fazer é: "Existem diferentes tipos de clientes que devem ser abordados na hora de vender nosso produto?". Seja vendendo um software de controle de processo para uma grande companhia ou um novo aspirador doméstico, a probabilidade é que haja um número de pessoas em diferentes categorias que o produto deve satisfazer para ser comprado. Durante a etapa de descoberta do cliente, você investirá tempo para compreender essas diferentes necessidades. Mais tarde, quando você for consolidar seu primeiro mapeamento do processo de vendas" na etapa de validação pelo cliente, será essencial ter esse conhecimento detalhado sobre cada um dos tomadores de decisão. Por enquanto, basta apenas perceber que a palavra "cliente" é mais complexa do que pensar em uma única pessoa. Alguns dos tipos de clientes que já encontrei, incluem:

Figura 3.3 Tipos de consumidores

```
            Tomador de decisão
                $$$$$$$
          Comprador financeiro
                $$$$$
             Recomendadores
             Influenciadores
                Usuários
```

- *Usuários finais:* É aquele que utiliza o produto rotineiramente, aperta os botões, toca, faz funcionar e ama e odeia a solução. Você precisará ter uma compreensão profunda sobre as necessidades dos usuários finais, mas é importante perceber que, em alguns casos, são também aqueles que têm a menor influência no processo de venda. Isso é tipicamente verdade em grandes e complexas corporações nas quais uma cadeia alimentar inteira de tomadores de decisão afeta o processo de compra. No entanto, isso também é verdadeiro para um produto de consumo. Por exemplo, as crianças são um grande mercado de consumo e as usuárias de muitos produtos, mas seus pais são os compradores financeiros.
- *Influenciadores:* Os próximos na cadeia de clientes são as pessoas que consideram ter alguma responsabilidade sobre a escolha de um produto para sua empresa ou casa. Essa categoria inclui fãs de tecnologia da área de TI, ou a criança de dez anos, cujas preferências e antipatias influenciam as escolhas da família dos produtos de consumo.
- *Recomendadores*: São as pessoas que influenciam a decisão de compra do produto. Diferem dos Influenciadores na medida em que sua opinião é levada em conta para fazer o pedido – podem efetuar ou parar a compra. O recomendador pode ser o gestor de um departamento dizendo que os novos PCs devem ser adquiridos na Dell ou a esposa que tem uma forte preferência por alguma marca de carros.
- *Compradores financeiros*: Mais acima na cadeia, está o comprador financeiro, a pessoa que libera a verba para a compra e que deve aprovar a despesa (Você não aposta que (com certeza você vai querer conhecê-lo) Nos produtos de consumo, pode ser um adolescente com uma verba semanal para gastar com música ou a esposa com um orçamento para as férias.
- *Tomadores de decisão:* O tomador de decisão pode ser o comprador financeiro ou alguém mais acima na hierarquia da cadeia. Ele tem a última palavra

sobre o produto, não importando a opinião dos usuários, influenciadores, recomendadores e compradores financeiros. Dependendo do produto, o tomador de decisão pode ser um pai ou uma mãe de subúrbio ou um CEO de uma das empresas da *Fortune 500*. Cabe a você descobrir quem é o supremo tomador de decisão na compra de seu produto e entender como todos os demais tipos de clientes influenciam sua decisão final.

- *Sabotadores:* Além de todos esses participantes no processo de venda (e não é surpreendente que algo consiga finalmente ser vendido?), existe outro grupo que merece ser mencionado. Você não estará procurando por ele, mas ele vai vê-lo se aproximar. Chamo esse grupo de sabotadores. Em grandes empresas, por exemplo, há profissionais ou estruturas que estão bastante confortáveis e muito satisfeitos com o *status quo*. Caso seu produto ameace a estabilidade de um departamento, o tamanho da equipe ou o orçamento, não espere que o grupo lhe dê as boas-vindas com os braços abertos. Sendo assim, você tem que ser capaz de prever quem vai se sentir mais ameaçado pelo seu produto, compreender sua influência na organização e colocar em marcha uma estratégia para, no pior dos casos, neutralizar essa influência e, no melhor, conseguir transformar essa pessoa em uma aliada. Não acredite que os sabotadores existem apenas nas grandes empresas. Para um produto de consumo, o sabotador pode ser alguém que se sente bem ao dirigir um carro antigo e fica desconfortável só de pensar em trocar para um modelo novo e diferente.

O primeiro passo para formular o *briefing* do cliente é escrever e traçar um diagrama de quem serão seus usuários finais, influenciadores, recomendadores, compradores financeiros e os tomadores de decisão, incluindo, no caso das empresas, seus cargos e onde se encontram na hierarquia da organização. Também vale a pena avaliar se você acha que o comprador financeiro já tem uma verba para a compra ou se vai ter que persuadir o cliente a buscá-la para tal.

Já que ainda não foi a campo para conversar com os clientes, é possível que haja muitas lacunas nesse *briefing* por enquanto, mas lembre-se: está tudo bem. Está assim somente para você não se esquecer de nada e buscar todas essas informações nos contatos diretos com os clientes.

Com certeza, nem todo produto tem uma hierarquia de compra tão complicada, mas a venda de qualquer coisa sempre envolve múltiplas pessoas. No caso de um produto de consumo, essas regras ainda se aplicam. A diferença apenas é que os influenciadores, recomendadores etc. recebem títulos provavelmente mais familiares, como "mãe", "pai", "filho".

Hipótese do cliente: tipos de clientes para produtos de consumo

Alguns produtos de consumo (roupas, moda, entretenimento etc.) não envolvem um "problema" ou uma necessidade. Na verdade, nos Estados Unidos, por exemplo, os consumidores gastam 40% de suas receitas em compras discricionárias, isto é, supérfluos que realmente não necessitam. O processo de como vender começa com a identificação dos tipos de consumidores como descrito anteriormente. A diferença está no seguinte: já que não há um problema ou uma necessidade reais, é necessário discernir qual justificativa o cliente pode dar a si mesmo para comprar um supérfluo. Na etapa de geração de demanda, seu plano de marketing vai prometer ao consumidor que o gasto desnecessário valerá a pena. Nesse momento, basta identificar o "tipo de consumidor" e então traçar uma hipótese sobre seus desejos e vontades emocionais. Descreva como convencer a esses consumidores de que seu produto lhes dará o prometido retorno emocional; o atendimento de seus desejos e vontades.

Hipótese do cliente: problema

Nessa fase, você quer compreender o problema vivido pelo cliente por uma razão simples: é muito mais fácil vender quando pode montar uma história sobre as características e benefícios de seu produto em torno da solução de um problema que você sabe que o cliente já tem. Assim, você vai parecer menos um empreendedor ávido e mais uma pessoa que se importa em apresentar uma solução potencialmente valiosa.

Compreender o problema do cliente envolve conhecer o sofrimento dele – isto é, como os clientes vivenciam o problema e por que (ou quanto) aquilo é importante para eles. Vamos retornar ao problema daquela longa fila de gente querendo descontar seus cheques-salário na boca do caixa. É óbvio que há um problema, mas vamos tentar pensar nele sob o ponto de vista do banco (sendo o banco o seu cliente potencial). Qual é o maior sofrimento vivido pelas pessoas que trabalham no banco? A resposta é diversa entre seus diferentes funcionários. Para o presidente do banco, o maior pode ter sido a perda de 500 mil dólares em depósitos no ano passado, porque os clientes, frustrados com o atendimento, levaram suas contas para outras instituições financeiras. Para o gerente da agência, o pior é o fato de não conseguir descontar os cheques-salário de modo eficiente. E, para os operadores de caixas, o principal sofrimento é ter que lidar com clientes frustrados e nervosos, quando conseguem finalmente chegar ao guichê.

Agora, imagine se você perguntasse aos funcionários desse banco: "Se você tivesse uma varinha mágica e pudesse mudar o que quisesse, o que seria?". Você pode adivinhar que seu presidente iria querer uma solução que pudesse ser colocada rapidamente em prática e que custasse menos do que o valor perdido anualmente em depósitos. Já o gerente da filial, um modo para processar os cheques mais depressa nos dias de pagamento, em que a solução funcionasse com o software já em operação e que não exigisse nenhuma mudança de processo. E os operadores de caixas iriam pedir que os clientes não resmungassem para eles e que, por favor, a solução não precisasse de novos botões, terminais e sistemas.

Não é preciso muito esforço de imaginação para fazer esse mesmo exercício para produtos de consumo. Dessa vez, no lugar do presidente do banco e dos caixas, imagine o protótipo de um núcleo familiar discutindo a compra de um carro novo. É mais do que provável que cada membro da família tenha sua própria visão de como suas necessidades de transporte podem ser atendidas. Ingenuamente, você pode partir da premissa de que aquele que recebe o maior salário da casa é o tomador da decisão. Assim como os diferentes problemas e pontos de vista relacionados à fila do banco, o processo de decisão de compra de produtos de consumo no século XXI também não é simples.

Esses exemplos mostram que você deve consolidar não apenas o problema que o cliente tem, mas seu impacto organizacional em relação aos diferentes tipos de sofrimento causados nos vários níveis, empresa/família/consumidor. Finalmente, redija a resposta para à pergunta: "Se eles tivessem uma varinha mágica e pudessem mudar o que quisessem, o que seria?", isso dará a você uma tremenda vantagem na hora de apresentar o novo produto.

Antes, neste capítulo, eu abordei os cinco graus de alerta que os clientes podem ter em relação aos próprios problemas. No *briefing* do problema do cliente, você aplica uma "escala simples de reconhecimento" para cada tipo de cliente (usuários, influenciadores, recomendadores, compradores financeiros e tomadores de decisão) nos vários níveis da organização ou de consumidor. Conforme for aprendendo mais, poderá categorizar seus clientes como tendo:

- Uma necessidade latente (o cliente tem um problema ou compreende que tem um).
- Uma necessidade ativa (o cliente reconhece o problema – ele está sofrendo – e busca ativamente por uma solução, mas não fez nada sério para solucioná-lo).
- Uma visão (o cliente tem uma ideia de como deve ser a solução para o problema; pode até ter tentado montar uma solução doméstica e, no melhor dos casos, está pronto para pagar por uma solução melhor).

Agora que você está firmemente acomodado na posição de olhar para o problema sob o ponto de vista do cliente, experimente mudar um pouco a perspectiva: Você está solucionando um problema de missão crítica para a empresa? Satisfaz as necessidades do consumidor com um produto do tipo "tenho que ter"? No nosso exemplo do banco, as longas filas no dia de pagamento custam 500 mil dólares por ano e essa pode ser uma solução de missão crítica se o lucro do banco girar em torno de 5 milhões anuais ou, caso o problema esteja ocorrendo em todas as agências do país, então, o número de clientes perdidos pode ser multiplicado por centenas de vezes. Mas, se você estiver falando de um problema que só acontece em uma agência de um banco multinacional, a solução não será missão crítica.

O mesmo é verdade para o exemplo de produto de consumo. Será que a família já possui dois carros que estão em boas condições de funcionamento? Ou um deles quebrou e o outro está nas últimas? Enquanto a primeira é uma compra de impulso, a segunda é uma necessidade do tipo "tenho que ter".

Como sugeri antes, um teste para o produto "tenho que ter" é verificar se o cliente criou ou está tentando criar uma solução por si mesmo. Má notícia? Não, essa é a melhor novidade que uma startup pode encontrar. Você revelou um problema de missão crítica e descobriu clientes com uma visão da solução. Uau! Agora o que você precisar fazer é convencê-los de que, se criaram a própria solução, estão no negócio de desenvolvimento e manutenção de software, que é a missão da sua empresa.

Hipótese do cliente: um dia na vida dos clientes

Um dos exercícios que mais satisfazem um verdadeiro empreendedor na execução do desenvolvimento de clientes é descobrir como o cliente realiza suas tarefas. A próxima parte do *briefing* do problema do cliente expressa essa compreensão no formato de "um dia na vida do cliente".

No caso de empresas, esse passo exige uma compreensão profunda da organização-alvo em vários níveis. Vamos seguir com nosso exemplo do banco. Como um banco opera não é algo que você possa descobrir descontando um cheque. O que você quer saber é como o mundo parece sob a perspectiva de um bancário. Para começar, como os usuários finais em potencial (os operadores de caixas) passam seu dia de trabalho? Que produtos utilizam? Quanto tempo gastam utilizando-o? Como a vida deles mudaria se passassem a usar o seu produto? A menos que você já tenha exercido a profissão dessas pessoas antes, essas questões vão deixar você se sentindo um pouco perdido. Mas como você pretende vender um produto para o banco resolver um problema dos operadores de caixas, se você não sabe como eles trabalham?

Agora, refaça esse exercício sob a perspectiva do gerente da agência. Como ele passa o dia de trabalho? Como o seu novo produto afetaria a vida dele? Faça novamente, dessa vez, sob o ponto de vista do presidente do banco. O que faz diariamente, afinal, o CEO do banco? Como o seu produto vai afetar o dia a dia dele? E, caso você vá instalar um software que se integra ao sistema do banco, terá que lidar também com o pessoal de TI. Como os profissionais de TI passam o dia de trabalho? Com que outros softwares já operam? Como o sistema do banco está configurado? Quem são seus fornecedores preferidos? Eles estão em pé na porta esperando para dar as boas-vindas – com champanhe e confete – a outro fornecedor de um novo software?

Por fim, o que você sabe sobre as tendências no setor bancário? Existe um consórcio entre os bancos para desenvolver software? Existem feiras de software para bancos? Analistas do setor? A menos que você tenha vindo do setor alvo, essa parte do *briefing* do problema do cliente poderá incluir pouco mais do que muitos pontos de interrogação. Está tudo bem. No processo de desenvolvimento de clientes, a obtenção de respostas acaba sendo fácil; o difícil é fazer as perguntas certas. Você irá a campo para conversar com os clientes com o objetivo de preencher todos os espaços em branco deixados em seu *briefing* do problema do cliente.

O mesmo exercício é aplicável para um produto de consumo. Como o consumidor resolve hoje o problema dele? Como passará a solucioná-lo com o seu produto em mãos? Ele ficará mais feliz? Mais esperto? Vai se sentir melhor? Você entende como e o que motiva esses consumidores a comprar?

Você ainda não passou na prova final, enquanto não retornar à empresa e, em reuniões com a equipe de desenvolvimento de produto e seus pares, for capaz de traçar um quadro vívido e específico de um dia na vida de seu cliente potencial.

Hipótese do cliente: estrutura organizacional e mapa de influência

Ao obter uma profunda compreensão sobre um dia na vida dos clientes, você percebe que, exceto em casos raros, eles não trabalham sozinhos, interagem com outras pessoas. Nas vendas corporativas, haverá outras pessoas envolvidas na realização do trabalho e, nas vendas ao consumidor, cada um interage com os amigos e/ou a família. Essa parte do *briefing* é a sua primeira listagem de todas as pessoas que possam influenciar a decisão de compra. Sua meta é fazer uma tentativa de traçar a estrutura organizacional de todas as pessoas em torno do usuário final que podem ser influenciadoras da compra. No caso de uma grande empresa, esse diagrama pode ser complexo e gerar uma porção de dúvidas em um primeiro momento. Caso seja um produto de consumo, o diagrama pode ser até bem simples, mas não se deve perder de vista a ideia de que cada consumidor também tem sua rede de influenciadores. Ao longo do tempo, esse esboço vai se tornar o ponto de partida para o mapeamento do processo de vendas descrito em detalhes no próximo capítulo.

Assim que traçar esse diagrama, o próximo passo é entender as relações entre os recomendadores, influenciadores, compradores financeiros e sabotadores. Como você acha que uma venda poderá ser realizada? Quem tem que ser convencido (em ordem de prioridade) para que você e sua empresa consigam um contrato? Esse é o início do seu mapa de influência do cliente.

Hipótese do cliente: justificativa do ROI

Agora que já sabe tudo sobre como o cliente trabalha, está pronto, certo? Não ainda. Para a maioria das compras, os dois clientes, tanto o corporativo quanto o consumidor, têm que sentir que a transação "valeu a pena" e que "fizeram um bom negócio". Para uma empresa, isso se chama retorno sobre o investimento (ROI); para um consumidor, pode ser *status* ou alguma outra justificativa para seus desejos e vontades. O ROI representa a expectativa do cliente em relação ao investimento realizado diante de metas mensuráveis como tempo, dinheiro ou recursos, assim como é o *status* para os produtos de consumo.

No exemplo do banco, a justificativa do ROI é relativamente simples. Ao ouvir o cliente, você soube que o banco está perdendo 500 mil dólares por ano em receita bruta. O lucro sobre cada cliente bancário é de 4%. Sendo assim, cada agência deixa de lucrar 20 mil dólares com esses clientes que transferem sua conta por insatisfação (quando você faz o *briefing*, números como esses são suposições; conforme for recebendo retorno dos clientes, você pode lançar valores mais precisos). Agora, suponha que você percebeu que cem agências têm a mesma dificuldade. Esse é um problema de 50 milhões de dólares e representa a perda de 2 milhões em lucros por ano. O seu software para resolver o problema custa 200 mil, mais 50 mil por anos em honorários de manutenção. A integração e a instalação vão provavelmente exigir dezoito profissionais-mês – digamos, acrescente outros 250 mil à conta em custos para o comprador. O banco vai precisar dedicar uma equipe completa de TI para manter o sistema; pode orçar mais 150 mil para isso. Finalmente, treinar todos os operadores de caixas das cem agências vai custar mais uns 250 mil.

Vamos arredondar para cima todos os custos diretos (dinheiro que o banco pagará para sua empresa) em 500 mil e os custos indiretos (dinheiro que o banco gastará com sua própria equipe) para 400 mil. Como você pode ver na Figura 3.4, o banco investirá 900 mil dólares para comprar sua solução. Parece muito dinheiro apenas para reduzir o tamanho das filas nas agências. Mas, como você entende como o banco funciona, sabe que a instalação de seu produto vai poupar mais de 2 milhões de dólares por ano. A compra do seu produto vai se pagar em menos de seis meses e todos os anos o banco terá um lucro extra de 1,85 milhão. Esse é um ótimo retorno sobre o investimento.

Figura 3.4 Cálculo do ROI para o Banco ABC

Custo do nosso software (US$)		Economia para o banco (US$)	
Custo do software	200.000	Receita/agência	500.000
Honorários de manutenção	50.000	Lucro bruto/cliente 4%	20.000
Integração	250.000	Agências	100
Custo total de software	500.000	Receita bruta	50.000.000
Custos indiretos (US$)			
Equipe de TI	150.000		
Treinamento caixas	250.000		
Custo total indireto	400.000		
Total (US$)			
Total do 1º ano	900.000	Economia por ano:	2.000.000
		Tempo de retorno sobre o investimento	menor que 6 meses

Embora seja um exemplo trivial, imagine poder contar com um slide como esse, mostrando esse tipo de cálculo em uma apresentação para o cliente!

A maioria das startups não está preparada para lidar com o ROI do cliente. No melhor caso, ignoram isso e, no pior, confundem esse cálculo com o preço do produto (o ROI, como se vê, envolve muito mais do que apenas o preço). Hoje em dia, a maioria dos clientes nunca pergunta sobre ROI para uma startup porque assume que nenhum vendedor externo está suficientemente familiarizado com sua operação para desenvolver métricas válidas do retorno sobre o investimento. Suponha que você seja a exceção. Imagine se você for capaz de ajudar o cliente a justificar o ROI para o seu produto. Seria uma ação bem poderosa, não seria? Sim. E é por isso que você deve incluir o ROI do cliente como parte de seu *briefing* do problema. Para fazer isso, tem que decidir o que mensurar para calcular o ROI. Aumenta de receita? Redução ou contenção de custos? Custos desalocados? Custos evitados? Intangíveis?

Seus primeiros evangelistas vão acabar usando suas métricas de ROI para ajudar a vender seu produto dentro da empresa deles! É com esse objetivo em mente que você inclui a justificativa do ROI no seu *briefing* do cliente/problema. Aqui no início, isso reserva espaço para uma poderosa ferramenta que você vai desenvolver, quando conseguir aprender mais sobre os clientes.

Hipótese do cliente: conjunto mínimo de atributos do produto

Com a última parte do seu *briefing*, a equipe de desenvolvimento de produto vai ficar surpresa. Você vai começar a entender o conjunto mínimo de atributos que o produto precisa ter para que os clientes estejam dispostos a pagar por ele no seu primeiro lançamento.

O conjunto mínimo de atributos do produto é o inverso do que as equipes de marketing e vendas costumam pedir ao grupo de desenvolvimento. Geralmente, a exigência é pelo máximo de atributos, tomando como base a ideia: "Eis aqui o que eu ouvi do último cliente que visitei". No modelo de desenvolvimento de clientes, porém, a premissa é que um pequeno grupo de clientes visionários vai orientar a continuidade dos atributos disponibilizados a cada lançamento. Então, seu mantra vai se tornar: "Menos é mais, apenas o que for preciso para conseguir a primeira entrega aos clientes visionários". Em vez de perguntar explicitamente aos clientes sobre os atributos X, Y ou Z, uma abordagem boa para definir o conjunto mínimo de atributos do produto é: "Qual é o menor ou menos complicado problema que o cliente nos pagaria para resolver?".

C. Definição das hipóteses
Canal e preço

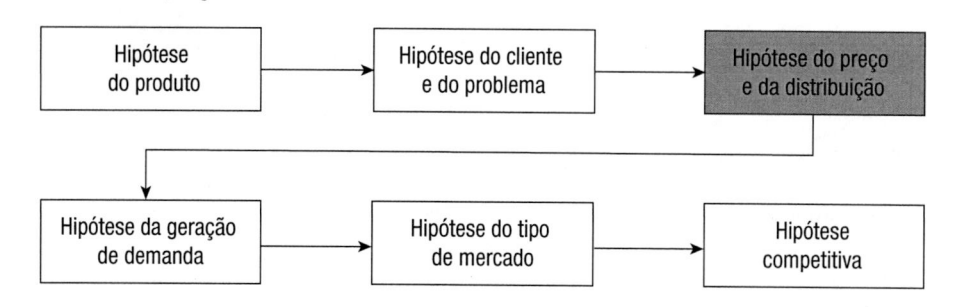

```
┌──────────────┐    ┌──────────────────┐    ┌──────────────────┐
│  Hipótese    │───▶│ Hipótese do      │───▶│ Hipótese do preço│
│  do produto  │    │ cliente e        │    │ e da distribuição│
│              │    │ do problema      │    │                  │
└──────┬───────┘    └──────────────────┘    └──────────────────┘
       │                                              │
       ▼                                              ▼
┌──────────────┐    ┌──────────────────┐    ┌──────────────────┐
│ Hipótese da  │───▶│ Hipótese do tipo │───▶│   Hipótese       │
│ geração      │    │ de mercado       │    │   competitiva    │
│ de demanda   │    │                  │    │                  │
└──────────────┘    └──────────────────┘    └──────────────────┘
```

Esse *briefing* é o primeiro passo em terra firme para descrever qual canal de distribuição você pretende usar para chegar aos clientes (direto, *on-line*, telemarketing, representantes de venda, varejo etc.), assim como sua primeira suposição sobre o preço do produto. Como veremos, as decisões sobre preço e canal de distribuição estão inter-relacionadas.

Vamos tratar primeiro do canal de distribuição. Os canais de distribuição são a trajetória seguida pelo produto desde sua origem (sua empresa) até chegar ao consumidor final. Se você está vendendo diretamente ao cliente, pode ser que precisará de parceiros adicionais para ajudar a instalar ou entregar um produto completo (integradores de sistemas, outros fornecedores de software). Se você faz venda indireta, através de intermediários, será necessário contar com parceiros de canal para distribuir fisicamente o produto. A Figura 3.5 ilustra como esse processo funciona. Na ponta direita, estão os clientes que têm o problema que pode ser solucionado pelo produto ou serviço de sua empresa.

Figura 3.5 Alternativas de canais de distribuição

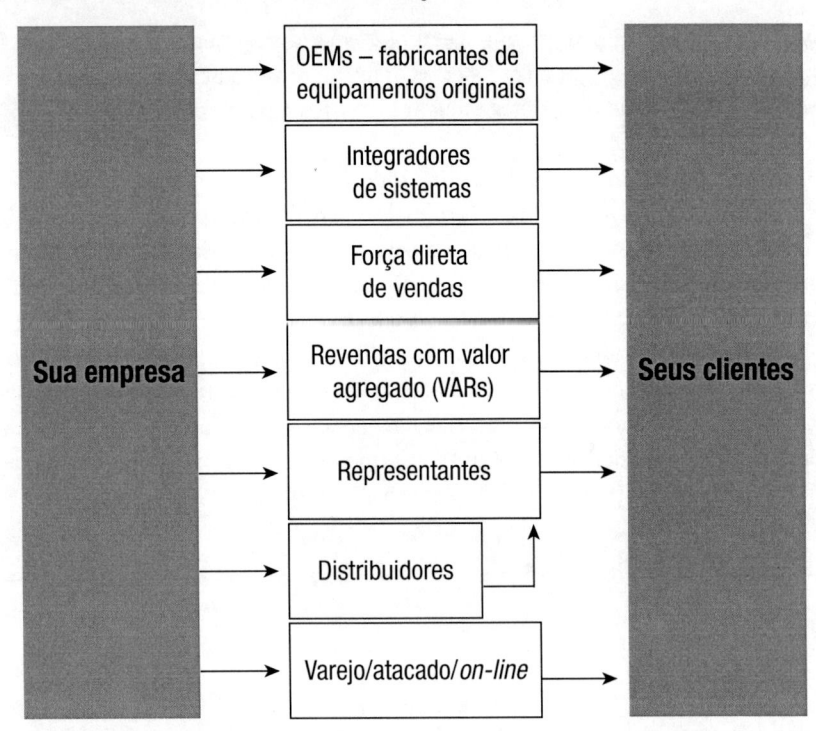

Sua empresa →
- OEMs – fabricantes de equipamentos originais
- Integradores de sistemas
- Força direta de vendas
- Revendas com valor agregado (VARs)
- Representantes
- Distribuidores
- Varejo/atacado/*on-line*

→ Seus clientes

No meio da figura, os fabricantes de equipamentos originais (OEMs) e os integradores de sistema geram uma pequena parte de suas receitas ao venderem o seu produto e um grande percentual por resolverem o problema do cliente com agregação de valor e soluções exclusivas. Por outro lado, na parte de baixo, os varejistas e atacadistas obtêm a maior parte de suas receitas, comercializando o seu produto. O valor primário dos varejistas e atacadistas é oferecer produtos que estão acessíveis e disponíveis na prateleira. Entre esses dois extremos, existe uma variedade de canais de venda que oferece uma combinação de produtos e serviços. Todos esses canais – menos um – são indiretos, o que significa que outra entidade, não a sua empresa, mantém o relacionamento com o cliente. A exceção é o canal de vendas diretas, no qual você contrata e estrutura a organização para vender diretamente para seu cliente.

Uma startup deve selecionar um canal de vendas com três critérios em mente: 1) O canal adiciona valor ao processo de venda?; 2) Quais são o preço e a complexidade do produto?; 3) O canal já faz parte dos hábitos/práticas de compra do cliente? O canal que agrega valor pode oferecer contatos individualizados, serviços especiais como instalação, reparo ou integração. Ao contrário, "o produto pronto na embalagem" é geralmente adquirido diretamente por catálogos, *on-line* ou em *corners* de chão nas lojas. Frequentemente, um produto que precisa de interação com profissionais é vendido por um preço mais alto do que produtos prontos para consumo ou uso. Sendo assim, os varejistas e atacadistas operam com margens mais estreitas.

No seu *briefing* de canal/preço, você deve escrever sua hipótese inicial sobre como o produto vai chegar aos clientes. No exemplo do software de 250 mil dólares descrito antes, a primeira pergunta que você deve responder é: No início, como os clientes comprarão de você? Diretamente da sua empresa? De um distribuidor? Por um parceiro? Em uma loja de varejo? Com pedidos por correio? Pela internet?

A resposta para essa primeira pergunta depende de uma série de fatores, começando pelo preço projetado do produto, sua complexidade e as preferências de canal de compra já estabelecidas pelos clientes.

Há algumas questões que você pode se fazer para entender que preço ficará mais adequado ao seu produto. Caso existam produtos similares ao seu, quanto o cliente investe atualmente para comprá-los? Se os usuários precisam de um produto como o seu, quanto pagariam hoje? No caso de seu novo software para bancários, suponha que você descobriu que as instituições financeiras já estão pagando hoje em dia 500 mil dólares por um produto com menos recursos. Essa informação é um ponto forte para indicar que seu preço em 250 mil será muito bem aceito. No caso de que não existam produtos comparáveis com o seu, pergunte aos clientes como resolveriam o problema, montando uma solução doméstica com a soma de partes vendidas por diversas empresas. Qual é a soma do preço desses múltiplos produtos?

Nesse momento, acrescento duas ideias finais a respeito de precificação. A primeira é a noção de valor do ciclo de vida do cliente, ou seja, quanto ele poderá adquirir de você não apenas no primeiro contrato, mas durante todo o relacionamento de compra/venda. Por exemplo, tendo decidido vender seu software diretamente para o banco, seu primeiro pensamento pode ser comercializar um único produto e depois cobrar honorários anuais pela manutenção. No entanto, se você avaliar todo o trabalho que terá para vender para um único banco, pode lhe ocorrer a ideia de oferecer um conjunto de produtos bancários. Isso significa que você poderá voltar a esse cliente e, ano após ano, vender um novo produto (pelo menos, enquanto seus produtos atenderem às necessidades daquele banco). Não deixe de considerar que, ao avaliar o valor do ciclo de vida de valor para seus clientes, isso pode afetar dramaticamente sua estratégia de produto.

A segunda ideia é uma que eu aplico aos clientes durante toda essa fase. Eu pergunto a eles: "Se o produto fosse gratuito, quantos você realmente compraria ou usaria?". O objetivo é tirar o preço da questão e verificar se o produto por si só atrai o cliente. Em caso positivo, sigo com outra pergunta: "Ok, o produto não é de graça. Imagine que eu vá lhe cobrar 1 milhão de dólares por ele. Você compraria mesmo assim?". Embora essa conversa possa parecer brincadeira, eu a uso sempre. Por quê? Porque mais da metade dos clientes costumam me responder algo como: "Steven, você ficou maluco. Esse produto não vale mais do que 250 mil". Dessa forma, consigo fazer o cliente me contar quanto estaria disposto a pagar pelo produto. Uau!

D. Definição das hipóteses
Geração de demanda

```
┌──────────────┐     ┌──────────────────┐     ┌──────────────────┐
│  Hipótese    │ ──▶ │ Hipótese do cliente│ ──▶ │ Hipótese do preço│
│  do produto  │     │   e do problema    │     │  e da distribuição│
└──────────────┘     └──────────────────┘     └──────────────────┘
                                                        │
         ┌──────────────────────────────────────────────┘
         ▼
┌──────────────────┐     ┌──────────────────┐     ┌──────────────┐
│ Hipótese da geração│ ──▶ │ Hipótese do tipo │ ──▶ │   Hipótese   │
│    de demanda    │     │    de mercado    │     │  competitiva │
└──────────────────┘     └──────────────────┘     └──────────────┘
```

Já que você vai ter que "gerar demanda" para atingir seus clientes, use a oportunidade de estar conversando com eles para tentar descobrir como se informam a respeito de novos fornecedores e produtos. Esse *briefing* reflete sua hipótese sobre como os clientes ouvirão falar da empresa e do seu produto, assim que você estiver pronto para vender.

Ao longo da etapa de descoberta dos clientes, aprimoraremos essas hipóteses com informações adicionais sobre geração de demanda e identificação dos agentes influenciadores.

Hipótese da geração de demanda: criação de demanda

Em um mundo perfeito, os clientes saberiam por telepatia como o seu produto é maravilhoso, pegariam o carro, um avião ou iriam a pé até sua empresa para fazer fila e lhe dar o dinheiro. Infelizmente, não é assim que funciona e você tem que gerar "demanda" para seu produto. Uma vez que consiga gerá-la, você tem que direcionar os clientes para os canais de venda que estão comercializando seu produto. Nesse *briefing*, você vai começar a responder a essa pergunta: Como você vai gerar demanda e conduzi-la para o canal de venda que você selecionou? Com propaganda? Relações públicas? Promoção com as lojas de varejo? E-mails? Site? Boca a boca? Seminários? Telemarketing? Parceiros? Essa é uma questão truculenta, já que cada canal de distribuição tem um custo natural de geração de demanda. Isso significa que quanto mais distante da venda direta for o canal selecionado, mais caras serão as atividades de geração de demanda. Por quê? Pela própria presença na porta de entrada do cliente, a força de venda direta não está apenas comercializando seu produto, está também implicitamente fazendo marketing e propaganda. No outro extremo, o canal de varejo (Walmart, um grande supermercado ou um site) não é mais do que um conjunto de prateleiras no qual seu produto repousa passivamente. O produto não vai saltar da prateleira e se explicar aos clientes. Eles precisam ser influenciados pela propaganda, por atividades de relações públicas ou outros meios antes de tomar a decisão de comprar.

Você também tem que entender, portanto, como seus clientes potenciais ficam sabendo sobre novos fornecedores e produtos. Eles participam de feiras do setor? Outras áreas participam? Que revistas costumam ler? Em quais delas confiam? O que o chefe deles lê? Quem são os melhores vendedores que conhecem? Quem contratariam para trabalhar para eles?

Hipótese da geração de demanda: influenciadores

Às vezes, a pressão mais poderosa sobre a decisão de compra de um cliente não é uma ação realizada diretamente por sua empresa. Em todo setor ou indústria, há sempre um grupo seleto de pessoas que são pioneiras nas tendências, no estilo e nas opiniões. Eles podem ser especialistas pagos de empresas de pesquisa ou crianças que só usam a última moda. Nesse *briefing*, você tem que descobrir quem são os influenciadores que podem afetar a opinião dos clientes. Faça uma lista deles: analistas, jornalistas e daí por diante. Quem são os analistas e repórteres que a comunidade de seus clientes lê e ouve? Em quais confiam? Essa lista também vai servir de mapa para que você estruture um conselho consultivo e para nortear seus contatos com analistas e jornalistas na etapa de validação pelo cliente.

E. Definição das hipóteses
Tipos de mercado

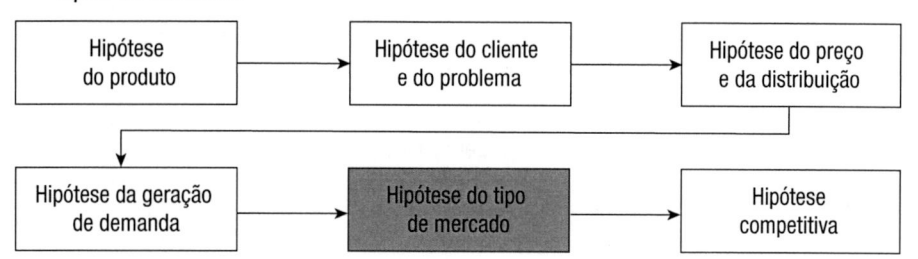

```
┌─────────────────┐    ┌─────────────────┐    ┌─────────────────┐
│   Hipótese      │───▶│   Hipótese do   │───▶│  Hipótese do    │
│   do produto    │    │   cliente       │    │  preço          │
│                 │    │   e do problema │    │  e da           │
│                 │    │                 │    │  distribuição   │
└─────────────────┘    └─────────────────┘    └─────────────────┘
         │
         ▼
┌─────────────────┐    ┌─────────────────┐    ┌─────────────────┐
│  Hipótese da    │───▶│  Hipótese do    │───▶│   Hipótese      │
│  geração        │    │  tipo de        │    │   competitiva   │
│  de demanda     │    │  mercado        │    │                 │
└─────────────────┘    └─────────────────┘    └─────────────────┘
```

No Capítulo 2, apresentei o conceito de tipos de mercado. As startups, em geral, entram em um dos três tipos e, por fim, sua empresa terá que escolher um deles. Diferentemente das decisões a respeito das características do produto, porém, o tipo de mercado é uma decisão que pode ser deixada para mais tarde. Isso significa que será possível fazer essa escolha final na etapa de geração de demanda, mas, ainda assim, você vai precisar trabalhar com uma hipótese. Nos próximos dois capítulos, eu retomarei a questão do tipo de mercado em que estará sua empresa e vou ajudá-lo a refinar e aprofundar sua análise depois que já tiver aprendido mais sobre os clientes e o mercado.

No entanto, como as consequências da escolha equivocada são severas, você precisa de sabedoria para desenvolver a hipótese inicial do tipo de mercado para testá-la, enquanto passa pela fase de desenvolvimento de clientes. Para fazer isso, a equipe de desenvolvimento de clientes deve registrar essas discussões iniciais sobre o tipo de mercado, realizadas juntamente com o grupo de desenvolvimento de produto. Nesse *briefing*, vamos buscar a resposta para uma única pergunta: a sua empresa está entrando em um mercado existente, ressegmentado ou está criando um novo mercado?

Para algumas startups, a resposta é bem clara. Caso você esteja entrando em um "negócio clone", como computadores ou PDAs, a escolha já está feita: você está em um mercado existente. Mas se você inventou um produto que ninguém viu antes, é bem mais provável que esteja em um novo mercado. Existem startups, porém, que podem se dar ao luxo de escolher. Então, como fazer essa seleção? Algumas perguntas simples dão início ao processo:

- Existe um mercado estabelecido e bem definido com um grande número de clientes? O seu produto tem diferenciais melhores (performance, atributos, serviços) que o distingue dos grandes concorrentes existentes? Em caso positivo, você está em um mercado existente.
- Existe um mercado estabelecido e bem definido com um grande número de clientes e seu produto tem custo mais baixo do que o das grandes companhias? Então, você está ressegmentando o mercado.
- Existe um mercado estabelecido e bem definido com um grande número de clientes e seu produto tem novos diferenciais exclusivos diante dos concorrentes? Então, você também está ressegmentando o mercado.

Caso não haja um mercado estabelecido e bem definido e não existam concorrentes, você está criando um novo mercado. Não se preocupe se você oscilar entre as três escolhas de tipos de mercado. Quando você começar a conversar com os clientes, eles lhe darão muitas opiniões a respeito. Por enquanto, avalie as três possibilidades e escolha aquela que mais combina com sua atual visão do negócio. A Tabela 3.1, que você viu no Capítulo 2, é um lembrete:

Tabela 3.1 Características dos tipos de mercado

Cliente	Mercado existente	Mercado ressegmentado	Novo mercado
Clientes	Existentes	Existentes	Novos/novos usos
Necessidades dos clientes	Performance	• Custo • Necessidade percebida	Simplicidade e conveniência
Performance	Melhor/ mais rápido	• Boa o bastante para um baixo preço • Boa o bastante para um novo nicho	Baixa em "atributos tradicionais", aprimorada pelas métricas de novos consumidores
Concorrência	Existente	Existente	Não consumo/outras startups
Riscos	Existência de concorrentes	• Existência de concorrentes • Falhas na estratégia de nicho	Adoção pelo mercado

Hipótese do tipo de mercado: entrar em um mercado existente

Caso considere que sua empresa e seu produto se encaixam em um mercado existente, você precisa compreender a questão da *performance* diante dos clientes. Comparar o produto diante de uma grande quantidade de concorrentes é importante para que você possa habilmente selecionar os melhores recursos de que dispõe. Resuma suas ideias em um *briefing*. Se você acredita que está entrando em um mercado existente, boas questões para tratar em seu *briefing* são as seguintes:

- Quem são seus concorrentes e quem está liderando o mercado?
- Qual é a fatia de mercado de cada concorrente?
- Quanto em vendas e marketing os líderes investirão para concorrer com você?
- Você entende seu custo de entrada diante de concorrentes estabelecidos? (Veja a geração de demanda no Capítulo 5.)
- Já que você vai concorrer em *performance*, que atributos os clientes lhe disseram que dão mais importância nessa área? Como os concorrentes definem *performance*?
- Qual percentual de mercado você quer conquistar nos três primeiros anos da empresa?
- Como os concorrentes definem o mercado?
- Há padrões existentes? Em caso positivo, quem está os conduzindo?
- Você quer que sua empresa adote esses padrões, amplie-os ou os substitua? (Se você quer ampliar ou substituir os padrões, talvez esteja tentando ressegmentar o mercado. Porém, se estiver realmente entrando em um mercado existente, certifique-se de redigir o *briefing* de competitividade que discutiremos adiante na etapa F. Vai ajudar a refinar seu posicionamento.)

Um modo de traduzir seu pensamento em um mercado existente é construir um diagrama de competitividade. Em geral, uma empresa seleciona dois ou mais atributos-chave do produto e ataca a concorrência, usando eixos relacionados a diferenciais/tecnologia, preço/*performance* e canal/margem. O diagrama competitivo usado em um mercado existente geralmente parece com a Figura 3.6, no qual cada um dos eixos escolhidos enfatiza a melhor vantagem competitiva do produto – nesse caso, relacionados à mensuração da pressão arterial.

Figura 3.6 Exemplo de diagrama de competitividade

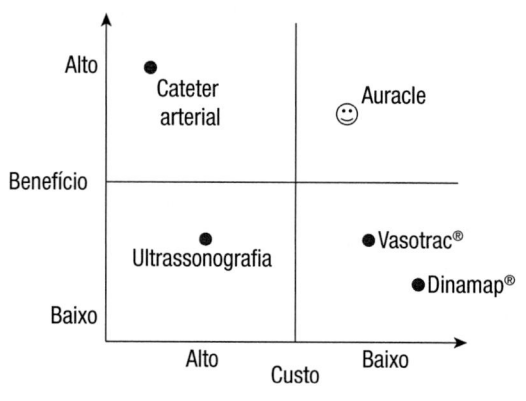

Escolher o eixo correto para dar base à competição é crítico. A ideia é que, para entrar em um mercado existente, o posicionamento relaciona-se totalmente ao *produto* e especificamente ao valor que os clientes dão a seus novos diferenciais.

Hipótese do tipo de mercado: ressegmentar um mercado existente

Uma alternativa para competir diretamente com os líderes de um mercado existente é ressegmentá-lo. Nesse caso, existem duas possibilidades: a) o apelo de se tornar o "fornecedor mais barato" ou b) encontrar um nicho exclusivo (algum atributo de seu produto ou serviço redefine o mercado existente e você é o único com essa vantagem competitiva).

Caso você considere que está ressegmentando um mercado existente, algumas boas questões para agregar ao *briefing* incluem:

- De que mercados existentes derivam seus clientes?
- Quais as características exclusivas desses clientes?
- Que necessidades importantes desses clientes ainda não são atendidas pelos fornecedores existentes?
- Que atributos importantes de seu produto farão os clientes abandonarem seus atuais fornecedores?
- Por que as empresas concorrentes não oferecem já os mesmos diferenciais?
- Quanto tempo levará para você educar os clientes potenciais e atingir um mercado de tamanho suficiente? Que tamanho é esse?
- Como você vai educar o mercado? Como vai gerar demanda?
- Já que ainda não existem clientes em seu novo segmento, qual é o prognóstico realista das vendas nos primeiros três anos da empresa?

Para esse tipo de startup, você precisa traçar o diagrama de competitividade (porque, diferentemente das *startups* em um mercado totalmente novo, você tem concorrentes) e também o mapa de mercado (porque você está, de fato, criando um novo mercado ao ressegmentar o já existente). Somados, esses dois diagramas vão ilustrar claramente por que milhares de novos clientes acreditarão e migrarão para esse mercado.

Sempre considerei útil – seja em um novo mercado ou um ressegmentado – traçar o "mapa de mercado" (um diagrama de como esse mercado parecerá), como mostrado na Figura 3.7. O mapa mostra sucintamente por que a companhia é única. Uma piada antiga diz que todo novo mercado deve ser descrito por uma sigla de três letras (ATL). Trace o mapa com sua empresa no centro.

Uma ressegmentação parte do princípio de que vai tirar clientes de um mercado existente. Trace os mercados existentes nos quais espera conquistar seus clientes (lembre-se: um mercado é um conjunto de empresas com atributos em comum).

Figura 3.7 Exemplo de mapa do mercado

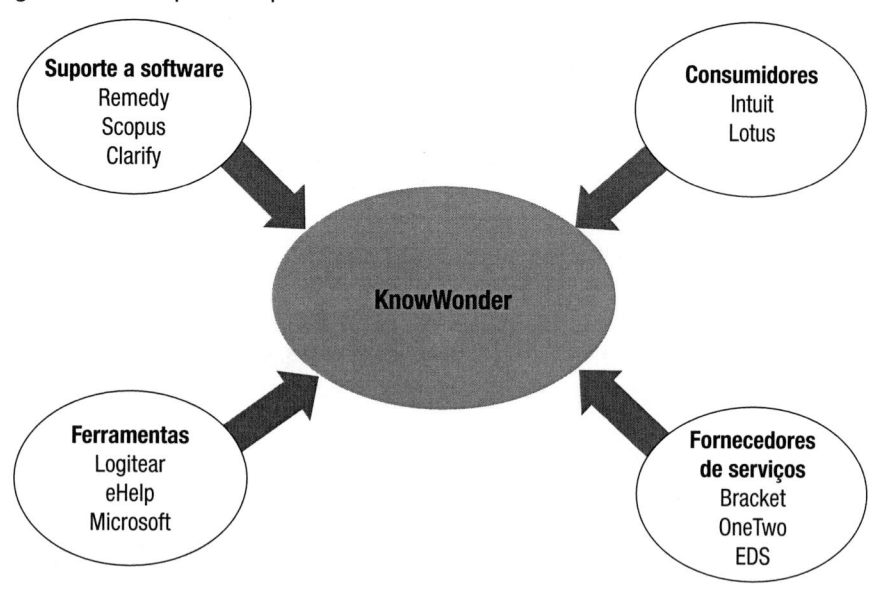

```
    Suporte a software              Consumidores
       Remedy                          Intuit
       Scopus                          Lotus
       Clarify
              ↘                    ↙
                  [ KnowWonder ]
              ↗                    ↖
    Ferramentas                   Fornecedores
       Logitear                    de serviços
       eHelp                         Bracket
       Microsoft                     OneTwo
                                     EDS
```

Hipótese do tipo de mercado: entrar em um novo mercado

Em um primeiro olhar, um novo mercado tem forte apelo. O que pode ser melhor do que um mercado sem concorrentes? Em geral, quando não há concorrência, isso significa que o preço não é uma questão de competitividade, mas apenas de quanto o mercado suporta pagar pelo produto. Uau, sem concorrentes e com margens altas! Mesmo sem competidores, o risco de fracasso no mercado ainda é grande. Sem desejar parecer repetitivo, criar um novo mercado quer dizer que o mercado ainda não existe atualmente – não há clientes. Caso você considere que está entrando em um novo mercado, boas perguntas para responder são as seguintes:

- Quais são os mercados adjacentes similares ao novo que você está criando?
- De que mercado os clientes potenciais virão?
- Quais necessidades importantes farão os clientes usarem/comprarem o seu produto?
- Quais atributos importantes farão os clientes usarem/comprarem o seu produto?
- Quanto tempo levará para você educar os potenciais clientes e fazer o mercado crescer em um tamanho suficiente? Que tamanho é esse?
- Como você educará o mercado? Como gerará demanda?
- Dado que os clientes ainda não existem, qual é o prognóstico realista para as vendas nos primeiros três anos da empresa?
- Qual o financiamento que precisará durante a batalha para educar e conquistar o mercado?

- O que impedirá um concorrente bem administrado de tirar o mercado de sua empresa depois que você desenvolvê-lo (há uma razão para que alguém tenha criado a frase: "os pioneiros são aqueles com as flechas nas costas")?
- É possível definir seu produto como de ressegmentação ou de mercado existente?

Como observei no Capítulo 2, você compete em um novo mercado, não derrotando outras companhias através de atributos melhores em seu produto, mas convencendo os clientes de que sua visão não é uma alucinação e tem a capacidade de resolver um problema que eles têm ou você consegue persuadi-los de que têm. No entanto, "quem são os usuários" e a "definição do mercado" ainda são questões desconhecidas e incertas. Neste caso, a solução é usar seu resumo da concorrência para definir um novo mercado com sua empresa no centro.

F. Definição das hipóteses

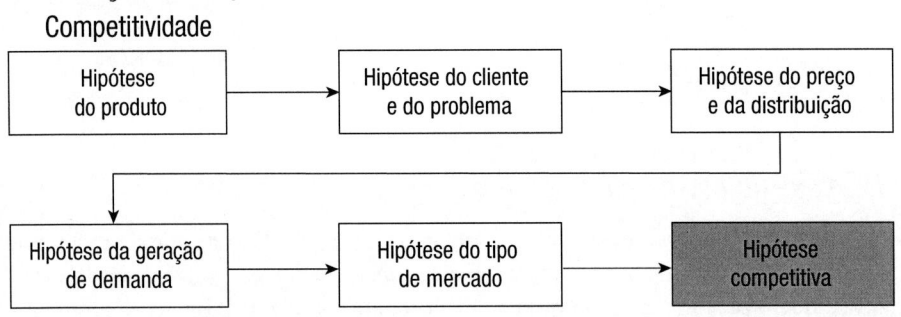

Competitividade

Hipótese do produto → Hipótese do cliente e do problema → Hipótese do preço e da distribuição → Hipótese da geração de demanda → Hipótese do tipo de mercado → **Hipótese competitiva**

Nessa etapa, a equipe de desenvolvimento de clientes prepara um resumo sobre a concorrência. Lembre-se: você está entrando em um mercado existente ou ressegmentando e, portanto, sua base competitiva está relacionada a algum(ns) atributo(s) de seu produto. Sendo assim, você precisa saber como e por que seu produto é melhor do que o dos concorrentes. Esse resumo vai ajudar a responder a essa questão. (Caso você esteja entrando em um novo mercado, fazer uma análise competitiva é como uma divisão por zero; não existem concorrentes diretos. No entanto, ao aplicar o mapa de mercado que você traçou na última fase como um substituto para a hipótese competitiva, responderá às questões a seguir como se cada um dos mercados adjacentes e empresas que os integram fossem migrar para o novo mercado.)

Olhe para o mercado em que você vai entrar e estime a fatia de mercado de cada uma das empresas existentes. Alguma das empresas detém sozinha 30%? Ou mais de 80%? Esses são números mágicos. Quando a fatia da maior empresa do mercado não ultrapassa os 30%, não há uma empresa dominante. Você tem uma chance de entrar nesse mercado. Mas, quando uma companhia tem uma fatia de mais de 80% (pense na Microsoft), esse *player* é dono do mercado, isto é, possui um monopólio. Sua única possibilidade, nesse caso, é ressegmentar o mercado (veja Capítulo 5 para mais detalhes).

- Como os concorrentes existentes definiram a base de competição? Está nos atributos do produto? Serviços? Quais são os apelos deles? Diferenciais? Por que você acredita que sua empresa e seu produto são diferentes?
- Talvez seu produto possibilite aos clientes que façam algo que não conseguiram antes. Se você acredita nisso, o que o faz achar que os clientes vão se importar? O seu produto tem atributos melhores? Melhor *performance*? Melhor canal? Melhor preço?
- Se estivesse em um supermercado, que produtos estariam próximos ao seu na prateleira? Esses são seus concorrentes. (Onde a TiVo estaria na prateleira, perto dos VCRs ou em outro lugar?) Quem são seus concorrentes mais próximos hoje? Em atributos de produtos? Em canal? Em *performance*? Em preço? Caso não haja concorrentes próximos, a quem recorrem os clientes quando querem algo equivalente ao que você oferece?
- O que você mais gosta no produto de cada concorrente? O que os clientes gostam mais no produto deles? Se você pudesse mudar algo nos produtos dos concorrentes, o que seria?
- Em produtos corporativos, a questão deve ser: quem usa hoje os produtos dos concorrentes por cargo e função? Como esses produtos da concorrência são usados? Descreva o fluxograma de trabalho do usuário final. Descreva como este afeta a empresa. Qual o percentual de tempo gasto no uso do produto? É de missão crítica? Para um produto de consumo, as perguntas são parecidas, mas o foco é colocado nas pessoas.
- Já que seu produto pode ainda não existir, como as pessoas fazem hoje sem ele? Elas simplesmente deixam de fazer algo ou realizam mal essa atividade?

Uma tendência natural das startups é a de se compararem com outras startups ao redor. Mas isso é olhar para o problema errado. Nos primeiros anos de existência, as startups não conseguem tirar as outras do negócio. Embora seja verdade que as startups concorrem entre si por financiamento e recursos técnicos, a diferença entre *startups* vencedoras e perdedoras é que as bem-sucedidas compreendem por que seus clientes compram. As perdedoras nunca sabem. Consequentemente, no Modelo de Desenvolvimento de Clientes, uma análise sobre a concorrência começa pela pergunta: por que os clientes comprariam seu produto. Então, o olhar se estende para todo o mercado, o que inclui a concorrência – sejam empresas estabelecidas ou *startups*.

Esse *briefing* completa o seu primeiro e último trabalho em grande escala no papel. Agora, a ação se move para fora da empresa, onde você procurará compreender o que seus clientes potenciais precisam e, dessa forma, qualificar suas suposições iniciais.

Fase 2: Testar e qualificar as hipóteses sobre o "problema"

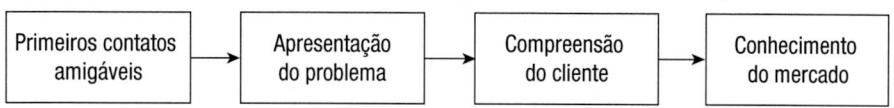

| Primeiros contatos amigáveis | → | Apresentação do problema | → | Compreensão do cliente | → | Conhecimento do mercado |

Nessa etapa, a equipe de desenvolvimento de clientes começa a testar e qualificar as hipóteses consolidadas na Fase 1. Eu usei a frase "testar e qualificar as hipóteses", porque muito raramente as hipóteses sobrevivem intactas ao retorno oferecido pelos clientes. Você não estará simplesmente validando suas hipóteses – vai modificá-las de acordo com o resultado do aprendizado junto aos clientes. Já que tudo o que existe dentro da empresa são opiniões – os fatos estão com os consumidores – o time de fundadores deixa o prédio e só retorna quando as hipóteses tiverem se tornado dados. Ao realizar isso, você estará adquirindo uma compreensão profunda de como realmente trabalham os clientes e, muito mais importante, como eles compram. Nessa etapa, você vai realizar ou adquirir:

- Primeiros contatos amigáveis com clientes.
- Apresentação do problema ao cliente.
- Compreensão profunda do cliente.
- Conhecimento do mercado.

Como você desenvolveu uma série de hipóteses complexas, reunir todos esses dados para a primeira reunião com os clientes pode parecer ridículo. Em vez disso, nesses encontros iniciais, você não tem o objetivo de aprender se eles gostam, ou não, do produto; neles, você deve tentar perceber se suas suposições sobre os problemas dos clientes estavam corretas. Se essas suposições estiverem erradas, não importa quão maravilhoso seu produto possa ser, eles não vão comprá-lo. Somente quando você reunir dados suficientes para sua compreensão do cliente, voltará a se encontrar com eles para obter *feedback* sobre o produto em si, na Fase 3.

A. Teste e qualificação das hipóteses
Primeiros contatos com os clientes

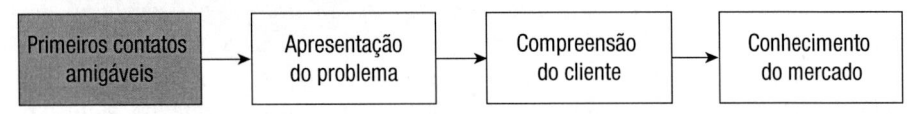

| Primeiros contatos amigáveis | → | Apresentação do problema | → | Compreensão do cliente | → | Conhecimento do mercado |

O primeiro passo para a qualificação de suas suposições é sair das fronteiras seguras de seu escritório e da sala de reuniões e se aventurar no mundo real, no qual estão as pessoas que pagarão suas contas. Não importa que você esteja vendendo para empresas ou consumidores domésticos, esses primeiros contatos amigáveis devem ser com as pessoas que vão iniciar seu processo de aprendizado sobre os clientes e seus problemas. Melhor ainda, eles podem se tornar seus clientes no futuro.

  Comece fazendo uma lista com os cinquenta clientes potenciais com quem você pode testar suas ideias. Cinquenta nomes podem parecer muitas ligações, mas você vai ver que passará por eles rapidamente. Como você consegue esses nomes? Com amigos, investidores, fundadores, advogados, profissionais de recrutamento, revistas do setor, livros de referência da área, contadores e qualquer outra fonte que você possa imaginar. Para essas visitas, mesmo que seu produto seja de venda corporativa, o cargo dos clientes e o nível hierárquico são irrelevantes. E se o produto for de consumo, também não importa se o cliente tem, ou não, o menor interesse nele. O que importa é o que pode aprender com esses clientes. Nessa etapa, você está menos interessado em grandes nomes e cargos ou na "exata pessoa" para ser seu cliente. Seu alvo são as pessoas que lhe darão algum tempo para interagir e que mesmo vagamente se encaixem no perfil delineado nas hipóteses sobre o cliente.

Ao mesmo tempo em que estrutura uma lista de contatos, começa a desenvolver também uma lista de inovadores. O que é um inovador? São as companhias mais inovadoras, os departamentos com essa característica dentro de uma empresa ou aqueles indivíduos no setor de seu interesse que são inteligentes, respeitados e, em geral, estão sempre à frente quando se trata desse tema especificamente. Nos produtos de consumo, eles são "os viciados em invenções", aqueles a quem todo mundo pede opinião ou o grupo de pessoas que os demais olham para buscar uma tendência. Você vai usar duas vezes essa lista. Primeira: você precisa localizar e se reunir com esses visionários, conhecidos por suas ideias novas. Existem pessoas que consideram a inovação um vírus perigoso que deve ser mantido fora da companhia. Há outras que procuram, ouvem e compreendem tudo o que é novo. Estas são o seu alvo, com quem você deve conversar. Segunda: seus inovadores serão uma ótima lista de contatos para estruturar o conselho consultivo e os influenciadores do setor.

Tenha em mente que essa enxurrada de telefonemas não é apenas para encontrar as pessoas cujos nomes você organizou em uma lista; o objetivo é fazer você aumentar a "cadeia alimentar de conhecimento" na área. Sempre pergunte a seus contatos: "Quem é a pessoa mais esperta que você conhece no setor?". Lembre-se: a meta principal da etapa de descoberta do cliente é garantir que você entendeu o(s) problema(s) do cliente e assegurar que as especificações de seu produto são a solução.

O primeiro passo dessa fase é o mais difícil – contatar clientes potenciais que não o conhecem e convencê-los a lhe dar um pouco de tempo em uma reunião. Mas essa tarefa pode ficar bem mais simples, se você fizer duas coisas: 1) contar com indicações; 2) preparar cuidadosamente uma *história de referência* para ser apresentada logo de início.

Nas empresas, como as secretárias existem para deter ligações, você deve fazer referência a alguma outra pessoa conhecida, sempre que possível: "Bob, da BigBank Inc., disse para mim que devia falar com você". Não se esqueça que conseguiu estruturar sua lista porque perguntou a todo mundo que conhece quem *eles* conhecem. As pessoas que lhe deram os contatos são aquelas que você usa como referência. A melhor apresentação para um cliente potencial é a feita por um colega profissional da mesma empresa. Às vezes, para um produto de consumo, a situação também é desafiadora: como conseguir um tempo de alguém que você não conhece? Mas a mesma técnica pode ser aplicada; uma referência de quem eles conheçam.

Primeiro, redija um e-mail de apresentação. Inclua um parágrafo com a descrição sucinta da empresa, uma visão geral do que você está fazendo e uma afirmação sobre o que há de interesse para seu contato gastar tempo recebendo-o. Não, você não enviará esse e-mail diretamente aos desconhecidos. Encaminhe o texto a quem lhe deu a indicação e peça para que envie aos conhecidos de sua lista.

Depois, você fará uma ligação de *follow-up*. Mas antes de pegar o telefone para falar com quem não conhece ainda, é em geral uma boa ideia saber o que vai dizer. Você não vai querer falar: "Olá, aqui é o Bob, da NewBanking Products Inc., e gostaria de lhe falar sobre nosso novo produto". (Bem, se você é um fundador apaixonado, é exatamente o que quer dizer, mas se contenha.) O que você precisa é contar com uma história de referência que explique por que está ligando, que enfatize o problema que está tentando resolver, por que é importante solucioná-lo e a solução que está sendo desenvolvida.

Geralmente, a história começa com uma apresentação: "Olá, eu sou Bob, da NewBanking Products Inc., e como você deve lembrar, recebi a indicação de seu nome de {insira aqui o nome de referência}". Agora, apresente um motivo para a pessoa receber você: "Nós estamos iniciando uma empresa para solucionar o problema das longas filas nos caixas e, para isso, estamos desenvolvendo nosso novo software Instanteller, mas não pretendo vender nada a você. Eu só quero uns vinte minutos com você para entender como resolveram esse problema do caixa na sua empresa". O que há de interesse para seu interlocutor: "Acredito que você possa contribuir comigo com sua visão sobre o problema e, em troca, ficarei satisfeito em lhe contar as tendências tecnológicas do setor". Pode exagerar um pouco.

Obviamente, você terá que variar e ajustar a história, mas a meta continua a mesma: marcar reuniões. Parece fácil no papel, mas se você não é um vendedor profissional, pode ser bem difícil. Detesto telefonar para quem não conheço. Eu olho fixamente para o telefone, ando em volta da mesa, tiro do gancho e devolvo sem fazer a chamada. Mas, por fim, acabo fazendo umas ligações e sabe do que mais? Não há nada mais recompensador do que um cliente potencial dizendo: "Esse é exatamente o nosso problema! Vou reservar vinte minutos para conversarmos – por que você não passa aqui na próxima quinta-feira?". Sim!

Para isso funcionar, você e seus cofundadores têm que dar dez (sim, dez!) telefonemas por dia. Continue telefonando até que você tenha na agenda três visitas por dia. Habitue-se a ser descartado, mas sempre pergunte: "Como você está muito ocupado, com quem posso falar?". Sempre acho útil manter estatísticas de sucesso (uma história de referência é melhor do que a outra?; alguma fonte de indicação é melhor do que as outras?; você tem melhor resultado quando fala com gerentes, diretores ou vice-presidentes?). E, por falar nisso, esse mesmo tipo de estatística também funciona bem para os produtos de consumo.

Como regra prática, seus cinquenta telefonemas de *follow-up* devem render entre cinco e dez visitas agendadas. Você vai usar essas reuniões para testar as hipóteses de cliente e problema – quem são seus clientes e por que eles usariam seu produto. Essas visitas são um primeiro passo para a conquista de uma compreensão profunda de como trabalham os clientes, o problema deles, sua organização e onde estão localizados na empresa. Mas, antes de sair a campo, planeje cuidadosamente como você vai quebrar o gelo e como vai obter as informações de que precisa. O ponto de início é o desenvolvimento do que chamo "apresentação do problema".

B. Teste e qualificação das hipóteses
Apresentação do problema

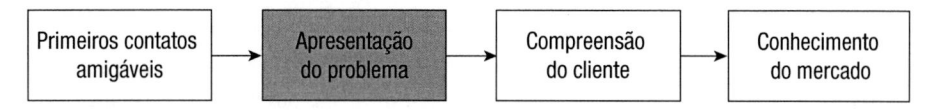

Primeiros contatos amigáveis → **Apresentação do problema** → Compreensão do cliente → Conhecimento do mercado

Na Fase 1, você levantou as hipóteses sobre os problemas enfrentados por seus clientes. Em nosso exemplo no setor bancário, a questão eram as longas filas no caixa. Agora, com base naquelas hipóteses, desenvolva uma apresentação sobre o problema e o teste em um diálogo contínuo com os clientes.

Diferentemente de uma apresentação de produto, a do problema não é formatada para convencer ninguém. Em vez disso, você estrutura o pensamento para conseguir obter informações dos clientes. Essa apresentação resume suas hipóteses sobre os problemas dos clientes, justamente com algumas potenciais soluções, então, pode testar se suas suposições estavam corretas. Essa apresentação é o seu "quebra-gelo" diante dos clientes.

Desenvolver a apresentação do problema é fácil. Você já realizou o trabalho mais árduo ao articular os problemas do cliente e as potenciais soluções, incluindo a sua própria, na Fase 1. Agora, você tem apenas que colocar essas suposições em slides. Para as empresas, você deve considerar uma apresentação com um único slide. Nele (Figura 3.8), a lista dos problemas pode estar na Coluna 1, as soluções atuais ficam na Coluna 2 e a solução da sua empresa na Coluna 3 (nas reuniões com consumidores, quando os slides são inapropriados, um *flip chart* resolve).

Figura 3.8 Apresentação do problema do cliente

Coluna 1	Coluna 2	Coluna 3
Lista dos problemas	Solução atual	Solução da sua empresa
1.	1.	1.
2.	2.	2.
3.	3.	3.

Quando tiver o slide pronto, prepare-se para apresentar o problema diante de um quadro branco ou simplesmente frente a frente em uma mesa. Não se esqueça: "apresentar" nesse contexto realmente significa convidar os clientes a oferecerem suas respostas. Assim, depois de descrever sua lista de problemas supostos na Coluna 1, pare e pergunte ao cliente a respeito de sua perspectiva sobre a questão, verifique se ele acha que você está esquecendo algum aspecto e como ele apresentaria as dificuldades em ordem de prioridade.

O que acontece se um consumidor disser a você que as questões que você considera relevantes realmente não são. Perceba que você está obtendo ótimas informações. Embora possa não ser nada daquilo que você gostaria de ouvir, é fantástico conquistar esse conhecimento logo de saída. Não, eu repito, não tente "convencer" os clientes de que eles realmente enfrentam os problemas como você os descreveu. Eles são os donos do talão de cheques e você quer ser convencido por eles.

Caso concordem com você sobre os problemas, faça-os explicar porque consideram importante solucioná-los (não há nada melhor do que atender necessidades validadas pelos clientes). Casualmente, pergunte: "Quanto esse problema custa para vocês (em termos de receitas perdidas, perda de consumidores, perda de tempo, frustração etc.) hoje?". Você vai usar esse número mais à frente, na etapa de validação pelo cliente, quando for desenvolver a sua apresentação do ROI.

Ao haver acordo sobre os problemas e seus custos, mostre a Coluna 2, com as soluções disponíveis hoje em dia. Mais uma vez, faça uma pausa: pergunte ao cliente quais as soluções que ele considera para o problema, se você está deixando alguma de lado e como ele priorizaria as soluções existentes. O que você está buscando aqui é a compreensão de como o cliente resolve atualmente aquele problema ou como acredita que os outros o solucionam (por exemplo, mais operadores de caixas, software mais rápido, servidores maiores). Se o problema for importante e doloroso o bastante, você vai obter uma série de respostas interessantes. Enquanto está nesse ponto, outra parte crítica de informação é: Quem compartilha do mesmo problema? No nosso exemplo do setor bancário, são as outras agências? Outros consumidores que fazem "x" ou "y"? Outras pessoas na mesma empresa? No mesmo setor? Com o mesmo cargo? Um grupo de pessoas com um problema semelhante equivale a uma mesma proposta de valor. Isso quer dizer que você poderá descrever o valor de seu produto em uma mensagem que será compreendida por uma ampla audiência.

Quando a RoboVac, uma fabricante de produtos de consumo, estava pesquisando um aspirador de pó doméstico robô, o resultado da apresentação do problema diante dos clientes foi uma surpresa. De início, eles acreditavam que o robô aspirador seria usado simplesmente como um substituto do aparelho tradicional. Conforme conversavam com mais e mais consumidores potenciais, aqueles que ficavam mais entusiasmados com o produto não eram as pessoas que cuidavam de passar o aspirador na casa rotineiramente. De fato, era justamente o oposto – eram homens solteiros que mal sabiam onde ficava guardado o aspirador doméstico. Eles desejavam comprar o robô aspirador pela novidade, pela tecnologia e pela natureza "ligue e esqueça" de seu uso. Os primeiros evangelistas da RoboVac queriam deixar o robô aspirador ligado e, ao voltar para casa, encontrar o chão completamente limpo. Para esses evangelistas precoces, a conexão com o produto era muito mais forte. Tratavam o robô aspirador como se fosse o animal de estimação da família. Alguns cientistas consideram que os robôs de estimação disparam respostas inatas de acolhimento nos seres humanos. Parece que os robôs aspiradores despertavam esses mesmos instintos. O ponto é que nenhuma discussão sem a presença dos clientes poderia descobrir isso.

Por fim, tanto para os produtos corporativos quanto para os de consumo, mostre a solução de sua empresa (não o conjunto de atributos, apenas a grande ideia) na Coluna 3. Pare e observe a reação dos clientes. Eles realmente entenderam o que o produto significa? A solução está evidente o bastante para eles dizerem: "Aha! Se você puder fazer isso todos os meus problemas estarão resolvidos?". Em vez disso, eles perguntaram: "O que você quer dizer com isso?". Então, ouviram você dar explicações por mais vinte minutos e ainda assim não conseguiram entender direito? Pergunte como a sua solução se compara com as que existem atualmente. Mais uma vez, o objetivo não é tentar vender. Você quer observar a reação deles e estimular uma discussão.

Meu resumo predileto dessa conversa gira em torno de duas perguntas que já aludi anteriormente: "Qual é o principal problema no modo como você trabalha hoje? (no caso da RoboVac – como você faz a limpeza do chão?) Se tivesse uma varinha mágica e pudesse mudar algo em como trabalha, o que seria?". Eu chamo isso de "as perguntas da IPO". Entenda as respostas dos clientes para essas questões e você vai conseguir fazer sua startup chegar à abertura de capital na bolsa.

Com certeza, o que aprende dessas discussões depende do que leva junto com você quando sai da empresa para visitar os clientes potenciais. Depois de uma série de encontros, as respostas dos clientes tendem a se consolidar. No entanto, é sempre útil levar seus *briefings* de hipóteses nessas reuniões. Reveja todas as informações que você quer levantar. Então, antes de cada visita ou telefonema, reduza a lista para: "Quais são as três coisas que eu preciso aprender antes de ir embora daqui?". Certifique-se de conseguir as respostas, pelo menos, para essas três perguntas. Ao longo do tempo, conforme obtiver a confirmação para as questões centrais, comece a fazer perguntas diferentes.

A apresentação do problema facilita a coleta das informações críticas que você precisa desde o início – por que os clientes compram e o que eles comprariam. Porém, esse não é o único propósito dessas primeiras reuniões com os clientes. Você quer sondá-los profundamente e compreender as necessidades deles.

C. Teste e qualificação das hipóteses
Compreensão aprofundada do cliente

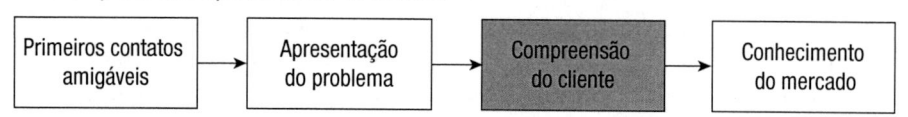

Primeiros contatos amigáveis → Apresentação do problema → **Compreensão do cliente** → Conhecimento do mercado

Além de verificar suas suposições sobre os problemas do cliente e sobre sua solução, você precisa validar as hipóteses que se referem ao seguinte: Como os clientes passam realmente o dia, investem seu dinheiro e realizam seus trabalhos? Independentemente do fato de ser um produto complexo para clientes corporativos ou uma novidade em estilo de vida para os consumidores finais, você quer entender em profundidade como é a vida/o trabalho deles e como acontece o fluxo de atividades. Se estiverem em uma empresa, o trabalho deles é realizado isoladamente? Caso contrário, como interagem com os outros departamentos? Que outros produtos eles usam? O problema que identificaram limita-se à área deles ou também afeta outros departamentos? É possível quantificar esse impacto (dinheiro, tempo, custos etc.) em toda a organização? As mesmas questões funcionam para consumidores. Usarão sozinhos o produto? Dependem que outras pessoas entre os amigos e familiares usem também?

Você também deve verificar sua suposição de que as pessoas pagarão pela solução. O que faria os clientes mudarem o jeito atual de realizarem as coisas? Preço? Novos atributos? Um novo padrão? Em nosso exemplo no setor bancário, os operadores de caixas mudariam de comportamento se contassem com um aparelho portátil que possibilitasse o atendimento dos clientes em fila antes mesmo de chegarem ao guichê?

Se os olhos de seus clientes ainda não brilharam, avance na direção das especificações hipotéticas do produto: "Caso você tivesse um produto que... {descreva sua solução em termos conceituais}..., quanto de seu tempo seria gasto com seu uso? Qual o nível de importância deste produto? Isso resolveria o sofrimento que você mencionou antes? Quais seriam as barreiras para adotar um produto como esse?"

Já que em algum momento no futuro você terá que gerar demanda para chegar a esses clientes, aproveite a oportunidade para descobrir como eles se informam sobre novos produtos. Quem são os visionários entre os analistas e jornalistas que eles leem? Quais respeitam?

Finalmente, você nunca deve perder a chance de identificar talentos. Esses clientes podem ser úteis futuramente? Para a próxima rodada de conversas? Para integrar o conselho consultivo? Como um cliente pagante? Para servir de referência para você diante de outras pessoas?

Sua meta, depois de uma série de discussões com os clientes potenciais, é retornar para sua empresa e dizer: "Essas eram nossas hipóteses sobre os clientes, seus problemas e como trabalham. E aqui estão o que eles realmente dizem que são e como realizam suas atividades".

Eu disse que seu objetivo é entender o cliente em profundidade, mas o que quero dizer com isso? Entender o cliente "em profundidade" não significa conhecer o trabalho dele tão bem quanto ele próprio. Como seria possível? O que quero dizer é que você deve estar tão familiarizado com o que realmente importa a eles que se tornou capaz de discutir as questões relacionadas ao trabalho deles de modo convincente.

Eis um exemplo. Uma vez, trabalhei em uma startup que estava desenvolvendo um novo tipo de supercomputador. Um dos setores que selecionamos como alvo era o misterioso campo da produção geológica. Como não sabia nada sobre a área, percebi que, mesmo antes de contratar um especialista para gerir esse mercado, eu precisava me educar profundamente sobre o assunto. Viajei para participar de todas as feiras e conferências sobre prospecção de petróleo e conversei com cliente após cliente para entender suas necessidades. Passei dias na biblioteca de engenharia petrolífera de Houston. Somente quando achei que já sabia o bastante para passar por um especialista na área, é que consegui convencer o centro de pesquisa da Chevron La Habra a me deixar oferecer um curso de duas horas a seus profissionais sobre o uso da supercomputação gráfica em aplicações petrolíferas. Prometi que não faria uma proposta de venda, apenas apresentaria os avanços que estavam acontecendo na área de computação que poderiam ser relevantes para os geólogos na prospecção de petróleo. Diante de uma audiência com trinta ou mais profissionais, falei sobre o estado da arte em computação na simulação de reservas de petróleo e sobre o que poderia ser aplicado nas novas máquinas que estavam sendo desenvolvidas por empresas como a minha.

Durante a sessão de perguntas e respostas, meu coração estava aos saltos, já que a profundidade de meu conhecimento, como todo profissional de marketing, não ia muito além do nível de completo idiota. No final da conversa, o gestor do centro de pesquisa veio até mim e disse: "Foi uma ótima apresentação. Estamos satisfeitos que sua empresa tenha contratado engenheiros de verdade da área petrolífera para conversar conosco. Detestamos quando enviam aqueles tipos de vendas e marketing para fazer um show e nos vender algum equipamento". Foi uma das raras vezes em minha vida em que fiquei sem palavras e estava completamente despreparado para o que veio a seguir: "Aqui está meu cartão. Caso um dia você considere a possibilidade de trabalhar na área de pesquisa da Chevron, ficarei feliz em conversar com você." Isso é o que quero dizer, quando afirmo que você precisa compreender em profundidade os clientes potenciais e suas necessidades.

D. Teste e qualificação das hipóteses
Conhecimento do mercado

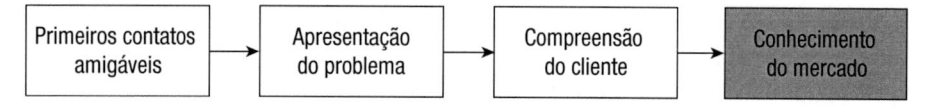

| Primeiros contatos amigáveis | → | Apresentação do problema | → | Compreensão do cliente | → | **Conhecimento do mercado** |

Agora que você já tem uma boa compreensão do cliente e de seus problemas, você deve verificar seu entendimento do mercado como um todo. Está na hora de se encontrar com profissionais das empresas em mercados adjacentes, analistas do setor, jornalistas e outros influenciadores-chave. Participar de feiras e seminários também é importante para compreender a estrutura e as tendências do mercado em que você se encontra ou está prestes a criar.

Quando começo uma *startup*, pago muitos almoços. Em geral, tenho uma vaga noção de que empresas estão em mercados adjacentes ou fazem parte da infraestrutura do setor ou do ecossistema do meu negócio. Com os meus contatos e por apresentações de outras pessoas conhecidas, eu convido meus pares para um almoço. Em troca, quero informações – não dados estratégicos, mas apenas respostas para questões como: Quais são as tendências no setor? Quais são os problemas-chave dos clientes que ainda não foram solucionados? Quem são os principais *players* do mercado? O que eu devo ler? Quem devo conhecer? O que devo perguntar? Com quais clientes devia fazer contato?

Por que essas pessoas iriam almoçar com você? Não será apenas por bondade. Elas vão encontrá-lo porque você tem uma oferta. Em troca das informações que lhe darão, você compartilhará um pouco sobre o problema que está tentando solucionar e o produto que será essa solução.

Da mesma forma como fez na apresentação do problema aos clientes potenciais: não faça show, não venda; apenas ouça e aprenda. Invista tempo para levar alguns dos clientes mais amigáveis para almoçar e pergunte a eles quem veem como seus potenciais concorrentes para seu produto, seja interna ou externamente. Quem eles acreditam que tenha já um produto similar? Quem mais é visto como inovador nesse setor? A solução do problema está sendo buscada por mais alguma outra área na empresa deles? Mais alguém está tentando desenvolver essa solução internamente? É surpreendente quanto se pode aprender com as pessoas que, finalmente, acabarão por comprar seu produto.

Faça as mesmas perguntas para seus pares em mercados adjacentes. Depois de ganhar prática com eles, tente fazer contato com os influenciadores e recomendadores-chave do setor, listados por você na Fase 1. E também para eles, faça a mesma série de perguntas.

A seguir, comece a reunir dados quantitativos sobre seu mercado. É mais do que provável que os analistas de Wall Street tenham relatórios estruturados sobre seu mercado e dos adjacentes e você precisa conseguir cópias desses documentos. Mais importante: você tem realmente que lê-los. Você terá que entender o que os analistas acreditam que sejam as tendências, os *players*, o modelo de negócios e as principais métricas.

Por fim, as feiras e as conferências do setor são essenciais e inestimáveis. Nunca diga: "Estou ocupado demais para participar". Vá, pelo menos, às duas principais feiras e seminários (você já fez a seleção na Fase 1). Você conseguirá não apenas ótimos brindes para levar para as crianças em casa, como as feiras e conferências são a área essencial para lhe revelar tendências e talentos. Com certeza, vai fazer as mesmas perguntas sobre tendências e *players*, mas, dessa vez, buscará algo que não se consegue em outro lugar: as demos de produtos concorrentes ou de mercados adjacentes. Você terá a oportunidade de tê-las nas mãos, ler a documentação produzida pelos competidores, conversar com os vendedores deles e fazer uma breve imersão no mercado em que está entrando. Participe do maior número possível de sessões da conferência, ouça como os outros descrevem os produtos deles. Que visão têm do futuro e como o negócio deles se compara com o seu?

Fase 3: Testar e qualificar o conceito do produto

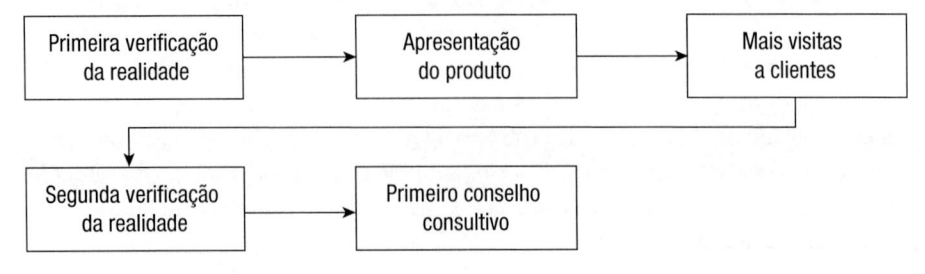

```
┌──────────────────┐     ┌──────────────────┐     ┌──────────────────┐
│ Primeira verificação │ ──▶ │   Apresentação    │ ──▶ │   Mais visitas   │
│    da realidade     │     │    do produto    │     │    a clientes    │
└──────────────────┘     └──────────────────┘     └──────────────────┘
           │
           ▼
┌──────────────────┐     ┌──────────────────┐
│ Segunda verificação │ ──▶ │ Primeiro conselho │
│    da realidade     │     │    consultivo    │
└──────────────────┘     └──────────────────┘
```

A fase anterior, de testar e qualificar as hipóteses, possibilitou que verificasse as suposições de seus *briefings* referentes aos clientes e, paralelamente, compreendesse em profundidade suas necessidades. Na Fase 3, você avança para o teste das hipóteses sobre o *produto* diante de possíveis clientes em seu mercado potencial – mais uma vez, não para vender, mas para obter o *feedback* deles. Essa fase subdivide-se em cinco partes:

- Reunião com a equipe de desenvolvimento de produto para uma verificação da realidade.
- Criação da apresentação do produto.
- Realizar mais visitas aos clientes.
- Reunião com a equipe de desenvolvimento de produto para mais uma verificação da realidade.
- Identificação dos primeiros integrantes do conselho consultivo.

A. Testar e qualificar o conceito do produto
Primeira verificação da realidade

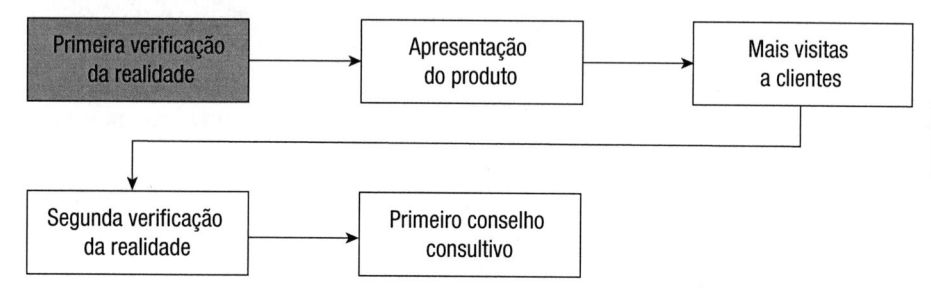

```
[Primeira verificação da realidade] → [Apresentação do produto] → [Mais visitas a clientes]
                ↓
[Segunda verificação da realidade] → [Primeiro conselho consultivo]
```

Agora que você já conta com uma compreensão mais profunda do cliente e de seus problemas, está na hora de retornar à empresa para uma verificação da realidade. Para começar essa fase, convide o maior número possível de profissionais da startup (não apenas os VPs e os diretores) para a reunião de sincronização entre as equipes de desenvolvimento de clientes e de produto (você realizou a primeira dessas reuniões na Fase 1, quando consolidou suas hipóteses sobre o produto). Na verificação da realidade, a equipe de desenvolvimento de clientes compartilha o que aprendeu em campo e revê o *feedback* dos consumidores diante das suposições feitas na Fase 1. Então, os dois times ajustam em conjunto as hipóteses, as especificações do produto ou ambas.

Antes dessa reunião, a equipe de desenvolvimento de clientes consolida todos os dados obtidos em campo sobre o cliente e estrutura um mapa do protótipo do cliente. Durante a reunião, o porta-voz da equipe apresenta o diagrama e descreve como os clientes realizam e com quem interagem para isso. Essa é a verificação da realidade sobre sua hipótese do cliente. Continue a diagramar e a desenhar até que consiga explicar como é o negócio e como os clientes trabalham, incluindo como eles gastam seu tempo e dinheiro. Compare essa descrição com a hipótese inicial (embora os clientes corporativos possam ter uma organização mais formal para ser diagramada, os consumidores finais terão mais influenciadores externos para rastrear).

Assim que o fluxograma de trabalho e as interações estiverem completamente descritos, você avança para o que é novo realmente. Quais problemas os clientes disseram que enfrentam? Quanta dor esses problemas causam? Na "escala do problema", em que ponto estão os clientes com quem você conversou? Como eles solucionam hoje esse problema? Desenhe o fluxograma de trabalho do cliente sem e com o seu produto. A diferença entre os dois fluxogramas é dramática? Os clientes pagariam por essa diferença? De modo geral, o que você aprendeu sobre o problema do cliente? Quais foram as maiores surpresas? Quais foram as maiores decepções?

Quando a equipe de desenvolvimento de clientes termina de apresentar suas descobertas, a diversão começa. Agora, você deve responder à questão mais difícil: Diante do que aprendeu conversando com os clientes, quão bem as especificações preliminares do produto são capazes de solucionar o problema deles? De uma vez por todas; parcialmente; ou não exatamente? Se a resposta for parcialmente ou não exatamente, essa reunião vai se transformar em um exercício doloroso em busca da alma da startup em uma estruturação. Será que você não conversou com as pessoas certas? Essa avaliação é crítica por causa de um dos fundamentos do modelo de desenvolvimento de clientes: antes de mudar o produto, você deve continuar procurando um mercado para o qual ele sirva. Se, e somente se, você não for capaz de encontrar nenhum mercado para o produto, deve começar a discutir uma mudança na lista de seus atributos.

Esse rigor contra a alteração das especificações do produto até que se esgote a busca por um espaço no mercado deve-se a uma tendência natural dos profissionais que conversam com os clientes: adicionar recursos que farão comprar um cliente a mais. Logo, você tem em mãos uma lista com dez páginas de especificações para conseguir vender para dez compradores. A meta é chegar a uma lista de especificações com um único parágrafo, mas que o produto possa ser vendido para milhares de clientes.

O que você faz, caso perceba que está conversando com os clientes certos, mas o retorno deles indica que sua empresa está desenvolvendo o produto errado? Algo tem que mudar. Não siga em frente no desenvolvimento do produto, achando que um milagre acontecerá. Existe a possibilidade de voltar e tentar descobrir outro grupo de clientes dispostos a comprar ou mudar alguns atributos ou como o produto está configurado.

Partindo do princípio de que você já tem, pelo menos parcialmente, uma solução para o problema do cliente, continue a examinar suas suposições sobre o produto e suas especificações. Com base no *feedback* oferecido pelos clientes, faça uma revisão da lista de características criada na Fase 1. Priorize os atributos em termos de importância para o cliente. A equipe de desenvolvimento de clientes consegue cada atributo com um problema do cliente? Em caso contrário, por que não? Embora seja importante descobrir quais são as características que precisam ser entregues, também é igualmente relevante entender quais não importam ao cliente. Quais são os atributos que eles não valorizam? Algumas das especificações podem ser eliminadas ou adiadas? Lembre-se: no modelo de desenvolvimento de clientes, a equipe não tem o objetivo de adicionar atributos, mas o de diagnosticar qual é o conjunto mínimo de características para o primeiro lançamento, com base nas informações coletadas com os clientes visionários.

A seguir, reveja e chegue ao consenso em torno do cronograma de lançamento e, se for necessário, reavalie suas suposições da Fase 1. Como observei anteriormente, os clientes visionários, particularmente os corporativos, vão comprar a sua visão inteira e não somente o primeiro produto lançado. Eles precisam ouvir o que sua empresa planeja entregar ao longo dos próximos dezoito meses. O consenso entre as equipes de desenvolvimento de clientes e de produto deve ser o seguinte:

- Depois da primeira versão, todos os diferenciais do produto devem ser vencedores.
- As especificações dos atributos da versão 1.0 estão sujeitas à mudança/eliminação com o objetivo de realizar a primeira entrega.
- A equipe de desenvolvimento de produto vai estruturar um cronograma de entrega em uma página, prevendo dezoito meses ou três lançamentos.
- Finalmente, como grupo, será feita a revisão das outras hipóteses da Fase 1 (agora você entende por que foi preciso ter o trabalho de colocá-las no papel). Diante de todo o *feedback* oferecido pelos clientes, em qual dos três tipos de mercado você está? Por que você é diferente? Qual será sua base de concorrência? Suas suposições sobre preço e canal de distribuição continuam sólidas? O que você aprendeu a respeito dos influenciadores?.

B. Testar e qualificar o conceito do produto
Apresentação do produto

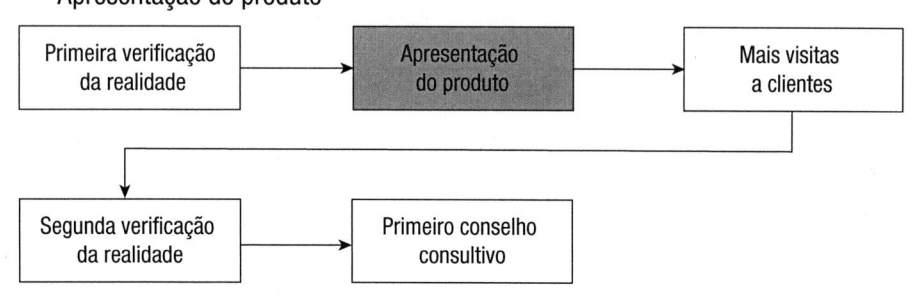

```
┌─────────────────────┐     ┌─────────────────┐     ┌─────────────────┐
│ Primeira verificação│ ──> │  Apresentação   │ ──> │  Mais visitas   │
│    da realidade     │     │   do produto    │     │   a clientes    │
└─────────────────────┘     └─────────────────┘     └─────────────────┘
          │
          ▼
┌─────────────────────┐     ┌─────────────────┐
│ Segunda verificação │ ──> │Primeiro conselho│
│    da realidade     │     │    consultivo   │
└─────────────────────┘     └─────────────────┘
```

Uma vez que as equipes de desenvolvimento de clientes e de produto tenham chegado a um acordo em torno da revisão das suposições, o próximo passo é estruturar sua primeira apresentação do produto. Desde já, enfatizo que essa apresentação não é a mesma usada para captar financiamento e recrutar profissionais no mercado. Nem tampouco aquela do problema, que você utilizava quando visitava os clientes na Fase 2. Dispense esses slides e comece tudo de novo. A meta dessa apresentação é testar as suposições revisadas sobre o produto em si mesmo. A meta aqui é formada por duas partes: reconfirmar que seu produto é capaz de solucionar um problema sério dos clientes e validar o produto e suas características.

Ao longo dessa etapa, você fará mais testes sobre sua compreensão do problema do cliente, seu fluxograma de trabalho e o impacto organizacional de seu produto. Sendo assim, desenvolva uma apresentação focada no produto como solução do problema do cliente. Se ainda for cedo para mostrar uma demonstração real do produto, essa apresentação deve cobrir seus cinco (não mais!) atributos. Inclua uma história sobre "a vida antes" e "a vida depois" do seu produto. Construa o fluxograma de trabalho do cliente sem e com o seu produto. Deixe de fora todas as questões a respeito de marketing, posicionamento e outras pirotecnias. Por fim, detalhe o futuro completo do produto em um cronograma com, pelo menos, dezoito meses, segmentando a linha do tempo com os atributos que serão entregues a cada lançamento.

Como antes, ensaie como fará essa apresentação para os clientes. Tenha em mente que, nessa fase, você ainda não está vendendo. Ao contrário, está apenas verificando se tem um produto "vendável". Está reunindo informações para, quando for tentar vender de verdade, estar confiante o bastante de que existe um grupo de clientes interessados em pagar pelo produto.

C. Testar e qualificar o conceito do produto

Mais visitas aos clientes

```
┌─────────────────┐     ┌─────────────────┐     ┌─────────────────┐
│   Primeira      │     │                 │     │                 │
│  verificação    │ ──▶ │  Apresentação   │ ──▶ │  Mais visitas   │
│   da realidade  │     │   do produto    │     │   a clientes    │
└─────────────────┘     └─────────────────┘     └─────────────────┘
         │
         ▼
┌─────────────────┐     ┌─────────────────┐
│   Segunda       │     │                 │
│  verificação    │ ──▶ │ Primeiro conselho│
│  da realidade   │     │    consultivo   │
└─────────────────┘     └─────────────────┘
```

Quando sua apresentação do produto estiver pronta, decida quais clientes irá visitar. O ideal é que você faça essa exposição para todo mundo que ouviu a sua primeira sobre "o problema" (pelo menos, para aqueles que desejam ver você de novo). Além disso, suas primeiras visitas devem ter rendido mais nomes para você procurar. Sendo assim, amplie o grupo original de contatos com pelo menos mais cinco clientes potenciais de software (no caso de produto de consumo, a lista deve incluir mais cinquenta). Esses novos contatos possibilitam que você mantenha o ímpeto e amplie a base de trabalho para quando for tentar vender de verdade no Passo 2.

Como na Fase 1, para conseguir de fato realizar as visitas, faça uma lista de cinquenta clientes potenciais. No entanto, nessa fase, você já começa a testar suas suposições a respeito dos cargos dos profissionais que realmente tomarão a decisão de compra. Em nosso exemplo do setor bancário, a lista deve incluir os CIOs (Chief

Information Officer) e os VPs de operação das agências. Tente focar os cargos e papéis como se fosse realmente vender. Assim que tiver a lista, crie um e-mail de apresentação, uma história de referência e um mapeamento do processo de vendas, como fez anteriormente.

Estando pronto, saia da empresa e vá falar com os clientes. Você obterá mais informações se lembrar a sua audiência qual problema o seu produto solucionará. Descreva por que sua empresa considera que é importante resolver esse problema. Pare nesse ponto e observe a reação do cliente para checar se ele concorda e enxerga valor na solução do problema. Essa etapa deve dar certo, já que sua apresentação é baseada no que aprendeu a respeito dos clientes. Com sorte, não surgirá nenhuma surpresa. Mas, se acontecer alguma, retorne à Fase 2.

Com a concordância a respeito da relevância do problema, você finalmente chega à descrição do produto (você provavelmente terá que fazer isso já no primeiro dia do primeiro lançamento, portanto, é bom que esteja pronto desde já). Se puder, demonstre o produto; até mesmo um protótipo de seu conceito-chave já ajuda o cliente a entender a solução. Pare e observe a reação do público.

A seguir, mostre o fluxograma de trabalho do cliente sem e com o seu produto. Pare novamente e veja se há consenso sobre a diferença no fluxograma "antes e depois" do seu produto. Descreva quem mais na organização do cliente será afetado por sua proposta de solução. Ouça o que eles têm a dizer e verifique se há concordância.

A apresentação completa do produto não deve levar mais do que vinte minutos, pois agora é hora de ouvir. Qual foi a primeira reação dos clientes? O seu produto resolve um problema doloroso para eles? Comprariam um produto para solucionar aquilo? Acreditam que outras áreas da empresa sentem a mesma dificuldade? E como será em outras empresas?

Pergunte sobre as características que você descreveu. Elas atendem às necessidades dos clientes? Quais atributos você deve disponibilizar no primeiro lançamento? Quais podem ficar para mais tarde? Que diferenciais estão sendo esquecidos? O que é um "produto completo" na visão do cliente? Que outros recursos seriam necessários para levar o produto a ser adotado pela maioria do mercado? São necessários produtos ou serviços de outros fornecedores para que sua solução chegue à maioria do mercado?

Já que sua empresa está investindo toneladas de dinheiro e tempo para tentar definir como posicionar o produto, por que não perguntar o que acham os clientes? Depois de ouvir a descrição do produto, quais eles acham que são seus principais diferenciais? Consideram que sua empresa está criando um novo mercado? Ou acham que o produto é a versão melhorada de algum já existente (e, em caso afirmativo, melhor em quê?)? Ou eles vacilaram um pouco antes de dizer: "É algo intermediário, comparável a outros e não vai mudar as regras do jogo"?

Verifique suas outras hipóteses. O que os clientes acharam de seu preço? Que preços eles consideram comparáveis nessa categoria de produto?

Quando encontrava clientes visionários realmente interessados em nossos produtos da E.piphany, uma desenvolvedora de software, eu fazia muitas perguntas para testar os limites da precificação, o que incluía as questões do IPO, que mencionei antes, sendo a primeira delas: "Você implantaria nosso software em toda a sua empresa se fosse gratuito"? Essa pergunta testa a seriedade do cliente potencial. Caso ele não estivesse pronto para implantar nosso software mesmo que fosse de graça, eu estava falando com a pessoa errada. Quando encontrava clientes que realmente visualizavam o processo de implantação de nosso software, eu seguia em frente, perguntando: como implantariam, quantos usuários seriam, que áreas aplicariam o produto primeiro, que critérios utilizariam para mensurar os resultados e daí por diante. No final desse exercício de visualização, estava diante de clientes que já haviam mentalmente instalado e aplicado nosso software. Então, perguntava: "Você pagaria um milhão de dólares por esse software"? Em geral, a resposta era bastante instrutiva. Suponha que o cliente dissesse: "Steven, não vejo nossa empresa pagando mais do que 250 mil dólares por esses aplicativos". Na cabeça deles, já haviam comprado o produto e agora a conta estava chegando. O primeiro número que saía de suas bocas, geralmente, era o valor que já dispunham como verba e esse seria o preço da primeira compra. Assim que chegávamos a esse primeiro número, eu sempre perguntava: "Quanto mais você esperaria pagar pelos serviços profissionais de customização e instalação"? Na maioria das vezes, eles diziam que essa quantia estava embutida no orçamento, mas alguém acabava adicionando mais algum dinheiro. Se percebesse que a conversava continuava interessante para eles, forçava um pouco mais e perguntava se gastariam aquela verba anualmente com nosso software. E, então, queria saber: "O que nós teríamos que fazer para conseguir fazer vocês gastarem o dobro ou três vezes mais do que isso"?

Depois de alguns exercícios desse tipo com os clientes, eu compreendi que o preço médio de venda dos software da E.piphany deveria ser de 250 mil dólares e que o ciclo de vida de valor por cliente estaria perto de 1 milhão de dólares (arbitrariamente, estabeleci o "ciclo de vida" em três anos).

Ok, já conversamos a respeito de preço. Agora, está na hora de falar em distribuição. Teste suas suposições, perguntando ao cliente que canais mais utiliza para adquirir produtos. Lojas de varejo? Internet? Vendas diretas?

Nesse momento, questione-o como atingi-lo com ações de marketing: "Se estivesse interessado em um produto desse tipo, como ia se informar sobre ele? Como você encontra novos produtos desse tipo? Pergunta a opinião de outras pessoas antes de comprar? Em caso positivo, para quem? Você ou alguém de sua equipe costuma participar de feiras? Que revistas e jornais dessa área específica costuma ler? No caso de um produto de consumo, que publicações de interesse geral, jornais, sites, costuma acessar"?

A seguir, verifique o processo de aquisição de produtos pelo cliente. Se for um produto corporativo, tente entender como um pedido de compra é aprovado: "Vamos assumir por um minuto que eu realmente tenho um produto que você quer comprar. Como sua empresa adquire produtos dessa categoria? Pode me descrever o ciclo de aprovação? Quem exatamente está envolvido no processo"? No caso de um produto de consumo, entenda o processo de compra. É uma compra por impulso? Ele só adquire marcas conhecidas? Produtos anunciados na tevê?

Certifique-se de conseguir responder à questão "Quem tem o dinheiro". Não há nada mais frustrante do que fazer ótimas reuniões com clientes potenciais só para descobrir mais tarde no ciclo de vendas que nenhum departamento quer entrar com a verba para a compra. Faça perguntas como: "Falando nisso, já existe uma verba para produtos como esse? Que departamento ou profissional dispõe de verba para esse produto"? Essa informação será crítica quando para a estruturação o mapa de vendas.

Dirigindo-se para a porta de saída, lance um último olhar para os clientes. Algum deles é candidato a integrar o conselho consultivo de clientes? Você poderia aprender muito mais com eles? Têm excelentes conexões no setor ou pontos de vista inovadores? Em caso afirmativo, pergunte se você poderia voltar a fazer contato com novas questões.

Com certeza, é otimista esperar que seus primeiros clientes potenciais possam compartilhar todas essas informações com você logo de início. No entanto, tente obter essas respostas ao longo dessa nova etapa de conversas. Para sair dela, você deve contar não só com uma profunda compreensão do problema do cliente, mas também com uma forte visão do seu nível de interesse pelo produto.

Se você considera que utilizará algum tipo de canal de venda indireta, há ainda outro grupo para o qual você precisa apresentar o produto antes de voltar para a startup: seus parceiros de canal. Antes, na Fase 1, você criou a hipótese de um canal de distribuição para seu produto. Embora ainda seja muito cedo para se comprometer formalmente com parceiros de canais, deve-se encontrá-los para compreender qual é o processo para a materialização de um pedido. O que os parceiros de distribuição precisam ouvir e ver a respeito de seus primeiros clientes? O que precisam ter assegurado antes de lhe dar acesso ao canal e, então, ao volume de pedidos? São reportagens nas revistas de negócios, resenhas de avaliação do produto ou clientes telefonando para saber da disponibilidade do produto? Ou são estímulos financeiros como comissão pelo estoque em prateleira ou uma política de garantia de retorno? Observe que os parceiros de canal não saberão magicamente como posicionar e precificar seus produtos. Para mercados existentes, é fácil dizer a eles: "É como aquele outro produto que você já vende, só que mais rápido". Para mercados novos ou ressegmentados, os canais indiretos têm mais dificuldade e precisam de mais tempo para entender como posicionar o produto. Tenha certeza de que está investindo o tempo necessário para ajudá-los.

Para progredir, você precisa ter certeza de que entendeu o modelo de negócio *deles*. Por quê? Não há outro jeito para compreender quantas unidades do produto seus parceiros de canal poderão pedir ou como estarão cobrando de você pelas vendas – a menos que saiba como funciona esse fluxo financeiro. Um bom modo de descobrir como operar com esses parceiros é verificar como fazem as outras empresas. Existem companhias similares à sua? Se existem, está na hora de sair de novo para levar outros executivos para almoçar e perguntar a eles sobre margens e descontos. O pior que pode acontecer é não quererem contar nada para você.

Com isso em mente, estruture uma apresentação para parceiros de canais/serviços com o seu conceito para o negócio e inclua tudo o que possa ser do interesse deles. Então, saia às ruas e mostre seu levantamento para eles. Sua meta é abrir o diálogo e aprender sobre o modelo de negócios deles. Como companhias similares estabelecem um relacionamento com eles? Como ouvem os clientes que perguntam sobre produtos semelhantes? Como seu parceiro potencial ganha dinheiro? (Por projeto? Por hora? Revendendo software? Com lucro na revenda?) Como o modelo de negócio deles se compara com o dos outros no mesmo setor? Qual é o tamanho mínimo de transação financeira que lhes interessa? A meta é entender tão bem o modelo de negócio de seus possíveis parceiros a ponto de ser capaz de traçá-lo em um quadro branco.

D. Testar e qualificar o conceito do produto
Segunda verificação da realidade

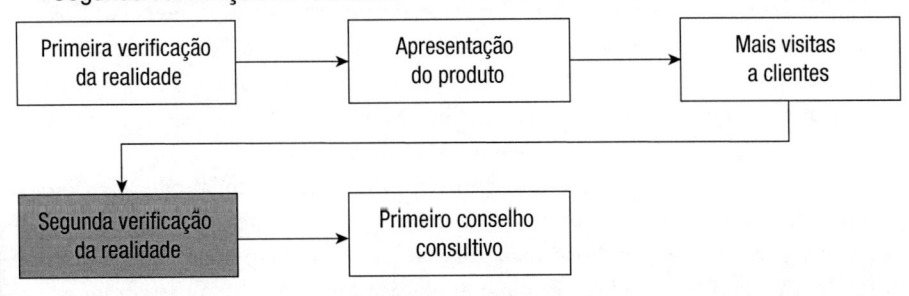

```
Primeira verificação   →   Apresentação   →   Mais visitas
da realidade               do produto         a clientes
                                    ↓
Segunda verificação    →   Primeiro conselho
da realidade               consultivo
```

Com os últimos *feedback*s dos clientes em mãos, está na hora de retornar à empresa para outra verificação da realidade, dessa vez, em relação ao produto. Será a sua terceira reunião de sincronização entre as equipes de desenvolvimento de clientes e de produto (a primeira ocorreu na Fase 1 e a segunda, na Fase 2). Vocês vão discutir o que a primeira equipe aprendeu sobre as características do produto, preço e distribuição e, mais uma vez, testar e rever as especificações previstas.

Agora que você já testou o produto diante dos clientes, é provável que consiga distribuir a reação deles em três ou quatro categorias, como:

- Inequivocamente, adoraram o produto e não há necessidade de mudanças.
- Gostaram do produto, mas você ouviu de modo consistente que eles querem esse ou aquele recurso adicional na primeira entrega.
- Entenderam o conceito do produto depois de uma longa explicação, mas ninguém pulou sobre a mesa pedindo para comprá-lo.
- Não visualizam a necessidade do produto.

Nessa reunião de verificação da realidade, as duas equipes (clientes e produto) devem balancear a reação dos clientes com o prazo de desenvolvimento do produto. A meta do desenvolvimento de clientes é encontrar um mercado para o produto como ele está especificado. Se a maioria dos clientes ouvidos está na primeira categoria, parabéns! Você já pode seguir para a próxima fase. No entanto, é bem raro que isso aconteça na primeira rodada dessa descoberta.

A resposta mais perigosa dos clientes está na segunda categoria: "Precisamos de mais aributos". Como já enfatizei, saber que características não interessam é tão importante quanto conhecer as que devem ser entregues no primeiro lançamento. Por quê? Por causa de uma piada verdadeira: "As pessoas normais acreditam que se não está quebrado, não é preciso consertar. Os engenheiros acreditam que, se não está quebrado, ainda não tem todos os recursos necessários". O instinto natural da engenharia é continuar adicionando atributos.

Invista tempo para "desconstruir" as respostas dos clientes que se encaixarem nessa categoria. Ao estar em uma startup, sua meta e seu grito de guerra deveriam ser: "rápido para o mercado". Isso quer dizer simplesmente que você quer colocar seu primeiro produto o mais depressa possível nas mãos de consumidores pagantes. A equipe precisa ser constantemente lembrada que o primeiro lançamento não é a versão final do produto, mas o conjunto de atributos imprescindíveis para colocá-lo nas mãos dos primeiros evangelistas. Sendo assim, pergunte a você mesmo se há características que podem ser adiadas (são "boas de ter" ou "tenho que ter" na opinião apenas de seus clientes visionários?). Quando fizer a entrega do primeiro lançamento, ouvirá cuidadosamente esses clientes visionários para descobrir que atributos e funcionalidades são chave para adicionar nas próximas versões. Se você conseguir se manter ouvindo cuidadosamente os clientes certos, vai implementar uma estratégia de produto vitoriosa.

Essa estratégia de chegar "rápido ao mercado" é bem diferente daquela que pretende ser "o primeiro a chegar ao mercado". O "primeiro a chegar" compete com as outras *startups* para conquistar depressa uma fatia do mercado utilizando preços baixos, descontos e o uso liberal de verbas de marketing para construir uma marca. Esse ponto é crítico, explicitamente ou não, essa estratégia significa "conquistar o cliente a qualquer preço". Ao contrário, a que se propõe chegar "rápido ao mercado", em que, se um mercado é grande o bastante, não importa quem realiza as primeiras vendas. O mais importante é aprender como ganhar dinheiro a partir do primeiro dia da entrega do produto ao mercado.

As respostas da terceira e da quarta categorias – os clientes não estão pulando sobre a mesa para comprar e não enxergam a necessidade do produto – são típicas da primeira rodada do processo de descoberta do cliente. No entanto, para produtos tecnológicos, elas podem indicar um grave problema, às vezes, relacionado ao posicionamento do produto e que pode ser descrito com mais precisão pela expressão "empacotamento do produto". O pacote tecnológico é uma armadilha com que a maioria das startups tem que lidar em algum momento de sua existência. O primeiro lançamento de uma startup tecnológica, em geral, é determinado pela visão do fundador responsável pela área de desenvolvimento do produto. Não há muita pesquisa sobre como os atributos e as funcionalidades serão oferecidos ao mercado. A ideia habitual, se há alguma, é colocar o produto nas mãos dos profissionais de marketing e vendas, dizendo: "Oi, aqui está o que estávamos desenvolvendo. Criem as planilhas, precifiquem-o e saiam para vendê-lo". Às vezes, isso funciona, situação em que a equipe de desenvolvimento de produto tem uma percepção perfeita sobre as necessidades dos clientes e o processo de compra. Mas, na maioria das vezes, não tem. Quase sempre, o produto, como foi configurado pela engenharia, precisa ser refinado pela equipe de desenvolvimento de clientes. Enquanto a tecnologia aplicada está evidente, os atributos que atendem às necessidades dos clientes e como vender não são explícitos. Imagine que o produto criado pela área de engenharia seja um único e restrito pacote de software. Pode ser muito caro ou muito complexo vender com esse "empacotamento". O reempacotamento tecnológico pode olhar para aquilo e dizer: "Talvez possa ser vendido em módulos ou como uma subscrição de serviço ou como alguma forma de permuta, sem que o desenvolvimento de produto tenha que refazer todo o trabalho". Se esse problema não for diagnosticado e gerenciado na etapa de descoberta do cliente, continuará a crescer até que afete toda a capacidade de sobrevivência da empresa como negócio rentável.

Nossa história, no início deste capítulo, a respeito de Steve Powell, da FastOffice, ilustra essa questão. A tecnologia central desenvolvida por Powell era um *chip* e um software de transmissão simultânea de vozes e dados. A ideia dele era construir um sistema inteiro de comunicação para escritórios domésticos a partir dessa única peça de inovação. Como ele contou depois: "Achei que seria ótimo comprar um desses sistemas para mim". Infelizmente, não havia muitos outros clientes que pensassem o mesmo. Em retrospectiva, havia formas alternativas para a utilização do *chip*: vender para outros fabricantes de aparelhos para escritórios ou operadores de comunicação, entre outras. Se ele tivesse investido tempo para pensar nisso desde o início ou, pelo menos, quando recebeu os primeiros *feedback*s dos consumidores, a FastOffice ainda estaria nos negócios.

E. Testar e qualificar o conceito do produto
Primeiro conselho consultivo

Primeira verificação da realidade → Apresentação do produto → Mais visitas a clientes → Segunda verificação da realidade → **Primeiro conselho consultivo**

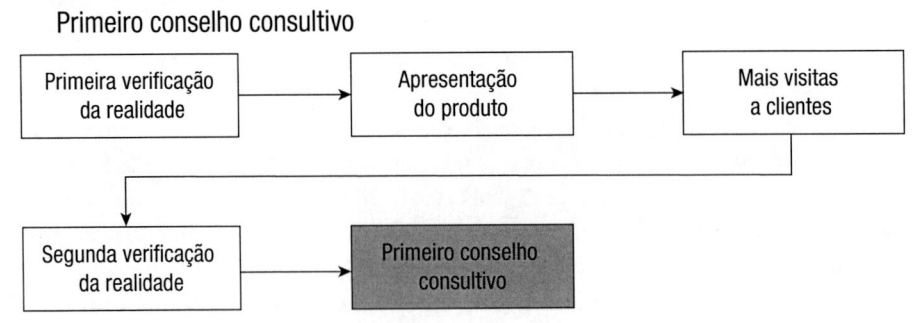

Por melhor que seja o time de fundadores, existem pessoas de valor inestimável fora da empresa que você não consegue contratar como funcionários, mas que podem ser mais úteis integrando um conselho consultivo. Esses consultores podem ajudar a resolver problemas técnicos, apresentar clientes-chave, oferecer conhecimento específico sobre o setor e compartilhar sua *expertise* e sabedoria em negócios. No início da etapa de descoberta do cliente, assim que começou a encontrar clientes e analistas, passou a pensar em quem poderia ser engajado dentro do conselho consultivo. Sua equipe de desenvolvimento de produto pode querer contar com alguns consultores para ajudarem especificamente no *design* e na construção do produto e você, com um mentor em negócios, alguém que já tenha feito a jornada de uma startup antes. Quando começou a conversar com os clientes, percebeu que, fora do pântano da mesmice, havia uma ou duas vozes que se destacavam na multidão. Nessa fase, você engaja informalmente essas pessoas no processo, pedindo conselhos a elas, levando-as para almoçar e verificando o interesse delas em ajudar você e sua empresa. Mais adiante, na etapa de validação pelo cliente, formalizaremos o processo de formação do conselho consultivo.

Fase 4: Verificação

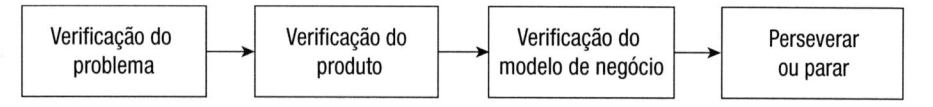

| Verificação do problema | → | Verificação do produto | → | Verificação do modelo de negócio | → | Perseverar ou parar |

Depois da segunda verificação da realidade, você já completou uma parte substancial do passo de descoberta do cliente. O que realizou até agora para a empresa foi descobrir se as hipóteses sobre os clientes e o produto estavam corretas. Ou seja, estava validando o modelo de negócio para os investidores.

Agora, na Fase 4, você verifica e consolida suas descobertas sobre o problema dos clientes e o produto e investe tempo pensando se o modelo do negócio ainda faz sentido financeiro, caso você opere nas condições levantadas até agora. Portanto, nessa fase, há quatro questões para trabalhar:

- Verificar o problema.
- Verificar a solução entregue pelo produto.
- Verificar o modelo de negócio.
- Definir se persevera ou para.

A. Verificação do problema

| **Verificação do problema** | → | Verificação do produto | → | Verificação do modelo de negócio | → | Perseverar ou parar |

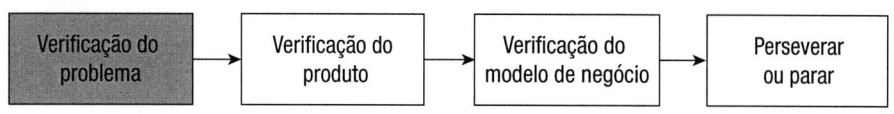

Até agora, você deve ter conversado com, pelo menos, dez a vinte clientes, e até mais se cumpriu o ciclo de descoberta do cliente mais de uma vez. A verificação do problema significa simplesmente consolidar tudo o que foi aprendido e checar se tem o problema lapidado ou se precisa refazer o ciclo novamente.

Reveja as respostas obtidas em todas as dimensões de sua hipótese do problema do cliente e registre-as em um documento chamado de definição do problema. Escreva essa definição de forma clara, precisa e concisa. Tenha coragem para fazer a pergunta mais difícil: Você está confiante de que diagnosticou e lapidou a definição de um problema pelo qual as pessoas estão dispostas a pagar pela solução? Em caso positivo, siga em frente. Caso contrário, refaça o ciclo.

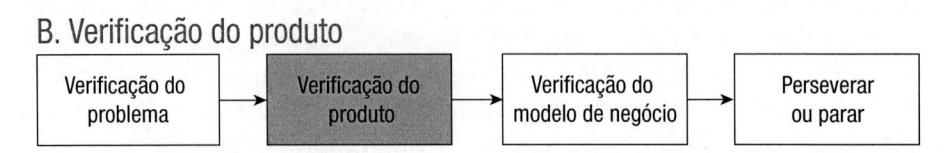

B. Verificação do produto

Verificação do problema → **Verificação do produto** → Verificação do modelo de negócio → Perseverar ou parar

A verificação da solução significa consolidar tudo o que você aprendeu sobre a hipótese do produto. O teste mais curto para fazer essa verificação e sair da etapa de descoberta do cliente é reunir toda a equipe de executivos em uma sala. Levante a mão esquerda e, em voz alta e forte, enumere os três principais problemas do cliente. Então, levante a mão direita e, também em voz alta, cite as três principais características do produto. Olhe para os rostos dos executivos e veja se o choque da não correspondência entre problemas e soluções está evidente. Se não há correspondência evidente, retorne para a frente dos clientes; se há, siga em frente.

Com certeza, há mais do que isso por fazer. Reveja todas as perguntas que fez aos clientes sobre o produto e as conclusões que o levaram à definição dos atributos para o primeiro lançamento, as características subsequentes, o preço, o canal de distribuição e assim por diante. Certifique-se de endereçar questões como as seguintes: Diante do *feedback* dos clientes obtido até agora, o plano atual para o produto atende às necessidades do mercado? Você quer enfatizar atributos diferentes? Se você reconfigurar ou reempacotar o produto, acredita que teria uma reação diferente dos clientes? Deve considerar a possibilidade de fazer isso? Registre seu aprendizado de modo conciso em um documento de requisitos ampliados do produto. Essa é sua mais recente e melhor visão do produto (por enquanto).

C. Verificação do modelo de negócio

Verificação do problema → Verificação do produto → **Verificação do modelo de negócio** → Perseverar ou parar

Se você chegou até aqui, provavelmente está se sentindo bastante orgulhoso. Você entende o problema dos clientes, acredita que refinou as características do produto e a visão resultante atende de forma significativa às necessidades do mercado. Existe, porém, aquela pequena questão de ganhar dinheiro. Bem lá no início, quando você estruturou seu plano de negócio original, aquela maravilhosa planilha multipáginas que você entregou aos investidores era a sua hipótese financeira. Agora, você tem que rever esse modelo financeiro com base no *feedback* dos clientes e testar se ele permanece realista.

O resultado desse processo de verificação são dois documentos: um plano de vendas e receitas atualizado e um plano de negócios consistente. Sem querer ser exaustivo, a seguir, estão algumas questões que você deve ter em mente enquanto prepara esses documentos:

- O preço previsto de venda (levando em conta o que o cliente pagará) é diferente de suas suposições no plano de negócio original? Ao longo dos próximos três anos, quantas unidades do produto o cliente vai comprar? Qual você acredita que deva ser o ciclo de vida de valor para cada cliente?
- Como você vai vender o produto para os clientes? Qual será o custo do canal de distribuição? Existem novos custos que originalmente você não planejou? E quando se trata de sua visão inicial sobre o ciclo de venda: o processo de compra vai levar mais ou menos tempo do que planejou?
- O produto requer alguma instalação, configuração ou suporte técnico de outros fornecedores? Quanto isso custará a você por cliente? Quanto suporte direto você terá que oferecer? Esse modelo de serviço está cuidadosamente previsto em seu plano de negócio?
- Baseado no que aprendeu com os clientes, como é o processo de compras deles? Como eles saberão e poderão comprar o produto? Qual será o custo de aquisição de cada cliente? Como é esse número em comparação ao plano de negócio original?
- Qual é o tamanho do mercado? Se estiver criando um novo, qual é o tamanho dos mercados adjacentes mais próximos? Você pode ser tão grande? Maior? Se você está ampliando um mercado existente, qual é o seu tamanho atual? O mercado ainda é grande o bastante para a sua projeção de receitas?
- Agora que a equipe de desenvolvimento de produto tem uma compreensão melhor das necessidades dos clientes, os custos para criar e fabricar o produto continuam iguais? Quanto custará o desenvolvimento da primeira versão? E implementar a visão completa do produto?
- Há alguma manufatura envolvida na construção do produto? Quanto o produto custará para ser fabricado? Como são esses custos comparados a seu plano original? Que parceiros em manufatura você utilizará?
- Quando você adiciona todos esses fatores, o modelo de negócio ainda é suficientemente rentável para suas necessidades?

D. Perseverar ou parar

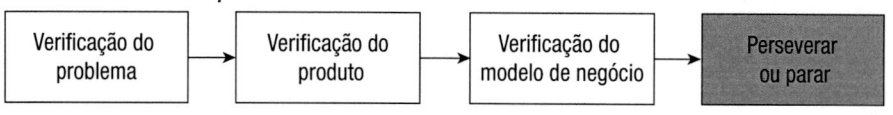

| Verificação do problema | → | Verificação do produto | → | Verificação do modelo de negócio | → | **Perseverar ou parar** |

Aqui, você chega ao começo do fim ou, mais provavelmente, ao fim do começo. Você consolidou uma série de hipóteses, foi a campo e testou suas suposições, os clientes potenciais validaram seu produto e você tem uma base de clientes visionários para vender. Além de ter registrado todo esse aprendizado por escrito.

Esse é o momento de avaliar se as suas hipóteses modificadas oferecem um alicerce consistente para seguir adiante.

- Você identificou um problema que o cliente quer resolver?
- O seu produto atende às necessidades do cliente?
- Em caso positivo, você tem um modelo de negócio viável e rentável?
- Pode fazer o fluxograma de um dia de trabalho do seu cliente com e sem o seu produto?
- Pode criar um slide com a estrutura de usuários, compradores e canais?

Por mais exaustivo que seja, é possível que tenha que iterar o processo de descoberta do cliente várias vezes. Você entendeu o mercado e existem clientes que mal podem esperar para comprar seu produto? Caso contrário, junte tudo o que aprendeu entre as Fases 1 e 3, modifique suas apresentações com base no *feedback* dos consumidores e retorne ao início do ciclo. Experimente diversos mercados e usuários. Você precisa reconfigurar ou reempacotar a oferta do produto? Em caso positivo, modifique sua apresentação do produto e retorne à Fase 3 para refazê-la.

Se você está pronto para o próximo passo, segure todas as informações coletadas nas entrevistas com os clientes, pois serão essenciais para ajudá-lo a superar as etapas da validação pelo cliente, na qual você vai realmente vender o produto como base para a estruturação do mapa de vendas de sua startup.

Gastei muitas páginas para descrever a descoberta do cliente, porque essa etapa é a fundamental para tudo o que você fará no processo de desenvolvimento de clientes. O resumo na próxima página recapitula as fases desse passo, as metas de cada fase e as entregas que comprovam que você conseguiu atingi-las.

Passo a passo da validação pelo cliente

Fique pronto para vender

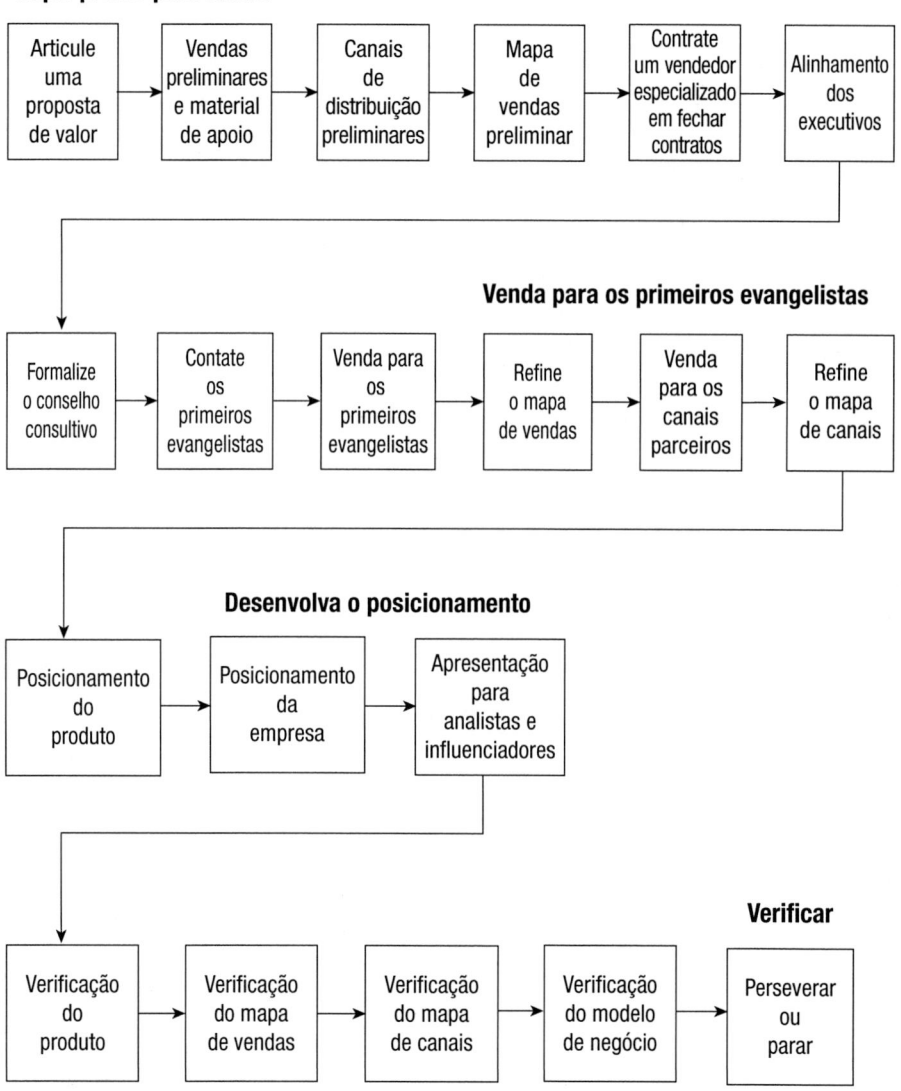

Articule uma proposta de valor → Vendas preliminares e material de apoio → Canais de distribuição preliminares → Mapa de vendas preliminar → Contrate um vendedor especializado em fechar contratos → Alinhamento dos executivos

Venda para os primeiros evangelistas

Formalize o conselho consultivo → Contate os primeiros evangelistas → Venda para os primeiros evangelistas → Refine o mapa de vendas → Venda para os canais parceiros → Refine o mapa de canais

Desenvolva o posicionamento

Posicionamento do produto → Posicionamento da empresa → Apresentação para analistas e influenciadores

Verificar

Verificação do produto → Verificação do mapa de vendas → Verificação do mapa de canais → Verificação do modelo de negócio → Perseverar ou parar

Fase	Metas	Entregas
0 – Adesão e consenso	Fundadores e investidores concordam sobre adoção do modelo de desenvolvimento de clientes, contratações-chave e valores	Adesão, definição de valores centrais da empresa
1. Definição das hipóteses	Conjunto de especificações do produto, hipóteses detalhadas do produto, primeiros clientes, preço, canais, demanda, mercado e concorrência	*Briefings* por escrito das hipóteses
A. Hipótese do produto	Consenso sobre recursos do produto, benefícios e cronograma de lançamentos	*Briefing* de produto
B. Hipótese do cliente	Descrição dos clientes, seus problemas e por que eles usariam o produto	*Briefing* do cliente
C. Hipótese de preço e canal	Desenvolver uma estratégia de canal e modelo de precificação	*Briefing* de canal e preço
D. Hipótese da geração de demanda	Identificar estratégia de geração de demanda, influenciadores e tendências	*Briefing* de geração de demanda
E. Hipótese de tipo de mercado	Descrever em que mercado está a empresa (existente, novo ou ressegmentado)	*Briefing* de tipo de mercado
F. Hipótese da concorrência	Desenvolvimento de análise competitiva de acordo com o tipo de mercado	*Briefing* da concorrência
2. Testar e qualificar as hipóteses	Testar as hipóteses da Fase 1; compreender um "dia na vida do cliente"	Validação
A. Primeiros contatos com os clientes	Criar uma lista de clientes e agendar os primeiros contatos	Lista de clientes
B. Apresentação do problema	Desenvolver a apresentação do problema, suas atuais soluções e a solução de seu produto	Apresentação do problema
C. Compreensão do cliente em profundidade	Entender como o cliente trabalha, seus problemas e quem mais influencia suas decisões	*Briefing* do cliente
D. Conhecimento do mercado	Entender o mercado: encontro com analistas, jornalistas, participação em feiras, leitura de pesquisas e relatórios	*Briefing* de posicionamento
3. Testar e qualificar o conceito do produto	Testar o conceito do produto; as necessidades do cliente combinam com o produto?	Hipóteses
A. Primeira verificação da realidade	Revisão do *feedback* sobre cliente/produto e testar as suposições da Fase 1 sobre o problema do cliente	Revisão dos *briefings* de cliente e produto
B. Apresentação do produto	Criar uma apresentação do produto focada na solução do problema do cliente	Apresentação do produto
C. Mais visitas aos clientes	Ampliar a lista de clientes com a inclusão de mais cinco *prospects*	Lista de clientes
D. Segunda verificação da realidade	Revisão e teste sobre as características do produto	Lista de recursos atualizada
E. Primeiros integrantes do conselho consultivo	Identificar e recrutar os primeiros integrantes do conselho consultivo	Conselho consultivo
4. Verificação	Encontrou o mercado certo? Tem um negócio rentável?	Validação
A. Verificação do problema	Verificar se você identificou um problema que o cliente quer solucionar	Definição do problema
B. Verificação do produto	Verificar se o produto resolve as necessidades do cliente e o ROI que seria obtido por ele	Documento atualizado dos requisitos do produto
C. Verificação do modelo de negócio	Verificar se você tem um modelo de negócio rentável	Plano de vendas/receitas
D. Perseverar ou parar	Decidir se já aprendeu o bastante para ir vender	Plano do produto/negócio

4

Rota da epifania:
validação pelo cliente

Ao longo da jornada, nós normalmente esquecemos a meta.

Friedrich Nietzsche

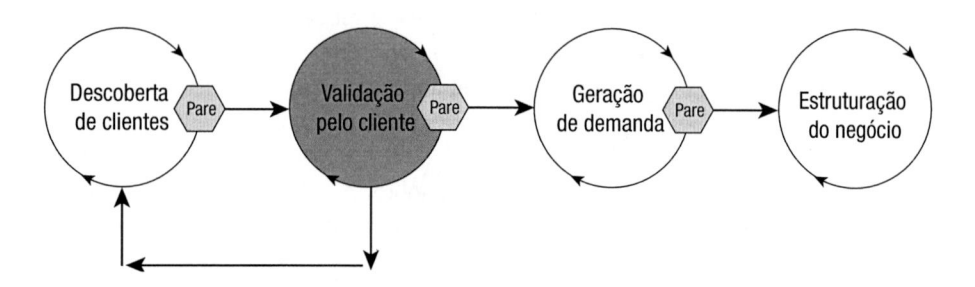

Descoberta de clientes → Pare → **Validação pelo cliente** → Pare → Geração de demanda → Pare → Estruturação do negócio

Quando conheci Chip Stevens, em 1992, ele achava que sua startup, a InLook, estava na trajetória do sucesso. Vinte meses antes, ele conseguira levantar 8 milhões de dólares para erguer uma nova categoria desenvolvedora de software, focada nas empresas da lista Forbes 1000. O produto de Chip, o Snapshot, possibilitaria que os CFOs (Chief Financial Officers) das grandes corporações gerenciassem a rentabilidade antes do término de cada trimestre. O Snapshot mensurava todos os contratos em andamento no processo de vendas da companhia e comparava o resultado alcançado com os objetivos financeiros gerais da empresa em receitas e lucros. O software também era capaz de prever margens, receitas e resultados do *mix* de produtos, possibilitando que a corporação alocasse recursos antes do fechamento do contrato. Isso significava que o ciclo de vendas ficava mais curto, alguns contratos podiam ser escalados para os gerentes seniores e eles podiam deslocar esforços para os melhores negócios em andamento. Embora o Snapshot pudesse gerar economias substanciais para as empresas a longo prazo, o produto era caro, custava 250 mil dólares ou mais.

Chip conseguiu captar o financiamento em um ambiente econômico recessivo e, embora a conjuntura ainda não estivesse recuperada, estava relativamente satisfeito com a situação de sua empresa. O desenvolvimento de produto, depois de passar por um período seriamente difícil no primeiro ano, agora estava de volta aos eixos. Chip teve que assumir pessoalmente o gerenciamento da engenharia por um tempo, mas como tinha uma experiência profissional que incluía uma fase como VP e diretor-geral, sentia-se confortável ao lidar com isso. Quinze meses depois de receber o dinheiro dos investidores, a InLook fez sua primeira entrega ao mercado.

Cerca de oito meses antes de nos conhecermos, Chip contratou Bob Collins como seu VP de vendas. Ele nunca havia sido VP de vendas de uma startup, mas contava com uma trajetória de sucesso como executivo de vendas: tinha estruturado e ampliado a força de vendas na outra empresa em que trabalhou. Bob chegou à InLook três meses antes da primeira entrega ao mercado e ajudou a empresa a encontrar seus clientes beta. Como é fato na maioria das startups, esse tipo de cliente não paga pelo produto, mas Bob estava confiante de que conseguiria transformá-los nos primeiros pagantes. Seguindo o modelo tradicional de desenvolvimento de produto, Bob foi adiante com a contratação de cinco vendedores: dois para a Costa Oeste, um em Chicago, um em Dallas e um em Nova Iorque. Os vendedores recebiam o suporte de quatro engenheiros de vendas com quem podiam conversar sobre os aspectos técnicos do produto. Como apoio à equipe de vendas de Bob, havia um departamento de marketing com duas pessoas, que criavam as planilhas e as apresentações. No total, a InLook tinha uma equipe de onze pessoas trabalhando em vendas e nenhuma receita até então. Pelo *budget* de Bob, a equipe deveria dobrar de tamanho até o final do ano.

Enquanto Bob estava ocupado fazendo entrevistas de seleção, o conselho estava ficando nervoso. Embora os conselheiros considerassem Chip um executivo que estava gerenciando a empresa de forma competente, a InLook ainda estava por fechar um grande contrato, mas descumprindo o plano de receitas. Foi nesse ponto que eu entrei em cena. Os capitalistas de risco que haviam entrado na primeira rodada de financiamento da InLook tinham assistido a uma de minhas primeiras palestras sobre desenvolvimento de clientes. Eles me pediram para avaliar a InLook verificando se havia algo notoriamente errado por lá (Acho que as exatas palavras foram: "Dê uma olhada e veja se precisam de ajuda em relação ao posicionamento").

Em nosso primeiro encontro, Chip Stevens parecia um CEO de startup muito ocupado, com muito mais a fazer do que participar de uma reunião com um consultor que os capitalistas de risco haviam impingido a ele. Ouviu educadamente enquanto eu descrevi o processo de desenvolvimento de clientes e detalhei as principais etapas da descoberta do cliente. Então, era a vez de Chip falar: ele circulou comigo pela empresa e me apresentou o produto e a equipe de vendas. Enumerou os nomes dos cerca de quarenta clientes com quem havia conversado durante os primeiros nove meses da empresa e me fez uma ótima apresentação sobre como os usuários do produto trabalhavam e os problemas enfrentados rotineiramente. Detalhou as características do produto uma a uma e mostrou como solucionavam os problemas dos clientes. Explicou como o modelo de negócio geraria receita e como os clientes potenciais com quem conversara concordavam com suas suposições. Com certeza, parecia que ele passara corretamente pelo processo de descoberta do cliente.

A seguir, Chip me falou de seu processo de vendas. Contou que, como ficou preso à startup cuidando do desenvolvimento e da entrega do produto, seu VP de vendas, Bob, gerenciou completamente o processo de vendas. Na verdade, nas vezes em que disse a Bob que gostaria de voltar a campo, ouviu como resposta: "Não ainda, não quero desperdiçar seu tempo". Pela primeira vez, comecei a me contorcer na cadeira. Chip disse: "Temos um ótimo processo de vendas. Insisti para receber relatórios semanais com as previsões de fechamento de contratos com *status* e tamanho dos pedidos". Quando quis saber quão próximos do fechamento estavam os contratos, ele me assegurou que dois clientes beta – conhecidas companhias de grande porte que dariam credibilidade ao produto, caso fechassem contratos – estavam com pedidos iminentes.

"Como você sabe disso?", perguntei, "ouviu isso pessoalmente dos clientes?".

Nesse momento, foi a vez de Chip contorcer-se um pouco na cadeira. "Não, não exatamente", ele respondeu, "mas Bob me garantiu que terá os pedidos em carteira nas próximas semanas."

Agora, eu realmente estava preocupado com Chip e sua empresa. Raramente, as grandes empresas passam cheques para startups a não ser que conheçam o CEO e, quando não, até os capitalistas de risco do conselho. Quando perguntei a Chip se conhecia o mapa de vendas desses dois clientes potenciais que estavam prestes a fechar contrato, ele admitiu que não conhecia nenhum detalhe, já que estava tudo sob o controle de Bob. E como já estávamos reunidos há bastante tempo, eu disse: "Chip, seu processo de vendas parece ótimo. De fato, parece muito bom para ser verdade. Se você realmente conseguir fechar um desses contratos iminentes, tiro meu chapéu para você e sua equipe de vendas. Mas, se como eu suspeito, eles não assinarem os pedidos, faça-me um favor".

"Qual?", Chip perguntou, parecendo irritado.

"Você deve pegar o telefone e ligar para os cinco principais clientes em seu processo de vendas. Faça a eles a seguinte pergunta: 'Se lhe entregar hoje meu produto gratuitamente, estará pronto para instalá-lo e usá-lo no departamento e em toda a empresa?' Se a resposta for não, você não tem nenhum cliente preparado para comprar seu produto, pelo menos, nos próximos seis meses."

Chip sorriu e me acompanhou para fora de seu escritório. Eu não esperava ouvir mais falar dele.

Menos de duas semanas depois, fiquei surpreso ao tirar as mensagens da secretária eletrônica e ouvir a voz agitada de Chip: "Steven, nós realmente temos que conversar novamente. Aquela grande conta, na qual vínhamos trabalhando durante os últimos oito meses, informou para nós que não comprará o produto esse ano. Eles apenas não veem necessidade de urgência". Ao retornar a ligação para Chip, eu soube do restante da história.

"Quando meu VP me contou", Chip disse, "peguei o telefone e liguei pessoalmente para eles. Fiz a pergunta que você me sugeriu – eles instalariam o produto no departamento ou na empresa hoje se o custo fosse zero? Ainda estou atônito com a resposta. Disseram que o produto não era solução para uma missão crítica o bastante para justificar a ruptura no atual sistema."

"Uau! Isso não é nada bom", respondi, tentando ser simpático.

"E só fica pior", ele respondeu, "como tinha ouvido aquilo de um cliente que meu VP de vendas dissera que estava prestes a assinar contrato, insisti em ligar junto com ele para a outra conta iminente. Foi a mesma história da primeira. Então, telefonei para as três seguintes no processo de vendas e ouvi a mesma história de novo. Todos eles acham que nosso produto é 'interessante', mas ninguém está disposto a colocar dinheiro para valer agora. Começo a suspeitar que todas as nossas previsões não são reais. O que direi aos meus conselheiros?"

Minha simples opinião foi que relatasse ao conselho exatamente o que estava acontecendo. Mas antes, ele precisava entender a situação de vendas em sua totalidade e, então, apresentar um plano para resolver o problema. Portanto, ele iria apresentar ao conselho o problema e sugerir a solução ao mesmo tempo (você nunca deve deixar espaço para que os conselheiros digam a você como gerir sua empresa; quando isso acontece, está na hora de atualizar o currículo).

Chip estava apenas começando a conhecer as implicações de uma previsão de vendas fantasma – e foi fundo. Ao conversar com cada um de seus cinco vendedores, ele descobriu que a equipe de vendas da InLook não tinha um processo de vendas padronizado. Cada vendedor fazia contato com diferentes níveis hierárquicos das empresas e tentava a estratégia de abordagem que lhe parecia melhor. Quando falou com o pessoal de marketing, percebeu que eles estavam tentando ajudar os vendedores, refazendo as apresentações corporativas semanalmente. O posicionamento e as mensagens preferenciais da empresa mudavam a cada semana. Bob, o VP de vendas, acreditava que não havia nada errado nisso. Só precisavam um pouco mais de tempo para "descobrir o jeito" e, então, fechariam vários contratos.

Com a empresa queimando caixa rapidamente (onze contratados em vendas e marketing), sem entender o que realmente estava errado em vendas e sem previsão de entrada de receitas, o drama do teatro Noh japonês começava novamente a ser encenado. Bob estava a ponto de se tornar passado. A "boa" notícia é que, sendo um executivo experiente e ágil, Chip rapidamente entendeu o que estava errado. Ele se apegou ao fato de que, depois de oito meses, a InLook ainda não tinha a menor ideia de como vender o produto Snapshot. Pior, não estava em andamento nenhum processo de aprendizado de como fazer isso; havia apenas a esperança de que os vendedores espertos descobrissem "o jeito". Chip deu-se conta de que a empresa tinha que começar a traçar e desenvolver um mapa de vendas. Ele apresentou seu plano ao conselho, demitiu o VP de vendas e sete dos onze profissionais da equipe de vendas e marketing, e reduziu dramaticamente o fluxo de caixa. Manteve na empresa seu melhor vendedor, o engenheiro de suporte e também o VP de marketing. Então Chip voltou para casa, deu um beijo de despedida na família e foi a campo descobrir o que faria os clientes comprarem. Os conselheiros concordaram com a conclusão de Chip, desejaram boa sorte a ele e começaram a contagem regressiva do tempo que ainda restava ao CEO da startup. Ele tinha seis meses para encontrar clientes e fechar contratos.

Chip descobriu que faltava à InLook o que toda startup precisa: um método que possibilite o desenvolvimento de um processo de vendas previsível e a validação de seu modelo de negócio. Depois da etapa de descoberta do cliente, o próximo passo de uma startup é perguntar e responder a questões básicas como essas:

- Nós entendemos o processo de vendas?
- O processo de vendas é replicável?
- Podemos provar que é replicável? (Qual é a prova? Pedidos de compra suficientes com preço sem descontos)
- Podemos conseguir esses pedidos com o produto atual e as especificações do lançamento?
- Posicionamos corretamente o produto e a empresa?
- Contamos com um canal de distribuição e vendas com o qual é possível trabalhar?
- Estamos confiantes de que poderemos escalar um negócio rentável?

Ao contrário do que aconteceu na InLook (e do que acontece em incontáveis startups), o modelo de desenvolvimento de clientes insiste que essas perguntas devem ser feitas e respondidas muito antes de a estrutura de vendas começar a ser ampliada. Responder a essas questões é a meta básica da etapa de validação pelo cliente.

Filosofia da validação pelo cliente

Assim como a descoberta do cliente costuma desorientar os profissionais de marketing mais experientes, a etapa de validação pelo cliente também desnorteia os vendedores mais vividos e, em especial, os VPs de vendas. Não apenas todas as regras que os executivos de vendas aprenderam nas grandes empresas não se aplicam a uma startup, como são prejudiciais a ela. Na etapa de validação pelo cliente, você não estruturará e contratará uma equipe de vendas. Nem desenvolverá um plano de vendas e, definitivamente, não executará uma "estratégia de vendas". A realidade é que você simplesmente ainda não sabe o suficiente para fazer nada disso. Existem as hipóteses de quem vai comprar, por que e que preço vai pagar, mas até que seja feita a validação, todas são palpites.

Um dos principais resultados da etapa de validação pelo cliente é um mapa de vendas testado e comprovado, criado por você ao aprender como vender para um pequeno grupo de clientes visionários (os primeiros evangelistas). Eles realmente pagarão pelo produto – às vezes, meses e até mesmo anos antes de estar completo. No entanto, o objetivo desse passo é não ficar confuso com as "vendas". A verdade é que você vai se importar menos com a receita gerada do que com a descoberta de um processo de vendas replicável e escalável. Desenvolver um mapa de vendas bem-sucedido, mais do que estruturar a área de vendas, é o ponto central da etapa de validação pelo cliente. Devido à importância dessa etapa, o primeiro instinto do CEO é acelerá-la, colocando mais vendedores em campo. Porém, isso não acelera o processo e acaba por fazê-lo demorar mais.

Para um mercado existente, a validação pelo cliente pode ser simplesmente verificar se a agenda de contatos do VP de vendas é realmente relevante e se as métricas da *performance* do produto, encontradas na fase de descoberta do cliente, estavam corretas. Em um mercado novo ou ressegmentado, nem mesmo uma agenda de contatos infinita seria capaz de substituir um mapa de vendas testado.

Para um executivo de vendas experiente, essas afirmações são uma heresia. Tudo o que estou dizendo é um equívoco, nada disso faz parte do treinamento dos profissionais de vendas além de parecer contraintuitivo e desorientador. Portanto, vamos olhar mais demoradamente para a questão de por que a primeira venda de uma startup é tão diferente do processo de venda em uma empresa grande e consolidada.

Validação do processo de vendas

Pergunte aos VPs de vendas de uma startup quais são suas duas ou três metas principais e você ouvirá respostas como: "Cumprir o plano de receitas", ou talvez, "Estruturar e contratar a equipe de vendas e, então, cumprir o plano de receitas". Para tentar colaborar, alguns podem acrescentar: "Ajudar os engenheiros a entenderem quais atributos adicionais nossos clientes precisam". Em resumo, você obterá respostas geralmente focadas em receitas e na contratação de equipe. Embora esses objetivos sejam racionais em empresas estabelecidas, não fazem o menor sentido em startups. Por quê? Em companhias consolidadas, alguém passou com o trator sobre o pântano. Os novos vendedores recebem em mãos a apresentação corporativa, a lista de preços, as planilhas e todos os demais apetrechos de um processo de vendas testado. A estrutura de vendas conta com um acompanhamento com etapas mensuráveis e um mapa de vendas com metas detalhadas, validados pela experiência real diante dos clientes. Um processo de vendas é o tradicional funil. Largo no topo com levas de indicações brutas entrando, o processo se estreita a cada etapa, transformando os contatos iniciais em suspeitos, depois em *prospect*s, em vendas prováveis até que finalmente um pedido sai pela boca bem pequena do funil. Isso é usado para fazer previsão de receita, de acordo com a probabilidade de sucesso de cada *prospect*. Os mais experientes VPs de vendas contratados por startups vão tentar reproduzir esse funil, formando um processo de vendas e enchendo a ponta de entrada com clientes. O que eles não reconhecem é que se torna impossível estruturar um processo de vendas sem antes desenvolver um mapa de vendas.

Esse mapa responde às questões básicas envolvidas na comercialização do seu produto: Quem influencia a venda? Quem a recomenda? Quem é o tomador de decisão? Quem é o comprador financeiro? Quem é o sabotador? Onde está a verba para comprar o tipo de produto que você está vendendo? Quantos contatos de vendas são necessários até a assinatura do contrato? Quanto tempo leva o processo do início ao fim? Qual é a estratégia de vendas? Essa é a venda de uma solução? Se for, quais são os "problemas-chave do cliente"? Qual é o perfil do cliente visionário ideal, o primeiros evangelista que toda startup precisa?

A menos que a startup tenha respostas comprovadas para essas perguntas, haverá pouquíssimas vendas, e as que acontecerem serão o resultado heroico de tiros solitários no alvo. Com certeza, de alguma forma a maioria dos VPs de vendas percebe que lhes falta conhecimento para traçar um mapa de vendas detalhado, mas acreditam que eles e suas recém-contratadas equipes de vendedores serão capazes de obter essas informações ao mesmo tempo em que fecham contratos. Essa é uma manifestação das falácias fundamentais da tradicional metodologia de desenvolvimento de produto, quando aplicada em startups. Você não pode aprender e descobrir enquanto está executando. Pode fazer um ou outro, mas não os dois simultaneamente. Como podemos ver pelo exemplo da InLook e pelo rastro deixado por toda startup fracassada, tentar executar a venda antes de ter um mapa de vendas nas mãos é pura insensatez.

Equipe de validação pelo cliente

A história da InLook ilustra um dos enganos clássicos tipicamente cometidos por fundadores e CEOs de startups: delegar o processo de validação pelo cliente exclusivamente ao VP de vendas. Nas empresas de tecnologia, em geral, a maioria dos fundadores é engenheiro de formação e, portanto, é natural que assumam que devem contratar um profissional para cuidar de uma área na qual não são especialistas. E, no caso de um VP de vendas, provavelmente, está sendo contratado um profissional que se orgulha de suas habilidades e de sua agenda de contatos. Assim, a tendência natural dos fundadores é se afastar e confiar na competência de seu contratado. Esse equívoco é geralmente fatal para o VP de vendas e, às vezes, até para a startup.

A *execução* de vendas é responsabilidade do VP de vendas, assim como o *pessoal* de vendas. Mesmo que, a essa altura da vida da startup, ninguém saiba o bastante para executar ou contratar nada, a sua empresa ainda está no modo de aprendizado e a equipe de desenvolvimento de clientes precisa continuar liderando as interações com os consumidores na etapa de validação pelo cliente.

No mínimo, os fundadores e o CEO devem estar em campo diante dos clientes durante o primeiro ciclo de validação. Eles são as pessoas que, com a ajuda da equipe de produto, podem conseguir encontrar seus colegas visionários, excitá-los em relação ao produto e deixá-los prontos para comprar. Nas vendas corporativas ou B2B, se o time de fundadores não conta com alguém com a habilidade para chegar à assinatura de contratos, pode contratar um vendedor com habilidade para fechar negócios.

As primeiras vendas são para os primeiros evangelistas, não para a maioria do mercado

Na etapa de validação pelo cliente, sua startup está focada na descoberta dos clientes visionários; a meta é não apenas localizar clientes com esse perfil, mas também conseguir fazê-los comprar.

Diferentemente dos clientes que formam a maioria do mercado, que querem comprar um produto acabado, completo e testado, os primeiros evangelistas desejam fazer um ato de fé e adquirir algo de startups. Eles se permitem isso porque percebem uma vantagem competitiva no mercado, querem se gabar diante dos colegas da vizinhança ou do setor ou porque conseguirão algum benefício político na empresa em que trabalham. Os primeiros evangelistas são os únicos capazes de comprar um produto inacabado, que ainda será entregue.

Recorde quem são esses clientes visionários: não apenas entendem que têm um problema, como também já investiram tempo tentando ativamente buscar uma solução para poderem resolver tudo por conta própria. Em uma empresa, é possível haver um negócio de missão crítica que precise ser resolvido. Sendo assim, quando você passa pela porta, imediatamente deduzem que está solucionando um problema que eles têm, e podem perceber a elegância e o valor de seu produto. Pouca ou nenhuma explicação é necessária. Em outros casos, a motivação deles pode ser o foco na vantagem competitiva e correrão o risco de assumir um novo paradigma para chegar lá.

Os primeiros evangelistas "sacam tudo". No entanto, não recebem ou não querem ser informados por um funcionário, como um vendedor tradicional. Os primeiros evangelistas desejam ver e ouvir os fundadores e a equipe técnica. Em troca, não somente fecharão um pedido e lhe darão um ótimo *feedback*, como também se tornarão os primeiros evangelistas na empresa em que trabalham e no setor em que atuam – ou, na condição de consumidores, entre seus amigos e vizinhos. Tratados corretamente, eles serão seu cliente supremo como referência até que você chegue ao abismo, no Capítulo 6.

Há uma importante advertência a fazer a respeito dos primeiros evangelistas. Alguns fundadores de startups acham que eles são encontrados apenas em laboratórios de P&D ou em grupos de avaliação técnica de grandes companhias – ou, para produtos de consumo, alguém com sorte bastante para ser contratado por um laboratório de testes, cujo emprego é colocar a mão em tudo para avaliar o uso potencial de novos produtos. Enfaticamente, esses não são os primeiros evangelistas a que me refiro. De vez em quando, eles podem ser influenciadores críticos em uma venda, mas não têm papel no dia a dia operacional e nem autoridade para assegurar a adoção e implementação do produto na empresa inteira. Os primeiros evangelistas com quem você deve conversar são as pessoas que descrevi na etapa da descoberta do cliente – aquelas que têm papel operacional, enfrentam um problema, têm procurado por uma solução, já tentaram resolver sozinhos a dificuldade e dispõem de verba para comprar.

A validação pelo cliente tem quatro fases, como mostra a Figura 4.1. A Fase 1 consiste em uma série de atividades para o produto "ficar pronto para vender": articulação de uma proposta de valor, preparação do plano e material de apoio a vendas, desenvolvimento do plano de canal de distribuição e mapa de vendas, contratação de um vendedor especializado em fechar contratos. Além disso, deve assegurar que as equipes de desenvolvimento de produto e de clientes estão de acordo sobre o cronograma e os atributos dos lançamentos do produto e da formalização do conselho consultivo.

Visão geral do processo de validação pelo cliente

Figura 4.1 Validação pelo cliente: visão geral do processo

- **Fase 3** Desenvolvimento do posicionamento
- **Fase 4** Verificação
- **Fase 2** Venda para clientes visionários
- **Fase 1** Fique pronto para vender

A seguir, na Fase 2, você sai da empresa e vai a campo para testar sua ideia de produto, que agora está bem afinada: os clientes validarão o conceito comprando o produto? Na verdade, você tentará vender um produto inacabado e não testado sem contar com uma estrutura profissional de vendas. Nessa etapa, os fracassos são tão importantes quanto os sucessos; a meta é responder todas as questões para desenvolver o mapa de vendas. No final desse passo, você deve ter reuniões preliminares com os parceiros de canal ou de serviços de suporte.

Com um par de pedidos no bolso, você já terá informações suficientes para seguir para a Fase 3, na qual fará o primeiro rascunho do posicionamento do produto e da empresa. Nesse ponto, você articulará suas convicções mais profundas sobre o produto e seu lugar no mercado, assim como testará esse posicionamento inicial em reuniões com os gurus e analistas do setor para obter *feedback* e aprovação.

Finalmente, na Fase 4, verificará se a empresa concluiu a etapa de validação pelo cliente. Você tem pedidos o bastante para comprovar que o produto atende às necessidades dos clientes? Tem um modelo rentável de canal e vendas? Tem um modelo de negócio lucrativo? Já aprendeu bastante para escalar o negócio? Somente se conseguir responder "sim" a todas essas questões, você poderá avançar para a etapa de geração de demanda.

Fase 1: Fique pronto para vender

```
[Articule uma proposta de valor] → [Vendas preliminares e material de apoio] → [Canais de distribuição preliminares]
                                                                                              ↓
[Mapa de vendas preliminar] → [Contrate um vendedor especializado em fechar contratos] → [Alinhamento dos executivos]
       ↓
[Formalize o conselho consultivo]
```

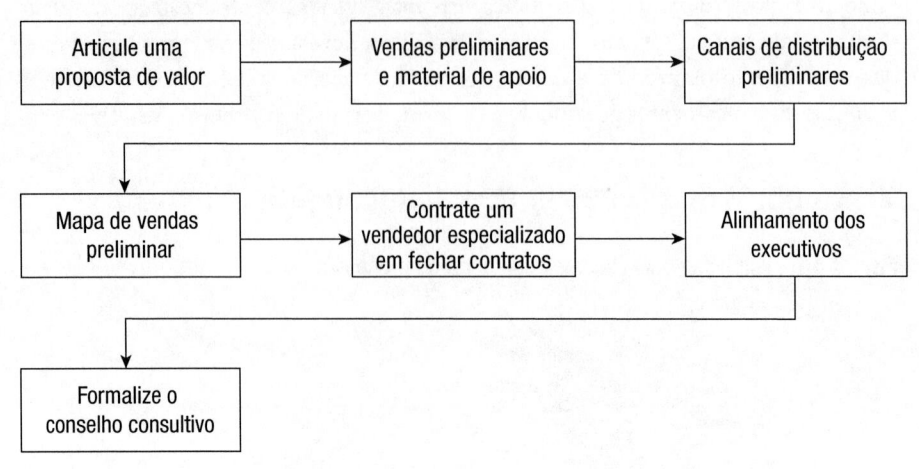

A primeira etapa da validação pelo cliente prepara a empresa para sua tentativa inicial de vender o produto, o que requer preparação cuidadosa, planejamento e concordância. Nessa fase, você vai:

- Articular uma proposta de valor.
- Preparar plano e materiais de apoio a vendas.
- Desenvolver um plano preliminar de canal de distribuição.
- Desenvolver um mapa preliminar de vendas.
- Contratar um vendedor especializado em fechar contratos.
- Alinhar seus executivos.
- Formalizar o conselho consultivo.

A. Fique pronto para vender

Articular proposta de valor

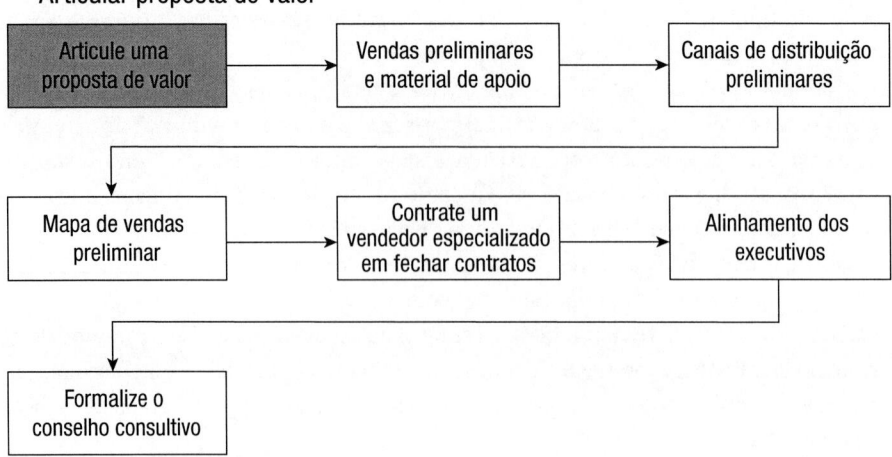

```
[**Articule uma proposta de valor**] → [Vendas preliminares e material de apoio] → [Canais de distribuição preliminares]
                                                                                              ↓
[Mapa de vendas preliminar] → [Contrate um vendedor especializado em fechar contratos] → [Alinhamento dos executivos]
       ↓
[Formalize o conselho consultivo]
```

Pela perspectiva de seus clientes, o que sua empresa representa, o que faz o seu produto, por que deveriam se interessar? Você provavelmente tinha uma ideia quando começou a empresa, mas agora tem alguma experiência real de interação com os clientes: esse é o momento de revisitar sua visão inicial à luz de seu aprendizado. Você consegue resumir seu negócio em uma mensagem única, clara e atraente que diga por que sua empresa é diferente e por que vale a pena comprar seu produto? Essa é a meta da proposta de valor (às vezes, chamada de proposição única de venda). A proposta de valor faz a conexão entre você e seu cliente, direciona os programas de marketing e se torna o ponto focal da construção da empresa. Mais importante do que isso, nessa fase, a proposta de valor sintetiza a história da empresa em uma mensagem precisa e sucinta, mas que seja poderosa o bastante para fazer bater mais forte o coração do cliente. Essa mensagem vai aparecer em todo o seu material de vendas a partir de agora. Não se preocupe em tê-la perfeita, porque mudará, evoluirá e se transformará, conforme você for recebendo o *feedback* de clientes, analistas e investidores. A ideia nessa fase é simplesmente reconhecer que você precisa dar o seu melhor tiro na criação dessa proposta de valor.

Embora uma proposta de valor pareça simples, criá-la pode ser um desafio. É preciso trabalho sério para chegar a uma frase vigorosa, compreensível e atraente para o público. É muito mais fácil escrever (ou pensar) um longo parágrafo do que escrever (ou pensar) sinteticamente. O primeiro passo é lembrar o que você aprendeu na descoberta do cliente sobre o problema do cliente e o que eles viram de valioso na sua solução. Quais são os três principais problemas que os clientes disseram que enfrentam? Há uma frase que possa capturar o problema ou a sua solução? Com base na sua compreensão do fluxograma de trabalho do cliente, como ele gasta o tempo ou utiliza outros produtos, em que ponto o seu produto mais afeta essa rotina? Qual a relevância do impacto sobre o fluxograma de trabalho deles? Caso existam concorrentes ou outros modos de solucionar o problema com partes de vários sistemas, o que você oferece que seus competidores não podem entregar? O que você faz melhor?

No caso da InLook, a empresa escolheu a seguinte proposta de valor: "Ajudando os executivos financeiros a gerenciar a lucratividade"; era curta, ia direto ao ponto e dirigia-se ao público que a InLook estava buscando. Uma proposta de valor é (idealmente) uma frase ou, no máximo, algumas. Como os fundadores sabiam qual era o público deles? Voltaram a tudo o que aprenderam na descoberta do cliente. Agora, os Chiefs Financial Officers (CFOs) eram o público-alvo (não eram quando começaram pela primeira vez o ciclo de descoberta do cliente) e, para eles, a palavra "lucratividade" tem um forte apelo emocional (tinham uma litania de palavras quando começaram a ouvir os clientes), além do mais, essa é uma questão de alavancagem mensurável na cabeça deles (um ponto sobre o qual a InLook não tinha a menor ideia antes).

Portanto, um dos primeiros testes para sua proposta de valor é: Tem apelo emocional? O coração dos clientes bate mais forte quando ouvem a mensagem? Eles inclinam o corpo para a frente para ouvir mais? Ou a reação é um olhar vazio? A proposta de valor tem uma linguagem compreensível? É única na memória? Nas startups de tecnologia, um dos maiores desafios dos engenheiros é perceber que precisam de uma mensagem curta, sucinta e precisa, que grude no coração e na carteira dos clientes, e não na cabeça e na calculadora.

Em segundo lugar, sua proposta de valor é ou reforça uma questão econômica? Tem impacto econômico? Para o cliente corporativo, parece que seu produto lhe oferece uma vantagem competitiva ou aprimora alguma área crítica da empresa? No caso de um produto de consumo, a proposta de valor indica economia de tempo ou dinheiro ou altera o prestígio ou a identidade do cliente? No caso da InLook, a proposta de valor usa a expressão "gerenciar a lucratividade". Para um CFO, além de essas palavras serem poderosas, representam um benefício quantificável e mensurável.

Finalmente, a proposta de valor passa no teste da realidade? Apelos como "perca dois quilos em dez minutos" ou "as vendas vão aumentar 200%" ou "os custos cairão 50%" detonam a credibilidade. Além disso, não é só o apelo que precisa passar nesse teste. A sua empresa é um fornecedor confiável do produto que está sendo descrito? Ao vender para clientes corporativos, existem obstáculos adicionais a superar. A sua capacidade é congruente com sua proposta de valor? As suas soluções são viáveis e compatíveis com a atual operação do cliente? Existem tecnologias complementares e de infraestrutura na empresa do cliente?

Um último ponto para manter em mente é o contínuo questionamento sobre em qual tipo de mercado você está entrando. Se você está oferecendo um novo produto em um mercado existente, sua proposta de valor refere-se à melhoria de *performance*. Propostas de valor incrementais descrevem melhorias e métricas dos atributos individuais do produto ou serviço (isto é, mais rápido, melhor). Se você está criando um novo mercado ou tentando ressegmentar um existente, você provavelmente vai chegar a uma proposta de valor transformacional, que mostra como a solução criará um novo nível ou categoria de atividade, ou seja, algo que as pessoas não podiam fazer antes.

B. Fique pronto para vender

Preparar plano e material de apoio a vendas

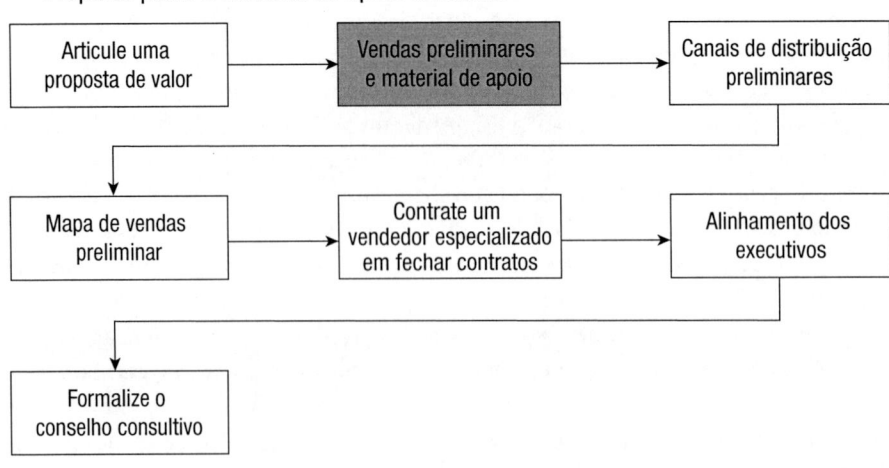

Assim que você tiver definido a proposta de valor, chegou o momento de colocá-la para funcionar nos materiais de apoio de marketing e vendas, que são a soma das peças de comunicação impressas e eletrônicas que seu pessoal de vendas usará para apresentar o produto e a empresa a clientes potenciais. Para vender o produto na etapa de validação pelo cliente, você deve preparar um conjunto completo de materiais de venda, planilhas, apresentações (às vezes, diferentes apresentações para diferentes grupos da mesma empresa), lista de preços e daí por diante. Mas, ao contrário daquele material que você produzirá no futuro em outro momento da vida da empresa, esses documentos são todos parte de uma literatura "preliminar" de vendas, todos sujeitos a mudanças: portanto, produza em baixo volume e com baixo custo. Ao definir a proposta de valor, você só concluiu o primeiro passo da redação desse material, mas ela será usada como tema central da maior parte dessas peças de comunicação.

Mas antes de criar qualquer material, você precisa saber antes do que precisará exatamente. Em vez de sair aleatoriamente escrevendo as especificações dos produtos e as apresentações, é muito útil desenvolver um "plano de materiais de apoio", uma lista com toda a literatura que você precisa expor ao cliente nas diferentes fases do processo de vendas (na Tabela 4.1, encontra-se um exemplo de plano de material de apoio a vendas para um produto *business to business*).

Tabela 4.1 Exemplo de *business to business*: plano de materiais de apoio a vendas diretas

	Sensibilização	Interesse	Investigação	Fechamento de vendas
Primeiros evangelistas	Site corporativo, planilhas com dados sobre a solução	Apresentação genérica de vendas, documento técnico sobre as questões do negócio e planilhas com dados do produto	Apresentações de vendas customizadas para cada cliente, relatórios de analistas sobre o problema enfrentado e formulário de cotação de preço	Lista de preço, carta de agradecimento e contratos
Guardiães da tecnologia		Apresentação técnica, relatório técnico e relatório de analistas sobre o problema técnico	Apresentação técnica sobre as questões específicas relacionadas ao cliente, planilhas com visão geral técnica e diagramas da arquitetura do produto	Carta de agradecimento

Em minha última empresa, a E.piphany, percebi tardiamente que nosso posicionamento e estratégia estavam um pouco deficientes; depois de chegar a fazer uma apresentação para o CIO (*Chief Information Officer*), fomos descartados pela quinta vez seguida. Ao olhar novamente para a apresentação, notei que estávamos levando ao CIO a mesma proposta de valor que compartilháramos com suas áreas operacionais: "Não precisamos da sua estrutura de TI para lhe dar informações. Relaxe e compre um sistema E.piphany". Nem é preciso dizer a razão pela qual as vendas ficavam difíceis quando precisávamos do apoio do CIO: tínhamos a mesma proposta de valor e de apresentação formatada para o CIO, a estrutura de TI e os guardiães da tecnologia.

Nesse exemplo, a venda era para uma grande empresa e o produto, um software utilizado pelos funcionários, mas que precisava ser instalado e mantido pelo departamento de TI. Nossa companhia tinha que reconhecer que havia dois públicos-alvo para o material de apoio a vendas; os compradores primeiros evangelistas e os guardiães da tecnologia. Caso se tratasse de um produto de consumo, o plano de materiais de apoio deveria focar as peças de comunicação que seriam utilizadas no ponto de venda. Sendo assim, seria necessário incluir folhetos, embalagem de varejo, cupons etc. Independentemente do canal de distribuição e do fato de ser um produto de consumo ou corporativo, o material de apoio a vendas muda, de acordo com o público-alvo e as diferentes etapas do processo.

Não se preocupe se o seu plano de materiais de apoio não estiver perfeito: as peças mudarão conforme você for conversando com os clientes e sua base de clientes for se movendo, dos visionários para a maioria do mercado. Faça pré-testes de todo material que for produzir, porque o que você escreve nos confins de seu escritório costuma ter pouca relevância em campo. Produza materiais de apoio práticos, pois terá que acrescentar informações e atualizar as peças em cada etapa do processo de desenvolvimento de clientes.

Sempre ajuda se dar conta de que os clientes visionários pedem materiais diferentes daqueles necessários para a maioria do mercado, pois eles compram primeiro uma ideia e depois o produto. Dessa forma, certifique-se de que suas peças estão claras e detalhadas o bastante sobre a visão e os benefícios do produto. Assim, os primeiros evangelistas poderão utilizar essa literatura para vender sua ideia para eles mesmos, ou seja, dentro da empresa em que trabalham ou para a família e os amigos. Os fundadores e a equipe de desenvolvimento de clientes devem se responsabilizar pela articulação dessa visão. Para os detalhes das especificações do produto, o primeiro rascunho deve ficar a cargo dos engenheiros. Desse jeito, você poderá ver se há surpresa nos diferenciais técnicos que a equipe de produto gostaria de enfatizar.

Nessa fase, não invista dinheiro em produção gráfica sofisticada e em tiragens em grandes quantidades, já que seus materiais serão modificados quando receber o retorno dos clientes. O único gasto que vale a pena agora é a criação de bons slides básicos de Power Point e *design* gráfico dos dois ou três diagramas que ilustram suas ideias-chave.

A seguir, serão apresentadas algumas diretrizes sobre os principais itens que devem ser incluídos em seu plano de materiais de apoio a vendas.

Sites

O site corporativo de uma startup nesse estágio deve apresentar informações claras sobre a visão do produto e o problema que está sendo solucionado, mas não dados detalhados sobre o produto. Você não quer que os clientes tenham tanta informação a ponto de tomarem a decisão de não comprá-lo. Adiante, esta mesma filosofia será aplicada às planilhas e às especificações do produto.

Apresentação de vendas

Sua apresentação de vendas pode ser uma versão atualizada e combinada daquelas sobre o problema e o produto usadas na etapa de descoberta do cliente, exceto que agora terá que acrescentar sua proposta de valor. No entanto, muito raramente uma única apresentação ajusta-se a múltiplas audiências nos diferentes níveis hierárquicos de uma mesma empresa ou nos diversos setores industriais. Na descoberta do cliente, talvez você tenha percebido que necessitava de diferentes apresentações dependendo do tipo de pessoa que desempenhava um papel na decisão de compra ou de acordo com os diversos tipos de público. Você precisa de uma apresentação específica para o público técnico? E quando se trata de executivos seniores ou de funcionários operacionais? E em relação a diferentes empresas em diferentes setores da economia? Para produtos de consumo, há uma apresentação especial com dados demográficos? Receita? Localização geográfica?

Não perca de vista que, nesse momento, seu público principal são os primeiros evangelistas e não a maioria do mercado. A apresentação de vendas para os visionários deve abranger uma breve visão geral do problema, as possíveis soluções, *a sua* solução e, então, os detalhes do produto. Ela deve ter duração máxima de trinta minutos.

Demonstração

Alguns produtos são realmente bem difíceis de entender sem a ajuda de uma demonstração. Se uma imagem vale mais do que mil palavras, uma demonstração provavelmente vale um milhão. Uma ressalva, no entanto: eu notei que, às vezes, as equipes de desenvolvimento de produto das startups confundem demnstração com uma amostra funcional do produto. Tudo o que o time de desenvolvimento de clientes precisa é um slide-base com uma "demonstração fictícia" para ilustrar os pontos-chave do produto. Raras vezes consegui vender para os primeiros evangelistas sem contar com o apoio de um material desse tipo.

Planilhas

É fácil confundir planilhas com dados do produto, que detalham os recursos e os benefícios, com planilhas com dados da solução, que abordam o problema do cliente e dão uma visão geral da solução. Se você está apresentando um novo produto a um mercado existente, seu foco será no produto e, assim, deve desenvolver planilhas de dados sobre o produto. Mas, caso você esteja criando um novo mercado, as planilhas com dados sobre o problema e a solução são as mais apropriadas. E, se estiver redefinindo um mercado, deve contar com os dois tipos de planilhas.

Em todas essas situações, porém, provavelmente precisará apresentar uma visão geral técnica com diferentes níveis de profundidade, de acordo com os *players* no ciclo de venda. Conforme compreender melhor o processo de venda, sentirá necessidade de relatórios específicos para elaborar questões de áreas com determinados interesses e preocupações pontuais. Prepare-as quando sentir necessidade, não antes. Ouça e seus clientes vão lhe dizer exatamente do que precisam.

Especialmente nos momentos de recessão econômica, uma peça do material de apoio a vendas que costuma ser requisitada é um relatório do retorno sobre o investimento (ROI) do produto. A solicitação desse documento é a maneira elegante de o cliente pedir: "Mostre-me como eu posso justificar financeiramente a compra do seu produto. Vai me poupar dinheiro a longo prazo?". Seus melhores primeiros evangelistas, provavelmente, terão que fazer "vendas internas" antes que alguém se disponha a assinar um cheque para sua empresa. Para consumidores finais, a questão é igual: apenas imagine um adolescente tentando vender aos pais o ROI de um iPod, da Apple: "Não terei mais que comprar CDs e pagarei as músicas baixadas com minha própria mesada".

Lista de preços, contratos e sistema de cobrança

Espera-se que, durante a fase de validação pelo cliente, alguns daqueles visionários cheguem a lhe perguntar: "Quanto custa seu produto?". Embora você até possa dizer o primeiro valor que lhe passar pela cabeça, é melhor contar com uma lista de preço, um formulário de pedido e um contrato. Dispor dessa documentação faz com que sua startup pareça ser uma empresa de verdade, além de forçá-lo a colocar no papel suas suposições a respeito de precificação, configurações, descontos e termos de venda. Para produtos de consumo, você precisará de uma maneira para tirar os primeiros pedidos; um sistema de cobrança com verificações de cartão de crédito, loja *on-line* e assim por diante.

C. Fique pronto para vender

Desenvolver um plano preliminar de canal de distribuição

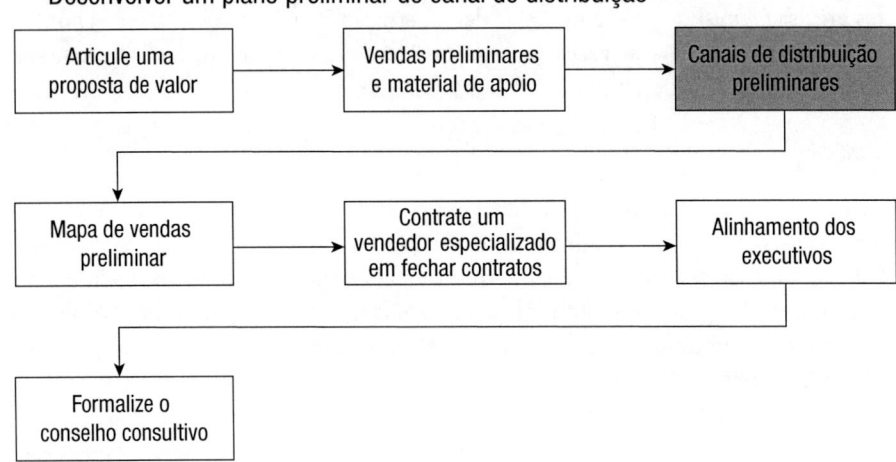

```
[Articule uma proposta de valor] → [Vendas preliminares e material de apoio] → [Canais de distribuição preliminares]
                                                                                              ↓
[Mapa de vendas preliminar] → [Contrate um vendedor especializado em fechar contratos] → [Alinhamento dos executivos]
         ↓
[Formalize o conselho consultivo]
```

A metodologia de desenvolvimento de clientes possibilita que você crie um processo de vendas replicável e escalável. O plano de canal de distribuição e o mapa de vendas (que serão desenvolvidos na próxima etapa) são as diretrizes que viabilizam a estruturação desse processo.

Durante a descoberta do cliente, você refinou sua hipótese sobre os canais de distribuição com base nas informações aprendidas nas entrevistas com os consumidores. Na fase atual, parte-se do princípio, portanto, que você já avaliou suas alternativas de canais de distribuição e reduziu suas escolhas possíveis a uma opção específica. Agora, usará essa escolha para desenvolver um plano preliminar de canal.

Um plano de canal de distribuição engloba três fatores. Inicialmente, enquanto reúne esses elementos, grande parte de suas conjecturas estarão baseadas nas informações coletadas na etapa de descoberta do cliente. No entanto, conforme avançar para a próxima etapa da validação pelo cliente e começar a interagir de verdade com o canal de distribuição, aprimorará suas teorias iniciais diante dos novos fatos e da dura realidade.

Os elementos usados para desenvolver seu plano de canal de distribuição são:

- "Cadeia alimentar" e responsabilidades no canal.
- Desconto do canal e aspectos financeiros.
- Gerenciamento de canal.

"Cadeia alimentar" e responsabilidades no canal

Lembra do *briefing* de canal de distribuição criado na etapa da descoberta do cliente? (Reveja a Figura 3.5.) Nele, você enumerou suas hipóteses iniciais sobre como o seu produto chegaria até as mãos dos clientes. Agora, é o momento de refinar um pouco mais o seu plano de canal de distribuição.

O primeiro passo para consolidar esse plano é traçar a "cadeia alimentar" ou os níveis do canal de distribuição escolhido. O que é uma cadeia alimentar? Para um canal de distribuição, é a estrutura existente entre sua empresa e o seu cliente. A "cadeia alimentar" descreve todos os níveis dessa estrutura e o relacionamento existente entre cada um deles.

Imagine, por exemplo, que você está estabelecendo uma editora de livros. Precisará entender, portanto, como o produto da sua empresa chega até as mãos dos leitores. Caso a venda seja realizada diretamente aos clientes pelo site da editora, o diagrama da cadeia alimentar do seu canal de distribuição editorial deve ser semelhante ao da Figura 4.2.

Figura 4.2 Cadeia alimentar da venda direta da editora para os leitores

Editora → Site da editora → Leitores

No entanto, a "cadeia alimentar" do canal de distribuição tradicional de uma editora deve ser parecida com a da Figura 4.3.

Figura 4.3 Cadeia alimentar da venda indireta da editora para os leitores

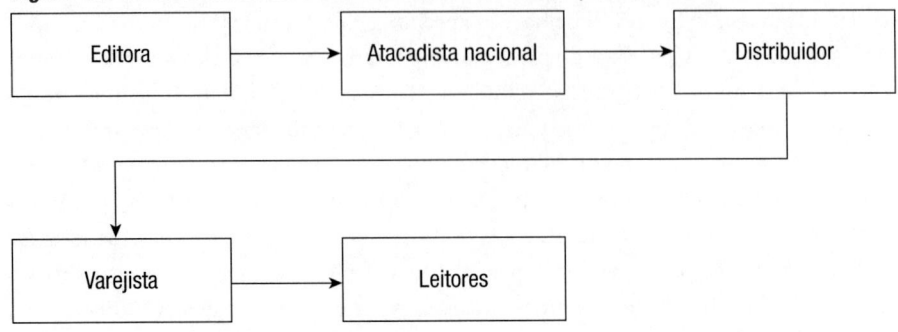

```
┌─────────┐    ┌──────────────────┐    ┌──────────────┐
│ Editora │ ─▶ │ Atacadista nacional │ ─▶ │ Distribuidor │
└─────────┘    └──────────────────┘    └──────────────┘
                                              │
            ┌─────────────────────────────────┘
            ▼
      ┌───────────┐      ┌──────────┐
      │ Varejista │ ───▶ │ Leitores │
      └───────────┘      └──────────┘
```

Independentemente da complexidade do diagrama, seu próximo passo é criar uma descrição detalhada de cada uma das empresas que compõe a "cadeia alimentar" de seu canal de distribuição. Seguindo adiante com nosso exemplo na área editorial, isso se dará mais ou menos assim:

- **Atacadista nacional:** estoca, manuseia, empacota, entrega, recebe e, então, paga à editora pelos pedidos recebidos. Atende ordens de compra, mas não gera demanda.
- **Distribuidor:** usa a própria força de vendas para negociar com redes e livrarias independentes. Esse profissional faz a venda; a livraria de fato faz o pedido ao atacadista.
- **Varejista:** aqui é o lugar onde o leitor vê e compra livros.

É útil desenvolver uma representação visual sobre todas as informações disponíveis sobre seu canal de distribuição (Figura 4.4).

Figura 4.4 Mapa de responsabilidades do canal

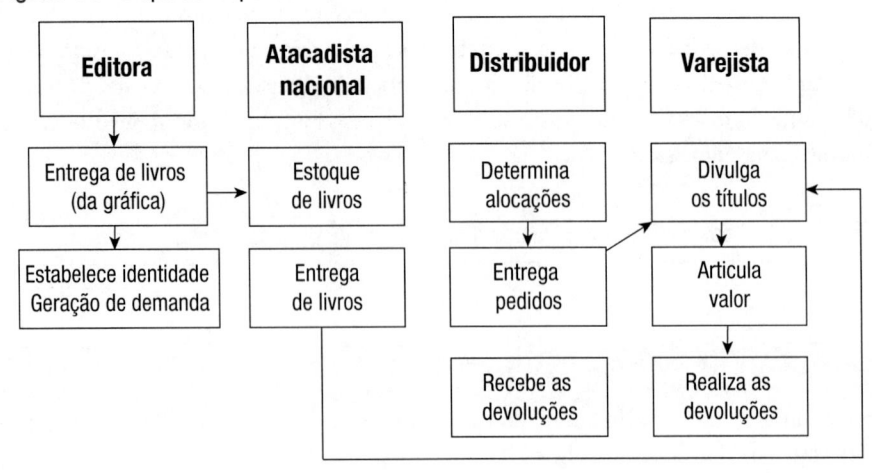

Editora	Atacadista nacional	Distribuidor	Varejista
Entrega de livros (da gráfica)	Estoque de livros	Determina alocações	Divulga os títulos
Estabelece identidade Geração de demanda	Entrega de livros	Entrega pedidos	Articula valor
		Recebe as devoluções	Realiza as devoluções

Um dos equívocos que as startups mais cometem é o de assumir que os parceiros de canal investem para gerar demanda. Por exemplo, na Figura 4.4, é um erro achar que o seu atacadista nacional fará algo além de estocar e entregar livros. O mesmo vale para o distribuidor. Eles recebem os pedidos das livrarias e, em alguns casos, podem promover seu produto junto às redes e lojas independentes, mas não levarão os leitores ao ponto de venda e fazê-los comprar.

Esse mapa de responsabilidades possibilita que você faça o diagrama e trace a rede complexa de relacionamento dentro da cadeia de um canal. Uma descrição por escrito dessas responsabilidades deve acompanhar o diagrama, o que auxilia a compreensão de toda a equipe de por que você está utilizando esse canal e o que esperar dele.

Desconto de canal e outros aspectos financeiros

Cada integrante da "cadeia alimentar" do canal de distribuição representa um custo para sua empresa, já que cada um cobrará um honorário por seus serviços. Na maioria dos canais, esses honorários são calculados com base em um percentual da lista de preços ou do preço no varejo que será pago pelo consumidor final. O próximo exercício lhe ajudará a compreender o fluxo do dinheiro das mãos do cliente até a sua empresa. Primeiro, calcule o desconto exigido em cada nível da cadeia do canal de distribuição. Seguindo com nosso exemplo na área editorial, podemos construir o diagrama, como mostra a Figura 4.5, detalhando o desconto exigido em cada etapa da distribuição.

Figura 4.5 Desconto do canal de distribuição

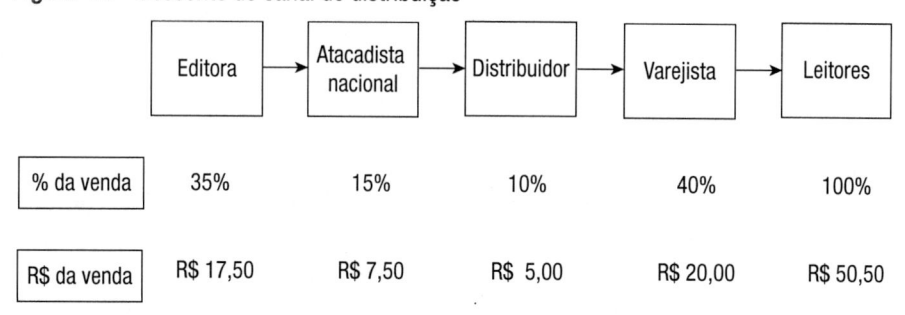

	Editora	Atacadista nacional	Distribuidor	Varejista	Leitores
% da venda	35%	15%	10%	40%	100%
R$ da venda	R$ 17,50	R$ 7,50	R$ 5,00	R$ 20,00	R$ 50,50

No exemplo, a venda de um livro por R$ 50,00 na livraria gerará uma receita de R$ 17,50 para nossa editora, depois que todos na cadeia do canal de distribuição descontarem suas partes. Dessa receita de R$ 17,50, a editora deve pagar ainda os *royalties* do autor, divulgar o livro, arcar com os custos de diagramação e impressão, pagar impostos e produzir lucro.

Os descontos do canal de distribuição são apenas o primeiro passo para examinar o fluxo do dinheiro nessa cadeia complexa. Cada nível do canal tem um relacionamento financeiro diferenciado com a editora. Por exemplo, a maioria das vendas para livrarias é feita na base da consignação, o que significa que os livros que não forem vendidos serão devolvidos à editora. Por que isso seria um problema? Um equívoco geralmente cometido pelas empresas que utilizam um canal complexo de distribuição é lançar como receita a venda realizada para o nível mais próximo da cadeia (nesse caso, o atacadista nacional). Um pedido de um parceiro de canal de distribuição não significa que o cliente comprou o produto, apenas que ele espera e acredita que será comprado. É como um supermercado comprando um novo produto para colocar em uma de suas prateleiras. Nada será realmente vendido até que o consumidor entre na loja, retire o novo produto, leve-o até o caixa, pague por ele e o carregue para casa.

Se você tem uma política de consignação que possibilite uma rotação de estoques, deverá prever no fluxo financeiro uma proporção de devolução de produtos. Seu plano financeiro de canal precisa incluir uma descrição de todo o relacionamento entre cada nível da cadeia de distribuição (Figura 4.6).

Gerenciamento de canal

A habilidade de gerenciar o canal de distribuição vai afetar diretamente sua capacidade de cumprir o plano de receitas. Embora toda empresa tenha como meta contar com um canal cuidadosamente escolhido e bem gerenciado, a falha na escolha ou no controle do canal quase sempre resulta em receitas de vendas decepcionantes e custos imprevistos. Você precisa de um plano para monitorar e controlar as atividades do canal de distribuição, especialmente os níveis de estoque. No canal direto de vendas, é simples: nenhum produto sai da empresa até que haja um pedido do consumidor. Porém, no canal indireto, o maior risco é saber o tamanho real da demanda do consumidor final. Por quê? Ao olhar para o diagrama da "cadeia alimentar" do canal, você verificará que sua empresa terá um relacionamento direto somente com o nível de distribuição mais próximo. Ou seja, você dependerá de relatórios, geralmente, com meses de atraso, para saber quanto o seu produto "foi vendido" pelo canal – em outras palavras, quanto de fato foi pago pelos consumidores. Outro risco é a tentação de "empurrar" o produto no canal indireto, isto é, forçar um nível da cadeia de distribuição a aceitar mais produtos em consignação do que as previsões de venda poderiam estimar como razoáveis. Para empresas que lançam como receita o produto que ainda está em movimento na cadeia de distribuição, isso pode gerar uma inflação de vendas temporária, que será seguida de um posterior desastre. Todos esses problemas potenciais precisam ser documentados e discutidos no plano de gerenciamento do canal.

Sendo assim, todo tempo e esforço devem ser investidos para desenvolver esse diagrama para ajudar a evitar que sua empresa tenha surpresas de custos no canal indireto de distribuição.

Figura 4.6 Aspectos financeiros do canal

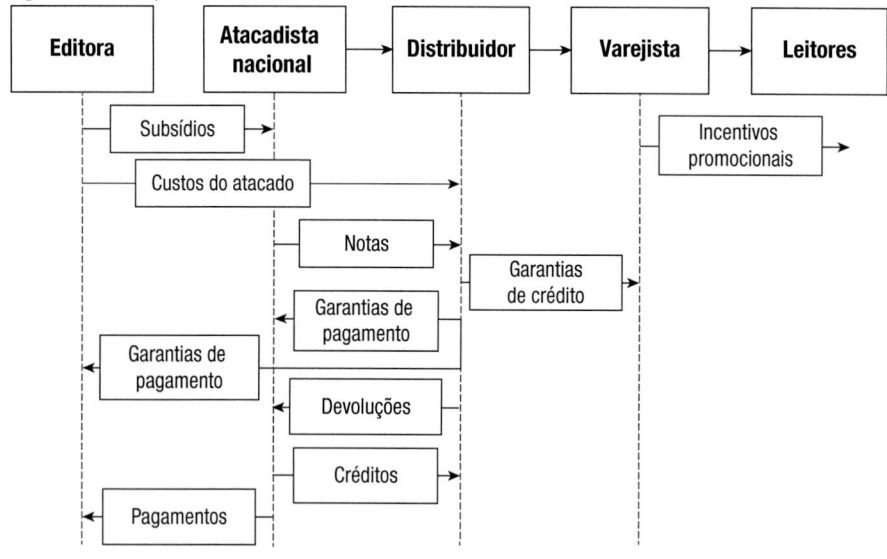

D. Fique pronto para vender

Desenvolver um mapa preliminar de vendas

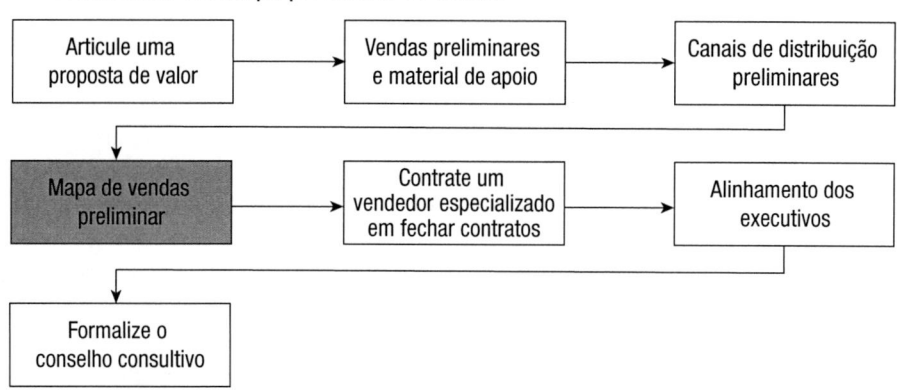

Desenvolver o mapa de vendas refere-se somente a encontrar uma estrada em um território desconhecido e perigoso. Quando você inicia a jornada de vendas, uma névoa de incertezas recai sobre você. No processo de validação pelo cliente, você rompe essa neblina reunindo informações para iluminar o trajeto. Discretamente, pé ante pé, consolidará os dados para traçar um quadro coerente da rota a seguir.

Sua meta é determinar quem são seus reais clientes e como eles adquirirão seu produto. Você estará pronto para começar a estruturar uma equipe de vendas somente quando entender integralmente o processo que transforma um potencial cliente em comprador e souber como venderá o produto por um preço que sustente seu modelo de negócio. Com o mapa de vendas em mãos, seus vendedores serão capazes de focar vendas reais, em vez de se desgastarem no processo de tentativa e erro ao qual você se dedicará ao longo do processo de validação pelo cliente.

A complexidade de seu mapa de vendas dependerá de uma série de fatores: o porte de seus clientes, orçamento, preço do seu produto, setor para qual está vendendo e canal de distribuição que selecionou. Vender para a Intel ou para a Toys R Us, por exemplo, exigirá um processo muito mais complexo do que negociar com floriculturas locais ou pet shops. Criar e validar um mapa de vendas como este pode parecer um enorme investimento de tempo e energia, além de uma grande distração, diante do desafio de erguer um negócio. Mas isso pode fazer a diferença entre o sucesso e o fracasso. Melhor aprender a vender seu produto quando a empresa é pequena e enxuta do que quando o negócio está queimando fluxo de caixa com as estruturas e as atividades de vendas e marketing.

O mapa de vendas é integrado por quatro elementos, que serão consolidados a partir das informações que você coletou no processo de descoberta do cliente:

- Mapas da estrutura organizacional e dos influenciadores.
- Mapa de acesso ao cliente.
- Estratégia de venda.
- Plano de implementação.

Mapas da estrutura organizacional e dos influenciadores

Lembra daqueles *briefings* da estrutura organizacional e dos influenciadores que você criou no passo de descoberta do cliente? Essa é a hora de tirá-los da parede para analisar suas descobertas. Até agora, as suas hipóteses iniciais foram modificadas para refletirem a realidade que encontrou enquanto conversava com os clientes potenciais. Use essas informações para traçar um modelo de trabalho do processo de compra do seu cliente-alvo. Você também deve dar uma olhada mais cuidadosa em suas anotações das entrevistas com os primeiros evangelistas. Também podem ser úteis informações coletadas em relatórios anuais de companhias adjacentes ou artigos jornalísticos.

O ciclo de vendas da E.piphany é um bom exemplo de como dar origem a um mapa de influenciadores. Como nosso software custava milhares de dólares, era preciso que um executivo tivesse um problema, reconhecesse que era doloroso e estivesse empenhado em solucioná-lo para que a E.piphany tivesse a chance de fechar um contrato. Em segundo lugar, a venda de nosso produto era "de cima para baixo". Trabalhar a venda dos níveis hierárquicos mais baixos para cima, além de ser mais difícil, ainda tinha menos chances de sucesso. Em terceiro, a E.piphany mudava o *status quo*: nosso produto impactava muita gente em muitas empresas. Quem se opunha à mudança ou tinha grande vantagem no *status quo* estava contra nosso software, embora os outros o vissem como um progresso.

A má notícia era de que precisávamos de muitos votos a favor para conseguirmos fechar um pedido do softwares da E.piphany. Outros softwares corporativos, como os da área de automação de vendas ou suporte aos clientes, precisam apenas do "de acordo" de um executivo para chegar ao fechamento do pedido. Nesse tipo de pacote, a equipe de TI geralmente dá seu apoio ao processo de escolha, mas a comunidade de usuários desfruta de poder substancial no processo de tomada de decisão. Na venda do software da E.piphany, era diferente: o pessoal de TI, não os usuários, era um ativo participante no processo de tomada de decisão e a área sempre aprecia o poder de veto. Sendo assim, nossa experiência mostrou que precisávamos vender fortemente no topo da hierarquia tanto do lado técnico quanto dos usuários finais de uma empresa. Depois de sermos descartados várias vezes, conseguimos desenvolver uma matriz simples dois por dois, que mostrava aqueles de quem precisávamos obter apoio e aprovação em cada empresa para transformá-la em um cliente em carteira:

	Operacional	Técnico
Alto	Executivo	CIO ou executivo da área de TI
Baixo	Usuários finais	Equipe operacional de TI ou gerente de TI

Essa matriz diz, basicamente, que, mesmo com o apoio de um visionário, a venda de um produto da E.piphany tinha que passar por quatro diferentes instâncias dentro da empresa antes de chegar ao fechamento do pedido.

Sem o suporte do lado operacional e sem a "aprovação" dada pela equipe de TI, nós não conseguíamos chegar a um contrato. Caso a estrutura de TI estivesse determinada a barrar a venda da E.piphany, provavelmente, seria bem-sucedida. Essa percepção foi ótima. Foi uma daquelas grandes sacadas que tornou a empresa um sucesso. E isso aconteceu porque nós falhamos e, além disso, um dos fundadores fazia parte da equipe fracassada e investiu tempo para entender o que estava acontecendo.

Dessa forma, nós tínhamos que estruturar uma estratégia de vendas capaz de enfrentar essa situação. Nossos primeiros esforços de vendas fracassaram porque ignoramos o fato de que vender produtos da E.piphany era diferente de outros produtos corporativos. Nosso descuido mais gritante foi não conquistar o apoio da estrutura de TI. Em nossos contatos de vendas, percebemos que era até mais fácil conseguir o apoio das equipes operacionais do que convencer os profissionais de TI a embarcar em um sistema de armazenamento de dados com um conjunto de aplicativos para atender atividades de marketing. Em alguns casos, os potenciais clientes da operação de marketing nos davam seu apoio e alegavam que tentariam fazer a equipe de TI concordar com a solução a ser comprada. Em outros casos, nós pulamos algumas etapas essenciais, considerando que alguns usuários entusiastas bastariam para fecharmos o contrato. Raramente, isso se provou verdadeiro.

Reunimos esses dados sobre sucesso e fracasso e os consolidamos em um mapa de influência. Lembre-se de que a essa altura nós já havíamos estabelecido que: 1) precisávamos conquistar o apoio de quatro grupos para chegar a um contrato; 2) a equipe de TI era mais difícil de convencer do que os profissionais operacionais; 3) o pessoal da operação de TI faria oposição a nosso sistema de software. Então, a pergunta era: Como proceder para realizar a venda? O mapa de influência, como apresentado na Figura 4.7, ilustra a estratégia executada no processo de vendas da E.piphany; mostra quem são os *players* e traça o caminho a ser percorrido para convencer os executivos e as equipes e chegar ao fechamento do pedido. Cada etapa da trajetória fica fortalecida pelo apoio conquistado anteriormente e aproveita esse ímpeto para superar os obstáculos impostos pelo grupo seguinte. Conclusão: se tentássemos fazer um atalho e reduzir etapas no processo de venda, era mais provável que não conseguíssemos fechar o contrato.

Quando compreendido, o mapa de influência define a execução da estratégia de vendas, que, no caso da E.piphany, era a seguinte: 1) VP ou principal gestor de marketing; então, usávamos esse relacionamento como apresentação para 2) VP ou principal gestor de TI; logo tínhamos um encontro com 3) a equipe operacional dos usuários finais em marketing; e, finalmente, com 4) o grupo operacional de TI para evangelizar e educadamente eliminar as objeções.

Figura 4.7 Exemplo de mapa de influência

	Operacional			Técnico
Alto	Executivo	1	→ 2	CIO ou executivo da área de TI
Baixo	Usuários finais	3	→ 4	Equipe operacional de TI ou gerente de TI

Mapa de acesso ao cliente

Agora, você voltará sua atenção para tentar responder a mais proverbial pergunta de venda: Como se chega até a porta do cliente? Em uma empresa, dependendo do tamanho de sua estrutura, pode ser que tenha que fazer reuniões em vários níveis hierárquicos até conseguir identificar as pessoas relevantes em seu mapa de influência. Quando você traça o mapa de acesso nas companhias-alvo, pode ser que haja uma porção de lacunas. Mas, conforme for conversando com clientes reais, poderá preencher os espaços faltantes com novas informações e perceber os padrões em comum das estruturas. A Figura 4.8 ilustra o mapa de acesso em uma conta corporativa.

Figura 4.8 Exemplo de mapa de acesso

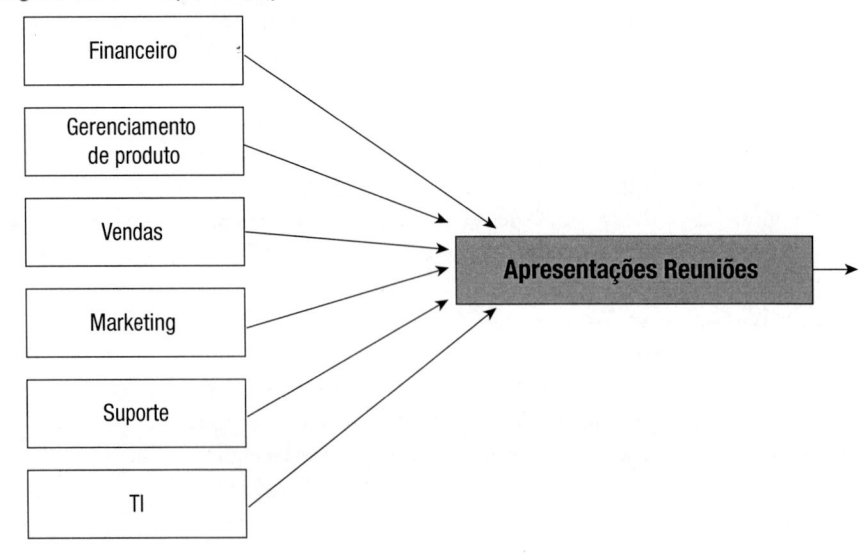

Para os produtos de consumo, encontrar a porta de entrada correta para os primeiros clientes pode ser igualmente difícil. Em vez de fazer tentativas aleatórias, pense nas entidades e nos grupos de interesse que você poderia conseguir acessar sem grandes despesas. Você pode chegar aos clientes por Associações de Pais e Mestres, clubes ou associações de colecionadores de carros antigos? Existem grupos *on-line* que podem estar interessados em seu produto?

Estratégia de venda

Coloque seu mapa de estrutura e seu mapa de influência lado a lado. Para uma venda corporativa, seu desafio é ir além dos nomes e cargos das pessoas que precisa contatar e criar uma estratégia de como abordá-las. Por exemplo, imagine que você está desenvolvendo uma estratégia de vendas para a InLook, que havia criado um software para CFOs. Nessa fase, quando se começa a definir uma estratégia de venda, vale considerar as seguintes questões:

- Em que nível hierárquico a venda acontece? Por exemplo, para altos executivos ou para equipes operacionais?
- Quantas pessoas na estrutura organizacional precisam dar o "de acordo" para o contrato de venda?
- Cada departamento percebe o problema existente do mesmo modo?
- Em que ordem você deve entrar em contato com essas pessoas? Qual é o roteiro para falar com cada uma delas?
- Que etapa pode derrubar o processo inteiro de venda?

Da mesma forma, se você está buscando pessoas com pouco mais de vinte anos para vender um novo produto de consumo, as perguntas podem ser:

- Você precisa ter acesso a um segmento demográfico específico? Por exemplo, venderá para estudantes universitários? Pais de crianças? Famílias?
- Quantas pessoas precisam concordar com uma venda? É uma venda individual ou uma decisão familiar?
- Se a venda necessita da concordância de múltiplos integrantes da família ou de um grupo, em que ordem você deve abordar essas pessoas? Qual é o roteiro para falar com cada uma delas?
- Que etapa pode estragar todo o processo de venda?

Novamente, enquanto se move no mercado para vender seu produto, você terá a oportunidade de aprender o que funciona melhor. Conforme os padrões previsíveis surgirem, sua estratégia vai se tornando mais clara.

Plano de implementação

Você conseguiu fazer a venda, seu cliente visionário deu o "de acordo" para o produto e sente que está na hora de abrir um champanhe e celebrar o sucesso. Mas, como sabem todos os profissionais experientes em vendas, não comemore nada ainda. Infelizmente, muita coisa pode acontecer no intervalo de tempo entre a tomada de decisão de compra e o cliente realmente lhe entregar o cheque. A meta do plano de implementação é colocar no papel todas as etapas que ainda estão por acontecer antes que a venda seja efetivamente realizada e o produto entregue. Quem vai gerenciar e acompanhar, por exemplo, as seguintes etapas:

- O CFO e/ou o CEO precisam aprovar a compra?
- O conselho de administração precisa aprovar a compra?
- O pai ou a mãe precisam aprovar a compra?
- O cliente vai precisar de crédito para financiar a compra?
- Existem outros sistemas ou componentes de outros fornecedores que precisam estar funcionando antes da instalação do seu produto?

E. Fique pronto para vender
Contratar um vendedor especializado em fechar contratos

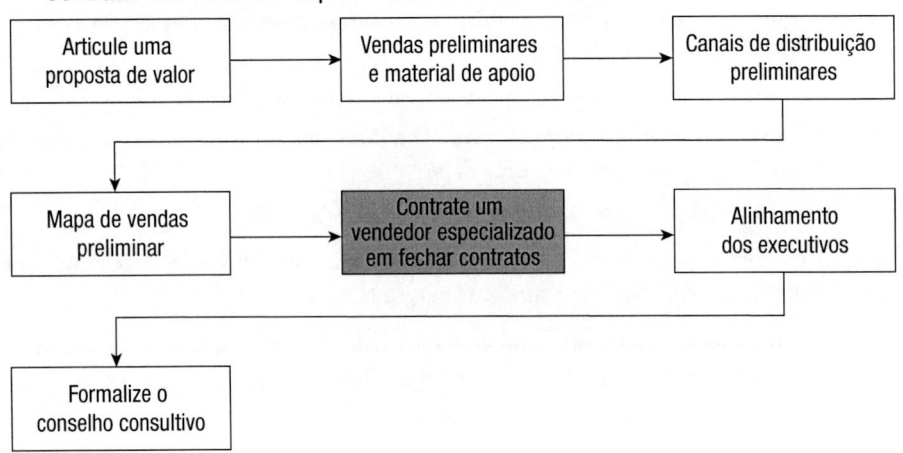

```
Articule uma          →   Vendas preliminares      →   Canais de distribuição
proposta de valor         e material de apoio          preliminares
                                   ↓
Mapa de vendas        →   Contrate um              →   Alinhamento
preliminar                vendedor especializado       dos executivos
                          em fechar contratos
       ↓
Formalize o
conselho consultivo
```

Na maioria das startups, o time de fundadores é orientado para o produto e não costuma incluir um profissional de vendas. Embora os fundadores possam ajudar muito a encontrar os clientes visionários, em geral, eles não têm a habilidade, nem a experiência, para transformar esse relacionamento no primeiro pedido de compra. Agora que você está prestes a vender, uma pergunta-chave é: Alguém no time de fundadores tem experiência no fechamento de contratos? O time de fundadores tem uma agenda de contatos de primeira linha? Você apostaria o futuro da empresa na capacidade deles para fechar as primeiras vendas? Em caso negativo, contrate um vendedor especializado em pedidos.

Um vendedor especializado em fechar contratos não é um VP de vendas que quer imediatamente montar e gerenciar uma grande estrutura comercial, mas um profissional que tem uma ótima agenda de contatos no setor em que sua empresa está entrando. Os bons vendedores especializados em fechar contratos são agressivos, querem um ótimo pacote de recompensas pelo sucesso e não têm o menor interesse em montar uma estrutura de vendas. O perfil típico deles é o de um vendedor experiente em startups, que adora fechar contratos e não se acha pronto ainda para aposentar e ficar atrás de uma mesa.

O time de fundadores e o vendedor especializado formam o centro da equipe de desenvolvimento de clientes. É responsabilidade deles aprender e descobrir informações suficientes para desenvolver os mapas de vendas e de canal. Talvez você queira cumprir uma vez o ciclo de validação pelo cliente sem contar ainda com um vendedor especializado. Nesse caso, quando perceber o que está detendo o progresso das vendas, contrate esse profissional. Mas, embora ele integre todo o processo de validação pelo cliente, os líderes ainda são os fundadores e o CEO. Os vendedores especializados são inestimáveis quando se trata de marcar reuniões, pressionar por novos encontros de acompanhamento e chegar à assinatura dos contratos. Ter um vendedor especializado em fechar contratos na equipe não exime de modo algum os fundadores de participarem pessoalmente das reuniões e de ouvirem diretamente o *feedback* dos clientes.

F. Fique pronto para vender
Alinhar os executivos

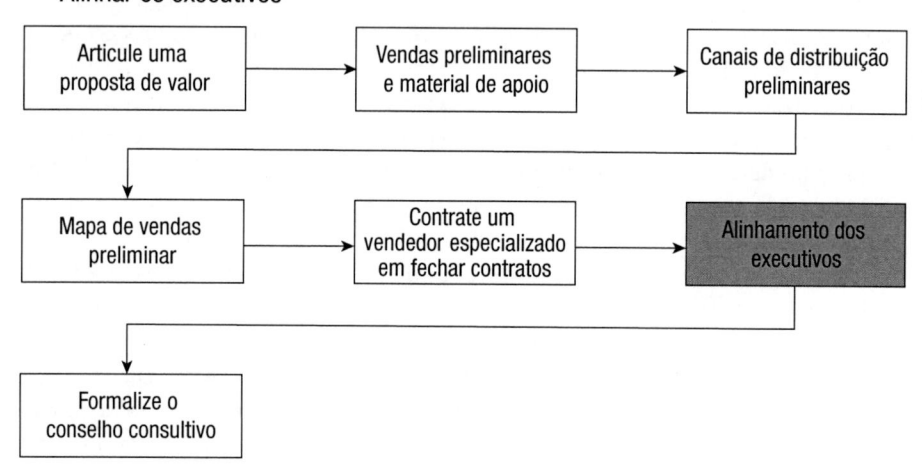

Articule uma proposta de valor → Vendas preliminares e material de apoio → Canais de distribuição preliminares

Mapa de vendas preliminar → Contrate um vendedor especializado em fechar contratos → **Alinhamento dos executivos**

Formalize o conselho consultivo

Vender implica um compromisso contratual entre a empresa e o cliente no que se refere às características do produto e às datas de entrega. Antes de sair da startup para começar a vender, as equipes de desenvolvimento de clientes e de produto têm que estar fortemente de acordo sobre as entregas e o compromisso que a empresa vai assumir. Portanto, é essencial que os executivos façam uma revisão e concordem em relação aos seguintes pontos:

- Cronograma de engenharia, entregas do produto e filosofia.
- Materiais de apoio a vendas.
- Papel da engenharia em vendas, instalação e suporte pós-venda.

Cronograma de engenharia, entregas do produto e filosofia

Com o objetivo de vender aos clientes visionários como parte do processo de validação, a equipe de desenvolvimento de clientes tem que se comprometer com "datas de entrega". Então, esse é o momento de verificar se o grupo de desenvolvimento de produto está absolutamente seguro de que pode entregar um produto funcional para os primeiros evangelistas. Perder o prazo de entrega para esses primeiros clientes significa mais do que simplesmente atrasar, como se a startup fosse uma companhia grande e estabelecida no mercado. Se você falhar na data de entrega ou atrasar continuamente, a posição dos primeiros evangelistas na empresa em que trabalham (ou no caso de produtos de consumo, com seus amigos e familiares) ficará abalada e é possível que eles enfraqueçam ou até retirem o apoio. Seu produto correrá o risco de parecer miragem; sempre anunciado e nunca entregue. Evite surpresas. Veja as datas do cronograma de entregas da equipe de desenvolvimento de produto, compare-as com aquelas que devem ser assumidas com os clientes e calcule uma média para computar sempre como um "fator antifalha". Esse número será aplicado pelo time de desenvolvimento de clientes para verificar as datas de entrega que podem ser compromissadas com os clientes.

Mais difícil do que garantir a data da primeira entrega é fazer a equipe de desenvolvimento de produto, que está na luta para concluir essa primeira etapa, entender a importância de articular quais serão os próximos três lançamentos. Como grupo, na Fase 1 da descoberta do cliente, vocês traçaram o esboço dessa previsão. Agora, os profissionais do desenvolvimento de clientes precisam saber se aquele cronograma inicial de lançamentos continua válido. As equipes de desenvolvimento de clientes e de produto devem assegurar que todas as mudanças solicitadas nas Fases 3 e 4 da descoberta do cliente foram integradas às especificações do produto e, então, chegar a um consenso em torno dos atributos disponibilizados a cada lançamento.

Em troca desse olhar para o futuro, as duas equipes também devem estar de acordo sobre a filosofia do "bom o suficiente" para as entregas e o cronograma. A meta do primeiro lançamento é entregar aos primeiros evangelistas um produto incompleto, apenas bom o bastante. Os clientes visionários vão ajudar sua startup a entender que atributos são necessários para tornar o primeiro lançamento funcional. Isso significa que os técnicos do desenvolvimento de produto não devem trabalhar em busca da pureza da arquitetura ou da perfeição na versão 1.0. Em vez disso, a meta do desenvolvimento de produto é colocar o produto nas mãos dos visionários e rapidamente fazer revisões em resposta ao *feedback* dos clientes. O propósito não é a "vantagem de ser o primeiro" (não há nenhuma), tampouco esses clientes são testes alfa ou beta, a meta é obter o retorno dos clientes que estão pagando pelo produto.

Há duas razões para essa filosofia do "bom o suficiente": primeiro, apesar do que possam ter dito os clientes, é muito difícil estar 100% seguro sobre quais atributos são realmente importantes, antes de ter o produto em mãos. Você pode ter conversado com muitas pessoas na etapa de descoberta do cliente e entrevistado os primeiros evangelistas, mas nem eles mesmos sabem o que tem mais relevância até que comecem a usar o produto. Na prática, quando o produto é usado, você pode perceber que aquela característica que era tão importante para o cliente só é acionada a cada seis meses. Em compensação, um pequeno diferencial que você ignorou é utilizado seis vezes por dia. A segunda razão para essa filosofia do "bom o suficiente" é que o primeiro lançamento destina-se aos primeiros evangelistass e não para a maioria do mercado, que sempre têm expectativas diferentes em relação ao que é importante no produto. Sendo assim, o lançamento "bom o suficiente" é para satisfazer as necessidades dos primeiros evangelistas e não aquelas mais robustas exigidas pelos usuários da maioria do mercado.

Esse conceito de "entregar antes de estar elegante e lapidado" é difícil de ser compreendido por algumas equipes de desenvolvimento de produto. Colocá-lo em prático é ainda mais complicado. Há somente uma linha tênue que separa a entrega de um produto "bom o suficiente" de um inutilizável, que os clientes consideram um lixo.

Materiais de apoio a vendas

Não existe maior fonte de desentendimentos em uma startup do que perceber que a empresa vendeu algo que a equipe de desenvolvimento de produto nunca se comprometeu a entregar. Dessa forma, é essencial que as duas equipes revejam e estejam de acordo a respeito das informações detalhadas nos materiais de apoio a vendas. Com esse objetivo, o grupo de desenvolvimento de produto deve rever e assinar embaixo de todas as apresentações, as planilhas, os relatórios e demais peças. Isso não quer dizer que os engenheiros devem aprovar ou desaprovar o material, mas que precisam checar os fatos descritos nas peças e apontar as discrepâncias com a realidade.

Papel da engenharia em vendas, instalação e pós-venda

Em uma empresa que já entrega produtos, a demarcação de território entre o desenvolvimento de produto e vendas, instalação e suporte ao cliente é bem clara. Já em uma startup, essa linha divisória precisa ser menos nítida. Lembre-se, você está de acordo em tornar mais fácil a vida do desenvolvimento de produto em duas áreas bastante relevantes. Primeiro, a equipe de desenvolvimento de clientes tem a missão de encontrar mercado para o produto como está especificado e retornar pedindo mais recursos, apenas e somente se, um mercado não for localizado. Segundo, essa mesma equipe concordou que o primeiro lançamento será incompleto e os primeiros clientes visionários ajudarão todos na startup a entenderem as próximas entregas. Em troca, uma característica crítica do modelo de desenvolvimento de clientes é que os engenheiros de produto ajudarão nas vendas, na instalação e no suporte. Isso quer dizer que o visionário técnico e os engenheiros-chave comprometem-se a atender as solicitações de vendas para responder às questões detalhadas dos clientes. Para os engenheiros conseguirem aprimorar um produto, nada substitui o contato direto e a experiência de "pôr a mão na massa", colocando-se no lugar dos clientes. No modelo de desenvolvimento de clientes, 10% do tempo da equipe de desenvolvimento de produto é reservado para ir a campo vender, instalar e oferecer serviços de pós-venda.

Tenha sempre em mente que essa noção de "primeiro lançamento incompleto" é como caminhar sobre o fio da navalha: sua execução deve ser cautelosa, especialmente para produtos de consumo. A meta é levar o produto ao mercado o mais depressa possível para receber o *feedback* dos clientes, mas não distribuí-lo amplamente a ponto de seus atributos limitados ficarem gravados na mente dos consumidores como se aquele fosse um produto pronto.

G. Fique pronto para vender
Alinhar os executivos

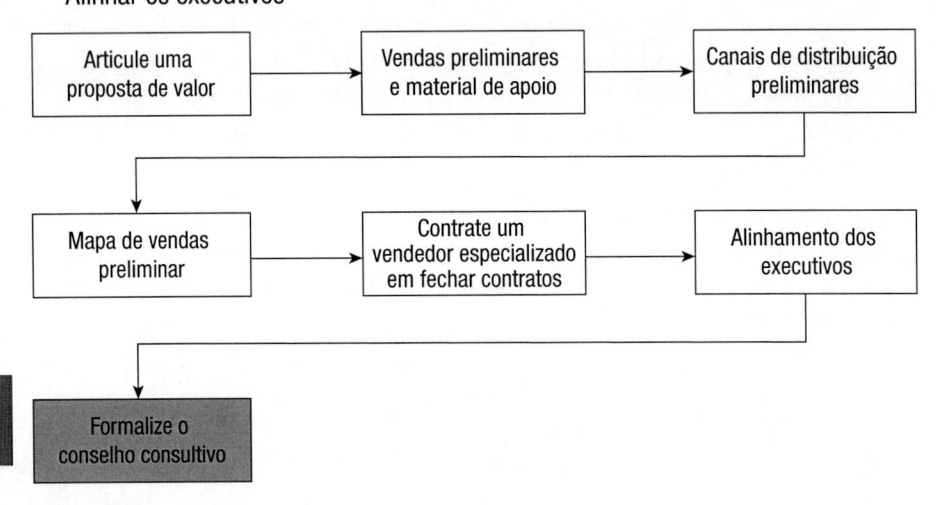

```
[Articule uma proposta de valor] → [Vendas preliminares e material de apoio] → [Canais de distribuição preliminares]
                                                                                              ↓
[Mapa de vendas preliminar] → [Contrate um vendedor especializado em fechar contratos] → [Alinhamento dos executivos]
        ↓
[Formalize o conselho consultivo]
```

Em alguns casos, você já pode ter pedido a alguns consultores para ajudá-lo informalmente no processo de descoberta do cliente. Nessa fase, você deve formalizar o engajamento deles. Não há regras rígidas e fáceis sobre o número de conselheiros; pode haver quantos você quiser. Pense estrategicamente, não taticamente, a respeito da esfera de influência e o alcance de mercado de cada conselheiro. Recrute somente aqueles que você precisa no momento, mas abra exceções para "nomes estrelados" ou "influenciadores" com quem deseja cultivar o relacionamento. Não ache que você vai precisar formalizar reuniões de conselho: tudo o que você precisa agora é tempo e acesso.

Comece estruturando um mapa do conselho consultivo, bem parecido com o que fez antes para os materiais de apoio a vendas. Como mostra a Tabela 4.2, o mapa é uma lista organizada de todos os conselheiros-chave que você precisa nesse momento.

No exemplo, o mapa diferencia o aspecto no qual cada consultor será utilizado: técnico, negócios, cliente, setor e marketing. O desenvolvimento de produto pode precisar do apoio de um conselho técnico desde o início da etapa de descoberta do cliente, tendo por objetivo, além da consultoria, apontar talentos do mercado para serem contratados quando necessário. Esses conselheiros podem ser acadêmicos ou da indústria. Quando a startup começar a comercializar produtos, esses conselheiros serão usados como referência técnica aos clientes.

Tabela 4.2 Papéis do conselho consultivo

	Técnico	Negócios	Cliente	Indústria	Vendas / marketing
Por quê?	Consultoria em desenvolvimento de produto, validação e recrutamento de talentos	Consultoria em estratégia de negócios e estruturação da empresa	Consultoria sobre o produto como clientes potenciais. Depois, como a consciência do cliente e como referência no mercado	Dar credibilidade diante do mercado específico em que você está entrando ou pelo domínio tecnológico na área	Consultoria nas questões de vendas, Relações Públicas, mídia e geração de demanda
Quem?	Nomes estrelados para serem usados como referência, além de outros que conheçam os problemas que você pretende solucionar e não se importem em colocar a mão na massa	Veteranos grisalhos que já tenham participado antes de uma startup. Critério-chave: você confia na avaliação deles e os ouvirá	Profissionais que se tornarão ótimos clientes, que têm bons instintos em relação a produtos e/ou que sejam parte de uma rede de clientes	Nomes estrelados com credibilidade entre os clientes e na mídia. Podem ser também clientes	Profissionais de marketing experientes em startups que saibam gerar demanda e não apenas construir uma marca
Quando?	No primeiro dia de fundação da startup e segue até que seja feita a primeira entrega ao mercado	No primeiro dia de fundação da startup e permanecem	Na descoberta do cliente. Identificar na Fase 1 e começar a convidar nas Fases 2 e 3	Na validação pelo cliente. Identificar na Fase 1 e começar a convidar na Fase 3	Na geração de demanda. Pode ser reduzida depois da estruturação da empresa
Onde?	Reuniões pessoais com a equipe de desenvolvimento de produto na própria startup	Telefonemas tarde da noite e visitas à sua casa ou ao seu escritório sempre que sentir-se em pânico	Telefonemas e reuniões face a face com a equipe de desenvolvimento de clientes na própria startup	Telefonemas e ideias em reuniões face a face com a equipe de negócios e de desenvolvimento de clientes na própria startup	Reuniões pessoais e telefonemas com os profissionais de vendas e marketing
Quantos?	Quantos forem necessários	Não mais do que dois ou três a cada fase	Quantos forem necessários	Não mais do que dois por setor	Um para vendas, outro para marketing
Quanto pagar?	O bastante para que os principais se deem ao trabalho de atender ao telefone e responder aos e-mails	O que for preciso (não mais do que os conselheiros fundadores)	O bastante para que os principais se deem ao trabalho de atender ao telefone e responder aos e-mails	Para os ingênuos, cinco mil ações (!); com os outros, negocie	Para os ingênuos, cinco mil ações (!); com os outros, negocie

Certifique-se de contar com clientes potenciais em seu conselho consultivo. Essas são aquelas pessoas que você encontrou na descoberta do cliente e que podem lhe prestar consultoria sobre o produto na perspectiva do cliente. Eu sempre digo a esses consultores: "Quero você no meu conselho consultivo para aprender como desenvolver um produto que você mesmo compraria. Se eu não conseguir isso, nós dois fracassamos". Eles atuarão como a consciência do cliente na startup e, mais tarde, alguns deles servirão como boa referência diante do mercado. Use esses consultores para dar ideias e faça reuniões pessoais com a equipe de negócios e de desenvolvimento de clientes na própria startup.

Diferente dos consultores de mercado, são aqueles que formam o grupo de conselheiros do setor industrial: esses são experts que agregam credibilidade diante do mercado em que você está entrando ou à tecnologia que está aplicando. Podem também ser clientes potenciais, mas devem ser nomes estrelados para gerar demanda e dar visibilidade junto à mídia.

Finalmente, pode ser que você queira dispor de uma consultoria mais genérica sobre negócios, vinda de um CEO do tipo que "já chegou lá e realizou algo". Os executivos que podem lhe oferecer sua visão prática de "como fazer" são, muito provavelmente, aqueles que já administraram sua própria startup. Os conselhos consultivos de vendas e marketing são o fórum perfeito para você testar o que aprendeu nas etapas de descoberta do cliente, validação e geração de demanda.

O número de conselheiros para cada área, obviamente, variará com as circunstâncias, mas existem algumas regras práticas. Os conselheiros de vendas e marketing costumam ter egos enormes, por isso, eu considero que só consigo lidar com um deles de cada vez. Os consultores especializados em um setor industrial gostam de pensar neles mesmos como sendo "o guru" da área. Contar com dois, vai lhe proporcionar a possibilidade de ter duas opiniões (mas nunca os reúna na mesma sala no mesmo dia). Os conselheiros de negócios são parecidos com os de marketing, mas, às vezes, alguns deles são especialistas em diferentes estágios de estruturação de uma empresa. Eu sempre mantenho alguns por perto para que façam eu me sentir mais inteligente. Finalmente, a equipe de desenvolvimento de produto nunca recebe o bastante dos consultores técnicos. Eles devem colaborar nos tornando mais espertos nas questões tecnológicas. O mesmo vale para os consultores sobre os clientes: cada vez que estamos em reunião com eles, temos que ter certeza de aprender algo novo.

Fase 2: Venda para os clientes visionários

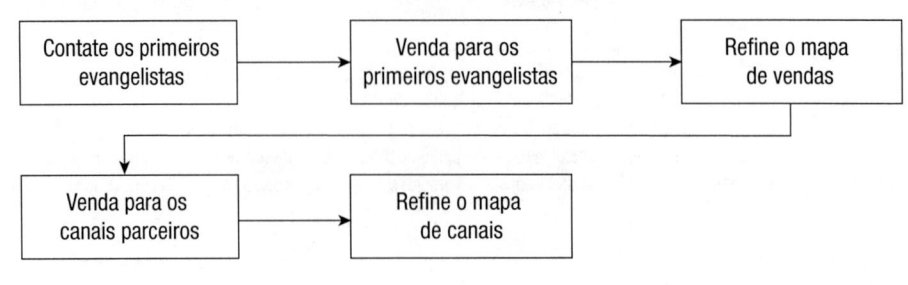

```
Contate os primeiros     →    Venda para os            →    Refine o mapa
evangelistas                  primeiros evangelistas        de vendas
         ↓
Venda para os            →    Refine o mapa
canais parceiros              de canais
```

No processo de descoberta do cliente, você fez contato em campo duas vezes: na primeira, para entender como os clientes trabalhavam e quais os problemas eram enfrentados em seu dia a dia; na segunda, para apresentar o produto e registrar a reação deles. Agora, na Fase 2 da etapa de validação pelo cliente, o carro entra na estrada. Sua tarefa é verificar se consegue vender para os primeiros clientes visionários antes de o produto ser entregue no mercado. Por quê? Sua habilidade para realmente vender o produto de sua startup vai validar se suas suposições sobre os clientes e o modelo de negócio estavam corretas. Você compreende, de fato, os clientes e suas necessidades? Avalia corretamente os diferenciais de seu produto? Está ignorando algum atributo que seja crítico? Entende o seu canal de venda? Entende o processo interno do cliente para aprovar e realizar a compra de seu produto? Sua precificação está adequada? Conta com um mapa de vendas para usar quando ampliar a equipe de vendas? Você precisa ter essas respostas o mais depressa possível, antes que os custos de cada mudança fiquem excessivos. Esperar até que o produto esteja completo e os departamentos de marketing e vendas estruturados é uma falha fatal do modelo de desenvolvimento de produto.

Portanto, você precisa receber o *feedback* dos clientes o mais depressa possível. Mas por que tentar vender o produto agora? Por que simplesmente não oferecê-lo gratuitamente a clientes de credibilidade no mercado para que fiquem por dentro? Por que não doar o produto para que a engenharia possa realizar testes alfa e beta? Essas perguntas têm atormentado as startups desde tempos imemoriais. A resposta é: doações não comprovam que os clientes comprarão o seu produto; o único modo de testar suas suposições é realmente vendê-lo.

Alguns leitores podem estar imaginando que o papel da equipe de desenvolvimento de clientes é realizar testes alfa e beta. A resposta é um pouco desconcertante para aqueles que já participaram antes de uma startup, já que não haverá testes alfa e beta. Essas atividades integram legitimamente o processo de desenvolvimento de produto. Quando um produto está em um estágio intermediário de criação, as boas equipes de desenvolvimento de produto procuram clientes reais para testar seus atributos, funcionalidades e estabilidade. Para o sucesso de testes alfa e beta, o cliente não apenas tem que ter a disposição de conviver com um produto inacabado e instável, mas também alegremente registrar todos esses problemas. Os melhores clientes para esse tipo de teste são encontrados em áreas de desenvolvimento avançado de engenharia ou em departamentos corporativos com usuários fora da maioria do mercado. Sendo assim, *os testes alfa e beta são funções do desenvolvimento de produto, que pertence à área de engenharia da empresa. Eles estão validando tecnicamente o produto, não o mercado.*

Como os testes alfa e beta são o momento em que o produto sai da empresa pela primeira vez, o pessoal de vendas resolveu aproveitar a oportunidade para consumar as primeiras vendas; o que é um equívoco, porque isso resulta em um processo de venda focado no modelo de desenvolvimento do produto (ruim) em vez de no modelo de desenvolvimento de clientes (bom). A realidade é que testar um produto inacabado pela engenharia e testar o desejo do cliente de comprar um produto inacabado são funções distintas e não relacionadas entre si. A etapa de validação pelo cliente não envolve fazer com que o consumidor pague por um produto que está sendo testado pelos engenheiros da fabricante. Trata-se, de fato, da validação do modelo completo de negócio e do mercado. Embora a equipe de desenvolvimento de clientes possa ajudar a engenharia a encontrar clientes para realizar testes alfa e beta, essas atividades não fazem parte do processo sob a responsabilidade daqueles profissionais. Empresas que entendem essa diferença podem doar produtos para a realização dos testes sem comprometer ou confundir o processo de desenvolvimento de clientes.

Os avaliadores dos testes alfa e beta podem ter influência como recomendadores no processo de vendas; apenas não os confunda com clientes. É importante cultivar uma norma cultural na empresa de que a palavra "consumidor/cliente" será usada somente para quem estiver pagando pelo produto.

E, como disse há pouco, o modo de validar seu modelo é tentando vender aos clientes. Sendo assim, nessa fase, você vai:

- Contatar os clientes visionários.
- Refinar e validar seu mapa de vendas ao tentar persuadir entre três e cinco clientes a comprarem o produto.
- Refinar e validar o plano de canal de distribuição passando pedidos para o canal e os parceiros de serviços.

A. Venda para clientes visionários
Fazer contato

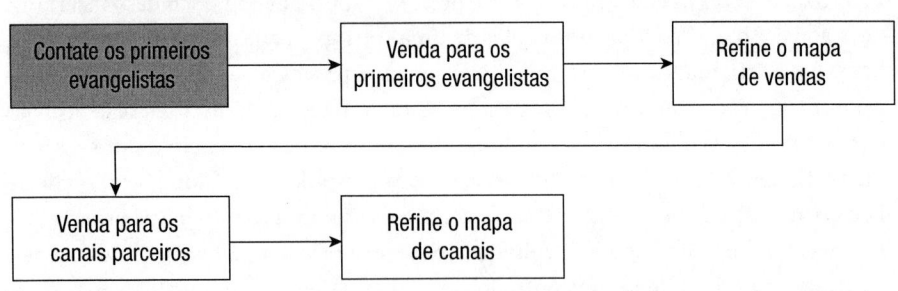

```
[Contate os primeiros evangelistas] → [Venda para os primeiros evangelistas] → [Refine o mapa de vendas]
                                                              ↓
[Venda para os canais parceiros] → [Refine o mapa de canais]
```

O maior desafio dessa fase da validação pelo cliente é investir tempo para conversar com verdadeiros clientes visionários e não com aqueles com perfil de maioria do mercado (pragmáticos e conservadores). Lembre-se de que os clientes visionários são os que não apenas reconhecem que têm um problema, mas que estão motivados a ponto de já terem tentado desenvolver uma solução doméstica e contam com verba orçamentada para comprar uma solução. Pense se, na etapa de descoberta do cliente, encontrou algumas características-chave nos clientes visionários. Elas podem ajudá-lo a localizar onde estão outros visionários? Use a mesma técnica da descoberta do cliente: estruture uma lista de nomes, prepare um e-mail de apresentação e uma história/script de referência. Mesmo com toda essa preparação, parta do princípio que apenas um entre cada vinte pessoas contatadas aderirão ao processo de venda. Em outras palavras, esteja pronto para ouvir "não" de 95% de seus contatos. Está tudo bem; você só precisa agora dos outros 5%. Entre esses, dependendo do cenário econômico, um em três ou um em cinco seguirá realmente para o passo do fechamento do pedido. Com certeza, serão muitos telefonemas (é por isso que sua empresa é uma startup). A boa notícia é que a essa altura você já conta com um vendedor especializado em fechar contratos para lidar com toda essa atividade tediosa de fazer contatos e agendar reuniões.

É bastante útil nessa etapa conseguir distinguir os primeiros evangelistas das demais categorias de clientes: avaliadores pioneiros, clientes com escalabilidade e clientes da maioria do mercado. A Tabela 4.3 descreve as diferenças entre esses grupos em termos de motivação, preço, poder de decisão, da competição que você enfrenta ao vender para eles e dos riscos.

Tabela 4.3 Quatro tipos de clientes

	Avaliadores pioneiros	Primeiros evangelistas	Clientes escaláveis	Maioria do mercado
Motivação	Avaliação tecnológica	Visão coincidente. Entendem que têm um problema e já visualizaram uma solução que seu produto atende	Praticidade. Têm interesse em um produto capaz de solucionar agora um problema já conhecido	Querem comprar a solução-padrão, precisam da entrega de um "produto completo"
Preço	Gratuito	Usando o limiar de dor deles, você consegue estruturar sua precificação e depois lhes dá um bom desconto	Lista de preço publicada e negociação dura	Lista de preço publicada e negociação dura
Poder de decisão	Podem aprovar uma compra gratuita	Podem autorizar sozinhos a compra. Geralmente, agilizam o processo interno e são apoiadores públicos do produto	Precisam da adesão de todos os níveis. Processo de venda padrão. Podem ser capazes de evitar licitações	Precisam da adesão de todos os níveis. Processo de venda padrão. Licitação ou concorrência
Competição	Nenhuma	Soluções inadequadas representam um problema. Soluções domésticas podem representar forte competição	Outros vendedores ou soluções domésticas	Muita

Seus riscos	Não confunda esse grupo com um cliente. Pode ser crítico contar com uma avaliação, mas eles não são clientes pagantes	Alguns primeiros evangelistas podem não ter a capacidade de comprar. Oposição interna de outros grupos	Competição externa. Oposição interna de outros grupos. Podem ter longos ciclos de venda e o contrato só ser fechado muito depois	Competição externa. Oposição interna de outros grupos. Longo ciclo de venda. Aversos a riscos
Referências	Não são necessárias. Boa tecnologia compra a adesão desse grupo. Querem fazer parte do conselho consultivo	Não são necessárias. Querem ser reconhecidos como líderes arrojados. Querem fazer parte do conselho consultivo	Precisam das referências dos visionários e das grandes marcas	Precisam de relatórios de analistas e outras referências de clientes/histórias de sucesso

Pense nos avaliadores pioneiros como um grupo a evitar: toda grande empresa tem clientes com esse perfil. Quando eles mostram interesse em um produto, as startups tendem a confundi-los com clientes pagantes.

Os primeiros evangelistas já visualizaram uma solução parecida com a que você está oferecendo e serão seus parceiros no processo de venda. Farão espontaneamente a racionalização dos recursos que estão faltando no produto, desde que você não os desaponte e nem os abandone.

Os clientes escaláveis podem ser também os primeiros evangelistas, mas costumam ser seguidores dos visionários. Em vez de comprar uma visão, eles fecham o pedido por praticidade. Serão seu público-alvo dentro de seis meses. Eles ainda são compradores mais agressivos de novos produtos do que a maioria do mercado.

Finalmente, a maioria do mercado está procurando o produto completo e precisa essencialmente de uma solução de prateleira que não represente riscos. Eles serão seu cliente dentro de um ou dois anos.

B. Venda para clientes visionários

Refinar e validar o mapa de vendas

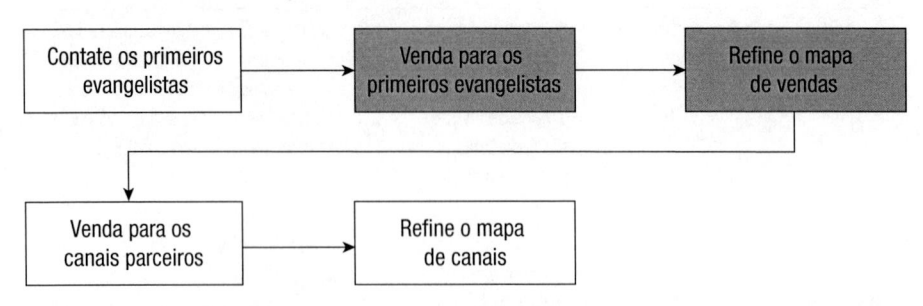

```
Contate os primeiros  →  Venda para os primeiros  →  Refine o mapa
evangelistas             evangelistas                de vendas
      ↓
Venda para os  →  Refine o mapa
canais parceiros   de canais
```

Nessa etapa, o trabalho começa de fato. Você consegue vender para três a cinco visionários pioneiros antes de seu produto estar disponível no mercado? A chave para vender um produto apenas especificado é encontrar os primeiros evangelistas entre executivos de alto nível, tomadores de decisão e profissionais afeitos ao risco. Os pioneiros que você está buscando agora são aqueles que podem realmente implantar e utilizar seu produto. Você não precisa de muitos deles nessa fase. Por quê? Porque a meta não é gerar um grande volume de receita (embora esteja negociando quase pela lista de preços); o objetivo é validar seu mapa de vendas.

Vamos voltar por um minuto a Chip Stevens, o CEO da InLook que saiu do escritório para desenvolver seu mapa de vendas. A Figura 4.9 ilustra o mapa organizacional que ele estruturou para vender o Snapshot, da InLook.

Figura 4.9 Exemplo de mapa organizacional

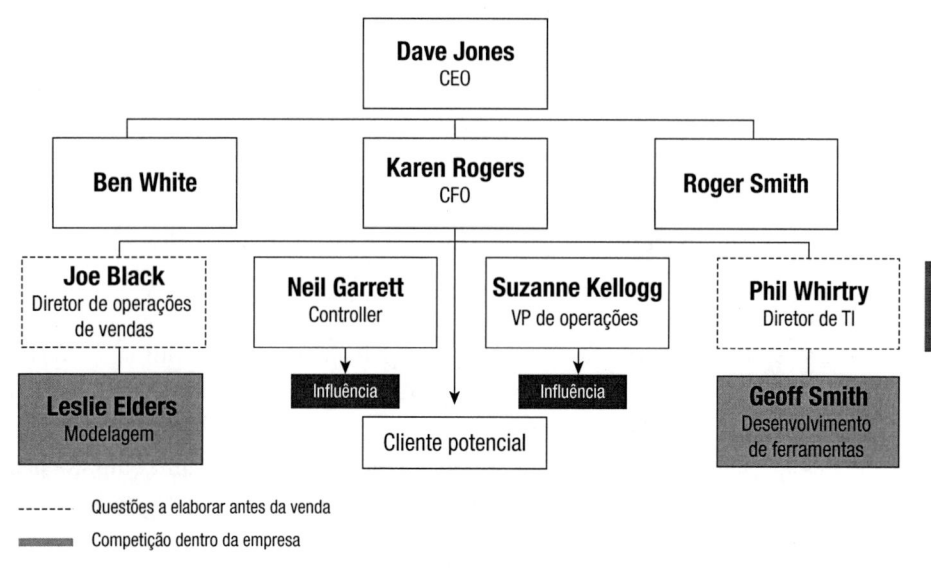

```
                        Dave Jones
                           CEO
        ┌──────────────────┼──────────────────┐
   Ben White          Karen Rogers        Roger Smith
                          CFO
        │                  │                  │
   Joe Black         Neil Garrett     Suzanne Kellogg      Phil Whirtry
Diretor de operações  Controller      VP de operações     Diretor de TI
    de vendas
        │                  │                  │                │
                      Influência         Influência
   Leslie Elders                                             Geoff Smith
   Modelagem           Cliente potencial                   Desenvolvimento
                                                            de ferramentas
```

- - - - - Questões a elaborar antes da venda
▬▬▬▬▬ Competição dentro da empresa

• Assuma que você está vendendo uma nova ferramenta financeira.
• Nosso visionário era o VP de operações financeiras.

O cliente da InLook era a CFO, enquanto os influenciadores chave eram o controller e o VP de operações financeiras. Mas, em uma série de empresas, a InLook descobriu a competição interna da área de TI, que desenvolvia as próprias ferramentas domésticas. Além disso, a empresa aprendeu que muitos gerentes do departamento de vendas acreditavam que a modelagem financeira era o grande "trunfo" deles e tinham estruturado um grupo de análise para oferecer essa função. Para ser bem-sucedida, a InLook tinha que eliminar a oposição de vendas e de TI, educando antes o VP de vendas e o CIO.

Chip desenvolveu uma estratégia de vendas reconhecendo os interesses dos competidores internos e se baseando na interação entre os compradores e influenciadores para os clientes de grandes empresas (Figura 4.10).

Figura 4.10 Exemplo de estratégia de venda

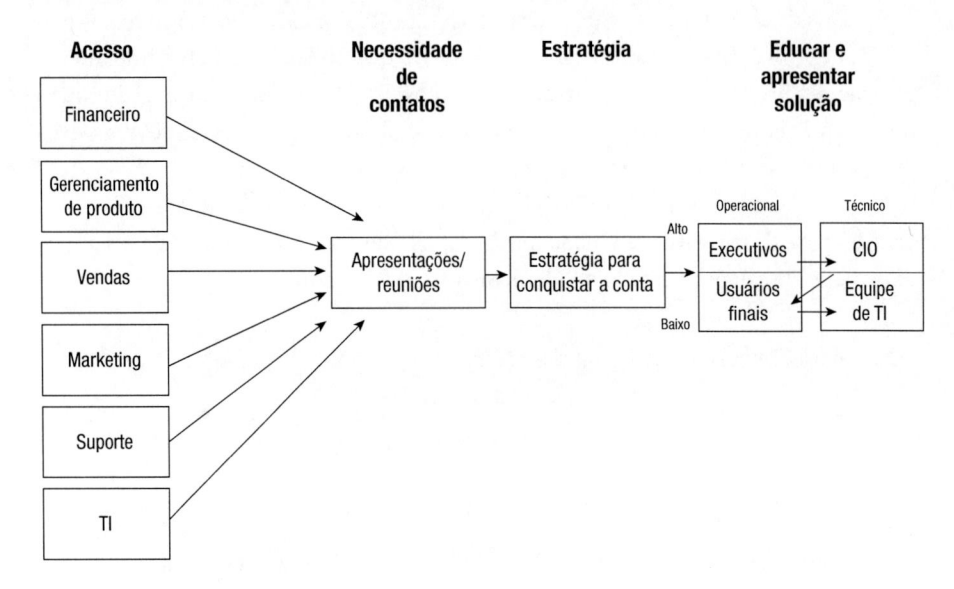

```
Acesso              Necessidade       Estratégia        Educar e
                        de                              apresentar
                     contatos                            solução

Financeiro ─┐
            │
Gerenciamento
de produto ─┤
            │                                     Operacional    Técnico
Vendas ─────┼──► Apresentações/ ──► Estratégia para  ┌─────────┐ ┌─────────┐
            │     reuniões          conquistar a conta│Executivos│→│  CIO   │
            │                                         ├─────────┤ ├─────────┤
Marketing ──┤                                         │Usuários │→│Equipe  │
            │                                         │finais   │ │de TI   │
Suporte ────┤                                         └─────────┘ └─────────┘
            │                                     Alto/Baixo
TI ─────────┘
```

Chip percebeu que poderia conseguir o acesso para marcar uma reunião e conquistar o apoio de um executivo – seja o CFO, o controller ou o VP de finanças – se o profissional sentisse uma necessidade crítica da solução de software da InLook e tivesse a visão e a verba para comprá-la. Além disso, o apoio do executivo influenciava fortemente os usuários finais que, geralmente, querem o que deseja o chefe. Finalmente, o apoio do executivo representava uma solução de produção para o CIO e eliminava as objeções apresentadas na área de TI. Embora a estrutura de TI de uma empresa não inicie um projeto para resolver o problema do CFO, a área é uma influenciadora crítica no processo de venda. Portanto, a InLook precisava conseguir reunir-se com o executivo de TI e conquistar sua aprovação. Chip também aprendeu que a atitude de TI era útil para qualificar a conquista de contas. Se a InLook não conseguisse obter o apoio dessa área logo no início do ciclo de vendas, era preciso pensar muito antes de investir mais tempo e recursos nessa conta.

O terceiro movimento da estratégia da InLook estava focado nos gerentes financeiros que usariam o produto. Em geral, eles se mostravam bastante entusiasmados com o produto, já que o software facilitaria a rotina de trabalho. Por último, a InLook precisava engajar a equipe técnica de TI. Se a startup conseguisse desempenhar corretamente as etapas de 1 a 3 do processo de vendas, aumentavam muito as chances de conquistar a aprovação da equipe técnica de TI. E não era por acaso: a InLook a cercava com o apoio de outras áreas. Os usuários finais queriam o produto, o executivo de finanças também e o executivo de TI já havia dado seu apoio (veja o mapa de vendas na Figura 4.11).

Figura 4.11 Exemplo de mapa de vendas

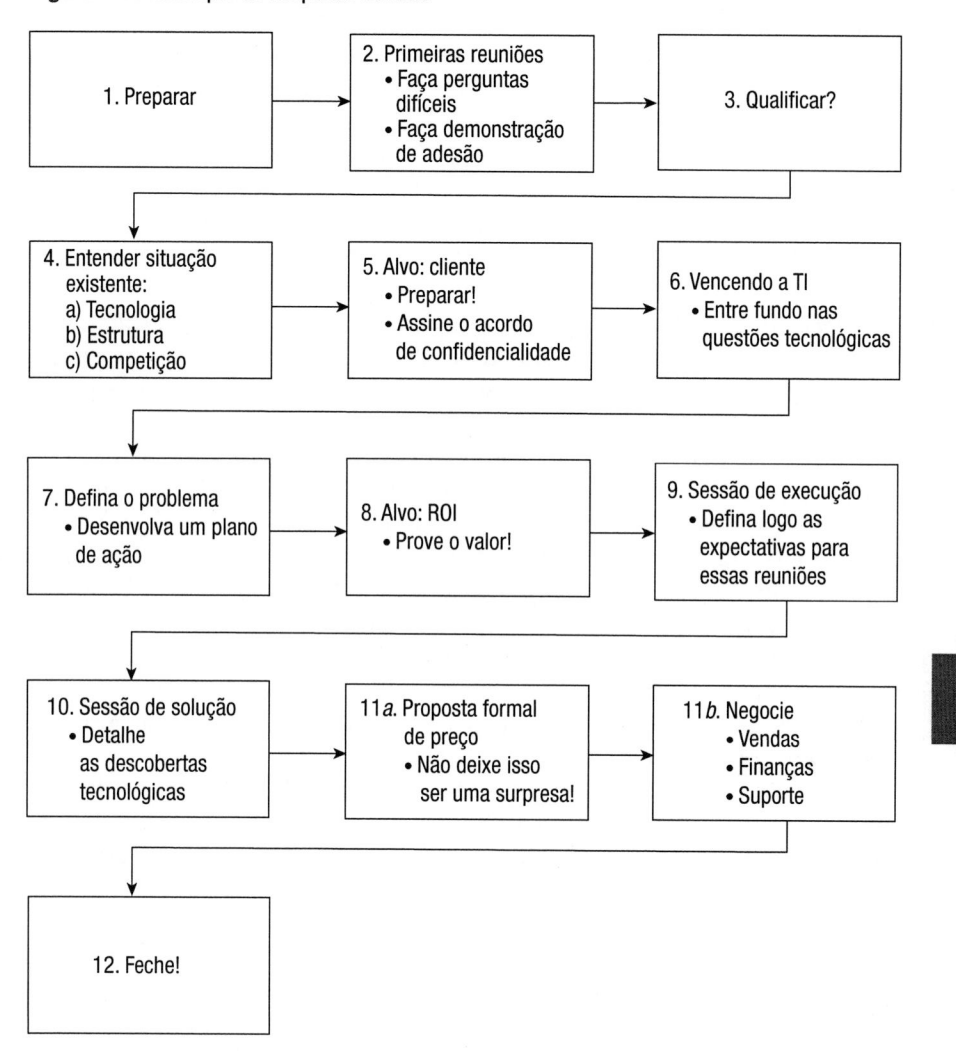

```
┌─────────────┐    ┌──────────────────────┐    ┌─────────────┐
│ 1. Preparar │ →  │ 2. Primeiras reuniões│ →  │ 3. Qualificar?│
│             │    │ • Faça perguntas     │    │             │
│             │    │   difíceis           │    │             │
│             │    │ • Faça demonstração  │    │             │
│             │    │   de adesão          │    │             │
└─────────────┘    └──────────────────────┘    └─────────────┘
                                                      │
       ┌──────────────────────────────────────────────┘
       ▼
┌──────────────────┐   ┌────────────────────┐   ┌──────────────────┐
│ 4. Entender      │   │ 5. Alvo: cliente   │   │ 6. Vencendo a TI │
│    situação      │ → │ • Preparar!        │ → │ • Entre fundo nas│
│    existente:    │   │ • Assine o acordo  │   │   questões       │
│ a) Tecnologia    │   │   de confidencial. │   │   tecnológicas   │
│ b) Estrutura     │   │                    │   │                  │
│ c) Competição    │   │                    │   │                  │
└──────────────────┘   └────────────────────┘   └──────────────────┘
       │
       ▼
┌──────────────────┐   ┌────────────────┐   ┌──────────────────┐
│ 7. Defina o      │   │ 8. Alvo: ROI   │   │ 9. Sessão de     │
│    problema      │ → │ • Prove o      │ → │    execução      │
│ • Desenvolva um  │   │   valor!       │   │ • Defina logo as │
│   plano de ação  │   │                │   │   expectativas   │
│                  │   │                │   │   para essas     │
│                  │   │                │   │   reuniões       │
└──────────────────┘   └────────────────┘   └──────────────────┘
       │
       ▼
┌──────────────────┐   ┌────────────────────┐   ┌──────────────────┐
│ 10. Sessão de    │   │ 11a. Proposta      │   │ 11b. Negocie     │
│     solução      │ → │      formal de     │ → │ • Vendas         │
│ • Detalhe as     │   │      preço         │   │ • Finanças       │
│   descobertas    │   │ • Não deixe isso   │   │ • Suporte        │
│   tecnológicas   │   │   ser uma surpresa!│   │                  │
└──────────────────┘   └────────────────────┘   └──────────────────┘
       │
       ▼
┌─────────────┐
│ 12. Feche!  │
└─────────────┘
```

Até agora, Chip conseguiu evitar a armadilha das vendas iniciais: a pressão para customizar o produto para cada um de seus clientes visionários. Seu desafio é vender o produto que sua empresa pretende no primeiro lançamento no mercado, ou seja, o produto padrão conforme está especificado e não um com uma porção de atributos especiais. Essa distinção é importante. Um dos perigos mais traiçoeiros para uma startup é se comprometer a entregar a diferentes clientes um conjunto exclusivo de modificações ou extensões do produto. Embora possa parecer essencial fazer isso para conseguir fechar um ou dois pedidos, a armadilha é que você vai ter que fabricar produtos customizados, e estes não são escaláveis, a menos que você reveja explicitamente seu plano de negócio. É perigoso seguir em frente antes de as equipes de desenvolvimento de clientes e de produto estarem de acordo sobre a real estratégia a seguir.

De vez em quando, essas solicitações de adaptações do produto são uma boa notícia. Se muitos clientes pedirem o mesmo conjunto de atributos customizados, então, não são diferenciais customizados. Os clientes, na verdade, estão tentando mostrar para você quais são as especificações realmente necessárias do produto. Incorpore esses atributos às especificações e os chame de benefícios.

Enquanto você estiver em campo tentando vender, é importante ter em mente algumas metas de precificação. Qualquer um pode dar um produto para fechar um pedido, mas seu objetivo é vender um produto inacabado e ainda não entregue pelo valor mais próximo da lista de preços. Isso parece irreal? Só se você acreditar nisso. Lembre-se que você está procurando aqueles clientes capazes de pular sobre a mesa e agarrá-lo pelos colarinhos para ter acesso à solução oferecida por seu produto. Eles *precisam* do que você está vendendo. A frase típica dos primeiros clientes é: "Queremos um grande desconto porque somos seus primeiros clientes". Você deve virar o jogo e responder: "Você precisa pagar o preço em lista porque será o primeiro a usá-lo. Se a resposta não parecer razoável ao cliente, você não está diante de um visionário. Seja flexível nos termos do contrato (sem pagamento até a entrega e até que opere como especificado), mas rigoroso em relação aos descontos.

Por que se preocupar em negociar perto do preço em lista? Parte da verificação do mapa de vendas é testar o processo de aprovação e compra pelo cliente. Você quer ver se seu mapa da estrutura e a estratégia de vendas estão corretos. Com esperança, enquanto trabalha nesse processo, conseguirá fechar alguns pedidos. Sua meta é fechá-los antes de avançar para a próxima fase.

Você não consegue verificar como está se saindo se não mantiver estatísticas de sucesso e fracasso referentes aos contatos de vendas e não compartilhar esses dados com a equipe inteira de desenvolvimento de clientes. Entender por que um cliente disse "não" nessa etapa é mais importante do que entender a razão que o fez fechar o pedido. O objetivo é compreender em que ponto do processo de venda você foi descartado (contato, apresentação do produto, questões organizacionais, oposição interna por não ter sido desenvolvido na própria empresa do cliente, questões técnicas, preço) para que possa refinar seu mapa de vendas.

C. Venda para clientes visionários

Refinar e validar o plano de canal de distribuição

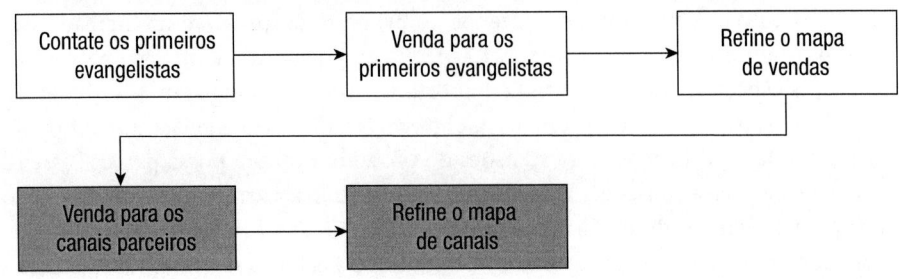

Contate os primeiros evangelistas → Venda para os primeiros evangelistas → Refine o mapa de vendas → Venda para os canais parceiros → Refine o mapa de canais

Na descoberta do cliente e novamente na primeira etapa da validação pelo cliente, você tentou adivinhar como seu produto iria chegar até os clientes e articulou uma estratégia de canal. Agora, chegou o momento de validar essa suposição diante de seus parceiros de canal para ver se consegue um acordo preliminar ou, pelo menos, um compromisso sério. Tentar conseguir pedidos através dos parceiros muito cedo, antes de ter uma resposta entusiasmada dos clientes, pode ser contraproducente. A reação dos parceiros é previsível: "Parece bastante interessante, mas haverá demanda para seu produto? O que acham os clientes?". O que seu potencial parceiro de canal está dizendo na verdade é: "Será que vou ganhar dinheiro com seu produto? Se for, quanto?". Mas agora que está vendendo diretamente para os clientes e começa a entender por que eles comprarão o seu produto, já está em condições de responder a essas perguntas. Portanto, você já está pronto para ir ao canal e conseguir um pedido.

É preciso fazer um alerta em relação a obter um pedido pelo parceiro de canal. Uma das armadilhas na qual caem os empreendedores é confundir o papel do parceiro de canal com o do cliente. Ou seja, enfaticamente, convencer um parceiro de canal a promover seu produto ou um grande integrador de sistemas a operar com sua empresa não é o mesmo que ter um cliente disposto a comprar. Embora o parceiro de canal possa tirar pedidos de seu produto, ele só fará isso se houver um cliente realizando a demanda. Os usuários finais pagam as contas; os parceiros de canal só levarão você a sério, quando sua empresa for capaz de lhes adicionar receita. Mesmo que ache que isso é gritantemente óbvio, muitas startups acreditam que seus problemas de vendas estão resolvidos quando conseguem assinar contrato com um parceiro de canal; e estouram garrafas de champanhe quando recebem o primeiro pedido para "estoque" do canal indireto de vendas. Errado. Você é uma startup e não há demanda para seu produto. Ninguém está batendo na porta de seu canal, pedindo o produto. Os parceiros de canal não geram demanda; só a sua startup pode fazer isso. Esse é um conceito fácil de entender se imaginar todos os canais indiretos como prateleiras de um supermercado. Até que os clientes tenham familiaridade com a marca, eles nem olharão para o produto.

Com isso em mente, atualize sua apresentação para os parceiros de canal/serviços com as informações sobre os primeiros pedidos dos clientes. Então, vá à luta e mostre para eles. Sua meta é voltar para a empresa com o compromisso de um relacionamento comercial (geralmente, evidenciado por um pedido).

Fase 3: Posicionamento da empresa e do produto

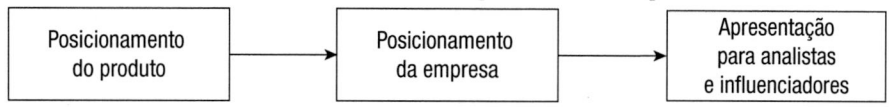

Posicionamento do produto → Posicionamento da empresa → Apresentação para analistas e influenciadores

O posicionamento é a tentativa de controlar a percepção de um produto no mercado, quando comparado a seus competidores. Na descoberta do cliente, você começou a refletir sobre o tipo de mercado em que está entrando e como seu produto compete nele, redefine ou cria um novo mercado. Você pode ter tentado posicionar formalmente o produto com antecedência, antes de realizar uma venda, mas estava lidando com suposições. Na Fase 3 do processo de validação pelo cliente, reunirá tudo o que aprendeu sobre os clientes, suas reações diante do produto e sua proposta inicial de valor para desenvolver duas definições de posicionamento: uma para a empresa e outra para o produto. Nessa fase, você:

- Desenvolverá o posicionamento do produto com base no tipo de mercado.
- Desenvolverá o posicionamento de sua empresa.
- Fará apresentações para analistas e influenciadores do setor.

A. Posicionamento do produto

```
Posicionamento  →  Posicionamento  →  Apresentação
do produto         da empresa         para analistas
                                      e influenciadores
```

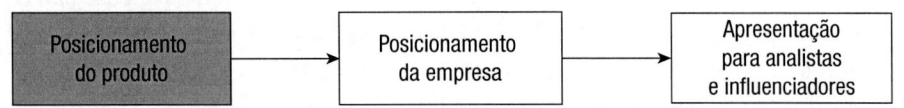

A maioria das startups direcionadas à área de tecnologia acredita que precisa contar com "profissionais de marketing" de uma agência de comunicação corporativa para executar o posicionamento do produto nessa fase. Na verdade, a primeira etapa é melhor realizada pela equipe de desenvolvimento de clientes com o retorno do pessoal de produto. Nesse exato momento, ninguém está tão próximo do cliente, entende melhor quais problemas dele o produto solucionará e lutou mais para fechar um pedido e encontrar um mapa de vendas replicável. Ninguém está mais bem qualificado do que sua equipe de desenvolvimento de clientes para dar o primeiro passo do posicionamento a partir do que torna a empresa e o produto exclusivos e diferenciados no mercado. É só mais tarde, na etapa da geração de demanda, que você precisa buscar os *experts*.

Enquanto você buscava o *feedback* dos clientes e dos parceiros de canal nas etapas de descoberta do cliente e de validação pelo cliente, perguntava-se continuamente se estava vendendo em um mercado existente, ressegmentado ou novo. Você, inclusive, já escreveu sua primeira versão de posicionamento quando desenvolveu a apresentação de vendas, respondendo por que seus primeiros clientes deveriam comprar o produto. Pense na reação dos clientes quando você descreveu seu produto. Causou entusiasmo? Teve credibilidade?

Agora é o momento de firmar os pés no chão e formalizar um posicionamento de produto baseado no tipo de mercado (Tabela 4.4), que não precisa ser perfeito, já que você irá refiná-lo melhor na etapa de geração de demanda.

Tabela 4.4 Posicionamento do produto por tipo de mercado

	Mercado existente	Novo mercado	Mercado ressegmentado
Definições do posicionamento de produto	Compare seu produto com os da concorrência. Descreva como alguns recursos ou atributos do produto são melhores ou mais rápidos – melhoria incremental	É muito cedo para que os clientes entendam o que os recursos de seu produto farão por eles. Em vez disso, descreva o problema que seu produto solucionará e os benefícios que os clientes terão com essa solução – melhoria transformacional	Compare seu produto com os da concorrência. Se tiver um preço mais baixo, descreva o preço e o conjunto de recursos. Se for de nicho, como alguns recursos de seu produto podem solucionar o problema do cliente de modo incomparável com outros produtos. Descreva os benefícios que serão obtidos pelos clientes ao resolver o problema desse novo jeito

Quando a InLook trouxe à tona o posicionamento de seu novo produto, o Snapshot, percebeu que a boa notícia era que tinha em mãos algo inovador e exclusivo, sem nenhum concorrente direto. No entanto, a má notícia era que a empresa estava definindo um mercado completamente novo. E, em um novo mercado, focar a atenção no detalhamento dos atributos do produto antes mesmo de os clientes terem conseguido entender que problema será solucionado, pode ser uma grande distração. Os apelos de um produto melhor, mais rápido e mais barato não serão ouvidos, simplesmente porque os clientes ainda estarão tentando entender o que aquilo faz e por que deveriam se interessar. Sendo assim, a InLook decidiu posicionar o produto como uma possibilidade de "visibilidade da lucratividade" para os CFOs. A frase encontrou ressonância entre os potenciais compradores e eles acharam que era algo que poderiam precisar. E, por várias vezes, a equipe de vendas da InLook foi convidada a explicar o que era e como funcionava a "visibilidade da lucratividade".

O resultado final desse exercício deve ser um "*briefing* de posicionamento do produto". Semelhante aos *briefings* que você desenvolveu na etapa de descoberta do cliente, esse documento com uma página deve conter a definição e o racional do posicionamento do produto. Quando você for criar a literatura de vendas (planilhas, apresentações e site), ele será usado para manter todas as mensagens alinhadas.

B. Posicionamento da empresa

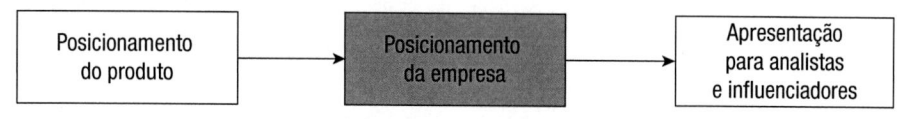

Posicionamento do produto → **Posicionamento da empresa** → Apresentação para analistas e influenciadores

Agora que você decidiu como posicionar seu produto em um dos três tipos de mercado, precisará articular um posicionamento para a empresa de modo semelhante. Qual é a diferença entre posicionar o produto e posicionar a empresa? O posicionamento do produto foca os atributos específicos de seu produto em um tipo de mercado, já o da empresa responde à pergunta: "O que sua empresa faz por mim?" e "Por que sua empresa existe e como ela se diferencia?".

Eu gosto de redigir a primeira versão do posicionamento da empresa o mais simples possível, mantendo em mente a perspectiva do cliente. Descrevo por que iniciei a companhia de um modo que todo cliente potencial me peça: "Conte mais; parece que você está solucionando um problema que eu tenho". Os fundadores da InLook decidiram que, já que estavam em um novo mercado, que estavam realmente criando, eles poderiam até dar um nome a ele. Decidiram que o posicionamento da empresa era a criação do *mercado de gerenciamento da lucratividade*. Essa descrição fisgou visceralmente todos os CFOs que sabiam que a visibilidade precoce da lucratividade é uma necessidade relevante e que a falta desse recurso pode colocar as empresas em risco financeiro.

A Tabela 4.5 ilustra o posicionamento das empresas por tipo de mercado. Assim como o posicionamento do produto, o da empresa não precisa ser feito porque você o refinará na etapa de geração de demanda.

Para dar consistência ao posicionamento da empresa, verifique a definição da missão que você desenvolveu na etapa de descoberta do cliente. Ela explica por que sua companhia é diferente ou especial? Além disso, sempre considerei útil comparar a descrição da empresa e a definição da missão com as dos concorrentes. Qual é o posicionamento da empresa deles? Você está esquecendo alguma coisa?

Tabela 4.5 Posicionamento da empresa por tipo de mercado

	Mercado existente	Novo mercado	Mercado ressegmentado
Definições do posicionamento da empresa	Compare sua empresa com as concorrentes. Descreva por que sua companhia é diferente e crível	É muito cedo para que os clientes entendam como sua empresa é diferente, já que não existem outras companhias com as quais compará-la. No entanto, o posicionamento da empresa refere-se à comunicação de sua visão e à paixão sobre como ela será	O posicionamento da empresa para esse tipo de mercado comunica o valor do segmento escolhido e a inovação que sua empresa vai lhe entregar. Qual é o valor que os clientes querem e precisam agora?

Como na etapa anterior, o resultado final desse exercício deve ser um "*briefing* de posicionamento da empresa". Quando você for desenvolver a literatura de marketing (*releases* de imprensa, apresentações de venda e sites), esse documento será usado, juntamente com o *briefing* de posicionamento do produto, para manter todas as mensagens alinhadas.

C. Apresentações para analistas e influenciadores

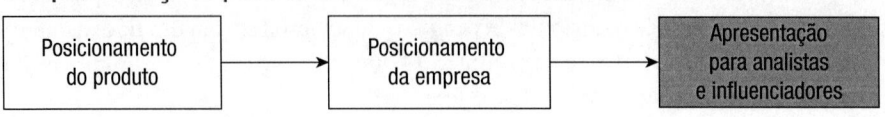

Posicionamento do produto → Posicionamento da empresa → **Apresentação para analistas e influenciadores**

Os analistas do setor e os influenciadores são parte da base de credibilidade necessária para as startups. O que é um analista do setor? Na área de tecnologia, existem companhias que cobram dos clientes para fornecerem uma análise "independente" e imparcial dos mercados, das tendências ou de produtos específicos. Essas empresas variam de tamanho e de poder de influência. Em alguns mercados técnicos (por exemplo, em software corporativo), conseguir vender para uma grande companhia é muito difícil sem antes conseguir a bênção de uma consultoria de análise poderosa (Gartner, Meta, Yankee). Se você estiver no setor de entretenimento, o analista pode ser a Kagan; na área dos produtos de consumo, pode ser o NPD. A arena dos influenciadores é menos formal. Em cada setor, sempre existe um grupo de pessoas que influencia sobre o que vai falar o mercado. São profissionais que podem ser contratados de determinadas empresas, mas que dão muitas palestras e conferências; podem ser jornalistas de revistas especializadas que têm as ideias mais exclusivas ou talvez sejam professores universitários.

Você começou a identificar os analistas e os influenciadores na etapa de descoberta do cliente. A meta dessa etapa é encontrá-los para receber suas ideias e seus *feedback*s sobre os posicionamentos iniciais (mercado, produto e empresa) que você acabou de desenvolver e os diferenciais de seu produto. Você também quer descobrir se poderiam cantar sua música no mercado (e, em caso contrário, precisa entender por que não). Mesmo que os primeiros usuários estejam evangelizando o seu produto entre os amigos e familiares ou na empresa em que trabalham, é sempre bom contar com outras pessoas de fora que digam "Sim, ouvi falar sobre eles e, embora ainda seja muito cedo para avaliar o produto, acho que a ideia é bastante valiosa". Também será necessário mencionar uma relação de analistas do setor e influenciadores como referência, quando você fizer entrevistas com a imprensa na próxima etapa de geração de demanda.

Tudo isso era mais difícil antes de você contar com contatos de clientes reais, *feedback* e pedidos, mas agora já tem algo para dizer e uma ideia de como contar isso. O primeiro passo é contatar os analistas do setor e os influenciadores que você vêm acompanhando desde cedo na etapa de descoberta do cliente. Espera-se que você tenha mantido um banco de dados com quem eles são e os tenha encontrado antes em conferências, seminários e feiras. Também deve ter investido algum tempo para entender a opinião deles sobre o mercado e o espaço para novos produtos (caso contrário, não use as reuniões dessa fase para se atualizar; faça a lição de casa antes).

Antes de contatar os analistas, tenha certeza de saber que setores e quais empresas a consultoria para a qual trabalham abrange e qual é o foco específico na área de cada profissional (não há nada pior do que ir encontrar alguém que simplesmente é a pessoa errada ou da consultoria errada. É um mau reflexo sobre você e sua empresa. Diz para todo mundo que você não investiu o mínimo de tempo para fazer previamente seu trabalho). Crie um script curto para explicar por que aquela pessoa deveria encontrá-lo. Se você sabe o que eles cobrem e por que sua empresa vai chacoalhar o mercado, explicando por que o produto é importante, o que "há ali que os interessa" fica óbvio; eles não querem ignorar uma startup influente e relevante. Certifique-se de fazer referência a seus primeiros clientes e ao problema deles que está solucionando. Quando concordarem em se encontrar com você, pergunte quanto tempo a reunião terá, que tipo de apresentação preferem (slides formais, demonstração, conversa informal etc.) e se a conversa deve ser focada mais em tecnologia, mercado, clientes, problemas ou em tudo isso.

Agora está na hora de consolidar a apresentação para o analista, mantendo em mente que essa não é uma sessão de venda. O foco deve ser no mercado e no posicionamento, além dos atributis e benefícios do produto. Você quer influenciar o pensamento dos analistas, não lhes vender um produto. Cada analista tem uma visão do mercado em que você está entrando – tenha certeza de que é capaz de reproduzi-la (você deve conhecê-la o bastante para conseguir desenhá-la, por exemplo, em um flip chart). Caso você esteja criando um novo mercado, faça um slide dos mercados adjacentes que serão afetados por sua empresa.

A preparação para os encontros com os influenciadores do setor exige a mesma formalidade anterior ou tudo vai acabar sendo perda de tempo. Antes de se encontrar com eles, precisa fazer antes a lição de casa e entender como se mantêm informados e como disseminam suas opiniões no mercado. Ajuste suas apresentações de acordo com o estilo de cada um.

Nos seus encontros com analistas e influenciadores, lembre-se que a meta é obter *feedback* (e grande entusiasmo). Você também deve aproveitar essas reuniões para colher informações sobre o mercado. Faça um *checklist* mental de tudo o que precisa aprender com eles. Por exemplo, que outras empresas estão fazendo algo parecido com a sua? Como a sua visão combina com as necessidades do mercado? Com as necessidades dos clientes? Como deve ser o posicionamento de seu produto, seu mercado e sua empresa? Como precificar o produto? Como os outros fazem a precificação? Nas empresas, para quem você deve vender? Que obstáculos você vai enfrentar nas empresas? Que dificuldades vai encontrar para estruturar a empresa: financiamento, contratações, concorrentes? O que eles acham que você deve fazer a partir de agora?

Assim que você contar com o *feedback* dos analistas e influenciadores, bem como de alguns clientes reais, poderá se encaminhar para a próxima e final fase da validação pelo cliente.

Fase 4: Verificação

```
[Verificação do produto] → [Verificação do mapa de vendas] → [Verificação do mapa de canais]
                                                                      ↓
[Verificação do modelo de negócio] → [Perseverar ou parar]
```

Depois de se encontrar com os analistas e influenciadores, você percorreu o ciclo de validação pelo cliente, cujo objetivo foi descobrir se suas hipóteses sobre os clientes, vendas e canais estavam corretas. Para seus investidores, você estava começando a validar o modelo do negócio. Nessa etapa final, você sintetiza o aprendizado e verifica se já sabe o bastante para avançar para a próxima fase, a geração de demanda. Portanto, agora realizará cinco atividades:

- Verificará a solução do produto.
- Verificará o mapa de vendas.
- Verificará o plano de canal.
- Verificará se o modelo de negócio é rentável.
- Perseverará, retornará ou parará.

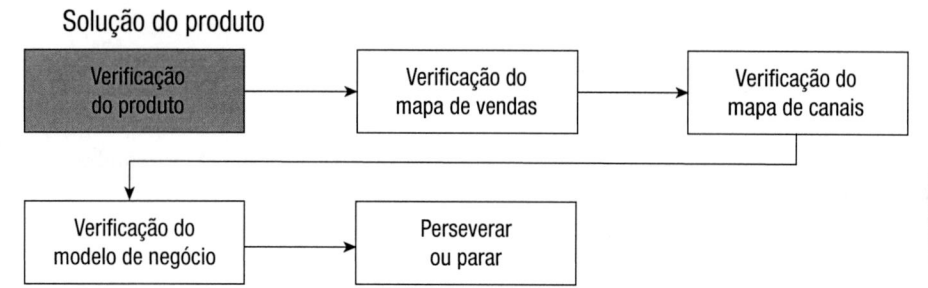

A. Verificação
Solução do produto

```
[Verificação do produto] → [Verificação do mapa de vendas] → [Verificação do mapa de canais]
                                                                      ↓
[Verificação do modelo de negócio] → [Perseverar ou parar]
```

No final da descoberta do cliente, você verificou se o produto como especificado estava de acordo com as necessidades dos clientes, mas, naquele momento, ainda não estava fechando pedidos. Agora, ao término da etapa de validação pelo cliente, a fase de "verificar a solução do produto" significa que você checará se tem em mãos algo que os clientes estarão dispostos a comprar. Com certeza, há mais aspectos na verificação do produto do que isso. Faça a revisão de todas as objeções e do *feedback* recebido dos clientes e das conclusões a que chegou para o primeiro lançamento e os atributos subsequentes que devem ser entregues ao mercado. Certifique-se de abordar pontos como os seguintes:

- Diante dos pedidos feitos até agora, a primeira entrega do produto atenderá as necessidades do mercado? Quão bem o seu produto resolve o sofrimento do cliente? Você perdeu contratos por falta de atributos? Que atributos mostraram ser um acerto? Perdeu contratos porque o produto não se revelou importante o bastante antes de ser uma "solução completa"? Você gostaria de enfatizar recursos diferentes? O VP de desenvolvimento de produto ouviu o *feedback* dos clientes em primeira mão? Você vendeu demais? Os clientes estão satisfeitos?

- Você perdeu contratos por causa do cronograma de entrega? O seu plano para os futuros lançamentos contempla os atributos certos na ordem correta de prioridade?

- Você perdeu algum contrato por causa de preço? Houve alguma objeção a seu preço? (Se não houve, talvez o preço esteja muito baixo – deve sempre haver um pouco de reclamação.) Além do preço adequado do produto, você tem uma modelagem correta de precificação?

O critério de saída mais importante dessa etapa é verificar se o vendedor especializado em fechar contratos acredita que outros vendedores serão capazes de comercializar o produto como especificado em um processo replicável.

B. Verificação

Mapa de vendas

```
[Verificação do produto] → [Verificação do mapa de vendas] → [Verificação do mapa de canais]
                                      ↓
[Verificação do modelo de negócio] → [Perseverar ou parar]
```

Você preparou o material de vendas, encontrou clientes visionários, combinou o mapa de estrutura e a estratégia de vendas em um mapa de vendas e tentou vender e fechar contratos. Nessa fase, verificará esse último mapa, sintetizando tudo o que aprendeu e verificando se o processo está afiado ou será necessário cumprir novamente o ciclo. Faça a revisão das respostas encontradas enquanto desenvolvia seu mapa de vendas:

- Você conseguiu o mapa certo da estrutura ou do cliente? Identificou corretamente os tomadores de decisão? Perdeu contratos por causa da objeção de outros influenciadores? Você dispõe de um processo replicável, identificando os *players*-chave consistentemente?
- Você tem a estratégia de venda certa? Conta com um processo replicável, conduzindo o vendedor de pessoa a pessoa, de grupo para grupo? Pode prever a probabilidade de fechar um pedido a partir dessa estratégia?
- O mapa da estrutura e a estratégia de venda resultam em um mapa de vendas que possibilita o acompanhamento e a previsão das negociações passo a passo?
- Mais importante, você está recebendo pedidos? Se eles chegam a você seguindo o processo ou se o processo fica claro a partir dos pedidos é irrelevante. Os pedidos provam que a estrutura de vendas pode ser escalada e crescer simplesmente seguindo o mapa de vendas? O produto conseguiu ser vendido sem que os fundadores tivessem que acionar os clientes?

Caso você esteja confiante de que conseguiu refinar o mapa de vendas, siga adiante. Caso contrário, cumpra o ciclo novamente.

C. Verificação
Plano de canal

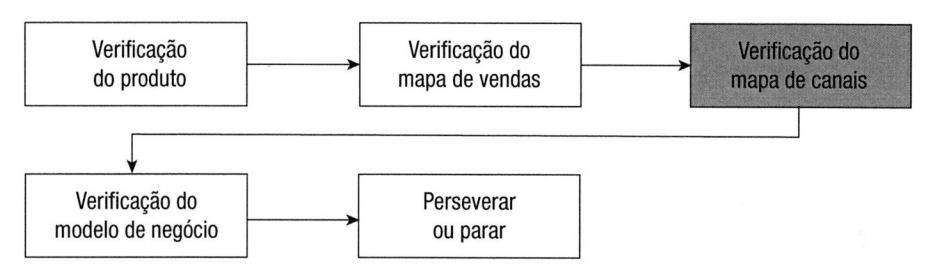

```
┌──────────────┐    ┌──────────────┐    ┌──────────────┐
│ Verificação  │───▶│ Verificação do│───▶│ Verificação do│
│ do produto   │    │ mapa de vendas│    │ mapa de canais│
└──────┬───────┘    └──────────────┘    └──────────────┘
       │
       ▼
┌──────────────┐    ┌──────────────┐
│ Verificação do│──▶│  Perseverar  │
│modelo de negócio│  │   ou parar   │
└──────────────┘    └──────────────┘
```

Agora que você já fechou com alguns clientes seja com vendas diretas ou indiretas, já sabe como o canal de distribuição funcionará; mas suas suposições sobre o canal estão corretas? Por exemplo:

- Quais serão os custos do canal de distribuição? Eles estão fatorados em seu plano de negócio?

- Existem outros custos de canal que você não esperava? Além do canal, há sempre outras surpresas: custo de estoque, custo de propaganda nas lojas, suporte pré-venda adicional?

- Você consegue articular todas as variáveis envolvidas na utilização de seu modelo de vendas e distribuição? Por exemplo, quanto tempo dura o ciclo de venda? Uma venda demora mais ou menos tempo do que você previu originalmente? Qual é o preço médio de venda? Qual será a receita gerada anualmente por vendedor ou por loja? Se você pensou em estruturar uma força de vendas diretas, quantas pessoas serão necessárias na equipe (vendedor, técnico de pré-venda, integrador de pós-venda, suporte técnico etc.)? De quantas equipes vai precisar?

- No caso de um canal indireto, pode ser escalado? Como você treinará e educará o canal de vendas?

- Que tipo de atividade de geração de demanda (propaganda, comunicação corporativa, feiras etc.) será necessário para levar os clientes até o canal? Qual será o custo de aquisição de cada cliente? Você considerou esse custo em seu modelo de negócio? (Embora possa parecer óbvio, o custo de aquisição deve ser menor do que o ciclo de valor do cliente. O dinheiro investido em *branding* não consegue escalar um modelo de negócio falho ou não rentável.) Se for canal indireto, existem custos escondidos (incentivo de canal) ou custos de geração de demanda como *displays* para lojas ou promoções?

- Suas suposições sobre a integração de serviços/sistemas estavam corretas? Quanto isso lhe custará por cliente? Além do canal, quanto suporte você terá que oferecer ao cliente?

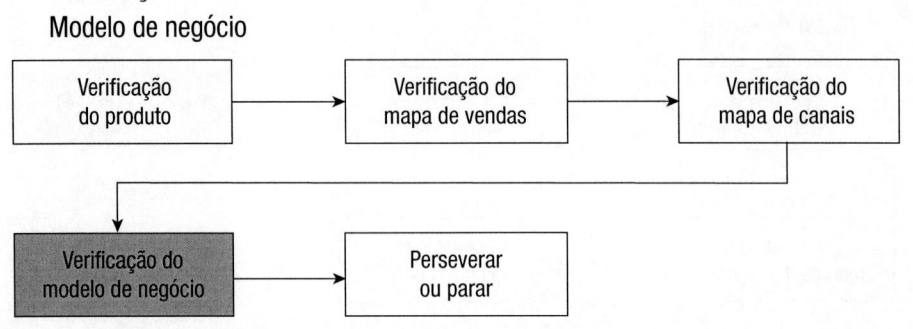

D. Verificação
Modelo de negócio

```
┌─────────────────┐     ┌─────────────────┐     ┌─────────────────┐
│   Verificação   │ ──▶ │  Verificação do │ ──▶ │  Verificação do │
│   do produto    │     │  mapa de vendas │     │  mapa de canais │
└─────────────────┘     └─────────────────┘     └─────────────────┘
         │
         ▼
┌─────────────────┐     ┌─────────────────┐
│  Verificação do │ ──▶ │    Perseverar   │
│ modelo de negócio│    │     ou parar    │
└─────────────────┘     └─────────────────┘
```

Com os pedidos em mãos, você provavelmente está achando que o final está perto. Seu produto soluciona o problema de clientes reais e você acredita contar com um processo de vendas e distribuição replicável e escalável. No entanto, da mesma forma que na etapa final da descoberta do cliente, continua a haver aquela pequena questão que se refere a ganhar dinheiro. Agora, você dispõe de números sobre as variáveis mais críticas de seu negócio – quanto os clientes pagarão por seu produto e quanto custa para você vendê-lo a eles. Portanto, é imperativo que você reveja o seu modelo financeiro com base nesses fatos e teste o grau de rentabilidade de seu modelo de negócio.

O resultado de processo de verificação consiste em dois documentos: 1) um plano atualizado de vendas e receitas; 2) um plano de operação para escalar a empresa. Sem querer ser exaustivo, seguem algumas perguntas-chave que devem ser feitas enquanto você prepara esses documentos:

- De quanto a mais de financiamento você precisará até chegar à rentabilidade? Quanto precisa para chegar ao fluxo de caixa positivo? Essa quantia é realista diante de seus planos de expansão?
- Agora que a equipe de desenvolvimento de produto já faz entregas, os custos da área continuam os mesmos? E para desenvolver a primeira versão do produto? Quanto vai custar para chegar a sua versão completa?
- Há algum fabricante envolvido na produção? Quanto custa a fabricação do produto? Como esse custo se compara com seu plano original? Que parceiros de fabricação você contará?
- O preço de venda projetado (considerando o que os clientes pagarão) é diferente das suposições iniciais de seu plano? Ao longo dos próximos três anos, quantas unidades cada cliente comprará? Qual você acredita que será a duração do ciclo de valor do cliente?
- Quando você adiciona todos esses componentes ao modelo de negócio, ele permanece suficientemente rentável para suas necessidades?

E. Verificação
Perseverar, retornar ou parar

```
┌─────────────────┐     ┌─────────────────┐     ┌─────────────────┐
│  Verificação    │ ──► │  Verificação do │ ──► │  Verificação do │
│   do produto    │     │ mapa de vendas  │     │ mapa de canais  │
└─────────────────┘     └─────────────────┘     └─────────────────┘
         │
         ▼
┌─────────────────┐     ┌─────────────────┐
│  Verificação do │ ──► │    Perseverar   │
│ modelo de negócio│    │     ou parar    │
└─────────────────┘     └─────────────────┘
```

Por mais árduo que seja o processo de validação pelo cliente, você pode precisar refazê-lo ou até mesmo retornar à descoberta do cliente. Esse é o momento de parar para refletir e pensar seriamente no que está fazendo. Você realmente atendeu aos objetivos da validação pelo cliente ou está movendo as traves do gol para poder seguir em frente? Na próxima fase, estará prestes a comprometer seriamente o fluxo de caixa de sua empresa.

Você foi capaz de vender o produto? Se não, o problema pode ser falta de compreensão do processo de venda. Nesse caso, junte tudo o que aprendeu nas etapas de 1 a 3 da validação pelo cliente, modifique seu mapa de vendas com base no *feedback* dos clientes e retorne à Fase 1 desse passo (Fique pronto para vender) para tentar de novo.

Às vezes, porém, não há nada de errado com o mapa de vendas. O problema pode estar no próprio produto. Se você exauriu todas as opções do processo de venda e posicionamento, pode ser que perceba a necessidade de reconfigurar ou reempacotar a oferta do produto, o que exige uma nova volta completa pelo primeiro passo, a descoberta do cliente. Uma vez lá, use a tecnologia central para reconfigurar o produto, então, refaça as apresentações e retorne à Fase 3 (Apresentação do produto) para refazê-la.

Mesmo que tenha sido bem-sucedido nas vendas, reveja o cronograma de entregas com a equipe de desenvolvimento de produto. Os prazos mudam inevitavelmente, nunca para melhor. Você ainda consegue entregar o que vendeu no prazo que prometeu ou comercializou "vapor"? Caso tenha vendido vapor, pelo menos, sua empresa assegurou alguns projetos pilotos. Seguir vendendo, como se nada tivesse acontecido, não é uma boa ideia. Enquanto seu cronograma vai falhando, a posição dos primeiros evangelistas diante dos amigos e familiares, ou na empresa em que trabalham vai ficando enfraquecida e você não contará com referências para apresentar ao mercado. A boa notícia é que, se isso acontecer (e acontece com mais frequência do que você pensa), você está em uma situação reversível: não tem que demitir muita gente da equipe de vendas e o fluxo de caixa permanece relativamente baixo (você deve sempre ter caixa suficiente para enfrentar essa situação pelo menos uma vez). A solução é parar as vendas por enquanto, admitir o erro e transformar esses projetos piloto em algo útil – primeiro, para os clientes; depois, como um produto comercializável.

Mas se tudo estiver verificado e correto, o final da etapa de validação pelo cliente é um marco importante. Você comprovou que entendeu o problema do cliente, encontrou um grupo de primeiros evangelistas, entregou a eles um produto que outros clientes querem comprar, desenvolveu um processo de venda replicável e escalável e demonstrou que tem um modelo de negócio rentável. E, como registrou todo esse aprendizado por escrito, está pronto para seguir para a etapa de geração de demanda.

Fase	Metas	Entregas
1. Fique pronto para vender	**Produza a versão preliminar do material de apoio a vendas e o mapa de vendas; assegure-se de que todos os executivos estão de acordo**	Ação
A. Articule a proposta de valor	Desenvolva a proposta de valor	Proposta de valor
B. Prepare material de vendas e um plano preliminar de apoio	Desenvolva material de vendas e plano preliminar de apoio	Material de vendas e plano preliminar de apoio
C. Prepare um plano preliminar de canal	Desenvolva um plano preliminar de canal	Plano de canal
D. Prepare um mapa de vendas preliminar	Desenvolva um mapa de vendas preliminar	Mapa de vendas
E. Contrate um vendedor especializado em fechar contratos	Contrate um vendedor especializado em fechar contratos	Vendedor especializado em fechar contratos
F. Alinhamento dos executivos	Obtenha consenso de toda a empresa quanto ao cronograma, às entregas, ao suporte e ao plano de apoio antes de se comprometer com o cliente	Revisão de produto, suporte e apoio
G. Formalize o conselho consultivo	Faça uma lista dos consultores necessários	Mapa do conselho consultivo
2. Venda aos clientes visionários	**Teste o produto e o mapa de vendas com os primeiros evangelistas dispostos a comprar um produto inacabado e não testado**	Validação
A. Contate os clientes visionários	Localize os clientes visionários	Reuniões com visionários
B. Refine e valide o mapa de vendas	Consiga entre 3 e 5 visionários que comprem o produto	3 a 5 pedidos e processo de vendas replicável
C. Refine e valide o plano de canal	Consiga os primeiros pedidos pelo canal ou pelos parceiros de serviços	Consiga pedidos pelos parceiros de canal
3. Desenvolvimento do posicionamento	**Articule suas crenças sobre o produto e seu lugar no mercado**	Ação
A. Desenvolva o posicionamento do produto	Defina em que mercado está entrando: Existente? Novo? Ressegmentado?	*Briefing* de posicionamento do produto
B. Desenvolva o posicionamento da empresa	Defina o que é único em sua empresa	*Briefing* de posicionamento e definição da missão da empresa
C. Faça uma apresentação para analistas e influenciadores do setor	Obtenha a adesão de analistas e influenciadores para sua visão	*Feedback* dos analistas e influenciadores e aprovação
4. Verificação	**Os clientes compraram o produto e a visão? É escalável?**	Validação
A. Verifique a solução do produto	Verifique pelos pedidos se o produto soluciona o problema dos clientes	Especificações do produto e primeira entrega
B. Verifique o mapa de vendas	Verifique se tem um mapa de vendas replicável	Mapa de vendas final
C. Verifique o plano de canal	Verifique se o plano de vendas e canal é escalável	Mapa de canal final
D. Verifique o modelo de negócio	Verifique se tem um modelo de negócio rentável	Plano de receitas final
E. Persevere, retorne ou pare	Já aprendeu o bastante para escalar o negócio?	Confiança para escalar o negócio

Passo a passo da geração de demanda

Fique pronto

Questionário do tipo de mercado → Escolha do tipo de mercado → Escolha dos objetivos do 1º ano

Posicionamento

Seleção da agência de comunicação corporativa → Auditoria do posicionamento → Alinhando o posicionamento ao tipo de mercado

Lançamento

Seleção do tipo de lançamento → Seleção dos públicos-alvo → Seleção dos comunicadores → Modelagem das mensagens → Compreensão do contexto das mensagens → Compreensão da mídia

Geração de demanda

Mensuração do sucesso → Seleção da estratégia de geração de demanda → Consenso sobre a mensuração da geração de demanda → Perseverar ou parar

5

Rota da epifania:
geração de demanda

*Sob os céus, todas as coisas têm seu tempo
e todos os objetivos têm seu prazo.*

Eclesiastes 3:1

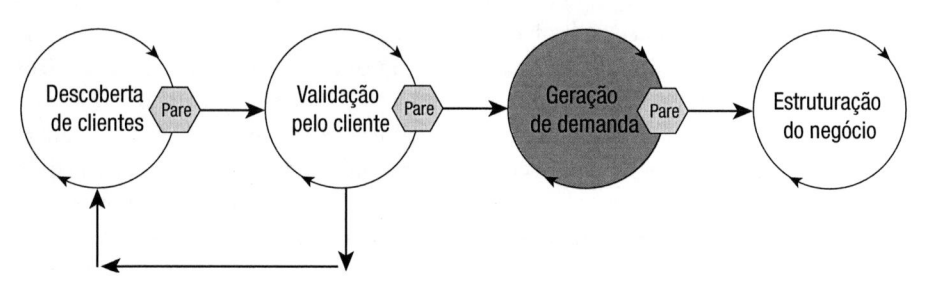

Descoberta de clientes → Pare → Validação pelo cliente → Pare → **Geração de demanda** → Pare → Estruturação do negócio

A PhotoToYou foi uma ideia premonitória. No final da década de 1990, muito antes de outros enxergarem a oportunidade, Ernie, Chen e Dave, os fundadores da PhotoToYou perceberam que a venda de câmeras digitais estava decolando. Naquela época, o único jeito de ver fotos digitais era imprimindo-as em casa. Isso sugeriu a esses empreendedores que havia a oportunidade para um serviço que oferecesse a impressão de fotos digitais pela internet. Não apenas aquelas imagens obtidas em impressoras domésticas de baixa resolução, mas fotos de 35 mm de alta qualidade impressas em equipamentos de última geração. A PhotoToYou, então, mandava por correio as fotos impressas diretamente aos clientes.

Quando a PhotoToYou foi criada, o mercado fotográfico passava por uma rápida transição do mercado de filmes para o digital. Naquele tempo, 82 bilhões de fotografias eram tiradas anualmente pelo processo tradicional com filmes e mais 37 bilhões de dólares eram investidos na revelação. Simultaneamente, as vendas das câmeras digitais estavam começando a disparar. Crescendo a uma taxa anual de 50%, a base instalada de câmeras digitais deveria chegar a 25% do mercado consumidor por volta de 2004. De fato, quando a PhotoToYou foi fundada, a projeção era que as câmeras digitais se tornassem um dos dois produtos eletrônicos mais vendidos ao longo das próximas três temporadas de férias. Para seus fundadores, a fotografia digital sem uma solução simples de "revelação" parecia como ter um computador sem impressora. Estavam convencidos que um serviço de conveniência de impressão *on-line* era uma "aplicação matadora" para as câmeras digitais.

Eu conheci Ernie, Chen e Dave quando a PhotoToYou ainda era composta apenas pelos três, que ainda trabalhavam no escritório de seu principal investidor. Estava dando uma mão a eles na tentativa de entender o mercado de fotografias digitais. Conversando com os proprietários de câmeras digitais, o que descobrimos é que amavam seus equipamentos pela conveniência e pela gratificação imediata, mas lamentavam ter que abrir mão de cópias de qualidade. Então, usavam a câmera digital quando podiam tirar fotos e vê-las imediatamente (ou compartilhá-las *on-line*), mas ainda carregavam suas máquinas de 35 mm para capturar imagens que durassem por mais tempo. Se pudessem ter impressões de 35 mm de suas câmeras digitais, esse seria o único equipamento que usariam. Até lá, aquele era ainda um mundo com usuários de duas câmeras.

Vamos acelerar um ano à frente. A PhotoToYou contratou uma equipe talentosa com os melhores especialistas em imagem da indústria de fotografias e das melhores universidades. A empresa desenvolveu tecnologia para a correção de cores e melhoria de imagens, capaz de otimizar as impressões de fotos tiradas por modelos específicos de câmeras digitais. Criou o primeiro processo inteiramente digital de impressão de imagens e montou um *bureau* completo de produção, além de viabilizar uma aplicação web incrivelmente fácil para o cliente fazer o upload das fotos e enviar o pedido de impressão. Como suporte, havia o serviço ao cliente, que podia acompanhar o pedido e receber ajuda por e-mail ou telefone. A PhotoToYou estava na etapa de desenvolver parcerias estratégicas de longo prazo. E, como toda boa startup, estava preocupada com um gorila de oitocentos quilos – a Kodak – assim como com o enxame de concorrentes que estava começando a surgir. Mas a PhotoToYou estava em boa forma. As câmeras digitais continuavam a vender bem e a empresa levantou uma montanha de financiamento; os clientes beta gostaram do produto e começaram a contar aos amigos sobre o serviço. Os fundadores estavam prestes a lançar a empresa e seu serviço *on-line* de impressão de fotos digitais.

Então, o que poderia dar errado? Para a PhotoToYou, os problemas começaram quando a empresa contratou um novo CEO e um VP de marketing – ambos fieis apaixonados pelo *branding*.

Os novos executivos da PhotoToYou acreditavam que a diferença entre os vencedores e os perdedores na internet era a "marca" e queriam que a empresa fosse a primeira a desenvolver uma associada à impressão de fotografias digitais. Acreditavam que uma marca forte permitiria o direcionamento da demanda de usuários finais para o site da empresa, conquistando depressa uma fatia de mercado que nunca abandonaria o serviço. O departamento de marketing rapidamente transformou essa teoria em prática, executando um plano de *branding* em múltiplos níveis. A meta era bombardear a marca PhotoToYou sobre os clientes quando fossem comprar suas câmeras digitais nas lojas, depois pelo material disponível no próprio equipamento e novamente em sua caixa postal eletrônica. Para fazer isso acontecer, a PhotoToYou teria que realizar acordos com varejistas, fabricantes de câmeras digitais, sites de comunidades na internet e administradores de portais sobre fotografia. A estratégia de *branding* ainda incluía uma campanha publicitária nacional, assim como propaganda segmentada. Começou ali um grande e caro programa de identidade corporativa.

E, então, a realidade surgiu em cena. A parceria estratégica da PhotoToYou, que parecia ótima na sala de reuniões, não deu certo. Os fabricantes de câmeras digitais estavam relutantes em serem parceiros de um único serviço de impressão de fotografias, já que não podiam adivinhar qual dos competidores seria o vencedor. Os grandes portais da internet, como o AOL e o Yahoo, estavam mais do que satisfeitos em fazer um acordo, mas a PhotoToYou teria que lhes pagar uma tonelada de dinheiro dali para frente, o que também se aplicava aos fabricantes de computadores e varejistas. Com certeza, alguns deles estavam felizes por disponibilizar um pacote de software da PhotoToYou com seus PCs, mas a startup teria que lhes pagar também um "pacote" de dinheiro. Isso deixava a propaganda e a promoção como as únicas atividades sobre as quais a empresa tinha controle. Assim, a PhotoToYou embarcou em uma campanha publicitária de grandes dimensões.

Pare um minuto e pergunte a si mesmo o que acha da estratégia da empresa até aqui. Faz sentido para você? A PhotoToYou estava na estreita estrada do sucesso ou na larga trajetória do desastre? O *branding* era a resposta para o desafio que a empresa enfrentava ao lançar seu produto? Como poderia ser uma estratégia alternativa?

Se você acompanhou a linha de raciocínio deste livro até esse ponto, deve adivinhar as respostas para essas perguntas. A estratégia da empresa exemplificada poderia fazer sentido em um mercado existente, mas não para uma startup em um novo mercado. Na realidade, a falta de compreensão dos tipos de mercado quase afundou a PhotoToYou. Assim que você entender como os tipos de mercado afetam as atividades de geração de demanda, compreenderá por que os erros cometidos por essa empresa são até hoje ensinados como um estudo de caso em minhas aulas de administração. A PhotoToYou não precisava de uma estratégia de *branding*; tinham necessidade de um conjunto de regras para identificar o tipo de mercado e, então, aplicar as estratégias e táticas adequadas para a geração de demanda. Essas estratégias são o tema do passo geração de demanda. No restante deste capítulo, você descobrirá o que deu errado com a PhotoToYou e como pode evitar cometer os mesmos equívocos.

Filosofia da geração de demanda

Deixe-me explicar do que se trata a geração de demanda, continuando a relatar a história da PhotoToYou. Como integrante do seu conselho consultivo de marketing, eu vi surgir a estratégia de criação, lançamento e *branding*. Parecia para mim que a empresa estava cometendo vários erros.

Primeiro, ao focar exclusivamente as táticas de *branding* e lançamento, a PhotoToYou ignorou a discussão fundamental sobre em qual tipo de mercado estava entrando. Ninguém parou para considerar se a companhia estava ingressando em um mercado existente, ressegmentado ou criando um novo (lembre-se nossas definições dos tipos de mercado no Capítulo 2; você está em um novo mercado, quando possibilita que o cliente passe a fazer algo que era impossível antes).

As únicas pessoas que podiam ser clientes da PhotoToYou eram os donos de câmeras digitais. No entanto, a receita da empresa estava prevista de acordo com o tamanho e crescimento do novo mercado de câmeras digitais. Argumentei que, mesmo que a empresa conquistasse 100% dos donos de câmeras digitais com acesso à internet de alta velocidade não iria adiantar, porque eles ainda eram muito poucos (não se esqueça de que estávamos em 1999). Como estávamos criando um novo mercado, sugeri que o negócio da PhotoToYou levaria de três a cinco anos para se desenvolver. Pelos próximos dois anos, o crescimento do mercado estaria limitado por fatores externos (taxa de adoção de câmeras digitais e de internet de alta velocidade) e aquela seria uma guerra de longo prazo, não uma batalha de curto prazo por uma fatia de um mercado não existente. A relevância desse argumento para a estratégia de marketing e *branding* é que, em um novo mercado, investir dinheiro cedo para conquistar *share* é uma má ideia. A escolha dos consumidores nesse terreno não é permanente (assim, os primeiros usuários provavelmente iriam experimentar diversos sites de impressão de fotos) e, no próximo ano, quando houvesse oito vezes mais clientes disponíveis no mercado, a PhotoToYou não teria mais verba para atingi-los. Sugeri que, em vez de iniciar agora as atividades mais caras de geração de demanda, a PhotoToYou deveria guardar aquela montanha de dinheiro em caixa e se preparar para a guerra a longo prazo. No lugar de um lançamento formal em grande estilo, deveriam entrar suavemente no mercado, apenas para os usuários pioneiros.

Também afirmei que em um novo mercado, durante o primeiro ano, as metas de comunicação de marketing de uma startup devem estar focadas em promover a adoção do produto/da tecnologia e não na conquista de *share*. Por isso, as atividades de geração de demanda precisavam limitar-se a tentativas de baixo custo para educar os clientes sobre o novo serviço de impressão de fotos digitais e também a programas não muito caros de aquisição de novos usuários entre os poucos clientes potenciais que já existiam na época. Minha crença é que, em um novo mercado, são apenas os visionários – primeiros evangelistas – que encontrarão o produto e disseminarão a palavra.

Os executivos da PhotoToYou não entenderam: "Por que você está falando para nós sobre essas coisas de tipos de mercado? Isso não tem nada a ver com a maneira com que lançamos e promovemos nossos produtos. Nós sempre fizemos assim em grandes empresas e em startups".

Acredite em mim: esse não é o conselho que você quer dar a um profissional de marketing jovem e cheio de testosterona – especialmente aqueles que estão sendo encorajados por membros do conselho com mais testosterona ainda e que têm por mantra "cresça depressa". Os conselheiros e os executivos acharam que eu não estava entendendo nada. Dessa forma, apesar das minhas recomendações, a máquina de marketing da PhotoToYou começou a gastar dinheiro como se estivesse em um mercado existente e, como um rolo compressor ladeira abaixo, não houve nada que a detivesse.

O resultado era previsível. Conforme as agências terceirizadas de propaganda e comunicação corporativa enchiam os bolsos, a PhotoToYou torrou sua montanha de dinheiro vinda dos capitalistas de risco nos primeiros dois anos. Assim, o crescimento da carteira de clientes tornou-se impressionante por qualquer métrica utilizada, mas as projeções otimistas de receita estavam muito longe de serem alcançadas e o custo de aquisição de novos usuários flutuava nas alturas. Além disso, os clientes se mostraram muito inconstantes, enquanto testavam novos sites de finalização de fotografias. A retenção e a rotatividade dos clientes tornaram-se tão importantes quanto a aquisição. Como consequência, a PhotoToYou teve que retornar ao mercado em busca de financiamento, o que coincidiu com uma das piores crises no setor de tecnologia.

Por sorte, uma base sólida de clientes (mas pequena) salvou a companhia. A PhotoToYou encontrou novos financiadores, ainda que depois de um braço de ferro financeiro – um no qual os investidores avaliaram a empresa por um décimo do valor anterior, reduzindo assim dramaticamente a participação no negócio dos primeiros investidores. Não bastasse isso, os novos sócios insistiram na substituição da equipe inteira de executivos (incluindo Ernie, Chen e Dave), baniram o nebuloso termo *branding* do dicionário corporativo e definiram o foco na estratégia básica para a estruturação de um negócio mais maduro em impressão de fotografias digitais.

A história da PhotoToYou serve como um alerta sobre o que pode dar errado na etapa de geração de demanda. Agora, vamos dar uma olhada no raciocínio por trás desse passo-chave.

Geração de demanda *versus* comunicação de marketing

No modelo de desenvolvimento de clientes, a expressão "geração de demanda" representa as atividades essenciais de marketing necessárias para ajudar os clientes a se informarem sobre o produto e criarem o desejo de comprá-lo. Na maioria das startups, essa tarefa recai sobre a rubrica genérica de comunicação de marketing. Eu denomino essas atividades como geração de demanda, em vez de comunicação de marketing, para destacar os seguintes pontos: 1) em uma startup, esses eventos estão ocorrendo pela primeira vez; 2) não se referem ao departamento de marketing, mas aos clientes; 3) são eventos de criação de demanda e não a execução de atividades sequenciais; 4) as atividades adequadas variam enormemente, dependendo do tipo de mercado.

Por que essa distinção é importante? A estratégia tradicional de comunicação de marketing inclui seis elementos: 1) uma auditoria interna e externa de comunicação corporativa para entender as percepções dos clientes; 2) desenvolvimento de um posicionamento único para a empresa e o produto; 3) seleção dos influenciadores e recomendadores-chave do setor; 4) recrutamento de clientes beta entusiasmados e prontos para cantar a música do produto; 5) lançamento do produto na primeira entrega ao mercado; 6) gastar para alavancar a criação de demanda (propaganda, comunicação corporativa, feiras etc.). No entanto, a suposição implícita nessa estratégia é que todas as startups estão em um mercado existente – e essas seis etapas funcionam em todo mercado existente. Porém, em pelo menos dois dos quatro tipos de startups, essas regras tradicionais não dão certo. Infelizmente, em vez de desenvolver uma estratégia adequada às peculiaridades das circunstâncias, a maioria dos profissionais de marketing de startups tende a recair em programas e frases desgastadas, iguais às que foram usadas na última empresa em que trabalharam, o que é um equívoco. O lançamento de uma empresa e um produto não deveria ser confundido com a execução de táticas de marketing do tipo lista de compras do supermercado. O que toda startup precisa é de uma estratégia bem pensada de geração de demanda e um plano customizado de acordo com o tipo de mercado em que a empresa está entrando. Minha ênfase no termo geração de demanda, em detrimento de execução de comunicação de marketing, pretende deixar claro que os profissionais envolvidos nessas atividades devem ser estrategistas – mais do que táticos.

Para desenvolver uma bem-sucedida estratégia de geração de demanda, você precisa responder a duas perguntas: 1) Que tipo de startup é a sua?; 2) Quais são suas mensagens de posicionamento (com base em seu profundo conhecimento sobre quem é e o que quer o cliente)?

Nas etapas de descoberta e validação dos clientes, você identificou quem comprará seu produto e levantou muitas informações sobre esse segmento-alvo. Na geração de demanda, você usará essas informações para estruturar uma estratégia – não táticas desconexas – a fim de atingir esse segmento de clientes.

Tipificação de mercado: as quatro startups

Nos passos de descoberta do cliente e validação pelo cliente, você começou a considerar em que tipo de mercado sua startup estava entrando (existente, ressegmentado de baixo custo, ressegmentado de nicho ou novo mercado). Agora, na geração de demanda, você terá que responder a essa pergunta em definitivo. O tipo de mercado determina como você estrutura a estratégia inteira de geração de demanda. É a fonte de todas as atividades de posicionamento da empresa. (Mantenha em mente que o tipo de mercado não é imutável – você terá muita margem de manobra no posicionamento. Por exemplo, quase todos os produtos que se encaixam em um mercado existente podem ser posicionados como de nicho. E todo produto que, ao primeiro olhar, parecer que abrir um novo mercado deve ser posicionado lá mesmo.)

Tabela 5.1 Quatro tipos de mercados

	Mercado existente	Mercado ressegmentando	Novo mercado
Clientes	Existente	Existente	Novo/novo uso
Necessidades dos clientes	Performance	• Custo • Necessidade percebida	Simplicidade e conveniência
Performance	Melhor/mais rápido	• Bom o bastante pelo baixo custo • Bom o bastante para novo nicho	Poucos "atributos tradicionais", aprimorado pelas métricas dos novos clientes
Concorrência	Competidores existentes	Competidores existentes	Sem consumo/outras startups
Riscos	Competidores existentes	• Competidores existentes • Falha da estratégia de nicho	Adoção pelo mercado

A escolha do tipo de mercado começa por uma revisão de todo o aprendizado obtido sobre os clientes potenciais nos passos de descoberta do cliente e validação pelo cliente. A essa altura, você deve contar com uma ideia muito boa sobre as necessidades dos clientes. Ao conversar e vender para os clientes pioneiros, também deve ter descoberto quem estará tentando satisfazer a essas mesmas necessidades. Então, está na hora de considerar toda a análise quantitativa e pesquisa qualitativa sobre o mercado e seus competidores. Com esses dados em mãos, dê uma olhada na Tabela 5.1, sobre os quatro tipos de mercado, e verifique em qual deles o seu produto se encaixa melhor.

Estratégia New Lanchester

Uma das melhores ferramentas que eu já encontrei para selecionar o tipo de mercado origina-se em uma pesquisa teórica sobre operações militares, denominada Estratégia New Lanchester (essas ideias foram colocadas em uso para estratégias de marketing no Japão, mas sempre parecem ter perdido algo em sua "tradução" nos Estados Unidos. Não prometo que possa derivar as fórmulas da New Lanchester e provar seus teoremas, mas os resultados, quando aplicados aos mercados, surgem misteriosamente como se estivessem no mundo real). Essa estratégia sugere algumas regras simples que as empresas podem usar para analisar *mercados existentes*:

- Se uma única empresa detém um *share* de 74%, o mercado tornou-se efetivamente um monopólio. Para uma startup, essa é uma posição que inviabiliza um ataque direto (pense na Microsoft, por exemplo).
- Se a soma da primeira e da segunda fatia do mercado for maior do que 74% e a fatia da líder for 1,7 vez maior do que a da segunda, isso significa que o mercado está tomado por um duopólio; uma posição muito difícil de ser atacada por uma startup (no setor de telecomunicações, o *share* somado da Cisco e da Juniper no mercado de roteadores centrais combina com essa descrição).
- Se uma empresa detém 41% de *share* e essa fatia for pelo menos 1,7 vez maior do que a da segunda maior companhia do ranking, então, ela é a líder do mercado. Para uma startup, esse também é um mercado muito difícil de entrar. Os mercados com uma evidente líder de mercado são uma boa oportunidade para uma startup entrar ressegmentando.
- Se a maior empresa tiver um *share* de pelo menos 26%, o mercado é instável e está sujeito a reviravoltas abruptas no ranking. Aqui, pode haver boas oportunidades para as startups.
- Se a maior empresa do ranking detém uma fatia menor do que 26%, ela não tem real impacto e influência no mercado. Para as startups que querem entrar em um mercado existente, aqui estão as oportunidades mais fáceis.

Mais uma regra da Estratégia New Lanchester é relevante para as startups: caso você decida atacar um mercado com apenas um *player* dominante, precisará gastar três vezes o orçamento de marketing e vendas da empresa líder (opa!, demais para um ataque frontal à Microsoft). Em um mercado com múltiplos participantes, o custo de entrada é menor, mas você ainda terá que investir 1,7 vez a verba somada de marketing e vendas da empresa que planeja enfrentar (para entrar em um mercado existente, você terá que ocupar uma fatia de um concorrente, daí a analogia com a guerra). A Tabela 5.2 sintetiza o custo de entrada no mercado.

Tabela 5.2 Custo de entrada no mercado

	Fatia de mercado	Custo de entrada (*versus* verba de MKT/ vendas da líder)	Estratégia de entrada
Monopólio	> 75%	3 ×	Ressegmentado/novo
Duopólio	> 75%	3 ×	Ressegmentado/novo
Líder de mercado	> 41%	3 ×	Ressegmentado/novo
Mercado instável	> 26%	1,7 ×	Existente/ressegmentado
Mercado aberto	< 26%	1,7 ×	Existente/ressegmentado

Pensando a respeito dessa estratégia, muitas das regras que os profissionais de marketing aprenderam a duras penas no mercado agora parecem fazer sentido. Ao mirar um mercado existente, a sua startup é o *player* mais fraco e com menos recursos. Sendo assim, planejar um ataque frontal contra os mais fortes é uma bobagem. Você deve escolher estratégias que admitam sua fraqueza e apostar em sua agilidade (Bill Davidow em seu livro seminal, *High technology marketing*, e Geoff Moore, em *Crossing the chasm*, articulam o mesmo tipo de regras para as startups e os novos produtos com base na observação e na experiência – podemos agora aprender diretamente com eles).

Nesse momento em que você conhece as regras, o que elas representam para a escolha do tipo de mercado? Vamos supor que sua empresa pretende entrar em um mercado existente muito bem definido. Caso haja um líder dominante com mais de 74% de *share*, sob nenhuma circunstância, planeje um ataque frontal. Por quê? Por causa da regra que afirma que, para entrar em uma guerra, você precisará de três vezes mais recursos do que a líder ou em pouco tempo estará fora do mercado. Em vez disso, direcione seu ataque para o ponto onde seus recursos limitados poderão fazer diferença. Você segmentará o mercado existente para criar um subsegmento, no qual seu produto seja único e substancialmente diferente. Ou pode criar um mercado inteiramente novo, definindo um espaço pelo qual a líder não se interessa.

Sua meta é ser o número 1 em algo importante para o cliente; pode ser atributo de produto, território, rede de distribuição/varejo ou base de clientes. Mantenha-se segmentando o mercado (por idade, renda, região etc.) e focando os pontos fracos dos concorrentes até encontrar uma batalha que possa vencer. Você sabe que sua segmentação está correta quando consegue criar um nicho no qual poderá ser o número 1. Lembre-se, qualquer empresa pode roubar clientes de outra – se isso puder definir a batalha.

Caso o *player* dominante detenha entre 26% e 74% de *share*, escolha sua guerra cuidadosamente. Não se esqueça do custo de um ataque frontal: três vezes o *budget* das líderes ou 1,7 vez a de um concorrente em um mercado mais instável. A maioria das startups não tem acesso a esse volume de financiamento. Sendo assim, a ressegmentação ou a criação de um novo mercado é quase sempre a melhor opção para enfrentar um concorrente dominante. Todos os truques de marketing para morder os calcanhares de um concorrente entrincheirado podem ser usados aqui: a maioria deles foi inventada há 2.500 anos por Sun Tzu e descritos em seu livro *A arte da guerra*: "Toda guerra é baseada na dissimulação. Se seu inimigo for superior, esquive-se. Se for irritadiço, provoque-o. Se tiver igual poder, lute ou, se não, divida suas forças e reavalie".

Se não houver nenhuma empresa com uma fatia superior a 26% em um mercado existente, então, os deuses das startups sorriram para você; o mercado está pronto para seu ataque frontal. Você pode escolher ressegmentar, mas o custo de entrada é baixo e o mercado está almejando por inovações. Essa batalha você só perde se quiser.

O que acontece se não houver concorrentes? E se, depois de conversar com todos os seus clientes pioneiros, você continuar a ouvir: "Não há nada parecido com o que sua empresa está fazendo"? E se, depois de analisar todos os dados quantitativos, você não conseguir encontrar nenhum outro produto comparável? Parabéns: você está criando um mercado completamente novo, radicalmente diferente de uma empresa que está entrando ou ressegmentando um mercado existente. Embora não haja batalhas a travar por fatias do mercado, também não existem ainda os clientes. E, como não existem consumidores, nem mesmo uma verba infinita para a geração de demanda será capaz de conquistar uma fatia do mercado. A criação de um novo mercado é um processo de longo prazo que envolve a educação do cliente para a adoção do produto.

Como um novo mercado exige comprometimento de longo prazo e investimentos pesados, por que não decidir pela ressegmentação em um mercado existente? Pode ser uma opção viável, mas a boa notícia de um novo mercado é que, uma vez que for criado e estabelecido, como líder você tem garantida, pelo menos, uma fatia de 41%. Com certeza você pode perdê-la, já que seu sucesso atrairá concorrentes, mas o mercado é todo seu para começar (a noção de novo mercado também é tentadora por causa da confusão causada pelo abuso da expressão "vantagem do precursor" – em inglês, First Mover Advantage – FMA. Falaremos sobre isso um pouco adiante neste capítulo).

Com a meta sedutora de conquistar o domínio do mercado em mente (os *players* dominantes definem os padrões, preços e posicionamentos), acrescentarei uma regra final. As startups que criam um novo mercado não conseguem formá-lo de um tamanho substancial para gerar lucro antes de três a sete anos do lançamento do produto. Essa grave informação resulta da observação de centenas de startups de alta tecnologia ao longo dos últimos vinte anos. Embora você possa estar convencido de que sua startup é uma exceção, as probabilidades indicam que, a menos que você esteja em uma "bolha econômica", demora bastante para que as novas ideias e os novos produtos sejam difundidos e adotados. (Uma bolha econômica é definida pela exuberância irracional de um mercado, quando todas as regras são revogadas. Os exemplos incluem a explosão do setor de biotecnologia no início da década de 1980 e a bolha das pontocom e de telecomunicações no final de 1990.) Uma vez conhecidas as regras que governam os quatro tipos de mercados das startups, examinaremos a importância dessa escolha para o passo de geração de demanda.

Estratégias de geração de demanda adequadas aos tipos de mercado

Agora que entendemos um pouco sobre os tipos de mercados, parece difícil acreditar que, com uma regularidade monótona, uma startup sem receita ainda anuncie produtos, usando o mesmo posicionamento e a mesma estratégia de lançamento como se fosse uma empresa bilionária com mais de 75 anos de existência, colocando no mercado seu 43º item. Essa falta de sintonia contribui para a queima do capital de giro e para a frustrada penetração de mercado de grande parte das startups. Em uma economia aquecida, toneladas de dinheiro vão esconder esses problemas, mas quando o dinheiro está escasso, conseguir acertar da primeira vez faz diferença. E isso quer dizer acertar seu posicionamento e suas estratégias de lançamento e geração de demanda com o tipo de mercado em que sua startup vai ingressar.

A grande ideia é que, já que existem quatro tipos de mercado, deve haver estratégias de geração de demanda adequadas a cada um deles. Mais especificamente, cada um dos blocos estruturais da geração de demanda – posicionamento da empresa e do produto, lançamento da empresa e do produto, atividades de geração de demanda e metas do primeiro ano – diferem de acordo com o tipo de startup; são conceitos novos e radicais, cujas consequências são bastante sérias. Não existe apenas um tipo de lançamento de produto para as startups, há três. Não existe apenas um posicionamento, são três. Não existe somente um tipo de atividade de geração de demanda, são três. E, finalmente, não há apenas um tipo de metas adequadas para o primeiro ano, existem três. A Tabela 5.3 resume os blocos estruturais da geração de demanda para os quatro tipos de startups. O restante deste capítulo detalha cada um deles.

Tabela 5.3   Atividades de geração de demanda para os quatro tipos de startup

	Posicionamento da empresa	Posicionamento do produto	Lançamento da empresa	Lançamento do produto	Atividades de geração de demanda	Metas do primeiro ano
Mercado existente	Diferenciação e credibilidade	Diferenciação do produto	Credibilidade e entrega	Base existente de competidores	Gerar e conduzir a demanda para os canais de venda	Fatia de mercado
Novo mercado	Visão e inovação em um novo mercado	Definição do novo mercado, da necessidade e da solução	Credibilidade e inovação	Educação do mercado, definição de padrões e usuários pioneiros	Educação do cliente, levar os usuários pioneiros ao canal de venda	Adoção pelo mercado

Ressegmentação em um mercado existente	Segmento e inovação	Redefinição do mercado existente e da diferenciação do produto	Entrega para o segmento e inovação	Nova base de competidores	Educar os usuários sobre o que mudou no mercado, levar demanda para o canal de venda	Reformatação do mercado e conquista de nova fatia

Em retrospectiva, fica claro que o centro dos problemas da PhotosToYou era a falta de compreensão dos tipos de mercado. Se os fundadores tivessem entendido que estavam com um novo produto em um novo mercado, suas escolhas para a geração de demanda teriam sido bem mais adequadas.

Quatro blocos estruturais da geração de demanda

Todas as startups têm em comum quatro blocos estruturais para a geração de demanda. Ser capaz de articulá-los é o primeiro passo para a montagem de um plano coerente de geração de demanda. São eles:

- Metas do primeiro ano.
- Posicionamento: da empresa e do produto.
- Lançamento: da empresa e do produto.
- Geração de demanda (propaganda, comunicação corporativa, feiras etc.).

Alguns desses blocos estruturais, como o lançamento da empresa, são eventos únicos. Outros acontecem sem frequência definida (posicionamento da empresa e do produto) ou ocorrem continuamente (atividades de geração de demanda). Mas além de sua frequência, toda companhia que lança um produto, seja uma startup ou uma centenária veterana de mercado, organiza-se e executa suas ações com base nesses quatro blocos estruturais. O problema na maioria das startups é que tais blocos são executados de modo atropelado e sem muita reflexão sobre como se interconectam para estruturar a empresa.

Voltando à PhotoToYou, um dos problemas para determinar as prioridades de marketing foi a falta de clareza na terminologia. A companhia empregava a palavra *branding* no lugar de uma descrição mais precisa dos quatro tipos de atividades de geração de demanda.

Prazo para a geração de demanda

Embora a geração de demanda, como um conjunto de atividades específicas, seja um dos passos do modelo de desenvolvimento de clientes, está implícita no processo a ideia de que ela não acontece em um dia, uma semana ou um mês. Mas um processo contínuo e permanente que começa no dia da fundação da empresa. Toda a premissa deste livro é que uma startup deve aprender e descobrir tudo isso o mais depressa possível. Ou seja, um dos erros mais notáveis que uma startup pode cometer é iniciar muito cedo essas atividades de geração de demanda (propaganda, comunicação corporativa para valer etc.). Um dos pilares fundamentais da filosofia de desenvolvimento de clientes é que não devem ser realizados investimentos significativos em marketing até que a empresa conte com um mapa de vendas comprovado, testado e replicável. Nesse sentido, a geração de demanda é uma etapa discreta que se segue à descoberta do cliente e à validação pelo cliente.

Como mostra a Tabela 5.4, porém, os blocos estruturais da geração de demanda exigem uma intensiva preparação ainda durante os seus passos anteriores.

Tabela 5.4 Quatro blocos estruturais da geração de demanda

	Descoberta do cliente	Validação pelo cliente	Geração de demanda
Metas do primeiro ano	• Estimativa de vendas no primeiro ano • Tipo de mercado?	• Refinar os números de vendas do primeiro ano • Ideias preliminares para geração de demanda • Tipo de mercado?	• Compromisso com as metas de vendas do primeiro ano • Executar a estratégia apropriada de geração de demanda • Tipo de mercado?
Posicionamento da empresa e do produto	• Tipo de mercado? • Entender a percepção dos consumidores sobre os competidores • Articular problema e conceito do produto	• Tipo de mercado? • Criar e testar com usuários pioneiros o posicionamento inicial • Criar o posicionamento inicial de produto e testar com clientes pioneiros	• Tipo de mercado? • Auditoria de posicionamento da empresa pela agência de ComCorp • Auditoria de posicionamento do produto pela agência de ComCorp
Lançamento do produto e da empresa	• Como os clientes realizam o trabalho? • Que tipo de startup é a empresa? • Participar em feiras • Estimar o tamanho do mercado	• Testar estratégia de lançamento de produto com primeiros usuários • Testar estratégia de lançamento da empresa com primeiros usuários	• Lançar agora. Tipo de lançamento depende do tipo de startup • Lançar empresa agora. Tipo de lançamento depende do tipo de startup
Geração de demanda	• Tipo de mercado? • Decobrir contatos na imprensa, analistas e influenciadores • Como os clientes decidem suas compras?	• Tipo de mercado? • Como os clientes adquirem produtos? • Entender o ponto de vista de analistas e influenciadores • Estabelecer banco de dados e contatos com jornalistas, analistas e influenciadores	• Tipo de mercado? • Implementação da geração de demanda • Tipo de geração de demanda depende do tipo de mercado

Se você seguiu todo o processo de desenvolvimento de clientes até aqui, estará bem preparado para a geração de demanda. E, como já deve ter observado, um dos temas persistentes desde o início do desenvolvimento de clientes é a pergunta: "Em que tipo de mercado está nossa empresa?".

Na descoberta do cliente, a companhia articula o problema do consumidor e o conceito do produto e os testa diante dos potenciais usuários. Durante esse processo, a empresa compreende como os clientes percebem outros vendedores que podem solucionar o mesmo problema. Enquanto continua a conversar com os clientes, a empresa começa a se perguntar: "Que tipo de startup nós somos?". Entender como trabalha o cliente também requer o levantamento de informações sobre o que e como compram, o que leem, de quais feiras participam e assim por diante. Os fundadores vão a eventos, conferências, ouvem as apresentações, assistem a demonstrações e observam o posicionamento de outras empresas no mesmo setor. Passam, então, a estruturar listas de contatos na imprensa, analistas e influenciadores. A essa altura, a equipe de desenvolvimento de clientes já deve ser capaz de descrever como os clientes operam sem e com o novo produto ou serviço. Caso o time consiga fazer isso, está pronta para lançar o produto. Caso contrário, então, a habilidade da empresa para criar um posicionamento significativo que a conecte com os clientes está sob suspeita.

Quando a empresa avança para a etapa de validação pelo cliente, o nível de informação a ser coletada se eleva. Até agora, a empresa deu um primeiro passo para estruturar um mapa de vendas e tem certo grau de compreensão do trajeto que levará os usuários pioneiros a comprar. Esse posicionamento inicial da empresa e do produto é testado com os primeiros evangelistas e outros clientes pioneiros no início das tentativas de venda.

Na geração de demanda, finalmente, esse posicionamento é consolidado e acontece o lançamento da empresa e do produto. Todas as atividades tradicionais de comunicação de marketing começam a ser alavancadas. No entanto, a próxima surpresa em relação a esse passo é que o formato do lançamento depende do tipo de startup. Não existe lançamento de empresa e produto do tipo "tamanho único".

Geração de demanda e equipe de desenvolvimento de clientes

Um último ponto sobre a filosofia da geração de demanda: a maioria das startups conhece muito bem a frustração de lançar um produto inovador no mercado e, então, desapontar-se com as vendas iniciais. Isso não é apenas frustrante, mas costuma ser o início de uma troca de acusações ferinas entre as áreas de vendas e marketing. O marketing acusa a equipe de vendas de ser fraca e eles contra-atacam, alegando que o posicionamento é ruim, o modelo de precificação inadequado e a análise mercadológica pouco precisa. Os engenheiros, por sua vez, consideram os dois grupos uns tolos que não conseguem entender os atributos técnicos e os benefícios do produto.

Um dos melhores pontos da estratégia de geração de demanda é que não existe essa "passagem de bastão" das mãos dos engenheiros para o marketing e de lá para vendas. O modelo de desenvolvimento de clientes inteiro é baseado na noção de que a equipe responsável foi a campo entender o problema do cliente, validou o mapa de vendas e trabalha em conjunto para escolher e, então, executar a estratégia correta de geração de demanda. Ou seja, a antítese da "passagem de bastão" de uma área para outra. Observe também a ausência do departamento de comunicação de marketing nessa etapa da vida da startup. Na verdade, não existe esse departamento e nem o de vendas; sendo assim, não há orçamento para ambos. Existe apenas a equipe de desenvolvimento de clientes e seu *budget*. Com certeza, há pessoas cujo trabalho é redigir a literatura de marketing e outras especialistas no fechamento de contratos, mas todas estão trabalhando na equipe de desenvolvimento de clientes. Somente quando a empresa descobrir quem são seus clientes, validar o mapa de vendas, entrar, criar ou ressegmentar o mercado é que as áreas começarão a se diferenciar em seu papéis tradicionais no Passo 4, estruturação do negócio.

Visão geral do processo de geração de demanda

A geração de demanda tem quatro fases, como mostra a Figura 5.1. A Fase 1 começa com uma série de atividades para "ficar pronto para o lançamento": escolher um tipo de mercado (e, portanto, o tipo de estratégia para a geração de demanda) e estabelecer as metas de primeiro ano para a geração de demanda e vendas. Como parte desse processo, a empresa realiza sérios esforços para entender o tamanho do mercado, o total de mercado disponível e o *budget* dos clientes. Por fim, a empresa coloca no papel sua estratégia, suas metas, seus objetivos e marcos e estrutura um orçamento para a geração de demanda.

Figura 5.1 Geração de demanda: visão geral do processo

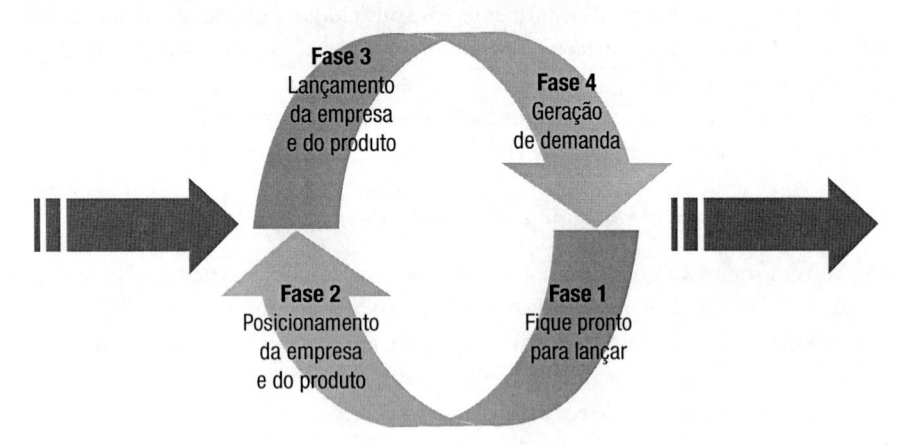

A seguir, na Fase 2, são desenvolvidas as mensagens de posicionamento da empresa e do produto. Na Fase 3, o produto é lançado; a companhia define audiência, mensagens e mensageiros e estabelece métricas para avaliar o sucesso. Finalmente, na Fase

4, a empresa faz a adequação das atividades de geração de demanda (propaganda, comunicação corporativa, feiras etc.) ao mapa de vendas.

Observe que esse passo não contempla as táticas tradicionais de comunicação de marketing para a geração de demanda. Ao contrário, traz novas ideias para a estratégia de geração de demanda. Com esse consenso, trataremos detalhadamente de cada uma das fases.

Fase 1: Fique pronto para lançar

```
┌─────────────────┐    ┌─────────────────┐    ┌──────────────────────┐
│  Questionário   │ →  │     Escolha     │ →  │ Escolha dos objetivos│
│ do tipo de mercado │    │ do tipo de mercado │    │      do 1º ano       │
└─────────────────┘    └─────────────────┘    └──────────────────────┘
```

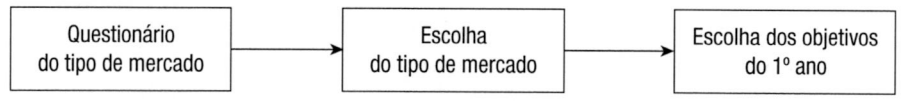

Essa fase define o "quadro geral" da estratégia a ser adotada em todas as atividades de geração de demanda. Historicamente, a comunicação de marketing em startups tem atuado como uma função de "execução". Embora a empresa vá necessitar mais tarde dessa execução, a estratégia de geração de demanda deve vir antes. Nessa etapa, você:

- Construirá um questionário do tipo de mercado.
- Escolherá o tipo de mercado.
- Ficará comprometido com os objetivos de geração de demanda e vendas do primeiro ano.

A. Fique pronto para lançar
Construa o questionário do tipo de mercado

```
┌─────────────────┐    ┌─────────────────┐    ┌──────────────────────┐
│  Questionário   │ →  │     Escolha     │ →  │ Escolha dos objetivos│
│ do tipo de mercado │    │ do tipo de mercado │    │      do 1º ano       │
└─────────────────┘    └─────────────────┘    └──────────────────────┘
```

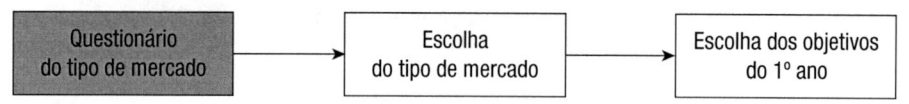

Agora que já dispõe de dados quantitativos e qualitativos sobre os clientes e o mercado, você está pronto para selecionar o tipo de mercado no qual está entrando. Para reunir essas informações, você passa a contar com uma vantagem invejável, que não tinha antes: seus clientes pioneiros. Diferentemente de outras startups que tentam definir o tipo de mercado antes de conversar com os clientes, você já passou meses, se não anos, na frente dos clientes nos passos de descoberta do cliente e validação pelo cliente. Na verdade, conta com primeiros evangelistas entusiasmados, que, de modo geral, têm opinião sobre tudo. Além disso, conversou com centenas de clientes suspeitos e potenciais. Sendo assim, por que não começar perguntando a seus clientes pioneiros e *prospect*s o que eles acham?

Para ajudá-lo nessa tarefa, você precisa antes desenvolver um questionário do tipo de mercado. A Figura 5.2 mostra um exemplo de produto corporativo. Em um questionário real, você deve substituir a palavra "startup" pelo nome de sua empresa.

Figura 5.2 Exemplo de questionário de tipo de mercado para o cliente corporativo

Questionário do tipo de mercado
Foco no cliente
• A startup entende o negócio que você administra? • A startup entende o que você faz nessa empresa? • A startup entende seus três principais problemas? • Você acredita que o produto da startup resolverá esses problemas? Como?
Foco no mercado
• Existem outros produtos no mercado que sejam similares ao da startup? • Em caso positivo, como o produto da startup se diferencia? • De que produtos você mais gosta? Por quê? • Em caso negativo, como você descreveria o espaço de mercado da startup? • A startup e seu produto são únicos? Se são, por quê?
Concorrência
• Com quem você acha que a startup vai concorrer durante o primeiro ano? • Quem você considera os concorrentes mais fortes da startup? • O que a startup tem que fazer para vencer esses concorrentes?
Posicionamento
• Você ouviu como a startup descreve seu posicionamento? Você acreditou? Está correto? Você faria alguma mudança? • Você ouviu a definição da missão da startup? Você acreditou? Está correto?
Tendências
• Com quais tendências de produto/tecnologia a startup deveria se preocupar? • Quem são os líderes de opinião nesse setor? Quem você respeita? • Com quais tendências de negócios a startup deveria se preocupar? • Quem são os líderes de opinião nesse setor? Quem você respeita?

B. Fique pronto para lançar

Escolha o tipo de mercado

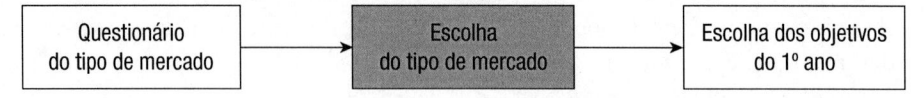

Questionário do tipo de mercado → Escolha do tipo de mercado → Escolha dos objetivos do 1º ano

Compreender o tipo de mercado em que você está entrando evita os erros que a PhotoToYou cometeu. Se essa empresa tivesse entendido que estava em um novo mercado, saberia que nenhuma verba investida em *branding* seria capaz de gerar clientes suficientes. Igualmente importante, saberia que suas projeções de receita eram irreais devido ao tipo de mercado (o efeito do tipo de mercado sobre as receitas de vendas será discutido no Passo 4, estruturação do negócio).

Com a análise dos resultados do questionário do tipo de mercado, você terá condições de fazer a sua escolha, que é muito mais do que semântica: como vimos antes neste capítulo, todas as atividades de geração de demanda precisam ser adequadas ao tipo de mercado e à startup. Avaliar os riscos e benefícios de cada tipo de mercado é mais uma questão de levantamento de dados do que de análise, mas, em síntese, requer um julgamento. Em algumas startups, a escolha de posicionamento entre ressegmentar um mercado existente ou entrar em um mercado existente é uma questão de risco, recompensa e instinto.

Na descoberta do cliente, na Fase 1, eu comentei que, para cada tipo de startup, existem quatro variáveis: conhecimento do cliente, conhecimento do mercado, grau de importância dos recursos do produto para o mercado e consistência e fôlego da concorrência. Agora, como parte final do processo de escolha do tipo de mercado em que sua empresa está entrando, você deve acrescentar "risco" como mais um item para reflexão, como mostra a Tabela 5.5.

Tabela 5.5 Quatro tipos de posicionamento com o risco adicionado

	Clientes	Mercado	Recursos do produto	Competidores	Risco
Mercado existente	Conhecido	Conhecido	Crítico	Muitos	Custo de entrada/ desenvolvimento de produto; vendas/ distribuição
Novo mercado	Desconhecido	Desconhecido, definição crítica	Irrelevante de início	Nenhum de início (outras startups)	Longo ciclo de educação e evangelização
Ressegmentação em um mercado existente	Possivelmente conhecido	Desconhecido, definição crítica	Crítico, ligado ao mercado existente	Muitos se errado, poucos se certo	Redefinição de mercado, redefinição do produto

O maior risco de entrar em um mercado existente é a dominância dos concorrentes e os consequentes custos: as startups não devem subestimar os custos de vendas e de marketing para enfrentarem concorrentes entrincheirados no mercado. Até mesmo o melhor produto do mundo precisa de canais de distribuição e despesas pesadas de geração de demanda para torná-lo conhecido pelos potenciais compradores. Já que os canais de vendas/distribuição são "propriedade" dos concorrentes estabelecidos, o custo de uma estrutura própria ou paralela de distribuição é outro risco. Lembre-se que a regra prática indica que enfrentar um concorrente monopolista em um mercado existente exige contar com o triplo da verba investida por ele. Atacar um mercado com múltiplos competidores exige gastos 1,7 vez maiores do *player* mais fraco. Para uma startup, essas podem ser somas astronômicas.

Além disso, em um mercado existente, as métricas de *performance* foram estabelecidas pelos concorrentes. Uma startup pode tentar responder, escolhendo a base da competição (recursos, preço, *performance* etc.). Esses são geralmente recursos do produto, portanto, a habilidade da nova empresa para a diferenciação é crítica. Por exemplo, a Transmeta, uma nova empresa de microprocessadores, tentou desafiar a Intel frontalmente com um *chip* Intel-compatível que consumia drasticamente menos energia. A esperança era que a melhor *performance* asseguraria mercados específicos (por exemplo, os dispositivos móveis), nos quais os microprocessadores da Intel poderiam não ser satisfatórios. Infelizmente, o chip da Transmeta não sobreviveu à onda. Sendo assim, um dos riscos de entrar em um mercado existente é previsível no desenvolvimento de produto.

Os riscos em um novo mercado são completamente diferentes. Você deve definir o novo mercado em alinhamento com as percepções dos usuários quanto ao problema e a sua solução. Tão importante para os gestores quanto para os investidores, é lembrar-se que a entrada em um novo mercado é uma operação de longo prazo: a criação de um mercado não traz retornos rápidos, nem gratificação instantânea. Por exemplo, a Tivo posicionou o *Digital Video Recorder* (DVR) como uma categoria de novo mercado. Em vez de se comparar aos VCRs, eles decidiram criar uma nova categoria, o DVR, na qual seu produto poderia ser precificado e diferenciado dos comoditizados videocassetes. A criação desse novo mercado exige bolsos fundos e cheios, além de visão a longo prazo.

Os riscos de ressegmentar um mercado existente são uma combinação das duas situações anteriores. A segmentação do mercado existente deve ser precisa e a empresa tem que convencer os usuários de que o produto dos concorrentes não soluciona mais o problema deles. Além disso, o novo produto tem que ser diferente o bastante para que os clientes atuais possam ver e entender claramente os atributos exclusivos e seus benefícios. A Ikea é um ótimo exemplo de estratégia de ressegmentação de baixo custo focada em um nicho. A companhia, que oferece móveis de preço baixo para clientes que têm senso de estilo, reduziu seus custos eliminando os vendedores nas lojas, oferecendo uma variedade limitada de linhas (quatro estilos), cortando o serviço de entrega e diminuindo a qualidade final dos produtos. Por outro lado, faz a festa dos compradores de baixo preço ao oferecer creche na loja, uma ótima cafeteria, brinquedos e utensílios domésticos inovadores, além de lojas ultramodernas e bonitas.

Uma observação sobre "a vantagem do precursor"

Esse é provavelmente um momento tão bom quanto qualquer outro para falar a respeito da falaciosa "vantagem do pioneiro". O termo foi popularizado em 1988, em um estudo publicado por um professor da Stanford Business School, David Montgomery, em coautoria com Marvin Lieberman[4]. Essa expressão significava a teoria subjacente aos

---

[4] D. Montgomery e M. Lieberman. First mover advantage. *Strategic Management Journal* 1988, 9(9): 41-58.

gastos descontrolados das startups durante a bolha das pontocom. Ao longo do tempo, a "vantagem do pioneiro" ganhou *status* mítico até que a ideia de que os líderes de *share* no mercado tinham sido sempre *os primeiros* a entrar (não, entre os primeiros) em suas categorias tornou-se um ponto inabalável da sabedoria convencional no Vale do Silício. O único problema é que isso simplesmente não é verdade. A ironia é que, dez anos depois (1998), os autores voltaram atrás em seu postulado. Mas já era tarde demais. A má interpretação de leitura por alguns capitalistas de risco do Vale do Silício que tinham sido alunos de Montgomery foi usada para justificar a estratégia desenfreada e irresponsável de "ficar grande depressa" adotada pelas startups pontocom.

De fato, em 1993, um artigo de Peter N. Golder e Gerard J. Tellis descreveu de forma muito mais acurada o que acontece com startups entrantes em novos mercados[5]. Em seu estudo, os autores descobriram que quase metade dos primeiros a entrar em um mercado (em uma amostra de quinhentas marcas em cinquenta categorias de produtos) fracassou. E o que é pior: o *share* médio de mercado dos sobreviventes era mais baixo do que o indicado wem outras pesquisas. Além disso, o estudo deles mostrou que o grupo de líderes pioneiros (o que é diferente de ser o primeiro a entrar no mercado) teve mais sucesso a longo prazo; na amostra deles, essas empresas entraram no mercado em média treze anos depois do que os primeiros. O que é mais relevante ainda no trabalho de Golder e Tellis é uma exposição hierárquica mostrando o que ser a primeira realmente pode significar para uma startup entrando em um novo mercado:

• Inovadora	Primeira a desenvolver ou patentear uma ideia	
• Primeira em produto	Primeira a contar com um modelo funcional	
• Primeira no mercado	Primeira a vender o produto	47% de taxa de fracasso
• Líder precoce	Entrante entre as pioneiras, mas não a primeira	8% de taxa de fracasso

Tudo isso quer dizer que a vantagem do pioneiro (entendida, literalmente, como a tentativa de ser a primeira empresa a colocar o produto na prateleira ou a divulgar um *press release*) não é real e a corrida para ser a primeira companhia em um novo mercado pode ser destrutiva. Assim, as startups que adotam o mantra de "ter que ser a primeira a entrar no mercado", em geral, fracassam. São poucos os casos em que uma segunda, terceira ou décima entrante não consiga se tornar rentável ou até mesmo um *player* dominante. Por exemplo, a Ford foi a primeira fabricante de carros em massa nos Estados Unidos. Em 1921, a Ford vendeu novecentas mil unidades do Modelo T, conquistando 60% de *share* em comparação com a General Motors, que comercializara 61 mil Chevys e detinha 6% do mercado. Ao longo dos dez anos seguintes, enquanto a Ford focava a redução de custos, a GM desenvolveu uma linha diversificada e diferenciada de produtos. Em 1931, a GM tinha 31% do mercado e a Ford, 28%, uma liderança que nunca a abandonou. Só para enfatizar o ponto de que os mercados nunca são estáticos, a

---

[5] P. N. Golder e G. J. Tellis. Pioneer advantage: marketing logic or marketing legend?. *Journal of Marketing Research* 1993, 30(2): 158-70.

Toyota, uma empresa que vendeu seu primeiro carro desenhado para o mercado norte-americano em 1964, está pronta para se tornar a montadora líder dos Estados Unidos. A questão, portanto, não é ser o primeiro a entrar no mercado, mas compreender o tipo de mercado em que sua empresa está entrando.

C. Fique pronto para lançar
Objetivos de vendas e geração de demanda

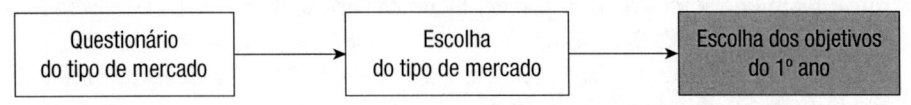

Questionário do tipo de mercado	→	Escolha do tipo de mercado	→	Escolha dos objetivos do 1º ano

Assim que o tipo de mercado estiver definido, os objetivos do primeiro ano para receitas, despesas, geração de demanda e vendas podem ser estabelecidos. Mesmo que este livro não faça justiça à complexa interação entre as previsões iniciais de vendas, orçamento de vendas, despesas para conscientização do cliente, geração de demanda e aquisição de clientes, tudo está intimamente ligado como parte da estratégia de geração de demanda. Esta seção tenta simplificar esse novelo, enfatizando que existem metas de primeiro ano radicalmente diferentes, dependendo do tipo de mercado.

Para um mercado existente

Ao entrar em um mercado existente, o objetivo do primeiro ano é roubar o máximo possível de participação de mercado dos concorrentes estabelecidos. Consequentemente, todas as atividades da geração de demanda devem se concentrar unicamente na geração e na aquisição de clientes. Para medir a dimensão real da oportunidade, use dados de pesquisas para estimar o tamanho do total de mercado disponível. No entanto, um número mais significativo para o planejamento é o tamanho do mercado disponível *ocupável*, o verdadeiro alvo das vendas do primeiro ano. Para calcular o mercado disponível ocupável, subtraia todos os clientes que serão inatingíveis no primeiro ano. Pontua-se que eles serão inatingíveis porque compraram um produto da concorrência, porque têm necessidades mais amplas do que seu produto oferecerá inicialmente ou porque necessitam de um "produto total" (seu produto, mais serviço, suporte e outra infraestrutura que somente uma empresa já madura pode oferecer).

A seguir, consolide uma previsão de vendas. Agora que você já está realmente indo a campo vender para os primeiros evangelistas, isso deve ser mais do que apenas adivinhação. A essa altura você já terá uma noção bem definida para quem vai vender, quanto tempo dura o ciclo de venda e qual pode ser o preço do seu produto. Comece a realizar o seguinte exercício: "Se não tivéssemos concorrentes e o produto fosse gratuito, quantos clientes poderíamos conquistar em um ano?"; e depois: "Ok, o produto é gratuito, mas agora temos concorrentes. Quantos clientes usariam nosso produto nesse ano?". Você ficará surpreso por quantas vezes uma resposta maior do que o total de clientes disponíveis sairá da boca de seus vendedores superentusiasmados. Continue refinando as perguntas: "Dado nosso preço, quantos clientes poderão pagar por nosso produto no primeiro ano?"; "Diante da velocidade com que podemos contratar e treinar vendedores (ou abrir um novo canal de distribuição), quanto conseguimos vender?". Então, pegue esses números e compare com a média do setor em valores por vendedor ou por canal. Já que você está em um mercado existente, esses números também existem; alguns publicados, outros, não. Junte todas essas informações para derivar o limite superior do potencial de receitas do primeiro ano. Muito poucas startups ultrapassam a previsão feita para o primeiro ano.

Use o número estimado para a receita para chegar ao total de clientes que a sua estrutura de vendas precisará conquistar para atingir a meta do primeiro ano. Para isso, trabalhe o modelo de previsão de vendas de trás para frente. Quantos *prospects* qualificados são necessários para chegar ao fechamento de um contrato? Quantas indicações não qualificadas você precisa para chegar a esse número? Para o setor de vendas conseguir essa "matéria-prima", de onde vêm as melhores indicações? Por exemplo, para um produto comercializado pela internet, esse exercício pode levar à otimização do mecanismo de busca e à colocação de anúncios no Google para dirigir os clientes a seu site. Em uma estrutura de venda direta, isso pode resultar na quantificação do total de indicações brutas que as atividades tradicionais de geração de demanda precisam conseguir levar ao início do processo de comercialização para que os vendedores consigam atingir a meta do primeiro ano. Tendo esse número como objetivo, você já pode começar a pensar em quanto investir nas atividades de aquisição de clientes.

O primeiro ano de uma startup inclui custos únicos que não existem para uma empresa já estabelecida: lançamento da companhia e do produto, assim como os que envolvem o canal de distribuição (funcionários, treinamento, estoque etc.). Acrescente esses custos ao investimento que será necessário para as ações de criação e aquisição de clientes e consolide seu *budget* de geração de demanda para o primeiro ano. Com bastante frequência, essa passagem inicial por esses números costuma resultar em uma cifra maior do que o PIB de pequenos países. Em geral, são necessárias várias rodadas até chegar a um valor com o qual uma startup possa arcar. Enquanto você refaz esse *budget*, é comum esquecer-se a meta. Lembre-se, o objetivo é conquistar *market share*, o que, em um mercado existente, é alcançado pela diferenciação do produto. A meta da geração de demanda é criar e direcionar o usuário final para o canal de venda.

Finalmente, teste o total de seu orçamento diante da Estratégia New Lanchester: se uma empresa tem o monopólio do mercado, seus investimentos em marketing e vendas no primeiro ano devem ser três vezes maiores do que aquele realizado pela líder no mesmo período. Caso existam múltiplos *players* no mercado, então, você pode entrar aplicando em marketing e vendas 1,7 vez o total investido pelo menor concorrente.

Para um novo mercado

Se sua startup está entrando em um novo mercado, o objetivo do primeiro ano não está relacionado à fatia de mercado. Só essa ideia, sozinha, já vale o preço deste livro.

Não existe uma forma de uma empresa nova conseguir fechar um volume significativo de pedidos em um mercado que não existe. Portanto, investir dinheiro em um lançamento massivo para conquistar clientes e *market share* é absurdo.

A PhotoToYou é um bom exemplo de startup esperta que caiu nessa armadilha por acreditar na hipérbole da "vantagem do pioneiro". O ímpeto da equipe de execução de comunicação de marketing empurra a startup inexoravelmente para uma rota de despesas, quase sempre de dimensões irrecuperáveis. A estratégia de geração de demanda pode evitar esses erros.

O objetivo do primeiro ano para uma startup entrando em um novo mercado é incentivar e ampliar a adoção do produto. As ações de criação de demanda devem limitar-se a: 1) educação dos clientes sobre o novo mercado; 2) transformar os primeiros evangelistas em clientes de referência para estimular o mercado emergente. O critério de sucesso para o primeiro ano é conseguir fazer o número de clientes potenciais sair do zero e atingir um total significativo.

Para um mercado ressegmentado

Para uma startup entrar ressegmentando um mercado existente, o objetivo do primeiro ano é duplamente difícil. Além de ter que conquistar a maior fatia de mercado possível, você ainda tem que educar os clientes sobre o que está acontecendo de novo no mercado. As atividades de geração de demanda devem criar e conquistar clientes, fazendo a segmentação ter sentido e significado para eles.

Para essa ressegmentação, o processo de consolidação de *budget* é o mesmo utilizado para a entrada em um mercado existente. Exatamente como no exemplo anterior, teste o total de seu orçamento de marketing e vendas diante da Estratégia New Lanchester; embora as regras sejam as mesmas, se você está ressegmentando corretamente o mercado, o tamanho de seus concorrentes vai ser reduzido significativamente.

Fase 2: Posicionamento da empresa e do produto

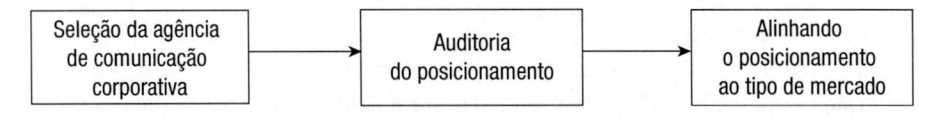

Seleção da agência de comunicação corporativa → Auditoria do posicionamento → Alinhando o posicionamento ao tipo de mercado

Na Fase 2 da etapa de geração de demanda, são consolidados todos os esforços que a empresa tem feito até agora para se posicionar. A essa altura, você já dispõe de informações suficientes para ajudá-lo a desenvolver um posicionamento efetivo. Na descoberta do cliente, você compreendeu as percepções dele sobre as possíveis soluções oferecidas pelos concorrentes. Na validação pelo cliente, você conquistou os primeiros evangelistas como clientes pagantes e ouviu o *feedback* deles sobre sua proposta de posicionamento para a empresa e o produto. Você também articulou uma proposta de valor para o produto; com base no *feedback* recebido dos primeiros evangelistas, tal proposta se tornou o posicionamento inicial da empresa e do produto. Agora, nessa fase, você refinará o posicionamento corporativo e do produto com o *feedback* recebido dos clientes, da imprensa e dos analistas e influenciadores.

Lembre-se, a meta do posicionamento é controlar a percepção do público sobre seu produto ou serviço em relação às alternativas concorrentes. O posicionamento da empresa e do produto que desenvolver agora servirá como fundamento para as atividades de comunicação, marketing e relacionamento. Todas as mensagens corporativas e sobre o produto derivarão desse posicionamento: o lançamento da empresa e do produto, por exemplo, e também as ações de criação de demanda.

Nessa fase, você:

- Selecionará uma agência de comunicação corporativa.
- Realizará auditorias interna e externa de posicionamento.
- Adequará o posicionamento ao tipo de mercado.

A. Posicionamento
Selecionar agência de comunicação corporativa

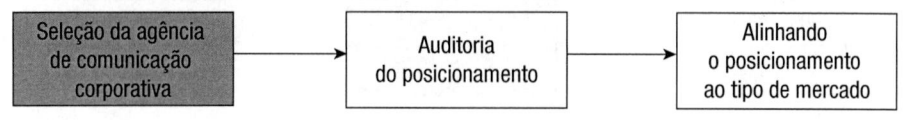

| Seleção da agência de comunicação corporativa | → | Auditoria do posicionamento | → | Alinhando o posicionamento ao tipo de mercado |

Como a geração de demanda começa pela reflexão e pelo planejamento (estratégia) mais do que pelo investimento em comunicação de marketing (execução), a companhia pode precisar buscar alguma ajuda externa. Nessa fase, a empresa precisa de auxílio em sua comunicação estratégica, uma especialização encontrada em algumas agências de comunicação corporativa. As boas agências de Comcorp são hábeis para: 1) posicionar a empresa e seus produtos; 2) articular as mensagens e refinar os públicos-alvo; 3) conquistar influenciadores do mercado e os multiplicadores da mensagem corporativa.

Contratar uma agência de comunicação corporativa não significa que a equipe de desenvolvimento de clientes deva abdicar de seu papel no processo. Sua empresa não está pronta para ser feliz. É sua responsabilidade estabelecer as metas corporativas e compreender os desejos e necessidades do público-alvo. E é tarefa da agência compreender os objetivos da empresa, oferecer ideias adicionais para seus outros projetos, desenvolver o posicionamento e lapidar as mensagens para que efetivamente comunique a exclusividade com que seu produto atende às necessidades dos clientes.

Para contratar essa agência na etapa de geração de demanda, é necessário checar alguns pontos. Certifique-se de que está avaliando a agência por sua habilidade em relação ao posicionamento e à estratégia de comunicação e não apenas quanto à capacidade tática de "fazer contatos na imprensa". Os profissionais são bem informados sobre seu mercado e os adjacentes? Conhecem especificamente o seu público-alvo? Ou seja, a experiência deles vai além da imprensa e chega aos clientes reais? São criativos? Terão ideias melhores do que sua própria equipe? O pensamento estratégico é um ponto forte da agência? Apresentaram casos nos quais acrescentaram inteligência ao processo? Aplicam métricas para mensurar os resultados de cada cliente? Falar sobre mensuração os deixa nervosos? Assim que estiver satisfeito em relação a essas questões, assine um contrato com a agência no qual conste (por escrito) que os profissionais que o impressionaram e o convenceram nas reuniões preliminares serão os mesmos que cuidarão continuamente de sua conta.

Finalmente, certifique-se de que sua agência tenha entendido e aderido à noção de tipo de mercado. Caso os profissionais da agência acreditem resolutamente que todas as startups são lançadas do mesmo jeito, eles vão levá-lo a cometer um erro que custará muito caro. A boa notícia é que a maioria das agências mais sofisticadas sabe que existem diferentes tipos de mercado – apenas não estão acostumadas a empregar a terminologia.

B. Posicionamento
Realizar auditorias interna e externa

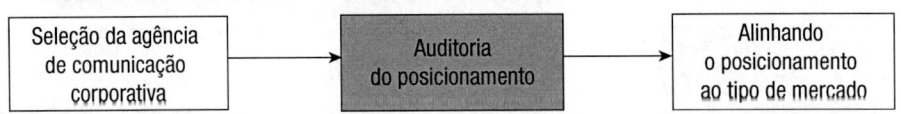

Seleção da agência de comunicação corporativa → **Auditoria do posicionamento** → Alinhando o posicionamento ao tipo de mercado

Antes de a empresa investir um tostão em posicionamento, é uma boa ideia sair da sala de reunião para refrescar as ideias, coletando algumas informações. O melhor modo para fazer isso é com uma ferramenta chamada auditoria – uma maneira sem vieses de aprender como os outros percebem sua empresa e seus produtos. Na auditoria externa, a agência de comunicação corporativa identifica clientes e comunicadores (analistas, influenciadores, jornalistas e outros públicos, que identificaremos à frente neste capítulo) e faz uma série de perguntas a eles, semelhantes àquelas que você fez para checar a percepção deles sobre o seu tipo de mercado. Analise o resultado dessa auditoria, como uma linha geral das percepções que os outros têm sobre sua empresa.

Figura 5.3 Exemplo de questionário de auditoria externa

Questionário de auditoria externa
Reconhecimento
• Já ouviu falar sobre a empresa? Sabe o que ela faz?
Foco no mercado
• Existem outros produtos similares no mercado?
• Se existem, como o produto da empresa se diferencia?
• De qual você gosta mais? Por quê?
• Se não, como você descreve o espaço de mercado em que a empresa está?

Foco no cliente
- Você está familiarizado com o tipo de cliente que a empresa está buscando?
- Está familiarizado com o tipo de problema enfrentado por esses clientes?
- Acredita que o produto da empresa pode solucionar esse problema? Como?

Foco no produto
- Você sabe quais são os três principais recursos do produto da empresa?
- São recursos do tipo "tenho que ter"?
- Que recursos você acha que a empresa deve entregar ao mercado no próximo lançamento? E no seguinte?
- Qual você considera a tecnologia central da empresa? É única? É defensável? Como se compara com outras entrantes no mercado?

Posicionamento
- Você ouviu como a empresa descreve seu posicionamento? Acredita nele? Está correto?
- Você ouviu como a empresa descreve sua missão? Acredita nela? Está correta?

Concorrência
- Acha que a empresa será competitiva em seu primeiro ano?
- Quem são os principais concorrentes da empresa?
- Como acha que a empresa irá enfrentá-los para vencer?

Venda/distribuição
- A estratégia de distribuição da empresa é a melhor para atingir os clientes?
- A estratégia de vendas é efetiva?
- A companhia está precificando corretamente? Está cobrando demais? Está cobrando pouco?

Pontos fortes e fracos
- Quais são os pontos fortes da empresa? (produto, distribuição, posicionamento, parceiros etc.)
- Quais são os pontos fracos? (falta de "produto total", vendas, recursos etc.)

Tendências
- Com que tendências de tecnologia/produto a empresa deve se preocupar?
- Quem são os líderes-chave de opinião nessa tecnologia? Quem você respeita?
- Com qual tendência de negócio a empresa deve se preocupar?
- Quem são os líderes-chave de opinião nessa tendência de negócio? Quem você respeita?

Assim que você compreender o pensamento dos outros sobre sua empresa (em geral, uma surpresa para a maioria das startups que vivem respirando o ar rarefeito das salas de reunião), já pode começar a trabalhar na mudança e modelagem dessas opiniões. Um exemplo de questionário de auditoria externa, que pode ser aplicado a jornalistas, clientes, influenciadores e analistas, está apresentado na Figura 5.3.

Embora a condução de auditorias seja uma especialidade das agências de comunicação corporativa, abandonar essa tarefa exclusivamente nas mãos de profissionais terceirizados é um grave erro em uma startup. Assim como os primeiros contatos de vendas são muito importantes para deixar nas mãos dos vendedores, suas primeiras auditorias também têm muita relevância para ficarem apenas sob a responsabilidade da agência. O time de fundadores deve realizar os cinco primeiros contatos – pelo menos.

Ouvir as vozes externas descrevendo as percepções sobre sua empresa é apenas metade do caminho dessa etapa de auditoria. Ouvir as vozes dentro da companhia é a outra metade. A auditoria interna dirige as mesmas questões para o time de fundadores e para a equipe de executivos. A maioria das startups assume que existe uma completa unanimidade interna sobre todas aquelas mesmas questões abordadas na auditoria externa. No entanto, a auditoria interna provavelmente vai revelar que existe uma cacofonia de vozes dentro da empresa; sua meta é escutá-las e extrair novas ideias. No final dessa fase, quando a empresa criar consenso em torno de um posicionamento final, essas ideias devem ser comunicadas novamente a todos para que a organização passe a contar com uma voz única.

C. Posicionamento
Adequar posicionamento ao tipo de mercado

| Seleção da agência de comunicação corporativa | → | Auditoria do posicionamento | → | **Alinhando o posicionamento ao tipo de mercado** |

O posicionamento da empresa responde à questão: "O que a empresa faz por mim?". Um bom posicionamento corporativo começa e termina tendo em mente o cliente. Se os clientes potenciais ouvirem seu posicionamento, eles vão se importar? Vão se sentir entusiasmados e querer se manter conectados com a empresa? Por exemplo, a Apple posiciona-se como uma fabricante de "computadores bacanas", apelando a clientes sintonizados em tendências. Esse posicionamento faz com que algumas pessoas tenham vontade de conhecer melhor os recursos de um Apple pelo que já sabem que a empresa produz e também que outras sintam-se excluídas de imediato.

Como sugerido anteriormente, as mensagens que a empresa pretende divulgar a respeito de si mesma e de seus produtos diferem conforme o tipo de mercado. Portanto, agora chegou o momento de adequar o posicionamento ao tipo de mercado selecionado. Uma agência de comunicação corporativa experiente pode ajudar, mas você tem que fazer a escolha do tipo de mercado no final desta fase.

Para um mercado existente

Se você está entrando em um mercado existente, o posicionamento gira em torno da noção de que a empresa é diferenciada e, simultaneamente, tem credibilidade. Quando a Handspring entrou no mercado de *Personal Digital Assistants* (PDAs), as pessoas acharam que era mais uma manufatura de dispositivos do tipo Palm, mas que a empresa era capaz de fazer com mais atributos e tornar o equipamento mais rápido e barato e, de certa forma, melhor. A Handspring também recebeu credibilidade imediata, já que seus fundadores tinham criado o Palm e, portanto, o mercado inteiro de PDAs.

Assim que o posicionamento da empresa está definido, segue-se o de produto. Já que em um mercado existente há os itens comparáveis, o posicionamento de seu produto deve descrever como e por que ele se diferencia junto com o eixo/base da competição. A diferenciação em um mercado existente pode assumir uma entre três formas. Você pode descrever os diferenciais do produto (mais rápido, mais barato), do canal de distribuição (pizza em trinta minutos, entrega em domicílio) ou do serviço (cinco anos de garantia, dinheiro de volta em noventa dias). Por exemplo, a diferenciação realizada pela Handspring implicava os atributos do produto; seu posicionamento dizia que todos os PDAs da Handspring eram diferentes e melhores porque tinham a possibilidade de "expansão com um módulo exclusivo da empresa, além de memória com dezesseis megabytes e não apenas oito". Uma vez que o mercado já existia e os consumidores entendiam a base da competição, os usuários de PDA compreenderam do que a Handspring estava falando. O resultado foi a conquista de uma fatia de 30% do mercado Palm-compatível em quinze meses.

Para um novo mercado

Se você está criando um novo mercado, o posicionamento da empresa não pode ser pela diferenciação, já que não há outras companhias para fazer a comparação. Sendo assim, deve-se comunicar a visão e a paixão do que o produto pode vir a ser. Ele responde à pergunta: "O que está errado no mundo que você gostaria de consertar? O que sua empresa está tentando mudar?". Quando a Palm criou o primeiro PDA, o posicionamento da empresa procurava comunicar a visão de que ter um desses equipamentos tornaria mais fácil a vida dos clientes. Em outro exemplo, a PhotoToYou deveria ter tido um posicionamento apaixonado do tipo: "Viabilizamos a impressão descomplicada de suas fotos tiradas com a câmera digital", uma visão que o dono de uma câmera digital poderia entender e, a partir disso, conectar-se com a empresa. Em vez disso, a PhotoToYou descreveu-se como "a melhor finalizadora *on-line* de fotos digitais". Embora tecnicamente correta, essa mensagem partia do princípio de que os clientes sabiam o que era uma finalizadora de fotos *on-line*. Quando o mercado ainda não existe, os clientes precisam entender primeiro que problema a sua empresa está resolvendo.

Depois de posicionar a empresa, o posicionamento do produto em um novo mercado torna-se bem simples. Alardear os recursos do produto é improdutivo – não existem itens comparáveis – e os clientes não saberão do que você está falando. Por exemplo, se a Palm tivesse posicionado seu primeiro PDA como o único expansível com dezesseis megabytes de memória, ninguém teria a menor pista do que era tudo aquilo. Em vez disso, o posicionamento da Palm tratava do problema que estava sendo solucionado ("Agora o executivo pode se manter sincronizado com seu computador") e como o produto resolvia a dificuldade do cliente ("Um PDA ajuda você a colocar todas essas funções no bolso").

Para um mercado ressegmentado

Se sua startup está ressegmentando um mercado existente, então, o posicionamento da empresa depende da segmentação do mercado e não da diferenciação, o que significa que você escolheu uma área clara e distinta da mente dos clientes que é única, compreensível e, mais importante, está relacionada a algo que eles valorizam, querem e necessitam agora. O posicionamento da empresa nesse tipo de mercado comunica seu valor para o segmento específico que você selecionou e a inovação que é capaz de lhe entregar.

Existem dois tipos de ressegmentação de mercado, como nicho ou como oferta de baixo preço, por exemplo, a Jet Blue. Diferentemente da Southwest Airlines, um exemplo de ressegmentação de baixo preço que oferece passagens mais baratas e serviços mínimos, a Jet Blue entrou no negócio de companhias aéreas não apenas como uma operadora com passagens baratas para os clientes, mas também como uma que oferece ótimos serviços em rotas ponto a ponto. Para manter os custos baixos, a empresa voltou-se para mercados mal servidos e para as grandes regiões metropolitanas, onde o preço médio das passagens é alto.

O surgimento da Walmart foi um exemplo empreendedor que reconheceu que o mercado existente estava pronto para uma ressegmentação de nicho. Nas décadas de 1960 e 1970, a Sears e a Kmart dominavam o grande varejo de desconto, abrindo grandes lojas e acreditando que houvesse população suficiente para sustentar a operação. As pequenas comunidades tinham a possibilidade de comprar por catálogo (Sears) ou eram simplesmente ignoradas. Sam Walton percebeu que as cidades que eram esquecidas por serem "muito pequenas" eram uma oportunidade para um varejista de grandes descontos. Essa prioridade nas pequenas cidades como nicho exclusivo foi a estratégia inicial da Walmart. Uma vez instalada, a empresa posicionava-se orgulhosamente como uma "loja de descontos" – uma alcunha que as grandes varejistas evitam como uma praga. A Walmart comprava produtos de saúde e beleza, colocava sua marca e os vendia a preço de custo. Essa estratégia, suportada por uma verba publicitária abundante, conquistava os consumidores que compravam também outros produtos de baixo preço, mas com grandes margens. Igualmente importante, a Walmart adotou tecnologia de ponta para entender como as pessoas compravam e também para vender e entregar com mais eficiência e mais barato do que seus concorrentes, o que possibilitou à empresa reduzir seus custos a uma fração de seus competidores. Em 2002, a Kmart havia ido à falência e a Walmart era a maior empresa do mundo.

Quando você está ressegmentando um mercado, o posicionamento do produto é um híbrido entre o de novo mercado e o de mercado existente. Como a segmentação moveu seu produto para um espaço adjacente ao da concorrência, esse posicionamento descreve como e por que seu novo segmento de mercado é diferente e importante para os consumidores.

Fase 3: Lançamento da empresa e do produto

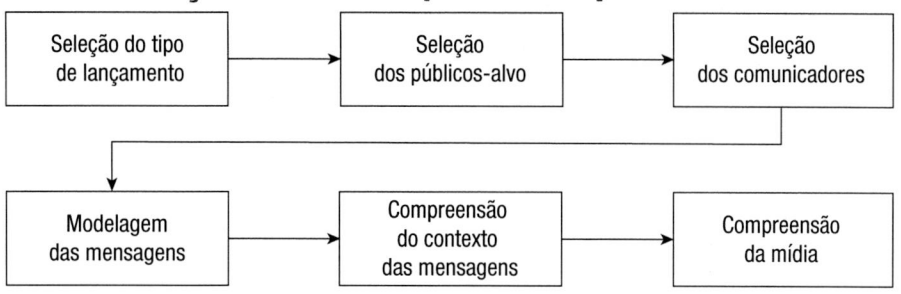

```
┌──────────────────┐     ┌──────────────────┐     ┌──────────────────┐
│  Seleção do tipo │ ──▶ │     Seleção      │ ──▶ │     Seleção      │
│   de lançamento  │     │ dos públicos-alvo│     │ dos comunicadores│
└──────────────────┘     └──────────────────┘     └──────────────────┘
         │
         ▼
┌──────────────────┐     ┌──────────────────┐     ┌──────────────────┐
│    Modelagem     │     │    Compreensão   │     │    Compreensão   │
│   das mensagens  │ ──▶ │    do contexto   │ ──▶ │     da mídia     │
│                  │     │   das mensagens  │     │                  │
└──────────────────┘     └──────────────────┘     └──────────────────┘
```

Assim que a árdua tarefa do posicionamento estiver completa, a empresa está pronta para traçar as táticas de lançamento. Na fase de geração de demanda, o lançamento é a culminação de todos os seus esforços estratégicos. Representa o momento em que a companhia comunica a uma audiência pela primeira vez o que é, para que existe e o que está vendendo (da empresa), e descreve por que os clientes deveriam querer comprar especificamente aquele item (do produto). Em uma startup, esses dois lançamentos sempre ocorrem simultaneamente e o processo é similar. Você tem que preparar os materiais de comunicação, selecionar o público-alvo que deseja atingir, modelar as mensagens, escolher os comunicadores e o contexto e ficar pronto para criar demanda. Então, você mensura como se saiu e inicia a correção de curso. Passo a passo, você:

- Selecionará um lançamento por tipo de mercado.
- Selecionará os públicos-alvo.
- Selecionará os comunicadores.
- Modelará as mensagens.
- Compreenderá o contexto das mensagens.
- Compreenderá a mídia.
- Mensurará o sucesso.

A. Lançamento

Selecionar por tipo de mercado

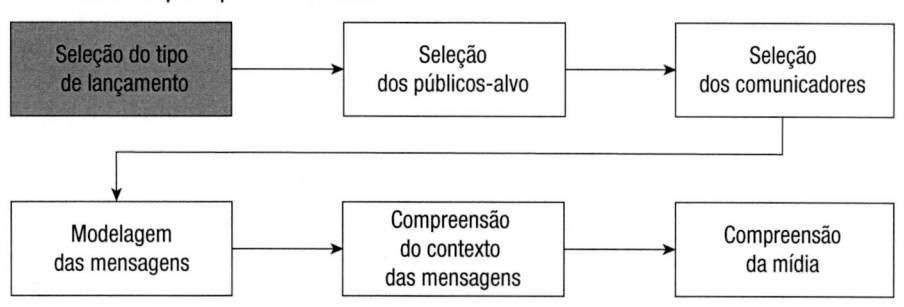

```
┌──────────────────┐     ┌──────────────────┐     ┌──────────────────┐
│ ▓Seleção do tipo▓│ ──▶ │     Seleção      │ ──▶ │     Seleção      │
│ ▓de lançamento ▓ │     │ dos públicos-alvo│     │ dos comunicadores│
└──────────────────┘     └──────────────────┘     └──────────────────┘
         │
         ▼
┌──────────────────┐     ┌──────────────────┐     ┌──────────────────┐
│    Modelagem     │     │    Compreensão   │     │    Compreensão   │
│   das mensagens  │ ──▶ │    do contexto   │ ──▶ │     da mídia     │
│                  │     │   das mensagens  │     │                  │
└──────────────────┘     └──────────────────┘     └──────────────────┘
```

Lançar uma empresa é como disparar um míssil intercontinental: o que você lança na estratosfera é impossível de ser recolhido e seu impacto pode ter enormes consequências. Assim como ocorre com um míssil, o lançamento da empresa nunca deve ser acidental e deve exigir muito trabalho prévio. A companhia precisa escolher e se comprometer com uma estratégia de lançamento adequada ao tipo de mercado.

Na última fase, você determinou em qual dos três tipos de mercado sua startup se encaixa e agora é o momento de adequar a estratégia de lançamento a essa definição. Existem três tipos de lançamentos: de investida, para os visionários ou de nicho. Veremos o que difere entre eles.

Para um mercado existente: lançamento de investida

Um lançamento de investida é um completo ataque frontal ao mercado, usando todas as ferramentas disponíveis para a criação de demanda. Tradicionalmente, as startups selecionam essa abordagem. No entanto, é o modelo correto de lançamento somente para um tipo de estratégia: conquista de *share* em um mercado existente. Trata-se de um movimento muito caro e de alto comprometimento, que se caracteriza pela máxima exposição em um único e determinado período de tempo. Esse tipo de lançamento é sobrecarregado com pesados gastos iniciais em propaganda, comunicação corporativa, feiras, marketing direto e daí em diante.

A Estratégia New Lanchester serve para determinar os custos de entrada no mercado com esse tipo de lançamento, mas, ironicamente, quanto maior e mais diversificado for seu concorrente, melhores serão suas chances. Por quê? Ao enfrentar uma companhia diversificada, você não tem que suportar o choque total da verba de marketing e vendas de seu concorrente. Os investimentos dele estão divididos entre múltiplas divisões, diversos produtos e inúmeros canais de distribuição. Por exemplo, suponha que você decidiu entrar no negócio de mouses para computador. Sendo a Microsoft o *player* dominante, de acordo com nossas regras, teria que gastar 1,7 vez a verba de marketing e vendas dela para entrar nesse mercado (ver Tabela 5.2). Com que meios você conseguiria fazer isso? Em um primeiro olhar, parece impossível. Mas em uma análise mais detalhada, pode ser viável. Competir com uma companhia que tem múltiplas divisões e diversas linhas significa que você pode concentrar todos os seus recursos (lê-se: cada centavo que tiver) para competir com o produto específico com que está concorrendo e não com a empresa inteira. Sendo assim, usando novamente a Microsoft como exemplo, seu custo de entrada nesse mercado será de 1,7 vez o investimento da gigante em sua divisão de periféricos. Embora esse ainda seja um número formidável (e talvez ainda o bastante para afugentá-lo), isso possibilita calcular o verdadeiro custo de entrada.

Obviamente, estamos falando somente de entrada no mercado, não de competição a longo prazo. Chute uma grande empresa nas canelas bem forte por bastante tempo e você chamará a atenção da gigante (pergunte a Netscape o que aconteceu quando ela menosprezou a Microsoft; às vezes, os gigantes adormecidos acordam). Na época que seu competidor voltar todo o poder de fogo em marketing e vendas para sua empresa, é melhor que você já tenha conseguido transformar sua vantagem mercadológica inicial em um *share* defensável, usando a estratégia de cruzar o abismo no passo de Estruturação do Negócio.

Para um novo mercado: lançamento para visionários

Diferentemente dos lançamentos de investida e de nicho, essa é uma abordagem de baixo custo voltada a um público-alvo bem delimitado. A meta da estratégia de lançamento para os visionários é preparar o novo mercado para o dia em que se transformar em um mercado de massa. Já que o mercado-alvo não tem clientes suficientes para justificar o investimento em conquista de *share*, a meta é conquistar o máximo de *mind share*. A boa notícia é que, por sua própria natureza, os visionários tendem a ignorar de qualquer forma as ações de propaganda de massa e os eventos de relações públicas. Em vez disso, eles confiam em outras mídias, como a internet, os grupos de discussão e também no boca a boca. Um lançamento para visionários é o início de uma longa e prolongada campanha de educação inicialmente focada nos primeiros evangelistas. A meta é usar a paixão e o entusiasmo deles para difundir a nova ideia e formar consciência coletiva entre os clientes potenciais e, desse modo, criar o mercado. Em outras palavras, a meta é criar um "ponto de inflexão" na demanda (a melhor descrição dessas estratégias de "ponto de inflexão" está no livro de Malcolm Gladwell, *O ponto da virada*[6]). Esse lançamento é a antítese do tipo de investida. Novos mercados não são criados da noite para o dia; pode-se levar de três a sete anos a partir do lançamento do produto para que o mercado atinja tamanho suficiente para tornar rentável uma startup.

Durante a bolha das pontocom, os capitalistas de risco e as agências de comunicação corporativa defendiam a aplicação de lançamentos de investida para empresas entrando em *novos* mercados. Eles pregavam que todas as startups deviam desfrutar da "vantagem do pioneiro". Um lançamento de investida seria capaz de persuadir os concorrentes a se retirarem ou possibilitar que a startup se consolidasse em um setor fragmentado ou, pelo menos, impedir que os competidores expandissem sua presença. A realidade era muito diferente. Na PhotoToYou, por exemplo, uma cascata de suposições equivocadas levou a empresa a executar um lançamento de investida para um novo mercado. Como eles puderam descobrir, um lançamento de investida em um novo mercado com poucos clientes é um enorme gasto de dinheiro para um retorno muito pequeno. A PhotoToYou sobreviveu, mas a maioria das startups em novos mercados que fizeram lançamentos de investida já estão fora do negócio.

Para um mercado ressegmentado: lançamento de nicho

Caso você esteja tentando ressegmentar um mercado existente, as opções para o lançamento são mais difíceis. A resposta para a pergunta: "Que tipo de lançamento devo fazer?" é "Depende". A Estratégia New Lanchester ainda se aplica aqui, mas ao

---

[6] M. Gladwell. *O ponto da virada* (The tipping point) – como pequenas coisas podem fazer uma grande diferença. Sextante, 2009.

ressegmentar, você diluiu o poder de seus concorrentes, já que se colocou em um mercado adjacente. A questão relevante é: "Existem clientes prontos para comprar no segmento que você definiu?". Em caso afirmativo, siga em frente com um lançamento de investida para conquistar fatia de mercado, mas foque a ação nos clientes de seu novo nicho. No lançamento de nicho, a empresa coloca toda sua verba de criação de demanda para conquistar um único e identificável segmento de mercado e perfil de cliente. Mas, se o novo segmento que você está definindo é especulativo – ou seja, está criando o segmento de mercado e seus clientes –, então, trate esse mercado como se fosse um novo e faça um lançamento como se fosse para visionários.

B. Lançamento

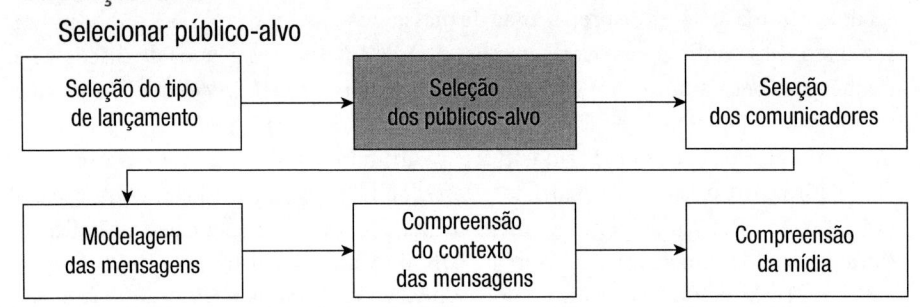

Selecionar público-alvo

```
┌─────────────────┐    ┌─────────────────┐    ┌─────────────────┐
│ Seleção do tipo │ →  │    Seleção      │ →  │    Seleção      │
│  de lançamento  │    │ dos públicos-alvo│    │ dos comunicadores│
└─────────────────┘    └─────────────────┘    └─────────────────┘
         ↓
┌─────────────────┐    ┌─────────────────┐    ┌─────────────────┐
│   Modelagem     │ →  │  Compreensão    │ →  │  Compreensão    │
│  das mensagens  │    │   do contexto   │    │    da mídia     │
│                 │    │  das mensagens  │    │                 │
└─────────────────┘    └─────────────────┘    └─────────────────┘
```

Tendo decidido a estratégia de lançamento, agora você deve escolher o público-alvo – ou seja, para quem se destina a mensagem a ser transmitida. Selecionar a público para o lançamento é o primeiro passo para criar demanda para o produto. Mais tarde, na etapa de Estruturação do Negócio, quando sua empresa começar a ampliar a base de clientes investindo mais pesadamente em propaganda, feiras etc., os públicos-alvo podem aumentar, porém, nesse momento, você precisa identificar quem serão os primeiros receptores de sua mensagem.

Uma das armadilhas que ajudam a derrubar as startups é escolher um público-alvo com que os fundadores sentem-se mais familiarizados e confortáveis e não exatamente aquelas pessoas com mais chance de comprar o produto. O processo de Desenvolvimento de Clientes ajuda você a não olhar na direção errada. No passado, *startups* lançavam seus produtos antes de conversar com os clientes e obter um conhecimento mínimo sobre seus desejos e necessidades. Mas por outro lado, se você está seguindo o modelo de desenvolvimento de clientes, quando chega ao lançamento, já vendeu para os primeiros evangelistas e, por isso, conhece profundamente o problema a ser solucionado. Mais do que isso, na etapa de validação pelo cliente, investiu boa parte de seu tempo não apenas conhecendo as necessidades do cliente, mas também estruturando o mapa de influência para aprender como ele compra, quem toma a decisão e os demais detalhes do processo.

Além disso, realizou muitos contatos reais de vendas para perceber se seus clientes apresentam algum padrão significativo demográfico ou geográfico no processo de compra. Por exemplo, você pode ter descoberto que a maioria de seus primeiros evangelistas tem menos de 35 anos (demográfico) ou que os consumidores da Costa Oeste compram mais seu produto do que os da Costa Leste (geográfico).

Para definir seu público, selecione no mapa de influência o público-alvo que suas mensagens devem atingir. No entanto, tenha cuidado com outra armadilha: nem todas as pessoas presentes no mapa são alvos para suas mensagens de lançamento, caso contrário sua mensagem se diluirá. Para ser bem-sucedida, a mensagem deve ser dirigida a um pequeno grupo (ou até a um indivíduo) que desfruta de maior poder de influência. Mais especificamente:

- Em um *mercado existente*, a audiência de lançamento é formada pelo usuário ou pelo responsável na organização pela escolha (não necessariamente usuário) do produto.
- Em um novo mercado, a audiência de lançamento é formada pelos potenciais evangelistas que reconhecem que têm um problema e estão ativamente em busca de uma solução.
- Em um mercado ressegmentado, a audiência de lançamento é formada por usuários ou grupos que apreciarão o segmento escolhido por sua startup.

C. Lançamento

Selecionar os comunicadores

Uma vez que você já tem uma ideia mais nítida de quem será o público de seu lançamento, precisa pensar sobre outro grupo de pessoas que será receptor e transmissor de suas mensagens. Como mostra a Figura 5.4, para o lançamento, a empresa tem que educar não somente o seu público, mas também seus comunicadores – aquelas pessoas que também são capazes de transmitir a mensagem para os públicos-alvo de seu interesse.

Figura 5.4 Múltiplas audiências: público-alvo é atingido pelos mensageiros

Os profissionais de comunicação corporativa usam às vezes o termo "influenciadores do setor". No entanto, no livro *O ponto da virada*, Malcolm Gladwell articula a teoria de que existe um determinado tipo de personalidade capaz de gerar mudança pelo boca a boca, o que ele denomina de "lei dos poucos". Segundo o autor, se cativar essas poucas pessoas, sua mensagem se tornará contagiosa. O exemplo que ele usa são as epidemias; mudanças dramáticas desenvolvem-se lentamente até chegar a uma massa crítica e, então, explodem da noite para o dia – aparentemente, em resposta às menores mudanças.

Um dos tipos de personalidade descritos por Gladwell são os "comunicadores". Sua hipótese, que é corroborada pela evidência empírica em lançamentos de empresas e produtos, é a seguinte: para comunicar uma nova ideia ou produto, você só precisa atingir algumas poucas pessoas bem posicionadas e altamente mobilizadoras, as quais ele chama de mensageiras, e que têm um talento especial para congregar os outros. Por causa de sua influência e suas conexões, esse pequeno grupo é capaz de rapidamente iniciar uma revolução no mercado. Como parte de sua estratégia de lançamento, você deve identificar quem são essas pessoas em seu setor e lhes comunicar o lançamento e o posicionamento da empresa.

Existem três tipos de comunicadores que sua empresa precisa educar: *experts*, evangelistas e conectores. Os experts são exatamente o que parecem; conhecem o setor e os produtos detalhadamente e os outros confiam em suas opiniões. Podem ser analistas em empresas privadas de pesquisa (Gartner, NPD, AMR), analistas de Wall Street (Morgan Stanley, Goldman Sachs) ou consultores que prestam serviço especificamente em seu setor. Podem até mesmo ser clientes potenciais para os quais outros *prospect*s se voltam para buscar opiniões.

Alguns *experts* não farão proselitismo sobre um produto específico e costumam cobrar para prestarem consultoria genérica sobre determinados assuntos. Existe, porém, um segmento importante de especialistas que fala sobre "os melhores produtos", publicando resenhas em jornais e revistas. Nos Estados Unidos, são exemplos de *experts* que falam sobre e recomendam produtos: Walt Mossberg, o colunista de tecnologia do *The Wall Street Journal*; David Pogue, do *New York Times*; Stewart Alsop, da revista *Fortune*. Esses especialistas depositam grande valor na própria independência. Durante o lançamento da empresa e do produto, os jornalistas e os clientes pioneiros procuram os *experts* para ouvir sua opinião independente a respeito de suas promessas públicas. Nas etapas de descoberta do cliente e de validação pelo cliente, você identificou os *experts* de seu setor e desenvolveu um relacionamento com eles. Como um pré-requisito do lançamento, você deve conhecer a opinião deles e educá--los sobre sua empresa e seu produto.

A segunda categoria de comunicadores, os evangelistas, são incentivadores entusiasmados e vendedores do seu produto e, caso você esteja entrando em um novo ou ressegmentado mercado, também do tipo de mercado que você escolheu para sua startup. Eles dirão a todo mundo como seu produto é ótimo e explicarão como é ilimitado o potencial de seu mercado. Embora desfrutem de menos credibilidade do que os *experts*, os evangelistas têm duas vantagens: são, em geral, clientes pagantes e absolutamente entusiasmados com o que têm a dizer. Como você viu ao assinar contrato com os clientes pioneiros, os primeiros evangelistas têm que compartilhar a visão da empresa para assumir o risco da compra de um produto que ainda não foi disponibilizado ao mercado. Eles estão emocionalmente envolvidos no assunto quase como você e estão sempre prontos para levantar e contar aos outros o que acabaram de comprar.

Às vezes, as startups confundem os evangelistas com os clientes que serão usados como referência, mas eles não são exatamente os mesmos. Um cliente de referência é alguém que você precisa batalhar para conquistar; um evangelista é aquele que você nem consegue desligar o telefone. Na época do lançamento, os primeiros evangelistas têm que estar satisfeitos o bastante com sua empresa e seu produto para se levantar e, alegremente, falar aos outros sobre o assunto.

Os conectores, que fazem parte da terceira categoria de comunicadores, de vez em quando não são reconhecidos. Não são especialistas do setor ou de produtos e nem compraram nada da sua empresa. São aquelas pessoas que parecem conhecer todo mundo; cada setor parece contar com uma porção delas. São os blogueiros que escrevem sobre o assunto e têm colunas em jornais e revistas; os organizadores de conferências e palestras nas quais os líderes do setor se encontram; às vezes, eles mesmos são os formadores de opinião. Outro ponto interessante a respeito dos conectores é sua habilidade para lançar pontes entre diferentes mundos. Seu relacionamento com os conectores deve ser desenvolvido e mantido nos mesmos termos do que com os *experts*. Você já deve ter estabelecido uma relação e os educado minimamente sobre sua empresa e seu produto antes de chegar nessa etapa. Quando chegar o lançamento, será interessante que os conectores escrevam sobre seu produto para a comunidade deles ou que convide você para falar em uma de suas conferências.

Influenciar os comunicadores é algo que as agências de comunicação corporativa sabem como fazer. Pode ser que eles usem sua própria terminologia para descrevê-los (talvez "influenciadores") e tenham sua metodologia para gerenciar a cadeia de informação, mas uma agência competente pode acrescentar um tremendo valor a essa etapa.

D. Lançamento
Modelar as mensagens

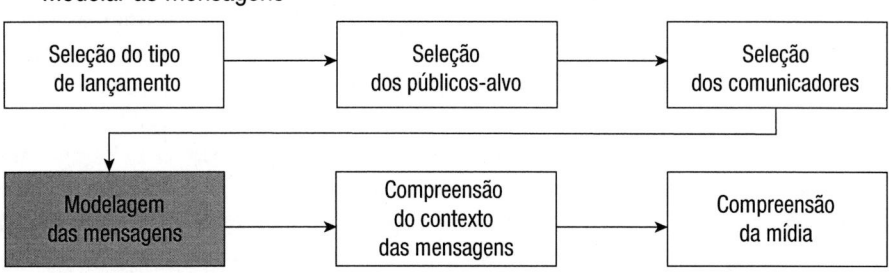

As mensagens que a empresa divulga no lançamento são o resultado cumulativo de todos os esforços de posicionamento realizados até agora. Aqui, eu gostaria de acrescentar uma ideia a mais, enquanto você modela esse conteúdo: as mensagens precisam ser memoráveis e até "pegajosas". Por quê? Porque quanto mais memoráveis e pegajosas, maior a possibilidade de gerarem mudanças. E, no caso do lançamento de uma empresa e de seu produto, não queremos apenas que as pessoas mudem seu comportamento de compra; queremos que elas mudem seu modo de pensar.

Os bons profissionais de comunicação corporativa sabem que o modo de apresentar uma informação pode alterar dramaticamente o impacto causado por ela. Meu exemplo favorito sobre como uma pequena alteração na mensagem pode prevenir um grande desastre foi o que aconteceu quando o Vale do Silício enfrentou uma praga, que tomou toda a região de Santa Clara County. Não, não se tratou de um defeito em um software e nem de uma falha no Windows, mas da mosca da fruta do mediterrâneo, uma enorme ameaça à agricultura da Califórnia, o maior negócio desse estado. Em 1981, a mosca infestou a casa da alta tecnologia. O governo do estado decidiu que o modo mais rápido para erradicar aquela peste era usar helicópteros para espargir pesticidas. Infelizmente, os produtos químicos criados para matar insetos têm nomes nem um pouco amigáveis. Em vez de se dar conta disso, o governo anunciou que saturaria a região com malation, um pesticida capaz de erradicar a mosca do mediterrâneo. Essa decisão tornou-se um novelo político para o governador, já que a Califórnia produzia 25% de todos os produtos agrícolas dos Estados Unidos e a disseminação da praga implicava um impacto devastador sobre as colheitas. A ideia, porém, de ter algo chamado malation, que lembra medo e morte, sendo espargido dos céus sobre as casas e as crianças não deixou os moradores exatamente em estado de alegria. As pessoas ficaram indignadas porque o produto químico choveria sobre a região.

Agora, imagine se alguém no escritório do governador tivesse parado para pensar dois minutos sobre essa "mensagem". Apenas uma mudança sutil em sua apresentação teria reduzido dramaticamente o temor e a gritaria da população. Imagine se o estado tivesse anunciado que espargiria diariamente "névoa primaveril", "orvalho de verão" ou até mesmo "fora moscas", em vez de malation. Essa pequena alteração da mensagem teria reduzido muito seu impacto negativo. As pessoas sairiam de suas casas para inspirar a fragrância, em vez de selarem suas janelas com plástico. Você pode rir, achando que ninguém muda suas percepções com base na semântica, mas, de fato, todos nós fazemos isso diariamente. Pense em um hambúrguer. Você pode comer muitos deles, mas se a mensagem do McDonald's fosse "vaca morta, abatida aos milhares, massacrada por açougueiros que recebem salário mínimo, às vezes, contaminada com E.coli e, em seguida, moída e formatada em bolinhos, congelados em blocos sólidos e depois reaquecidos quando você pede um hambúrguer", em vez de "Amo muito tudo isso", as vendas seriam, pelo menos, um pouquinho menores.

Para startups entrando em um novo mercado, é quase um axioma do Vale do Silício criar sua própria sigla com três letras (acrônimo com três letras – ATL) para nomeá-lo ou alguma outra frase memorável. A mensagem que isso passa é que a empresa está inventando algo novo e tão significativo que merece ter seu próprio nome. Na área de software corporativos, automação em vendas, CRM (*Customer Relationship Management*) e ERP (*Enterprise Resource Planning*) entraram para o léxico. Nos produtos de consumo, as expressões como PDA, *e-commerce*, *fast food* ou *home theater* têm um significado que antes não existia. Caso você tenha dúvidas a respeito do poder das frases memoráveis para desencadear um debate, pense na discussão sobre o aborto e nas bem elaboradas mensagens divulgadas pelos dois lados – contra e a favor. Se você não é "antiaborto", é "pró-vida"; se você não é "pró-aborto", é "pró-escolha". Cada uma dessas mensagens influencia poderosamente as percepções.

Para uma empresa que está entrando em um mercado existente ou tentando ressegmentá-lo, as mensagens giram em torno de "Devia haver um jeito melhor de fazer isso e nossa empresa conseguiu". As mensagens respondem às questões que você colocou, quando estava conversando com os primeiros evangelistas: "Que dor meu produto alivia? Que valor entrega? E por que eu deveria me importar?"

E. Lançamento

Compreender o contexto das mensagens

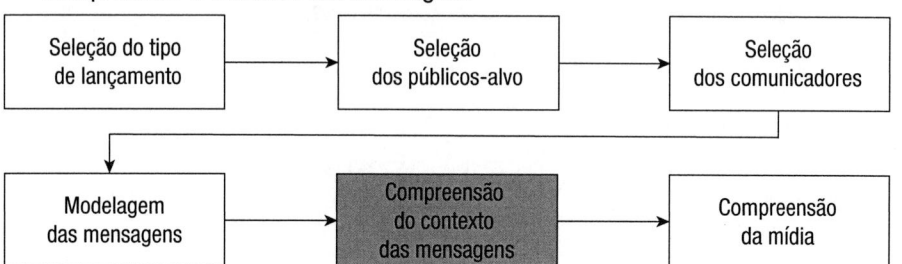

```
┌─────────────────┐    ┌─────────────────┐    ┌─────────────────┐
│   Seleção do    │ →  │     Seleção     │ →  │     Seleção     │
│ tipo de lançamento │    │ dos públicos-alvo │    │ dos comunicadores │
└─────────────────┘    └─────────────────┘    └─────────────────┘
         ↓                                              ↓
┌─────────────────┐    ┌─────────────────┐    ┌─────────────────┐
│   Modelagem     │ →  │   Compreensão   │ →  │   Compreensão   │
│  das mensagens  │    │   do contexto   │    │    da mídia     │
│                 │    │   das mensagens │    │                 │
└─────────────────┘    └─────────────────┘    └─────────────────┘
```

Uma mensagem que é brilhante hoje, fazendo os consumidores implorarem para comprar seu produto pode ter sido modelada há dois anos de olhos fechados, mas também pode estar obsoleta nos próximos três anos. Por quê? Porque "nenhuma mensagem é uma ilha". Ao fazer a modelagem de conteúdos, lembre que todas as mensagens operam em um contexto (outra ideia do livro *O ponto da virada*).

A ideia de contexto é que as mensagens simplesmente não saltam ao ouvido de seus clientes potenciais sozinhas. Na realidade, são acompanhadas por muitas outras, que podem aumentar (ou diminuir) dramaticamente o poder de memorização da sua mensagem. As mensagens das tevês por satélite se fixaram quando o serviço a cabo elevou os preços à estratosfera. As corporações norte-americanas prestam muito mais atenção a suas infraestruturas de segurança depois do 11 de setembro. As enormes preocupações com o *bug* do milênio em dezembro de 2000 já não tinham mais relevância em janeiro de 2001.

Em todos esses casos, não foi a mensagem que mudou, mas seu contexto. Outro exemplo é o colapso das bolhas das pontocom e das telecomunicações no início do século. As mesmas mensagens de *e-commerce* e de *telecom* apresentadas no auge das bolhas podiam levantar 50 milhões de dólares para uma empresa e dar acesso a quase qualquer verba corporativa. Não só as startups conseguiam acesso, como os receptores dessas mensagens sentiam-se inteligentes ao passá-las adiante para seu associados. Hoje, essas mensagens não merecem um telefonema de retorno e as pessoas sentem-se embaraçadas se as repetirem para os outros. Nesse contexto, aquelas mensagens não ficaram apenas ineficazes, tornaram-se tóxicas para todos aqueles que já passaram por elas. Leve em consideração por um instante: Trata-se da mesma mensagem, da mesma companhia, mas de um novo contexto. O *checklist* apresentado na Tabela 5.6 lhe ajudará a ajustar sua mensagem ao contexto.

Tabela 5.6 Exemplo de verificação do contexto da mensagem

Checklist do contexto da mensagem
• Que problema você está solucionando para seus clientes?
• Isso se relaciona com outro problema que tenha chegado a ser noticiado na imprensa?
• O que mudou em seu mercado? Em caso positivo, o que os outros estão falando sobre isso?
• Sobre que tópicos os analistas do setor e a imprensa de relevância (técnica/de negócios/consumo) estão falando que sejam importantes para sua empresa e/ou seu produto?

F. Lançamento
Compreender a mídia

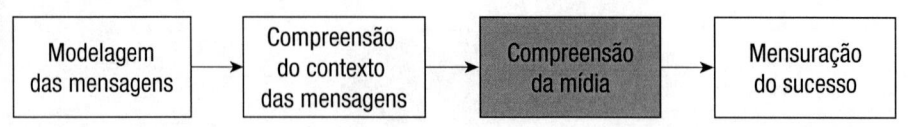

Modelagem das mensagens → Compreensão do contexto das mensagens → **Compreensão da mídia** → Mensuração do sucesso

A mídia é parte de toda estratégia de lançamento; de fato, faz parte outro tipo de comunicadores (Figura 5.4). Pense na mídia paga como em comunicadores pagos. Comprar mídia é uma das maneiras mais tradicionais para uma empresa divulgar sua mensagem diretamente. Podem ser revistas, os serviços postais ou o e-mail e o formato da mensagem, anúncios, malas diretas ou feiras. Embora a mídia paga seja uma parte importante da estratégia de comunicação de marketing, vale destacar que os clientes tendem a encarar as mensagens transmitidas pela mídia não paga como muito mais merecedoras de crédito. De fato, para a maioria das startups na área do *business to business*, o uso das mídias pagas no momento do lançamento chega a ser um excesso.

Sua empresa precisa formular uma estratégia de mídia – um plano que descreva que mídias serão usadas para atingir os clientes e, ainda mais importante, aquelas que não serão. Em vez de optar pela mídia mais barata frente ao número de leitores, lembre-se que você trabalhou duro nas etapas de descoberta do cliente e na validação pelo cliente para descobrir quais eram as mídias nas quais seus clientes pioneiros confiavam. Caso você tenha se esquecido de perguntar a eles sobre isso, esse é um bom momento para iterar. O *checklist* apresentado na Tabela 5.7 ajuda você a formular essas perguntas.

Tabela 5.7 Exemplo de verificação do plano de mídia

Checklist de mídia
• Em quais mídias meus primeiros evangelistas disseram confiar?
• Em quais mídias eu acho que a maioria do mercado confia? São as mesmas que atingem os primeiros evangelistas?
• Em quais mídias as outras pessoas do mapa de influência confiam?
• Qual veículo oferece o melhor retorno sobre o investimento (ROI)?

G. Lançamento
Mensurar o sucesso

Modelagem das mensagens → Compreensão do contexto das mensagens → Compreensão da mídia → **Mensuração do sucesso**

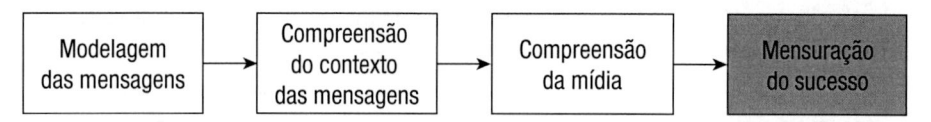

Uma das palavras que eu mais fiz pressão para encontrar no dicionário dos profissionais de marketing foi "mensuração", uma maldição para a maioria dos executivos de comunicação de marketing, que possuir e manter uma escala métrica é tarefa de contabilidade. As startups têm encontrado dificuldade para mensurar os resultados dos investimentos realizados em marketing em grande parte porque não contam com a definição de objetivos concretos. Na geração de demanda, estabelecemos uma série de objetivos estratégicos (conquistar fatia de mercado, educar os clientes sobre o novo mercado etc.), então, deveria ser mais fácil chegar à mensuração. Nessa etapa, você deve se tornar capaz de responder à pergunta: "Como sei que obtive sucesso?" Para fazer isso, vai ser preciso responder outra questão, ou seja, "Qual é o critério específico para mensurar o sucesso?".

Para estabelecer os critérios de um lançamento de sucesso, a equipe de desenvolvimento de clientes deve concordar em relação às metas. Para um mercado existente, as métricas são bastante claras – indicações que por fim se transformam em fatia de mercado. Mas e o que acontece se você está ressegmentando ou entrando em um novo mercado? Como você mensurará quanto conseguiu afetar as percepções do público-alvo? A boa notícia é que agora você já conta com uma linha de base: o *feedback* dos clientes e o resultado da auditoria externa que você realizou antes do lançamento; depois dele, contate as pessoas entrevistadas na auditoria externa e refaça as mesmas perguntas. Compare os resultados e avalie com que grau de eficiência você atingiu os clientes e os influenciou com suas mensagens-chave.

Agora, amplie a noção de auditoria e inclua a coberta de imprensa recebida pelo lançamento. Faça uma auditoria de imprensa para avaliar quais mensagens transmitidas foram usadas e repetidas pelos jornalistas. Eles adotaram o acrônimo de três letras que você usou para nomear o mercado? Estão descrevendo as questões do modo que você as posicionou? Finalmente, quão profunda e diversificada foi a cobertura? Você conseguiu menções curtas em duas revistas setoriais obscuras ou uma matéria substancial no *The Wall Street Journal*? (a Tabela 5.8 sintetiza as técnicas que você pode utilizar para mensurar o sucesso de suas atividades de lançamento).

Tabela 5.8 Técnicas de mensuração do sucesso do lançamento

	Mercado existente	Novo mercado	Mercado ressegmentado
Indicações	Número de indicações qualificadas	Número de consultas	Número de indicações e consultas
Percepção de mudança pelos comunicadores	Auditoria externa	Auditoria externa	Auditoria externa
Percepção de mudança pela audiência	Auditoria do cliente	Auditoria do cliente	Auditoria do cliente
Mensagens no público-alvo	Auditoria de imprensa	Auditoria de imprensa	Auditoria de imprensa
Profundidade da cobertura	Auditoria de imprensa	Auditoria de imprensa	Auditoria de imprensa

Fase 4: Criação de demanda

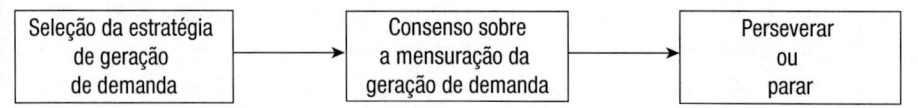

Seleção da estratégia de geração de demanda → Consenso sobre a mensuração da geração de demanda → Perseverar ou parar

A criação de demanda engloba todas as atividades de marketing para direcionar a consciência e o desejo dos consumidores para seu produto. Entre elas, comunicação corporativa, propaganda, feiras, seminários e materiais de apoio a vendas (brochuras e planilhas). A criação de demanda, última etapa do passo geração de demanda no processo de desenvolvimento de clientes, é, em geral, a primeira tarefa que os profissionais de comunicação de marketing querem executar. A realidade é que a criação de demanda está no final de um processo planejado e não no início. Nessa fase, você:

- Selecionará a estratégia de criação de demanda de acordo com os objetivos do primeiro ano.
- Chegará a um consenso sobre a mensuração da criação de demanda.
- Perseverará, retornará ou parará.

A. Criação de demanda

Selecionar estratégia de acordo com objetivos do primeiro ano

Seleção da estratégia de geração de demanda → Consenso sobre a mensuração da geração de demanda → Perseverar ou parar

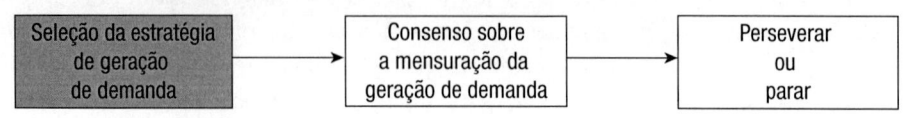

O erro primário que a maioria das equipes de marketing comete é ter metas de criação de demanda que não são as mesmas da área de vendas – em outras palavras, ajudar a empresa a atingir sua projeção de receita. Por exemplo, se sua meta de vendas é conquistar 10% de *market share* e obter três milhões em receita no primeiro ano, então, o objetivo da criação de demanda é o mesmo. Uma vez entendido isso, o que se segue é uma estratégia de criação de demanda que lista os passos a dar e as atividades implementadas para atingir a meta. Tradicionalmente, os programas de marketing e comunicações têm uma porção de partes em movimento e é fácil deixar essa complexidade confundir a verdadeira razão da existência deles.

Então vale o lembrete. No modelo de desenvolvimento de clientes, as metas de criação de demanda e vendas estão em sincronia e, para cada tipo de mercado, há uma função diferente:

- Para empresas entrando em um mercado existente, a função da criação de demanda é gerar usuários finais qualificados e dirigi-los para o canal de vendas.
- Para empresas ressegmentando um mercado existente, a função da criação de demanda é educar os clientes sobre os novos benefícios e direcioná-los para o canal de venda.
- Para empresas entrando em um novo mercado, a função da criação de demanda é educar os clientes sobre o mercado e direcionar os pioneiros ou os clientes de nicho (Tabela 5.9).

Tabela 5.9 Selecionando a estratégia de criação de demanda

Mercado existente	Novo mercado	Mercado ressegmentado
Indicações/pedidos	Percepção/crescimento do mercado/ indicações/pedidos	Indicações/pedidos/percepção

Quando eu era executivo de marketing, para ter certeza de que minha equipe tinha entendido seu papel na criação de demanda, costumava pedir que falassem em voz alta "Nossa tarefa é criar demanda de usuários finais e direcioná-la para nosso canal de vendas" (nós estávamos, nessa época, em um mercado existente) antes de começar cada reunião. Eu também não os deixava esquecer que as atividades de criação de demanda (propaganda, feiras) estavam sendo realizadas em adição aos programas de comunicação corporativa junto aos mensageiros, que haviam começado no lançamento da empresa e do produto.

B. Criação de demanda
Consenso na mensuração

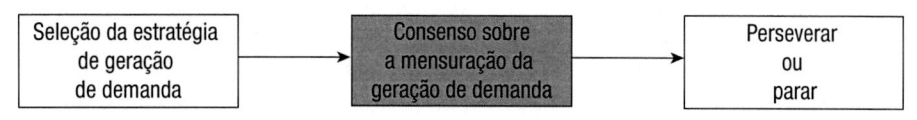

Seleção da estratégia de geração de demanda	→	Consenso sobre a mensuração da geração de demanda	→	Perseverar ou parar

Os *budgets* de criação de demanda são os maiores componentes de um departamento de marketing em estruturação. Embora selecionar a mídia certa, a feira a participar ou a mala direta mais adequada seja algumas vezes mais uma questão de arte do que de ciência, é preciso contar com um processo para mensurar os resultados e fazer uma correção de curso, em caso de necessidade. Nos departamentos de marketing que liderei, conseguíamos chegar a isso, assumindo por premissa que nem toda atividade de criação de demanda seria bem-sucedida. Assumíamos a responsabilidade quando falhavam e fazíamos a mudança de rota necessária. Os erros são aceitáveis como parte de um processo normal de aprendizado. Porém, encobri-los ou não contar com um método de mensuração para poder corrigir os equívocos é entrar na rota do fracasso.

O melhor modo para manter as atividades de criação de demanda e de vendas em sincronia é chegar a um consenso sobre um conjunto de metas para cada etapa do processo de comercialização e mensurá-las (lembre-se: você criou o mapa de vendas na etapa de validação pelo cliente). Olhando o mapa de vendas na Figura 5.5, você pode simplesmente dizer: "Precisamos enfiar indicações na boca do funil de vendas e os pedidos serão fechados na outra ponta". Mas isso implicaria o uso indiscriminado de dinheiro escasso.

Vamos usar um exemplo de startup em um mercado existente cuja meta seja conquistar 10% de *market share* e 3 milhões de reais em receitas de vendas no primeiro ano. Se o preço médio de venda do produto for 500 reais, então, a área de vendas precisa comercializar seis mil unidades para gerar 3 milhões no primeiro ano. Trabalhe o mapa de vendas de trás para a frente: para que o resultado final seja de seis mil unidades comercializadas em doze meses, quantos clientes ativos são necessários na ponta inicial do processo? Quantas indicações qualificadas (isto é, clientes potenciais que manifestaram interesse pelo produto e atendem a seus critérios de venda) tornam-se efetivamente compradores? Quantas indicações brutas (isto é, clientes que manifestaram interesse pelo produto, mas que ainda não foram testados quanto ao efetivo potencial de compra) são necessárias para chegar àquele total de qualificadas? Qual é o custo de cada indicação? Qual é o custo de aquisição de cada cliente? Uma vez estabelecidos esses números, você já pode começar a mensurar a efetividade de seus gastos de criação de demanda em relação a essas métricas. E passa a contar com uma base de avaliação para fazer correção de curso.

Embora o estabelecimento de metas para as indicações pareça ser uma atividade mensurável, a mensuração de como as atividades de comunicação de marketing afetam a percepção do público é considerada mais difícil. Eu ficava espantado por ouvir com enorme frequência: "É impossível mensurar a percepção do cliente", já que a realidade é muito diferente; você pode medir até mesmo uma participação em feira. Eu costumava pedir ao meu gerente de eventos que perguntasse às pessoas que entravam em nosso estande, se já tinham ouvido falar de nossa empresa. Ele tinha também que obter as informações de contato de cada uma delas. Depois da feira, telefonávamos ou enviávamos um e-mail, perguntando novamente se já haviam ouvido falar de nossa empresa. Mais de 78% das pessoas que entraram em nosso estande durante a feira agora eram capazes de descrever corretamente nossa companhia e sua missão. Isso é mensuração de conscientização.

Figura 5.5 Papel da criação de demanda no mapa de vendas
Número de indicações brutas

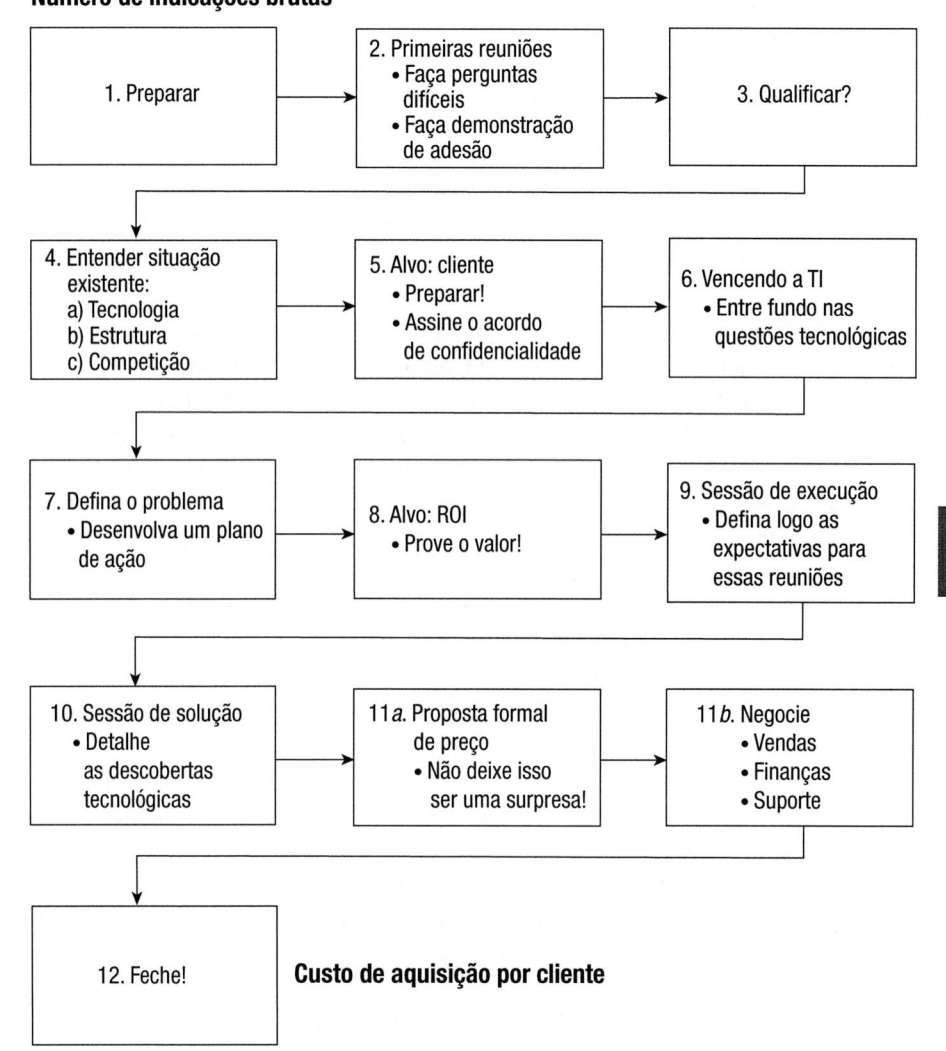

```
┌─────────────┐     ┌──────────────────┐     ┌─────────────┐
│ 1. Preparar │ ──> │ 2. Primeiras     │ ──> │ 3. Qualificar? │
│             │     │    reuniões      │     │             │
│             │     │ • Faça perguntas │     │             │
│             │     │   difíceis       │     │             │
│             │     │ • Faça demonstração│   │             │
│             │     │   de adesão      │     │             │
└─────────────┘     └──────────────────┘     └─────────────┘
```

4. Entender situação existente:
   a) Tecnologia
   b) Estrutura
   c) Competição
   → 5. Alvo: cliente
   • Preparar!
   • Assine o acordo de confidencialidade
   → 6. Vencendo a TI
   • Entre fundo nas questões tecnológicas

7. Defina o problema
   • Desenvolva um plano de ação
   → 8. Alvo: ROI
   • Prove o valor!
   → 9. Sessão de execução
   • Defina logo as expectativas para essas reuniões

10. Sessão de solução
    • Detalhe as descobertas tecnológicas
    → 11a. Proposta formal de preço
    • Não deixe isso ser uma surpresa!
    → 11b. Negocie
    • Vendas
    • Finanças
    • Suporte

12. Feche!   **Custo de aquisição por cliente**

04/06/2003 – Confidencial. Copyright © 2001 E.piphany, Inc. Todos os direitos reservados.

C. Perseverar, retornar ou parar

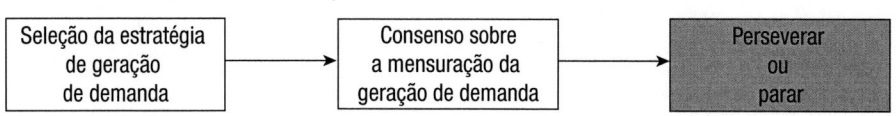

Seleção da estratégia de geração de demanda → Consenso sobre a mensuração da geração de demanda → **Perseverar ou parar**

Concluída a geração de demanda, você está quase no início do fim. Com o lançamento da empresa e do produto, você disparou publicamente o foguete. Realizou auditorias externas, posicionou a empresa e o produto, desenvolveu um conjunto de mensagens para comunicar esse posicionamento e lançou a empresa e o produto também para um grupo de comunicadores espalharem a história. A criação de demanda está conduzindo usuários finais para o canal de vendas. Por fim, você está usando e refinando as métricas criadas para mensurar o retorno sobre o investimento. Quando as vendas começam a se ampliar, você considera que a parte mais difícil de uma startup já foi ultrapassada.

No entanto, por mais exaustivo que tenha sido o processo de geração de demanda, é possível que tenha que voltar a percorrer algum trecho. O posicionamento faz sentido para os clientes reais e ativos no mercado? Os mensageiros compraram a história? As atividades de criação de demanda estão direcionando multidões de clientes aos pés de seus vendedores? Caso contrário, não se desespere. Como você já sabe, cada etapa do modelo de desenvolvimento de clientes é um processo de descoberta e aprendizado. É possível que as falhas no posicionamento e de comunicação, quando analisadas, tragam uma nova compreensão do mercado e da startup. Não se esqueça que até mesmo alterações sutis nas mensagens podem causar enormes diferenças (lembre-se que, ao ser lançada, a "cerveja diet" causou risos no mercado; só depois de muita paciência e ousadia, o produto foi relançado como "cerveja light", criando um mercado altamente rentável). Reúna tudo o que aprendeu nas Fases de 1 a 3, modifique seu posicionamento com base no *feedback* e retorne à Fase 1 para iterar o ciclo.

Às vezes, porém, não há nada de errado com seu posicionamento, suas mensagens e suas atividades de criação de demanda. O problema pode estar no tipo de mercado. Se você está sendo sufocado pelos concorrentes ou se não consegue gerar demanda de jeito nenhum, está na hora de retornar e voltar a se perguntar: "Estamos no tipo de mercado certo?".

O sinal de que está pronto para seguir adiante são as respostas positivas a questão como: "As vendas aumentam quando os esforços de criação de demanda se tornam mais efetivos? Os concorrentes começam a notar sua empresa ou até mesmo copiar seu posicionamento? O modelo financeiro ainda está correto?". Caso as respostas sejam "sim", você deve olhar para si e para os olhos de sua equipe para se prepararem para a parte mais desafiadora de todo o modelo de desenvolvimento de clientes: a estruturação da empresa.

Resumo da geração de demanda

Fase	Metas	Entregas
1. Fique pronto para lançar		
A. Desenvolva o questionário do tipo de mercado	Tipo de mercado que os clientes acreditam que seja o da startup	Questionário do tipo de mercado
B. Escolha o tipo de mercado	Selecione o tipo de mercado	Consenso quanto ao tipo de mercado
C. Consenso sobre objetivos do primeiro ano para marketing e vendas	Defina conjunto de metas para vendas e comunicação de marketing no primeiro ano	Números de vendas/marketing; orçamento da geração de demanda
2. Posicionamento da empresa e do produto		
A. Escolha a agência de comunicação corporativa	Entreviste e selecione uma agência de comunicação corporativa que entenda a estratégia	Agência de Comcorp selecionada
B. Realize auditorias externa e interna	Compare como você se vê e como os clientes, analistas, influenciadores e jornalistas veem você	Resumo da auditoria
C. Adequação do posicionamento ao tipo de mercado	Posicionamento da empresa e do produto	Redação das definições do posicionamento
3. Lançamento da empresa e do produto		
A. Selecione um lançamento por tipo de mercado	Escolha a estratégia de lançamento entre "de investida", "para visionários" ou "de nicho"	Estratégia de lançamento
B. Selecione o público	Determine o público que quer alcançar com o lançamento	Descrição do público
C. Selecione os comunicadores	Identifique *experts*, evangelistas e conectores	Lista de comunicadores por nome
D. Desenvolva as mensagens	Fomente a proposta de valor com emoção	Mensagens-chave
E. Entenda o contexto das mensagens	Identifique as questões externas que dão contexto às mensagens	Resumo do contexto
F. Entenda a mídia para a mensagem	Formule a estratégia de mídia	Plano de mídia de acordo com o público-alvo
G. Mensuração do sucesso	Defina o que é importante no lançamento e o relacione às metas	Métricas: indicações, percepções do *target* e amplitude da cobertura
4. Criação de demanda		
A. Selecione a estratégia do primeiro ano	Formule a estratégia de criação de demanda para o primeiro ano	Estratégia para o primeiro ano
B. Consenso na mensuração	Estabeleça critérios para mensurar o sucesso da criação de demanda	Métricas: indicações qualificadas, processo de vendas, pedidos, redução do prazo do ciclo de vendas
C. Perseverar, retornar ou parar	Determine se a criação de demanda está sendo bem-sucedida, de acordo com o tipo de mercado escolhido	Processo de vendas consistente e interesse dos clientes

Capítulo 5   Rota da epifania: geração de demanda

Passo a passo da estruturação do negócio

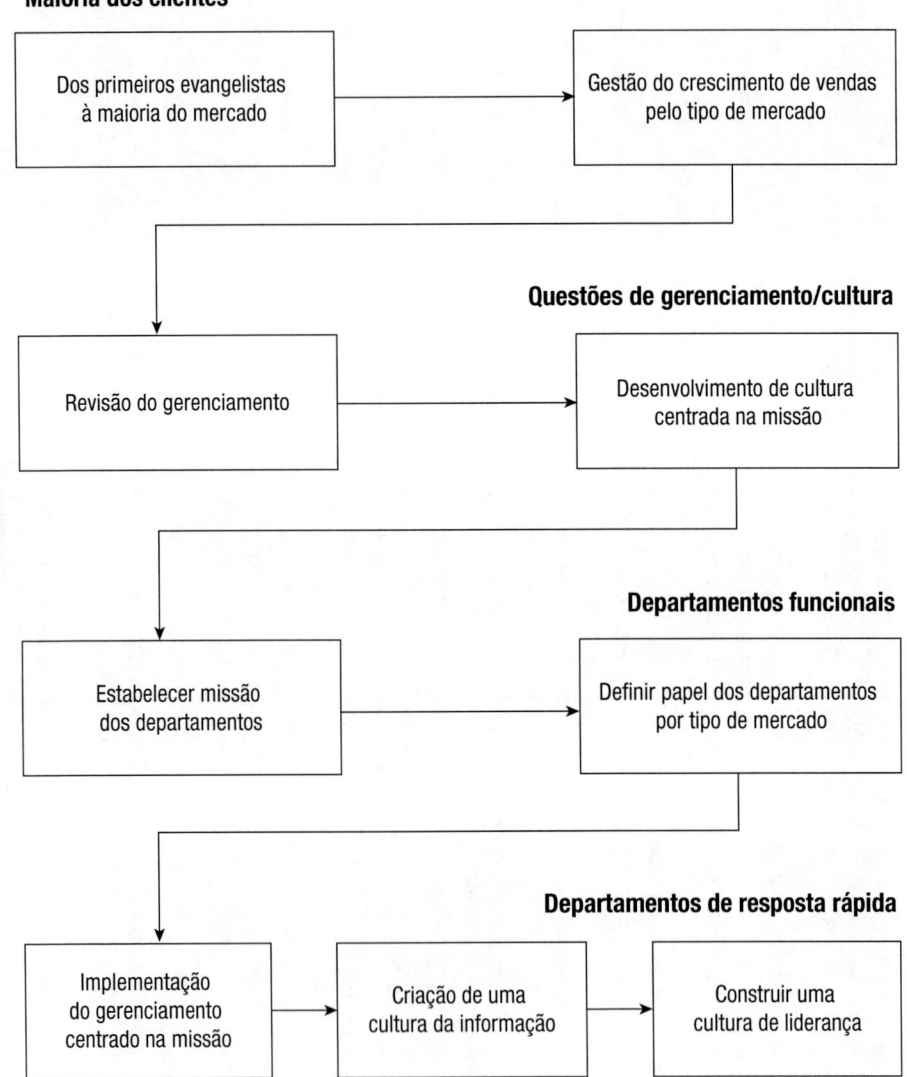

Maioria dos clientes

- Dos primeiros evangelistas à maioria do mercado → Gestão do crescimento de vendas pelo tipo de mercado

Questões de gerenciamento/cultura

- Revisão do gerenciamento → Desenvolvimento de cultura centrada na missão

Departamentos funcionais

- Estabelecer missão dos departamentos → Definir papel dos departamentos por tipo de mercado

Departamentos de resposta rápida

- Implementação do gerenciamento centrado na missão → Criação de uma cultura da informação → Construir uma cultura de liderança

6

Rota da epifania:
estruturação do negócio

A ação é essencial e ocorre em três etapas: a tomada de decisão, a ordem ou a preparação para a execução e a execução em si mesma. Todas as três etapas são governadas pela vontade, que se enraíza no caráter. Para o homem de ação, o caráter tem mais importância crítica do que o intelecto. O intelecto sem vontade não tem valor e a vontade sem intelecto é perigosa.

**Sun Tzu, como é citado na Doutrina do
Corpo Naval dos Estados Unidos**

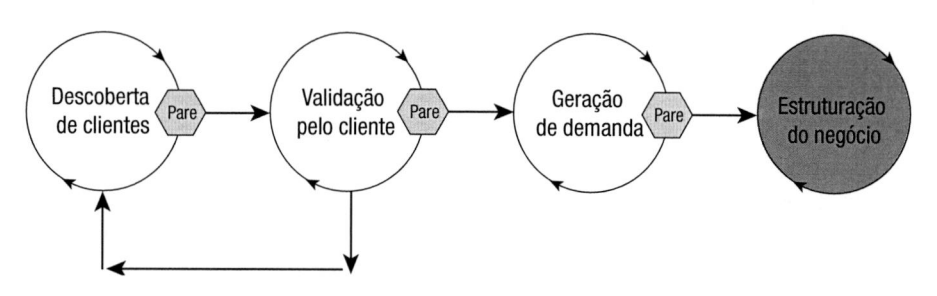

Descoberta de clientes → Pare → Validação pelo cliente → Pare → Geração de demanda → Pare → **Estruturação do negócio**

Mark e Dave foram os cofundadores da BetaSheet, uma empresa para a descoberta de drogas farmacêuticas. Antes de iniciar a BetaSheet, Mark havia sido VP de química computacional em uma startup que foi comprada pela Genentech. Naquela empresa, Mark percebeu que era possível revolucionar a descoberta de drogas, utilizando os métodos computacionais mais do que os laboratórios molhados. Apaixonadamente, ele acreditava que a descoberta escalável de drogas seria a nova direção da indústria farmacêutica e da biotecnologia e tentou convencer a Genentech a criar um novo laboratório interno. Depois que esta respondeu que a ideia não era grande o bastante e que não estava interessada, Mark decidiu começar a sua própria empresa. E levou com ele Dave, seu diretor de engenharia de métodos computacionais.

Depois de conseguir levantar algum financiamento, Mark tornou-se CEO pela primeira vez e Dave o seu VP de desenvolvimento. Fui apresentado a Mark por um de seus capitalistas de risco e assumi, desde o início, um assento em seu conselho de administração. Da primeira fila, eu vi a BetaSheet passar pelos altos e baixos de toda startup, enfrentando um cenário ainda mais duro por causa de um mercado abarrotado de produtos, do colapso do setor de biotecnologia e de uma organização interna complicada. A BetaSheet não só estava tentando desenvolver um software complexo capaz de prever que drogas seriam terapeuticamente ativas como também estava formulando novos compostos. A ideia era que os potenciais clientes fossem de céticos a crentes, se a BetaSheet apresentasse a eles uma nova, até então desconhecida, versão de uma droga comercial.

Uma das primeiras crises ocorreram nove meses depois que a startup começou a operar. Pelo quarto mês consecutivo, a área de desenvolvimento de produtos parecia não saber para onde ir. Mark já havia compartilhado sua opinião de que Dave simplesmente não era capaz de gerenciar um departamento inteiro de engenharia. Depois de algumas conversas sinceras com os capitalistas de risco ao longo das semanas seguintes, Dave concordou em dar um passo atrás e permanecer na empresa como gestor da área de tecnologia. Enquanto começou a busca por um novo VP de engenharia, Mark assumiu o controle da área. Aos olhos do conselho, ele realizou um pequeno milagre, elevando o moral da equipe e conseguindo finalizar um produto funcional. Quando chegou o novo VP de engenharia, todos os mais difíceis problemas técnicos estavam solucionados.

Enquanto isso, por sugestão de um dos capitalistas de risco, foi contratado um VP de vendas experiente, vindo de uma grande empresa, apesar da desconfiança de Mark de que aquele "não era o profissional adequado" para uma startup. Onze meses mais tarde, o VP e a estrutura nacional de vendas que ele havia montado gastavam dinheiro como se não houvesse amanhã. Houve um silêncio embaraçoso na reunião do conselho, quando o VP de vendas disse pelo sexto mês seguido: "Nós temos muita atividade em processo de venda, mas é realmente muito difícil para uma startup fechar um pedido com uma das grandes farmacêuticas. Não sei quando assinaremos nosso primeiro contrato". Por insistência de Mark, o VP partiu. Apesar das muitas dúvidas (já que Mark não tinha experiência em gestão de vendas), o conselho concordou em deixar a área de vendas reportando diretamente para Mark, enquanto não houvesse um substituto.

Nos seis meses seguintes, Mark deleitou a todos nós, vendendo pessoalmente o produto para as três maiores companhias farmacêuticas que contatou e ajudando a equipe a estruturar um processo de vendas consistente. Depois, não dissemos quase nada quando descobrimos que ele prometera a lua para esses clientes pioneiros, já que nossos concorrentes estavam se revirando em escombros. A companhia estava avançando rapidamente, o time de vendas estava animado e um novo VP já fora contratado.

O próximo a sair foi Bob, o cientista chefe da área química. Depois que Mark o demitiu, ele desabafou: "Mark tem uma nova ideia por dia e é impossível finalizar um projeto antes que ele a mude novamente. E, quando as coisas não saem como ele quer, começa a gritar com você. Ele não quer discussão: é do jeito dele ou rua. No final, todo o time de executivos vai acabar saindo ou Mark vai substituir todos nós por gente que simplesmente faça o que ele quer". Essas palavras se tornariam proféticas.

Apesar dos solavancos no caminho, as reuniões seguintes do conselho de administração foram realmente agradáveis. As vendas pareciam ser cada vez melhores, embora Mark se mostrasse cada vez mais frustrado. Uma vez durante o almoço, tudo o que Mark conseguia dizer era que os concorrentes nos tirariam do negócio se não seguíssemos suas novas ideias. Perguntei, então, se a área de vendas estava tão preocupada com os concorrentes como ele. Sua resposta me colocou em alerta: "O VP de vendas não me deixa mais falar com os vendedores e nem com os clientes". Ao ouvir isso, voltei a me sentar e me inclinei sobre a mesa para saber do restante da história: "Sim, nosso VP de vendas me disse que temos que parar de vender produtos que ainda não temos ou nunca ganharemos dinheiro".

Nem me lembro do resto. Assim que cheguei ao carro, telefonei para o VP de vendas e levei uma bronca. Mark estava tentando convencer a força de vendas de que era preciso começar a comercializar a sua próxima grande visão. Toda vez que o pessoal de vendas levava Mark junto para fechar um contrato, ele começava a tentar convencer o cliente de que o próximo produto, não aquele que eles queriam comprar, seria o melhor. Isso não parecia nada bom.

Mas havia mais. O VP de vendas ainda me contou que Mark estava querendo deixá-lo maluco, pois aparecia diariamente com uma lista de novas oportunidades e insistia para que as apresentações comerciais estivessem repletas de dados técnicos e não de soluções para os problemas dos clientes. E, além disso, ele nem conseguia mais usar a nova literatura da BetaSheet para treinar os dozes vendedores que havia contratado, porque Mark havia reescrito todo o material com uma porção de dados técnicos para empurrar suas novas ideias de produtos. Por fim, ele me perguntou se eu sabia que o novo VP de marketing estava investindo todo o tempo dele em relações públicas e feiras, já que Mark havia assumido sozinho a estratégia de produto e o desenvolvimento dos novos documentos de requisitos de marketing. Prometi a ele que o conselho de administração conversaria com Mark.

Na semana seguinte, dois outros conselheiros conversaram com Mark sobre seu relacionamento com a área de vendas. Ele acreditava que a BetaSheet tinha que continuar à frente em inovação e não se acomodar, reclamou que a empresa estava se tornando burocrática e pouco inovadora e disse que queria continuar "chacoalhando a estrutura", porque essa era sua missão como CEO. No conselho, o consenso geral foi que Mark precisava ser administrado. Concordamos em esperar para ver como a situação na BetaSheet se desenrolaria.

O que não conseguíamos entender era o fato de que, de volta ao dia a dia na companhia, a vida era tudo, menos agradável – isso eu aprendi com Sally, nossa CFO, que estava na BetaSheet desde o início e era uma veterana que já havia passado por muitas startups. Suas observações eram imparciais, embora severas. Ela disse que Mark prosperou no caos e sobrevivia muito bem nele. O problema era que a BetaSheet avançara além do caos. A empresa estava maior e, como agora a amplitude do controle estava além do alcance das mãos de Mark, a estrutura precisava de processos e procedimentos. Ironicamente, ele descartou todas as propostas feitas por ela para implantar processos que pudessem gerenciar o novo tamanho da empresa: "Nós temos uma companhia disfuncional. Agora há uma equipe de executivos dividida em dois: uma parte desistiu de pensar por si mesma e só faz o que Mark lhe diz para fazer; a outra, formada por gente que ainda pensa sozinha, acabará deixando a empresa. A companhia cresceu mais do que Mark e os conselheiros terão que fazer uma escolha". Saí do restaurante com a sensação de ter ouvido um forte apelo à ação.

Talvez minha admiração pelo que Mark realizou como empreendedor tenha me deixado cego diante de suas limitações, mas cheguei à conclusão de que talvez valesse a pena investir em mais alguns almoços para verificar se conseguia fazê-lo entender que precisava mudar. Mark me ouviu e abanou a cabeça concordando nas horas certas, enquanto eu tentava lhe explicar que um pouco de processos e procedimentos era um sinal de sucesso e não de fracasso. Achei que estava conseguindo algum progresso até que Mark repetiu que ele era o único na empresa que tentava antever o que haveria adiante no mercado e que mais ninguém na BetaSheet pretendia chegar lá.

Em vários almoços seguidos, eu abordei a questão de uma transição. Como última cartada para ajudar Mark a entender a situação, observei que a fixação em produtos da próxima geração para os clientes era do cientista chefe ou do VP de estratégia de produto. Mark devia pensar seriamente se realmente gostava de ser CEO de uma companhia que já havia crescido além de uma startup. Talvez, eu sugeri, nós pudéssemos contratar um chefe de operações para ajudar Mark com o gerenciamento do dia a dia. Ou quem sabe Mark quisesse ser presidente do conselho e gestor da estratégia de produto. Ou será que ele preferia pensar em outros papéis para desempenhar? Nenhuma dessas alternativas significava que Mark teria que abdicar do controle – basta olhar para Bill Gates, na Microsoft, ou para Larry Ellison, na Oracle. Cada um deles conta com profissionais a sua volta para ajudá-los naquilo em que não são realmente muito bons. Mark prometeu levar em consideração a ideia de uma transição, mas avaliando agora o que veio a seguir, ele deve ter abandonado essa possibilidade logo ao sair do restaurante.

Tudo veio à tona, finalmente, quando toda a equipe de executivos da BetaSheet entrou no escritório do principal capitalista de risco para comunicar que estavam todos se demitindo em massa a menos que Mark renunciasse. Sem nenhuma surpresa, os capitalistas de risco concluíram que estava na hora de contratar um novo CEO.

A próximo reunião do conselho foi tão difícil como eu temi. Mark queixou-se amargamente: "Como nenhum de vocês teve a coragem de me dizer que nós íamos contratar um novo CEO?". Estremeci, quando o principal capitalista de risco respondeu que, desde o primeiro dia da startup, o próprio Mark dizia que a empresa um dia teria que contratar um CEO: "Você sempre disse que faria o que fosse melhor para a empresa. Não acredito que agora age como se nunca tivesse ouvido falar disso".

Ouvi o desabafo de Mark: "Dizer para mim que é uma boa notícia a necessidade de a empresa contratar um CEO no mercado é apenas um disfarce. Depois de três anos trabalhando oitenta horas por semana e realizando um bom trabalho para erguer minha empresa, o conselho quer tirar tudo de mim! Não fiz nada errado e a companhia tem um bom desempenho. Transformar-me no presidente do conselho é só um jeito polido de me tirar de ação. Vocês não percebem como a concorrência pode nos atingir. É provável que ninguém consiga conhecer essa empresa tão bem quanto eu".

Tudo aquilo parecia predestinado. Nunca esquecerei a conversa que tive com Mark depois dessa reunião: "Steven, como chegamos a isso? Devo lutar contra minha saída? Tenho ações o bastante para me livrar dos meus conselheiros de administração? Você me ajudaria a me livrar deles? O que aconteceria se eu saísse e levasse junto comigo todos os cientistas e engenheiros-chave? Eles iriam comigo, não iriam? Esses malditos capitalistas de risco estão me tirando a empresa e eles fracassarão e destruirão tudo".

Os nomes foram trocados para proteger os inocentes, mas eu já passei por muitas reuniões de conselho de administração dolorosas como aquela. No universo das startups, todos os dias ocorre uma reunião parecida.

À primeira vista, essa história e as centenas de outras semelhantes trazem à tona as seguintes perguntas: "Era justo tirar Mark da empresa que ele ergueu?" ou "Os capitalistas de risco estavam apenas fazendo o que era preciso, isto é, agregando valor à empresa?". As respostas são quase um teste decisivo das convicções que levaram você a ler este livro. No entanto, existe um conjunto de questões mais profundas: "Mark poderia ter se tornado um CEO melhor se tivesse recebido mais *coaching*? Eu o abandonei? Que tipo de CEO a empresa deveria contratar? Qual deveria ser o papel de Mark? A BetaSheet estaria melhor sem Mark dentro de seis meses? Um ano? Dois anos? Por quê?". Ao chegar ao final deste capítulo, acho que você entenderá por que Mark e o conselho estavam – os dois lados – certos e tremendamente errados.

Filosofia da estruturação do negócio

Os primeiros três passos descritos neste livro eram focados na compreensão do cliente, na validação pela venda aos evangelistas e na criação de mercado e demanda para o produto. O próximo desafio e o passo final do modelo de desenvolvimento de clientes é a estruturação do negócio.

Alguns dos mistérios que rondam as startups giram em torno do seguinte: por que a estruturação precoce em algumas empresas gera *momentum* e sucesso, mas em outras leva ao caos, às demissões e à espiral fatal? Por que algumas companhias entram em efervescência e outras entram no território dos mortos-vivos, perdendo dinheiro? Qual é a hora para liberar as despesas e contratar e quando é o momento para cortar custos e entrar no modo sobrevivência?

Outro quebra-cabeça do empreendedorismo é por que algumas das maiores e mais bem-sucedidas companhias ainda são administradas por seus fundadores, mesmo muito tempo depois de estarem consolidadas? A Ford, Microsoft, Nike, Polaroid, Oracle, Amazon e a Apple desmentem a sabedoria convencional dos investidores, que acreditam que os empreendedores acabam, de fato, sendo superados pelo crescimento das companhias que eles próprios criaram. Na verdade, essas empresas comprovam um ponto bem diferente: o sucesso a longo prazo de uma startup requer a continuidade de seu fundador muito além do momento que a sabedoria convencional recomenda que ele seja substituído. Ao final do processo de desenvolvimento de clientes, uma startup não é uma grande empresa nascente, que está apenas à espera de se livrar de seus fundadores para poder crescer. São pequenos negócios que precisam inovar continuamente para se tornarem grandes e sustentáveis.

Isso faz com que a saída do empreendedor dê início a uma tragédia shakespeareana. Por que alguns fundadores que se deram tão bem construindo o negócio não conseguem crescer com a empresa? Por que algumas companhias que sobrevivem ao processo de desenvolvimento de clientes não conseguem capitalizar o sucesso inicial? Em resumo, o que têm os vencedores que os perdedores não têm? Podemos quantificar e descrever as características que viabilizam que uma startup conquiste escalabilidade de modo bem-sucedido?

Alguns empreendedores, como Mark, acreditam que levar a companhia à próxima etapa de crescimento é simplesmente fazer mais do mesmo. Como Mark acabou descobrindo, o mandato de um empreendedor pode ter um fim mais vergonhoso. Por outro lado, muitos investidores consideram que tudo o que precisam fazer é apenas profissionalizar a gestão para implementar processos e colher as recompensas. Os dois estão errados. A ironia é que quando os investidores mais precisam que a empresa mantenha seu ímpeto e sua flexibilidade, eles tropeçam ao burocratizar a estrutura; e os empreendedores fracassam ao tentarem adaptar seu estilo de gestão ao crescimento do negócio de sucesso que conseguiram criar.

A derrota de Mark na BetaSheet reflete a falta de deliberação das duas partes – o empreendedor fundador e os conselheiros – em relação à etapa de estruturação da companhia, que transforma uma startup de um negócio focado no desenvolvimento de clientes em uma grande empresa, conquistando a maioria do mercado. Essa evolução exige três ações:

- Conquistar a maior parte do mercado, além dos clientes primeiros evangelistas.
- Estruturar a organização, a gestão e a cultura para dar suporte ao ganho de escala.
- Criar departamentos ágeis e capazes de sustentar o ambiente de aprendizado e descoberta que levou à empresa a esse estágio de crescimento.

Simultaneamente, a companhia não pode deitar sobre os louros e direcionar o foco internamente. Para se manter viva, é preciso se manter alerta e capaz de responder às mudanças de seu ambiente externo, incluindo concorrência, clientes e o mercado.

Conquistando a maioria do mercado

À primeira vista, a única diferença aparente entre uma startup e uma grande empresa é a quantidade de receita. Se fosse assim tão simples... A transição entre uma pequena startup para uma grande companhia nem sempre é um gráfico linear e direto de aumento de vendas. O crescimento da receita requer o alcance de um grupo muito maior de clientes do que os primeiros evangelistas. E a conquista dessa parcela maior do mercado exige que as estratégias de vendas, marketing e negócios sejam modeladas de acordo com o tipo de mercado no qual a companhia está competindo.

Mais uma vez, o tipo de mercado é chave. Como essa definição estratégica norteou sua descoberta e a conquista dos primeiros evangelistas, ela agora dará as diretrizes para que sua empresa cresça e aloque os recursos necessários para isso. Cada um dos quatro tipos de mercado tem uma curva distinta de crescimento de vendas, que é formatada pelo grau de dificuldade envolvido na transição das vendas dos primeiros evangelistas para a maioria dos clientes do mercado.

As duas curvas de vendas da Figura 6.1 ilustram graficamente a diferença entre a conquista de um novo mercado e de um mercado existente. Mesmo depois de ter conquistado com sucesso os primeiros evangelistas, o crescimento das vendas não é igual por anos seguidos por causa da diferença da taxa de adoção da maioria dos clientes do mercado.

Figura 6.1 Curva de crescimento de vendas novo mercado × mercado existente

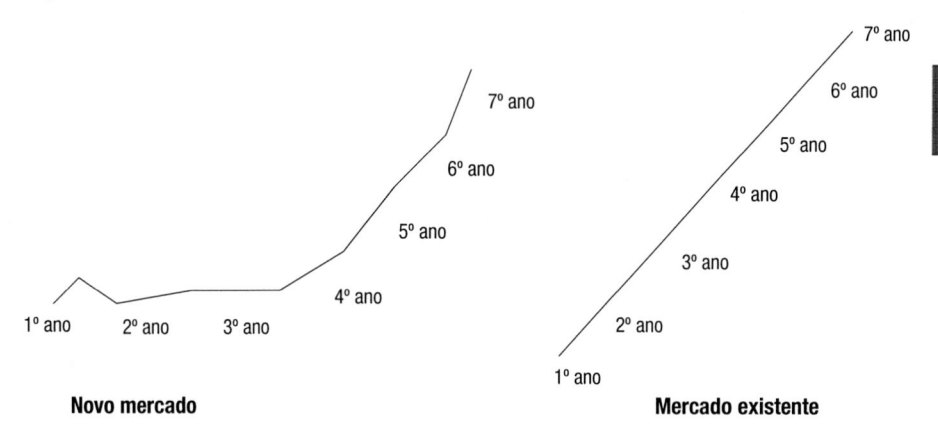

Novo mercado   **Mercado existente**

Isso significa que as atividades que você desenvolverá na estruturação do negócio, assim como aquelas dos passos iniciais, dependerão do tipo de mercado. A maioria dos empreendedores, cujas empresas chegam a esse estágio, respira aliviada, achando que a etapa mais dura da jornada já ficou para trás. Eles descobriram seus clientes e criaram um modelo replicável de mapa de vendas. Agora, tudo o que precisam fazer é contratar mais pessoal de vendas. Como de hábito, a sabedoria convencional está incorreta. A armadilha mais perigosa é a falta de compreensão do tipo de mercado. Avançar dos primeiros evangelistas em direção à maioria do mercado é difícil e difere de acordo com o tipo de mercado, que prediz não apenas como essa transição ocorrerá, mas também o perfil da estrutura, dos novos funcionários e das despesas que serão necessárias.

O conceito de Moore é que os primeiros a adotarem o produto (primeiros evangelistas, em nossa linguagem) não formam o alto volume de vendas da maioria do mercado. Portanto, o sucesso das primeiras vendas não oferece o mapa de vendas para conquistar a maioria do mercado. Moore propõe que a empresa precisa encontrar novas estratégias de vendas com o objetivo de cruzar o abismo (Figura 6.2).

Figura 6.2 Curva do ciclo de vida da adoção tecnológica e do desenvolvimento de clientes

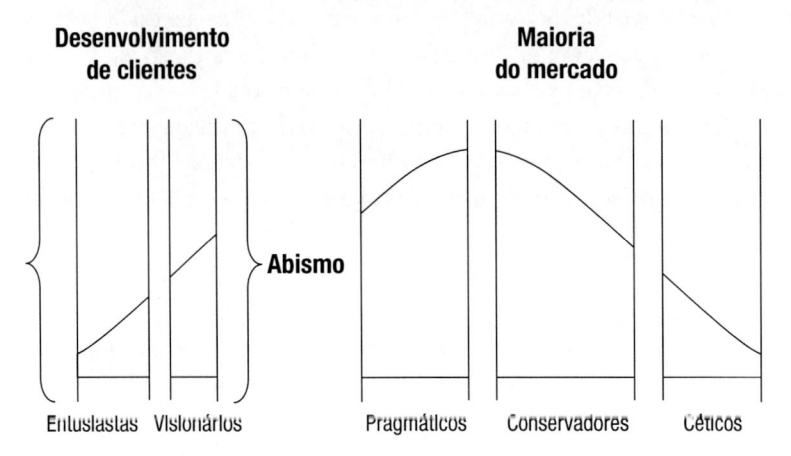

O desenvolvimento de clientes está do lado esquerdo da curva de adoção. O abismo é a lacuna de receita de vendas, que ocorre quando a transição da comercialização dos primeiros evangelistas para a maioria do mercado não ocorre suavemente. Sua largura varia dramaticamente de acordo com o tipo de mercado, o que explica as diferentes curvas de crescimento de vendas. Então, você investiu todo esse tempo no desenvolvimento de clientes se a maioria do mercado não está naquela etapa do processo? Você verá que a estratégia de Moore para cruzar o Abismo baseia-se no que foi aprendido com aqueles primeiros clientes para desenvolver uma base muito mais ampla no mercado. Nós mostraremos como isso funciona para cada tipo de mercado na Fase 1.

Desenvolvendo a estrutura e a gestão da empresa

Enquanto a empresa escala suas receitas e avança dos visionários para a maioria do mercado, ela própria precisa crescer e mudar. As mudanças mais importantes, primeiro, devem acontecer na gestão e na cultura organizacional e, depois, com a criação de departamentos funcionais.

Estrutura e cultura organizacionais focadas na missão

A maioria das startups não reflete muito sobre sua estrutura e cultura e, quando se detém para pensar nisso, o resultado relaciona-se às festas de sextas-feiras regadas a cerveja, geladeiras cheias de refrigerantes e a um fundador iconoclasta. Os empreendedores e seus investidores tendem a assumir que o sucesso significa tornar-se o mais depressa possível uma grande empresa, completa com todos os atavios da estrutura e da cultura: hierarquizada, gerenciamento por comando, tomada de decisão voltada ao processo, departamento de RH com manual dos funcionários e uma cultura focada na "execução". O resultado, em geral, é que a burocracia se impõe muito cedo. Esse sistema deriva da convicção de que a imposição da ordem e da certeza em um mercado incerto e desordenado resultará em um sucesso previsível e replicável (paradoxalmente, se a ordem tivesse sido a meta desde o início, a startup nunca teria conseguido decolar).

Nessa etapa final do desenvolvimento de clientes, o CEO, os executivos e os conselheiros precisam reconhecer que, com a incerteza da conquista do mercado ainda à frente, a simples imitação da cultura e da estrutura de uma grande empresa pode ser o começo do fim para uma startup promissora. Para você ver o que quero dizer, analisaremos a BetaSheet quatro anos após a saída de Mark. Com o sucesso visível e precoce da BetaSheet, os conselheiros conseguiram contratar uma CEO tradicional, com bastante experiência na indústria farmacêutica. Ela chegou logo que a equipe de vendas começou a descumprir suas metas. Os clientes simplesmente não estavam adotando o produto na velocidade que eles esperavam. A nova CEO reduziu drasticamente a equipe de vendas e substituiu o VP da área. Então, ela olhou para o restante da equipe contratada por Mark e trocou os profissionais um a um, substituindo-os por executivos experientes em vendas, marketing e desenvolvimento de produtos, vindos de companhias muito maiores.

Depois desse começo agitado, as vendas e a empresa continuaram crescendo pelos dezoito meses seguintes. As ideias radicais da BetaSheet ganharam aceitação do mercado e as receitas voltaram a cumprir as metas. Os conselheiros e os investidores do setor bancário já estavam até começando a falar em uma IPO. No entanto, sem que o time de gestão da BetaSheet notasse, nuvens escuras se formavam no horizonte.

Como os grandes clientes da BetaSheet entenderam a importância estratégica do software de descoberta de drogas da empresas, eles estavam começando a formar equipes internas para lhes oferecer a mesma solução. Mais do que isso, as atividades de criação de mercado da BetaSheet não só educaram os clientes como ajudaram os concorrentes a entenderem como aquele tipo de iniciativa poderia ser lucrativo. Por fim, embora os primeiros clientes continuassem entusiasmados e apoiadores, as receitas não pareciam crescer na taxa que o sucesso inicial indicara. Ao mesmo tempo, novos concorrentes e empresas existentes estavam começando a desenvolver e oferecer produtos similares.

Internamente, também aconteciam mudanças. Além de Mark ter deixado a empresa, depois de dezoito meses, teve início um êxodo dos engenheiros mais inovadores e dos vendedores mais talentosos. A palavra de ordem entre os funcionários era que a companhia não apreciava mais a inovação e a iniciativa e que todas as decisões precisavam antes ser aprovadas pelos executivos do alto escalão. Ficou implícito que "não seguir as regras" era agora um limitador da carreira na BetaSheet. Acima de tudo, no terceiro ano, as batalhas entre as áreas de vendas e desenvolvimento de produtos e entre vendas e marketing eram quase tão intensas quanto a disputa com os concorrentes de mercado. Cada departamento da BetaSheet tinha sua própria agenda, às vezes, mutuamente excludente. A área de produtos não parecia desenvolver nada para o mercado já que as prioridades mudavam a cada mês. O declínio das vendas, que começou no terceiro ano, tornou-se uma espiral fatal no quarto ano. Na época de seu quinto aniversário, a empresa estava fechando as portas.

Para uma startup com um trajetória parecida e tão rápida, a história da BetaSheet é deprimente, mas não é exclusividade. A troca do empreendedor à frente da gestão por executivos orientados para processo, que afundam a empresa, acontece a toda hora. O problema é que a maioria dos fundadores e dos investidores parece não ter alternativa para a cultura e a estrutura organizacionais entre os dois extremos: ou o caos da startup ou a rigidez corporativa.

Neste capítulo, proponho uma terceira alternativa. Enquanto cresce, a startup de sucesso move a estrutura e a cultura organizacionais por três estágios distintos (Figura 6.3).

Figura 6.3 Estágios evolutivos de uma startup para uma grande empresa

Desenvolvimento de clientes	Estruturação da empresa	Grande empresa
Centrada na equipe de desenvolvimento	Centrada na missão	Centrada no processo

O primeiro estágio, que inclui a descoberta do cliente, a validação pelo cliente e a geração de demanda, está centrada no cliente e na equipe de desenvolvimento de clientes. O segundo estágio é a estruturação do negócio: a organização torna-se *centrada na missão*, com o objetivo de escalar e cruzar o abismo entre os clientes pioneiros e a maioria do mercado. Quando a companhia cresce, torna-se *centrada no processo* para desenvolver processos escaláveis e replicáveis.

Os executivos experientes entendem de processos, mas muitos deles não compreendem o que significa uma empresa centrada na missão. Para fazer a transição e cruzar o abismo, sua startup precisa ser uma empresa ágil, uma que ainda consiga responder na velocidade empreendedora, mas que faça isso com um grupo bem maior de funcionários. Criar essa agilidade exige contar com uma missão corporativa definida por escrito e muito bem entendida para que seja capaz de direcionar a operação diária dos funcionários e dos departamentos. Como você verá nas Fases 2 e 3, esse mantra da missão deve permear a cultura da empresa como um todo.

Para que a companhia possa crescer, essas transições têm que acontecer. Se o time de fundadores pretende continuar seu mandato à frente da empresa, também necessita passar por essas transições. Precisam reconhecer as mudanças enfaticamente, abraçá-las e liderar a alteração no estilo da gestão. Na BetaSheet, Mark não conseguiu entender essa evolução e os dois, ele e a empresa, pagaram o preço.

Transformando a equipe de desenvolvimento de clientes em departamentos funcionais

Se você cumpriu o modelo de desenvolvimento de clientes até aqui, já conta com sua primeira equipe centrada na missão. Na Fase 3 desse passo, você, a partir da cultura focada na missão da equipe de desenvolvimento de clientes transformará a empresa em departamentos organizados para executar e dar suporte à missão corporativa.

Não confunda isso com a estruturação de departamentos que inventam uma missão para justificar a própria existência. Muitas startups interpretam o crescimento como um chamado para estruturar, contratar e ampliar departamentos tradicionais, como se estivessem cortando biscoitos com um molde (acham que toda companhia precisa ter departamentos de vendas, marketing e desenvolvimento de negócios) e não estruturando áreas de acordo com as necessidades estratégicas do negócio. Ao contrário, no modelo de desenvolvimento de clientes, o próximo passo é a adição de mais um nível de gestão e estrutura ainda focado na missão e não apenas na estruturação de departamentos e hierarquia de funcionários. Nosso objetivo é chegar a um sistema de gerenciamento e a departamentos que consigam comunicar e delegar objetivos estratégicos a suas equipes para que possam operar no dia a dia sem controle direto, mas em busca do atendimento da mesma missão.

Isso pode ser alcançado, quando os executivos são contratados porque compartilham os mesmos valores e não apenas porque mostram muita experiência em seus currículos. Paralelamente, esse novo nível de gestão deve contar com profissionais com capacidade de liderança e não com pessoas que só digam "sim" ao fundador carismático. Como líderes, transmitem a visão da companhia para todos os funcionários de suas equipes. Eu aprendi isso bem cedo na minha carreira, quando assumi, como VP de marketing da SuperMac, uma empresa que estava saindo da concordata. Perguntei aos meus gerentes de departamento qual era a missão deles e a resposta foi desconcertante. O gestor da área de feiras e eventos me disse: "Minha missão é montar os estandes da empresa nos eventos". Os outros gerentes deram o mesmo tipo de resposta. O líder da área de Relações Públicas achava que era escrever *press releases*. O de marketing de produto afirmou que a sua era fazer planilhas e lista de preços. Quando pressionei todos eles a pensarem por que o marketing participava de feiras, escrevia *press releases* ou desenvolvia planilhas, o melhor que consegui obter foi: "Por que essa é nossa tarefa". A falta de clareza sobre a missão é sempre uma falha de liderança. Logo a seguir, comecei a educar minha equipe a respeito da missão deles. Demorou um ano para eu contar com gerentes no meu departamento que sabiam que o nome do cargo no cartão de visitas poderia representar sua função diária, mas não a missão deles. No departamento de marketing da SuperMac, a missão era:

- Gerar demanda de usuários finais.
- Conduzir essa demanda para nossos canais de venda.
- Educar nossos canais de vendas.
- Ajudar a engenharia a entender as necessidades dos clientes.

Essas quatro simples frases ajudaram o marketing a se organizar em torno de uma missão compartilhada (que nós recitávamos em voz alta no início de cada reunião de equipe). Todo mundo na empresa sabia o que o marketing fazia diariamente e como nos contar se havíamos sido bem-sucedidos. Na Fase 3, veremos como a equipe de desenvolvimento de clientes se metamorfoseia em departamentos funcionais centrados na missão.

Criando departamentos de resposta rápida

O desenvolvimento de clientes e a estrutura centrada na missão são um chamado para a realização diária de tarefas diferentes, porque em um modelo de descoberta e aprendizado, as mudanças e as respostas rápidas a elas são a única constante. Ao contrário, uma "estrutura focada em processos" é formatada para a repetição das tarefas que devem acontecer com poucas mudanças. Quando bem-sucedida, sua constante é a mesmice da rotina do dia a dia – sem surpresas ou respostas rápidas.

Os processos são essenciais para estabelecer metas mensuráveis e definir procedimentos replicáveis que não precisam de *experts* para implementá-los. O processo é o meio pelo qual grandes empresas ficam ainda maiores, como elas fazem para escalar os departamentos e o próprio negócio sem precisarem contratar superestrelas. As grandes empresas podem contratar milhares de funcionários medianos capazes de seguir as regras, verificando se a operação está de acordo com o planejado. Os processos em uma organização significam procedimentos, regras, mensuração, metas e estabilidade.

Tudo que se refere a processos é uma maldição para a maioria dos empreendedores, que, em geral, são pessoas que acreditam profundamente que o sucesso não necessita deles. Embora, raramente tenham o que oferecer para colocar no lugar deles. No entanto, agora eles têm: os departamentos de "resposta rápida".

A criação dos departamentos de resposta rápida é a alternativa para a transição abrupta de uma startup para uma grande empresa centrada em processo. É a evolução natural do estágio de descoberta e aprendizado para os departamentos funcionais que uma grande empresa necessita. Os departamentos de resposta rápida são o modo de manter a empresa ágil e evitar a rigidez cadavérica. Trataremos os departamentos de resposta rápida detalhadamente na discussão da Fase 4.

Visão geral da estruturação do negócio

Figura 6.4 Estruturação do negócio: visão geral do processo

- Estruturação da empresa
- **Fase 3** Transição para departamentos funcionais
- **Fase 4** Estruturação de departamentos de resposta rápida
- **Fase 2** Revisão do gerenciamento/criar cultura de missão
- **Fase 1** Alcançar a maioria do mercado
- Abismo

A estruturação do negócio tem quatro fases. Na Fase 1, você preparará a empresa para seu próximo grande obstáculo: fazer a transição das vendas dos primeiros evangelistas para a maioria do mercado, adequando-a à curva de venda apropriada para contratar, gastar e executar incansavelmente.

Na Fase 2, fazerá a revisão do modelo de gerenciamento executivo e verificará se a atual equipe pode ser escalada. Nessa etapa, dedicará muita atenção à criação de uma estrutura e de uma cultura centradas na missão, como fator essencial para escalar a empresa.

Na Fase 3, capitalizando toda a descoberta e o aprendizado conquistados até agora, a equipe de desenvolvimento de clientes realinhará os departamentos por função no negócio. Cada um deles será reorientado a suportar a missão corporativa, desenvolvendo sua própria missão departamental.

Finalmente, na Fase 4, no final do modelo de desenvolvimento de clientes, a companhia empenha-se para criar departamentos de resposta rápida para conquistar escalabilidade, velocidade e agilidade. Aqui, você aplicará o conceito militar OODA (observar, orientar, decidir e agir) para avançar e responder aos clientes e à concorrência em um prazo menor do que seus concorrentes. Isso exige que os departamentos tenham à disposição informações atualizadas sobre os clientes e sejam capazes de disseminá-las rapidamente por toda a empresa.

Fase 1: Alcançar a maioria do mercado

Dos primeiros evangelistas à maioria do mercado → Gestão do crescimento de vendas pelo tipo de mercado

Tem sido uma longa jornada pelo modelo de desenvolvimento de clientes. Essa fase é a culminação de todo o trabalho duro investido na criação de uma startup de sucesso. A essa altura, você tem clientes pioneiros, posicionou a empresa e o produto e está a caminho de gerar demanda para o que está comercializando. Tudo isso como preparação para conquistar a fatia de alto volume de vendas em que está a maioria dos clientes, o que pode transformar sua startup em um *player* dominante no seu mercado.

Como já comentei, a noção extremamente útil de que existe um abismo entre os primeiros evangelistas e a maioria do mercado precisa ser suplementada pela compreensão de que a amplitude do abismo e o prazo para cruzá-lo depende do tipo de mercado em que você está operando. Sendo assim, esta seção descreve as diferentes transições e curvas de crescimento de vendas em um novo mercado, em um existente e em um ressegmentado. Esse entendimento da transição de clientes e do aumento das vendas por tipo de mercado possibilitará que sua empresa preveja o prazo para a adoção em massa do produto, as necessidades de contratação e de fluxo de caixa e outros fatores essenciais para que a companhia cresça apropriadamente. A curva de crescimento de vendas explica "como" e o abismo, o "porquê".

Essa compreensão é fundamental para seus esforços de alcançar a maioria do mercado. Nessa fase, você:

- Gerenciará a transição dos primeiros evangelistas para a maioria dos clientes, compreendendo como se diferenciam de acordo com o tipo de mercado.
- Gerenciará a curva de crescimento de vendas apropriada para sua companhia e o tipo de mercado.

O resultado dessa etapa é duplo: 1) uma estratégia para cruzar o abismo adequada ao tipo de mercado; 2) um plano de receitas/despesas e necessidades de caixa de acordo com o tipo de mercado.

A. Dos evangelistas à maioria dos clientes em um novo mercado

> Dos primeiros evangelistas à maioria do mercado → Gestão do crescimento de vendas pelo tipo de mercado

Em um novo mercado, as motivações de compra dos clientes pioneiros e da maioria do mercado são substancialmente diferentes. Os primeiros evangelistas que você colocou como alvo na etapa de validação pelo cliente querem resolver um problema grave e imediato ou, no caso de empresas, conquistar uma boa vantagem competitiva, adquirindo uma novidade revolucionária. Os clientes da maioria do mercado, porém, não são como os primeiros evangelistas: eles são pragmáticos. Diferentemente dos primeiros evangelistas, em geral, eles querem mudanças evolutivas (não, disruptivas). Como consequência, o esforço que você fez para desenvolver um processo de vendas escalável e replicável com o *feedback* dos evangelistas não levará sua empresa a conquistar um grande volume de receitas. Os visionários são capazes de lidar com um produto que ainda não funciona muito bem; os pragmáticos querem algo que não exija esforços heroicos. Além disso, os pragmáticos não ligam e nem confiam nos visionários como referência. Os pragmáticos querem a referência de outros pragmáticos. O abismo entre os primeiros evangelistas e o volume de vendas dos clientes que compõem a maioria do mercado ocorre, justamente, porque os dois perfis têm muito pouco em comum.

Em um novo mercado, a distância entre o entusiasmo dos visionários e a aceitação da maioria é a de maior grau (Figura 6.5). A amplitude dessa distância explica o formato de taco de hóquei assumido pela curva de crescimento de vendas observada com frequência em um novo mercado: um pequeno registro de receita no primeiro ano em vendas realizadas para os primeiros evangelistas e, então, um longo período de estabilidade, ou até mesmo uma queda, até que a força de vendas aprenda como fechar pedidos com essa categoria completamente diferente de clientes e as ações de marketing consigam convencer os pragmáticos de que seu novo produto vale a pena ser adotado.

Figura 6.5 Abismo em um novo mercado

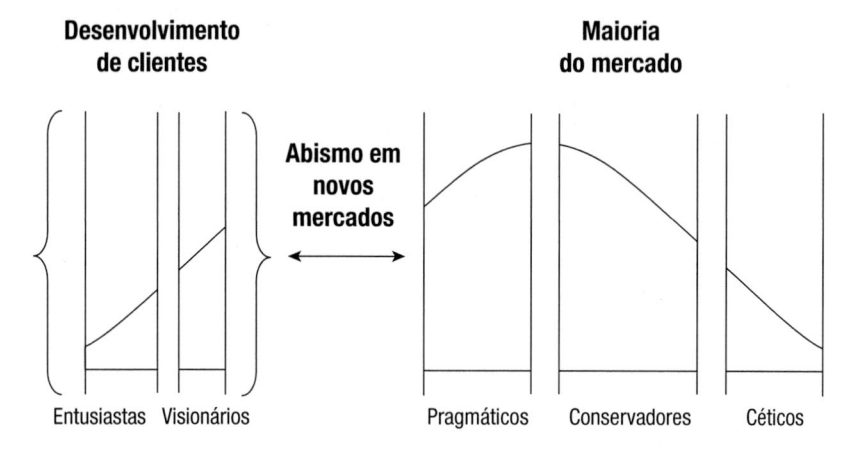

Em adição ao longo hiato até que as vendas decolem, um novo mercado representa os mais sérios riscos de vendas nos dois lados do abismo. No lado esquerdo, a descoberta de um processo de venda para os primeiros evangelistas pode transcorrer muito bem. Sua estrutura de vendas pode até ficar relativamente satisfeita com o baixo volume da repetição de negócios. Na verdade, os vendedores podem se esgotar por tentarem vender a todos os primeiros evangelistas, e ainda assim não terem se preparado para aprender o novo mapeamento do processo de vendas para alcançar a maioria do mercado.

O risco do outro lado do abismo é que você pode não obter sucesso. Os pragmáticos que formam a maioria do mercado podem não encontrar uma razão para adotar seu produto. Especialmente nos momentos de recessão econômica, poucos consumidores querem ser inovadores, se ainda puderem se virar com o que já têm. Quando gastar dinheiro fica difícil, as novas empresas com ideias inovadoras descobrem que a maioria do mercado é uma base de clientes formidável e, às vezes, impenetrável.

Mas há ainda outro risco – seus concorrentes. Depois de anos investindo para educar o novo mercado sobre os benefícios de seu produto, sua startup pode perder para um "seguidor-mais-rápido" – uma companhia que entre depois no mercado, aproveite todo seu investimento na educação dos clientes, cruze depressa o abismo e receba as recompensas. Em geral, as startups perdem para empresas que conseguem implementar uma estrutura de resposta rápida e acaba descobrindo e aprendendo mais depressa do que elas.

Embora esses riscos possam parecer catastróficos, eles não têm que ser assim. O maior perigo é não compreender as características dos clientes em um novo mercado – ou pior, reconhecê-las, mas se recusar a assumir o risco de mudar o modelo de vendas que atingiu seus primeiros evangelistas e seguir em frente em busca de um volume de receitas que está no mercado da maioria. Isso pode se tornar um desastre de primeira grandeza para a empresa e seus investidores.

Para alcançar os clientes que formam a maioria do mercado, sua empresa deve implementar estratégias de marketing e vendas diferentes daquelas aplicadas em um mercado existente ou ressegmentado. Por exemplo, em vez de simplesmente contratar uma porção de vendedores para que capturem multidões de clientes (como se fosse em um mercado existente), você deve localizar a esparsa população de primeiros evangelistas e usá-la para contar com um ponto de apoio na maioria do mercado. Em vez de investir uma montanha de dinheiro em uma campanha de *branding* (como se fosse em um mercado ressegmentado) para um público que ainda não está pronto para ouvir, é melhor usar os poucos evangelistas ainda potenciais para seduzir e conquistar a maioria do mercado.

Duas das mais conhecidas estratégias são as seguintes: 1) "cruzar o abismo[7]" encontrando os mercados de nicho e 2) criar um "ponto de virada[8]". Essas estratégias estão resumidas na Tabela 6.1.

Tabela 6.1 Estratégias dos evangelistas à maioria dos clientes em um novo mercado

Estratégia	Implementação
Cruzar o abismo criando nichos de mercado	Concentre o foco dos esforços de vendas nos primeiros evangelistas de um mercado específico, aplicação ou tipo de companhia. Use o boca a boca como referência. Desenvolva "produtos totais" como apelo para a maioria do mercado
Criar pontos de virada	Dê foco às vendas individuais até que uma massa crítica de usuários pioneiros seja alcançada. Então, uma pequena alteração fará a virada na base de clientes e um grande efeito será observado. O marketing viral é um exemplo da estratégia de ponto de virada

---

[7] Geoffrey A. Moore. *Crossing the chasm:* marketing and selling high-tech products to mainstream customers. Harper USA, 2002.
[8] M. Gladwell. *O ponto da virada* (The tipping point) – como pequenas coisas podem fazer uma grande diferença. Sextante, 2009.

Embora as duas estratégias continuem sendo muito debatidas, sua implementação pelas startups nem sempre se mostra bem-sucedida. Meu alerta em relação a elas é que funcionam melhor quando aplicadas a *novos mercados* e não a todos os tipos. Cruzar o abismo ou encontrar o ponto de virada dá mais certo na conversão de um pequeno grupo de verdadeiros entusiastas em um movimento de massa no mercado. Cruzar o abismo com base nas vendas aos primeiros evangelistas significa concentrar sua força de vendas em um único mercado de referência, aplicação ou tipo de indústria ou setor econômico (o niho) e depois comercializar para os compradores que formam a maioria do mercado, que buscam um "produto total" (solução completa). As estratégias de ponto de virada funcionam de modo diferente (às vezes, são comparadas à disseminação de epidemias). Elas capitalizam a partir da observação de que bastam apenas algumas pessoas "certas" para que a mudança no comportamento dos clientes e do mercado seja possível. Assim que uma massa crítica dessas pessoas certas endossa um produto, particularmente se for do "tipo que pega", a adoção massiva pode ocorrer em taxas exponenciais. Quando a estratégia de ponto de virada é aplicada a uma empresa ou um produto, a meta é criar artificialmente o efeito de horda, gerenciando a percepção dos clientes para essa tendência inexorável.

B. Gestão do crescimento de vendas em um novo mercado

Dos primeiros evangelistas à maioria do mercado	→	Gestão do crescimento de vendas pelo tipo de mercado

Ao longo dos anos, os capitalistas de risco perceberam que as startups em novos mercados demoram um período mais longo para conquistar as recompensas e se referem a elas, afirmando que sua curva de crescimento de vendas tem a forma de um bastão de hóquei. Como ilustra a Figura 6.6, embora possa haver um salto na receita por causa dos primeiros evangelistas, em um novo mercado, as vendas podem ficar perto de zero durante os primeiros anos. As receitas aceleram para um crescimento exponencial somente quando a companhia consegue educar com sucesso os clientes, desenvolve novos mapas de vendas e canal de distribuição e alcança a maioria do mercado. Isso, caso conte com os atributos necessários para manter essa força estacionária.

Figura 6.6 Crescimento de vendas em novo mercado: o bastão

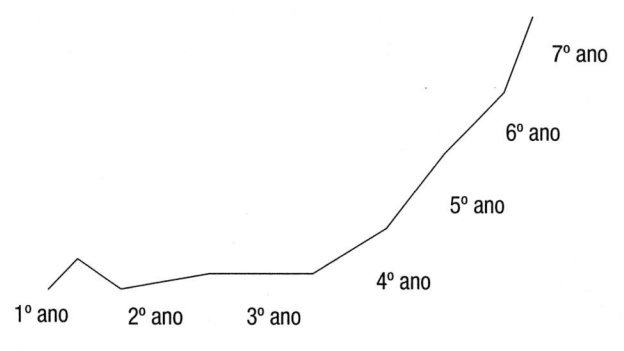

Apesar de ser um indicador preocupante da existência sem muita receita, essa curva de crescimento de vendas define um conjunto importante de parâmetros para uma startup operando em um novo mercado, ou seja, com pouca entrada de dinheiro:

- Requisitos de capital: Quanto dinheiro a empresa precisará levantar até que as receitas comecem a entrar?
- Fluxo de caixa/despesas: Como a empresa gerencia o fluxo de caixa e as despesas?
- Educação de mercado/plano de adoção: Quanta educação será necessária e quanto tempo levará até que o mercado fique do tamanho suficiente?
- Plano de contratação: Se nem uma verba infinita de marketing é capaz de afetar a demanda em um novo mercado, por que e quando a empresa precisa de um departamento na área? A mesma pergunta se aplica ao departamento de vendas. Se a receita não é elástica com base no número de vendedores em campos (mas dependente da criação do mercado), por que e quando a empresa deve contar com uma estrutura na área?

Como implicação dessas questões, a etapa de estruturação do negócio de uma startup em um novo mercado refere-se a *poupar recursos, evangelizar apaixonadamente* e *esperar a formação de massa crítica* até que o mercado cresça e as receitas comecem a aparecer. Sua experiência ao vender para os primeiros evangelistas durante a etapa de validação pelo cliente vai ajudá-lo a responder: "Quantos desses clientes visionários sua empresa ainda consegue encontrar nos próximos anos?". Essa resposta é a base para que você estabeleça o modelo de receitas e despesas e a avaliação de quanto caixa será necessário até que o "bastão de hóquei" pegue a curva ascendente em direção à maioria dos clientes do mercado.

O último risco no que se refere a um novo mercado é tudo isso não passar de uma fantasia. Em outras palavras, pode ser que, depois da venda para os evangelistas, simplesmente não haja clientes suficientes para sustentar um grande negócio. Pior, a maioria das empresas não se dá conta de que estava errada até que se passem anos sem a entrada de receitas. Mas aí já será muito tarde para reposicionar a companhia. Alguns exemplos de mercados que nunca se concretizaram foi o de inteligência artificial no começo da década de 1980 e o de canetas para computadores (em vez de mouse) no início de 1990. Sendo assim, ao escolherem se posicionar em um novo mercado, os empreendedores e suas startups devem avaliar o fluxo de despesas projetado, olhar profundamente para seus investidores e cofundadores e ter certeza de que essa será uma trajetória que todo mundo concorda em fazer de bom grado.

C. Dos evangelistas à maioria dos clientes em um mercado existente

Dos primeiros evangelistas à maioria do mercado → Gestão do crescimento de vendas pelo tipo de mercado

Em um mercado existente, o abismo entre os primeiros evangelistas e a maioria dos clientes do mercado pode ser pequeno ou até nem existir (Figura 6.7). É que, nesse caso, os visionários e os pragmáticos são o mesmo tipo de cliente, ou seja, em um mercado já estabelecido, todos os consumidores estão prontos para entender o seu produto e os benefícios que ele entrega.

Não há um longo intervalo, enquanto a estrutura de vendas aprende o novo mapa de comercialização e uma nova categoria de clientes torna-se educada para o seu produto. Os únicos limites para o crescimento das vendas são o *market share* e a diferenciação. A ausência do abismo sinaliza que o mercado está maduro para que um negócio com execução incansável usufrua o melhor dele. O desafio é que, embora os clientes entendam seu produto e os benefícios entregues, pode ser também que não percebam por que deveriam escolher o seu e não outro qualquer semelhante.

Figura 6.7 Abismo em um mercado existente

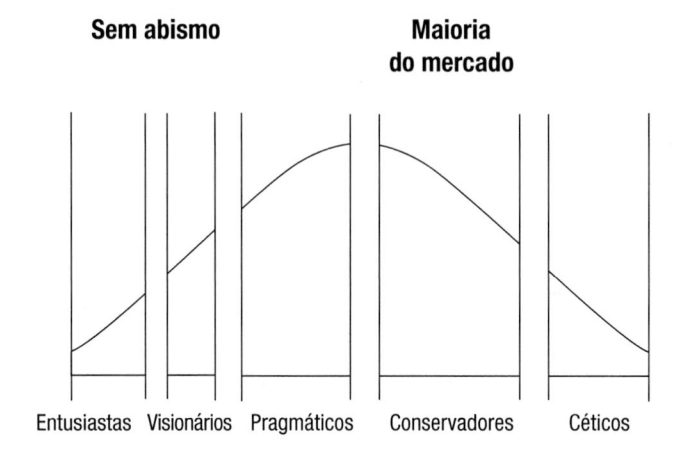

Sem abismo   **Maioria do mercado**

Entusiastas   Visionários   Pragmáticos   Conservadores   Céticos

E aqui entram em cena o posicionamento[9] e o *branding*[10], duas estratégias bastante conhecidas para diferenciar empresas e produtos. De vez em quando, essas duas palavras são usadas como sinônimos, o que é um problema, já que são diferentes e isso conta. Em um mercado existente, no qual a conquista de *market share* é o objetivo e há pouca distinção entre os concorrentes, o modo mais rápido e mais barato para diferenciar sua companhia e seu produto é estabelecer um posicionamento ou um valor (isto é, todo mundo sabe por que seu produto é o melhor e o deseja) em vez de investir em *branding* (todo mundo sabe que seu produto existe e considera sua empresa maravilhosa). O posicionamento em um mercado existente pode ser considerado bem-sucedido quando os clientes, além de reconhecerem seu produto e/ou serviço, sabem recitar de cor seus atributos. Quando o posicionamento é executado corretamente, gera demanda de usuário final para o produto.

---

[9] Al Ries e Jack Trout. *Posicionamento* – a batalha por sua mente. Makron, 2004 – veja bibliografia comentada nas páginas finais.
[10] M. Newman. *As 22 consagradas leis do marketing.* M. Books, 2006. – idem.

Por exemplo, a Starbucks é a número 1 em café, esse é o posicionamento com foco no produto; já a Starbucks é uma ótima empresa e trata bem seus funcionários poderia ser o posicionamento com foco na empresa. Investir recursos financeiros em *branding* em um mercado existente pode resultar que os clientes conheçam bem sua empresa, mas ainda assim prefiram comprar o produto de um concorrente. Diferentemente, o *branding* funciona melhor quando você está em um mercado ressegmentado.

D. Gestão do crescimento de vendas em um mercado existente

Dos primeiros evangelistas à maioria do mercado → Gestão do crescimento de vendas pelo tipo de mercado

Em um mercado existente, a validação pelo cliente e a geração de demanda devem ter comprovado que ainda existem clientes potenciais que entendem as vantagens exclusivas de sua startup. Com certeza, o marketing conseguiu diferenciar o produto e agora está gerando demanda de usuários finais e direcionando-a para o canal de vendas. A estrutura de vendas está sendo ampliada para que seja feita a colheita da recompensa. Caso tudo esteja indo bem assim, o gráfico de vendas ano a ano de uma startup em um mercado existente será uma bela e reta linha ascendente (Figura 6.8). E as planilhas que você deve consolidar são as previsões padrão de marketing e vendas e o plano de contratações.

Figura 6.8 Curva de crescimento de vendas em um mercado existente

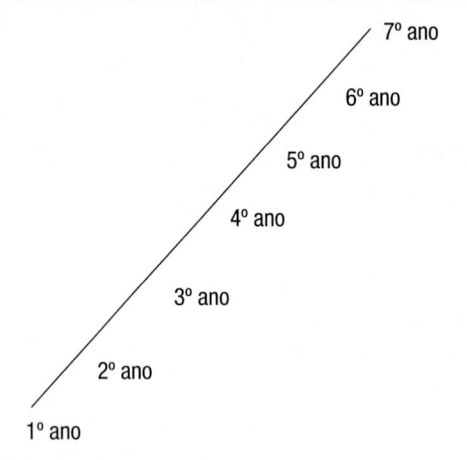

```
                                    7° ano
                              6° ano
                        5° ano
                  4° ano
            3° ano
      2° ano
1° ano
```

Se você for feliz o bastante para estar nesse tipo de mercado e nesse estágio de implementação, então, escalar o negócio significa preocupar-se com:

- Requisitos de capital: Quanto dinheiro será necessário até o ponto de equilíbrio do fluxo de caixa?
- Plano de contratação: A empresa é capaz de crescer depressa o bastante para tirar o melhor do mercado?

- Ciclo de vida do produto: A sua bela e reta linha de crescimento de vendas só continuará ascendente enquanto seu produto for competitivo. Já existem produtos de continuidade em desenvolvimento?
- Respostas da concorrência: A maioria de seus concorrentes não ficará quieta para sempre. O que acontecerá quando alguns responderem?

Em um mercado existente, portanto, a estruturação do negócio relaciona-se com *execução incansável e busca do melhor a ser tirado do mercado*, enquanto você se torna absolutamente paranoico quanto ao ciclo de vida de seu produto e as respostas dos concorrentes (pense, por exemplo, nos inúmeros fabricantes de carros que passaram a montar SUVs depois que a minivan da Chrysler criou um mercado massivo para o produto na década de 1970). A densidade e a intensidade desse tipo de mercado fazem com que a linha ascendente do resultado de vendas possa ser revertida facilmente.

E. Dos evangelistas à maioria dos clientes em um mercado ressegmentado

| Dos primeiros evangelistas à maioria do mercado | → | Gestão do crescimento de vendas pelo tipo de mercado |

A estratégia de ressegmentação de mercado coloca a sua empresa em algum ponto entre um novo mercado e um existente. Embora o abismo entre os primeiros evangelistas e a maioria dos clientes do mercado não seja tão amplo como em um novo mercado (Figura 6.9), pode levar um tempo para que você consiga convencê-los de que os benefícios únicos que definiu para seu produto são um apelo de compra atraente. Como resultado, nos primeiros anos, as vendas podem ser baixas.

Figura 6.9 Abismo em um mercado ressegmentado

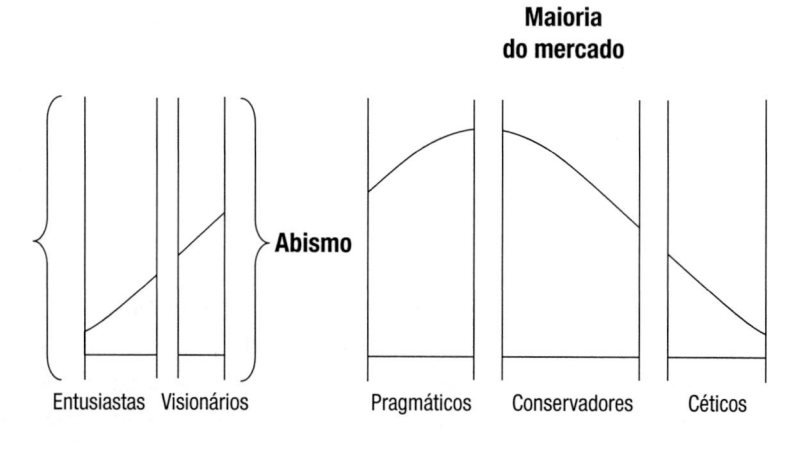

Entusiastas Visionários Abismo Pragmáticos Conservadores Céticos

Maioria do mercado

Nesse tipo de mercado, existem dois riscos por causa do abismo. O primeiro é a natureza sedutora das vendas para os clientes visionários: embora sejam em pequena escala, são o bastante para a empresa acreditar que já desenvolveu um modelo de negócios com escalabilidade. A verdade é que uma startup está drenando vendas em baixo volume de um mercado existente e bastante competitivo. Cruzar o abismo nesse tipo de mercado significa atrair massivamente os clientes que formam a maioria do mercado, educando-os sobre o que é novo e diferente em sua ressegmentação. Em outras palavras, você enfrenta algumas das questões de uma empresa entrando em um novo mercado. No entanto, em vez de aplicar estratégias de nicho ou de pontos de virada, como faria em um novo mercado, usará algo diferente para alcançar a maioria do mercado. Será aqui, no mercado ressegmentado, que toda a sabedoria convencional sobre *branding* e posicionamento torna-se realmente válida. Ambos são as ferramentas táticas que os profissionais de marketing usam para diferenciar suas companhias e produtos dos da concorrência. Por exemplo, no setor de eletrodomésticos, SubZero, Miele e Bosch criaram um novo segmento de produtos: repletos de recursos sofisticados e mais caros. Os consumidores (pelo menos, nos Estados Unidos) ficaram um pouco perplexos no início, perguntando-se por que deveriam pagar preços exorbitantes por algo que era "apenas" um refrigerador, ou lavadoras e secadoras. No entanto, depois de algum tempo, quando foram executadas hábeis ações de marketing e posicionamento, aqueles eletrodomésticos, que antes pareciam tão mundanos, tornaram-se símbolos de *status*. Exemplos semelhantes de ressegmentações bem-sucedidas podem ser encontrados em uma grande variedade de setores: a Starbucks conseguiu transformar o simples cafézinho, comprado antes por centavos, em uma xícara especial de café de boa qualidade, que vale muito mais agora; a Dell tornou os computadores pessoais comoditizados em produtos customizados, de acordo com os desejos e as necessidades dos clientes; a Perrier e a Calistoga conseguiram fazer com que a água, uma *commodity* definitiva, seja um produto de alto luxo, mais caro do que a gasolina.

Essa repetição excessiva de histórias de sucesso nos leva ao segundo risco em um mercado ressegmentado – geralmente, a ressegmentação de um mercado existente tem custos bastante altos e a empresa precisa dispor de capital suficiente para bancar um ótimo programa de marketing e posicionamento até que se complete. Embora possa existir um mercado pronto para ser ressegmentado e alcançado, para serem ouvidas, suas mensagens terão que se destacar em relação à cacofonia dos concorrentes. Em geral, as startups que ressegmentam subestimam o dinheiro e o tempo que são necessários para causar uma impressão duradoura na mente dos consumidores.

Na etapa de geração de demanda, eu afirmei que um dos principais equívocos de marketing é ter campanhas de propaganda ou comunicação corporativa sem uma estratégia subjacente de posicionamento. Contar com uma estratégia de posicionamento é um pré-requisito para o *branding*. Existem muitos VPs de marketing que selecionam uma campanha de *branding*, quando ainda nem conseguem articular o posicionamento da empresa. O *branding* é caro e consome muito tempo, além disso, é planejado para obter uma reação visceral. A chave na ressegmentação é usar o posicionamento para estabelecer o valor do novo segmento e gerar demanda para o produto. Depois, você pode aplicar uma estratégia de *branding* para reforçar o valor do segmento e fazer a demanda crescer exponencialmente na parte ascendente da curva de vendas em formato de bastão de hóquei.

Reiterando: as estratégias de *branding* e posicionamento, embora amplamente popularizadas, têm sido muito mal aplicadas por muitas startups. Em um novo mercado, essas estratégias são muito caras e podem ser fatais (foram o ralo de dinheiro da maioria das pontocom). Elas são importantíssimas, porém, em um mercado que você está ressegmentando. Nesse caso, aplique as estratégias de *branding* e posicionamento para transformar um pequeno grupo de primeiros evangelistas em um mercado de massa, *ainda que os clientes desse mercado de massa continuem a acreditar que eles formam um pequeno grupo de elite*.

F. Gestão do crescimento de vendas em um mercado ressegmentado

| Dos primeiros evangelistas à maioria do mercado | → | Gestão do crescimento de vendas pelo tipo de mercado |

O crescimento de vendas em um mercado ressegmentado é um balanço complicado, já que combina a evolução de receitas de um novo e de um mercado existente. A boa notícia é que há um mercado existente que rapidamente compreenderá do que se trata o seu produto. Isso possibilita que a empresa gere imediatamente certo nível de vendas mesmo diante de concorrência forte. Essas primeiras vendas, porém, não devem ser confundidas com sucesso. A empresa não verá vendas explosivas até que o mercado entenda e adote a ressegmentação. O resultado é uma curva de vendas como a apresentada na Figura 6.10, sendo as principais questões a gerenciar:

- Requisitos de capital: Quanto dinheiro será necessário até atingir o equilíbrio de caixa?
- Custos de educação do mercado: A empresa consegue arcar com os custos contínuos de educação e criação do novo segmento?
- Custos de posicionamento e *branding*: diferentemente de um novo mercado, o ressegmentado tem a meta clara de *se tornar diferenciado*. O posicionamento e *branding* ocasionam muitas despesas. Há *budget* para isso?
- Plano de contratação: A empresa consegue realizar as vendas iniciais sem contratar demais antes da aceleração da receita?
- Avaliação do mercado: O que acontece se a ressegmentação não funcionar? Muitas startups acabam na terra dos mortos-vivos. Como evitar isso?

Figura 6.10 Crescimento de vendas em um mercado ressegmentado

```
                                        7º ano
                                    6º ano
                                5º ano
                    3º ano   4º ano
            2º ano
    1º ano
```

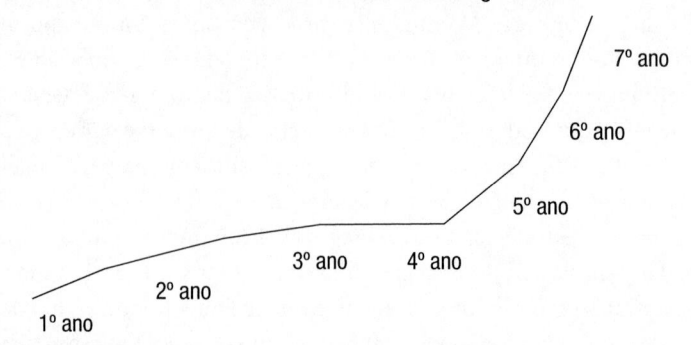

Em resumo, a estruturação do negócio em um mercado ressegmentado é similar à de em um novo mercado. Trata-se de *poupar recursos, evangelizar apaixonadamente* e *desenvolver o novo segmento de mercado* até que esteja grande o bastante para que as receitas apareçam, chegando ao formato de bastão de hóquei. Como em um novo mercado, um dos riscos é que o novo segmento se mostre como um fruto da imaginação. Nesse caso, você ficou tentando fazê-lo existir lutando contra múltiplos concorrentes e com um produto sem diferenciais significativos.

Fase 2: Revisão do gerenciamento e estrutura e cultura centradas na missão

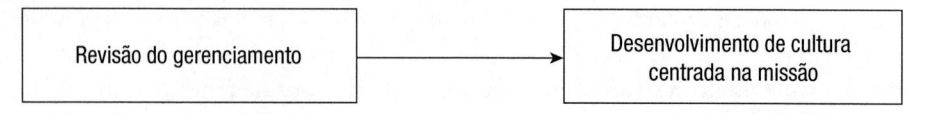

| Revisão do gerenciamento | → | Desenvolvimento de cultura centrada na missão |

A estruturação do negócio prepara a empresa para avançar de uma startup focada na descoberta, no aprendizado e na atração dos primeiros evangelistas para uma empresa voltando todos os seus recursos para encontrar e conquistar os clientes que formam a maioria do mercado. Para que isso aconteça, você tem que se assegurar que os executivos seniores são capazes de lidar com essa missão crítica.

O compromisso dos executivos pode ser uma mudança drástica para as pessoas e para toda a companhia. O processo deve ser orientado e gerenciado pelo conselho. Nessa fase, você:

- Solicitará ao conselho para reavaliar o CEO e a equipe de executivos.
- Desenvolverá uma estrutura e cultura organizacionais centradas na missão.

A. Conselho reavalia o CEO e os executivos

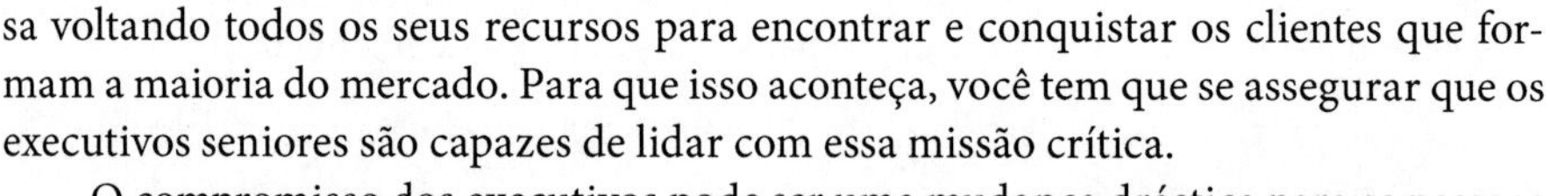

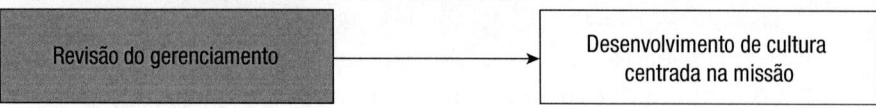

| **Revisão do gerenciamento** | → | Desenvolvimento de cultura centrada na missão |

Quando a startup atinge o passo de estruturação do negócio, está na hora de o conselho voltar-se para dentro e decidir se o atual CEO e a equipe de executivos são capazes de escalar a empresa. Para chegar a essa etapa, a companhia precisa de gente como Mark, da BetaSheet: visionários apaixonados, capazes de articular uma visão atraente, ágil o suficiente para aprender e descobrir enquanto segue em frente, resiliente o bastante para lidar com falhas incontáveis e responsivo a ponto de capitalizar o aprendizado e conquistar os clientes pioneiros. O que vem pela frente, no entanto, é um novo conjunto de desafios: localizar o novo grupo de clientes que forma a maioria do mercado no outro lado do abismo e gerenciar o crescimento da curva de vendas. Esses novos desafios exigem novas habilidades. É crítico para essa transição, que o CEO e a equipe de executivos sejam muito pragmáticos, capazes de desenvolver e articular uma missão coerente para a empresa e disseminar sua autoridade para todos os departamentos que devem se mover para a mesma meta.

Tabela 6.2 Características do CEO e da equipe de executivos por estágio da empresa

	Empreendedores focados na descoberta e no aprendizado	Gerenciamento orientado para missão	Gerenciamento orientado para processos, execução e crescimento
Contribuição pessoal	Superestrela	Líder	Gestor de planos, metas, processos e pessoas
Comprometimento de tempo	24 horas, sete dias por semana	Sempre que necessário	Longo prazo das 9 às 17 horas
Planejamento	Oportunista e ágil	Focado na missão e meta	Focado nos processos e nas metas
Processo	Detesta e elimina sempre que possível	Quando necessário, mas focado na missão	Implementa e aplica
Estilo de gerenciamento	Autocrático, sistema estelar	Distribuído nos departamentos	Pode ser burocratizado
Amplitude do controle	Mãos à obra	Focado na missão, sincronizado	Distribuído de cima para baixo na estrutura
Foco	Visão elevada e apaixonada	Missão	Execução
Incerteza/caos	Gera ordem ao caos	Focado em respostas ágeis	Focado na replicabilidade

Até agora, o conselho tem uma boa noção do conjunto de capacidades do CEO e da equipe de executivos como empreendedores. O que torna essa reavaliação difícil é que não se baseia naquilo que eles já foram capazes de realizar, mas na previsão do que virão a enfrentar na próxima etapa de desenvolvimento do negócio. Essa é a ironia dos executivos com habilidades empreendedoras bem-sucedidas: o sucesso deles pode ser a previsão de que serão demitidos.

A Tabela 6.2 ajuda a esclarecer algumas das características dos executivos empreendedores por estágio de crescimento da empresa (olhando para essa tabela, o que você acha que o conselho da BetaSheet deveria fazer com Mark?). Um dos atributos marcantes dos fundadores empreendedores é a contribuição individual que oferecem à startup, seja em vendas ou em desenvolvimento de produtos. Sejam técnicos ou visionários de negócios, os executivos fundadores são líderes pela força de suas conquistas pessoais. Conforme a empresa cresce, porém, precisa menos de um líder superestrela iconoclasta e mais de um executivo focado na missão e nas metas. Nesse estágio, os líderes devem se sentir confortáveis ao disseminar as metas da empresa de cima para baixo e para encorajar o surgimento de novas lideranças departamentais focadas na missão. Nessa fase, não é mais necessário o compromisso de dedicar 24 horas dos sete dias da semana à empresa; para prevenir o esgotamento e o estresse é mais adequado aqui que o tempo seja dedicado apenas quando necessário.

A capacidade de planejar é outra distinção. A etapa de descoberta e aprendizado exige uma liderança voltada às respostas ágeis e oportunistas. Conforme a empresa cresce, passa a necessitar de líderes capazes de manter uma equipe maior focada em uma missão única. A partir daqui, a hierarquia é adicionada, mas a responsabilidade e a tomada de decisão distribuem-se com uma amplitude maior do que é possível para um indivíduo controlar. Manter essa organização maior ágil e responsiva é um marco para a gestão orientada para a missão.

Essa mudança da equipe de desenvolvimento de clientes para uma estrutura focada na missão pode estar além do escopo ou da compreensão do CEO fundador e do time de executivos. Alguns não conseguem nunca fazer a transição de visionários autocratas para líderes. Outros compreendem a necessidade dessa transição e se adaptam. É responsabilidade do conselho decidir de que tipo é o atual quadro de executivos da empresa.

Essa avaliação envolve uma cuidadosa consideração dos riscos e recompensas relacionados à demissão dos fundadores. Ao constatar as mudanças abruptas de capacidades necessárias para as transições de equipe de desenvolvimento de clientes para uma estrutura focada na missão e, então, para uma organização orientada por processos, execução e crescimento, pode ser tentador para o conselho dizer: "Talvez seja a hora de contratar executivos mais experientes. Se os fundadores e os executivos pioneiros saírem, está tudo bem; não precisamos mais deles. A etapa de descoberta e aprendizado está encerrada. Os fundadores são muito individualistas e briguentos, a empresa ficará mais calma e será mais fácil de administrar sem a presença deles". Em geral, tudo isso é verdade. E é particularmente verdade para uma companhia em um mercado existente, no qual a lacuna entre os clientes pioneiros e a maioria do mercado não existe e a etapa de processos e execução é paradigma. Um CEO fundador que queira buscar novos mercados em vez de desfrutar as recompensas de um mercado maduro é a maldição dos investidores e um candidato involuntário ao desemprego.

Mesmo assim, o júri ainda não chegou a um veredito se mais startups fracassaram no longo prazo por terem colocado seus fundadores para fora do negócio ou por mantê-los em ação por tempo demais. Em algumas startups (especialmente as tecnológicas), o ciclo de vida do produto é dolorosamente curto. Não importa que seja em um novo, ressegmentado ou mercado existente, a única certeza é que dentro de três anos a companhia enfrentará um desafio competitivo que pode vir de pequenos concorrentes que estão se tornando maiores, de grandes companhias que agora consideram o mercado bom o bastante para decidir entrar ou de uma mudança subjacente à tecnologia aplicada. Encarar essas novas ameaças competitivas requer todos os recursos e as habilidades criativas e empreendedoras que já foram necessárias na etapa de startup. Com frequência, startups que cresceram e chegaram à adolescência tropeçam e sucumbem à voracidade de grandes e pequenos concorrentes porque perderam o DNA corporativo da inovação, da descoberta e do aprendizado. A razão disso? O novo grupo de executivos está empenhado em tornar a empresa um negócio rentável e não valoriza dos fundadores, que continuam a falar sobre a próxima novidade, mas não conseguem se adaptar a uma estrutura focada em processos. Então, decidem é que é hora de se livrar deles e pagam o preço mais tarde.

Em um cenário de economia aquecida, no qual os investidores recuperam mais depressa o retorno do capital com uma IPO, fusão ou aquisição, nenhum desses aspectos os preocupam. Os investidores podem ter uma visão de curto prazo da companhia, vendem suas ações e aproveitam a maturidade da recompensa bem antes que ocorra a próxima crise de inovação. No entanto, em um quadro econômico em que as startups têm que se estruturar para continuarem a ter valor, o conselho e os investidores devem considerar as consequências de não encontrar uma forma de hibernar o talento criativo dos fundadores para enfrentar a tempestade competitiva que, com certeza, está no horizonte.

Os conceitos de liderança focada em missão e estrutura de resposta rápida desenvolvidos neste capítulo oferecem aos investidores e empreendedores outra rota a ser levada em consideração. Em vez de visualizar como binária a escolha de tipo de gerenciamento em uma startup – na segunda-feira, com visão empreendedora; na terça, de paletó, gravata e orientada por processos – a liderança focada na missão oferece uma trajetória intermediária que pode estender a vida útil do time inicial de gestores, fazer a companhia focar seus objetivos imediatos e gerar ímpeto suficiente para cruzar o abismo.

B. Estrutura e cultura organizacionais centradas na missão

| Revisão do gerenciamento | → | Desenvolvimento de cultura centrada na missão |

A consequência de não contar com uma missão comum ficou clara para a BetaSheet. Mark tinha liderado pessoalmente a empresa durante os passos de descoberta e validação pelo cliente e tinha as cicatrizes para mostrar. Na cabeça do empreendedor, ele tinha uma visão particular para a BetaSheet e estava mantendo os olhos fixos no horizonte para o qual se dirigia a empresa. Porém, sua falha fundamental foi não se assegurar de que o conselho e o time de executivos, para não dizer o restante da empresa inteira, compartilhavam de sua visão. Os novos executivos contratados por Mark para gerenciar vendas, marketing e engenharia atuavam mais como pistoleiros de aluguel do que como proprietários comprometidos. Parte disso foi culpa de Mark por selecionar os novos profissionais mais pela extensão dos currículos do que pela capacidade de comprometimento. Assim como dos conselheiros, por não ensinarem a Mark o valor de contratar executivos que compartilhem a sua visão. De fato, um dos conselheiros reforçou a falta de compromisso na equipe de executivos, oferecendo para o cargo de VP de vendas um profissional cuja única qualificação era marcar passo em seu próprio escritório. Finalmente, parte do problema é que Mark deveria comunicar e evangelizar sua visão dentro da companhia do mesmo modo que efetivamente fazia externamente. Conforme a BetaSheet fosse conquistando escala, o conselho de Mark, a equipe de executivos e todos os demais funcionários deveriam compartilhar a mesma visão de mundo. Em vez disso, o final foi marcado pela dissonância, não somente em relação ao estilo de gestão, mas sobre o que tornava a empresa única.

Definindo a missão da sua empresa

Sendo assim, como você pode evitar o erro de Mark e fazer com que a missão se torne parte da corrente sanguínea da companhia? No coração da estrutura focada na missão, está a sua definição corporativa. A maioria das startups tem uma definição de missão porque a equipe de executivos lembra de ter visto uma em seu último emprego e aquilo parecia importante. Ou talvez porque os investidores tenham dito que era preciso ter uma definição de missão para as apresentações em PowerPoint. Em nenhum dos casos, essa é uma definição de missão que seja vivenciada no dia a dia da empresa.

De onde vem uma definição de missão "vivenciada"? Você investiu um bom tempo no trabalhoso processo de descoberta, validação pelo cliente e geração de demanda, criando, testando e colocando em prática sua missão. A definição da missão que você lapidou agora é mais um refinamento daquela proposta na descoberta do cliente, revista na validação pelo cliente e testada na etapa de geração de demanda. A meta das definições iniciais da missão é ajudar os clientes a entender como sua empresa e seus produtos são exclusivos. Você pode ter incorporado essa missão no site corporativo e sua força de vendas deve ter colocado a definição nas apresentações em PowerPoint. No entanto, a definição de missão que você precisa no estágio de estruturação do negócio é diferente: está voltada para você e para seus funcionários, não para os clientes. Trata-se de um parágrafo ou dois que explique para você, seu conselho e seus funcionários como cruzarão o abismo dos primeiros evangelistas para os clientes que formam a maioria do mercado e como gerenciarão a curva do crescimento de vendas. A missão conta em termos específicos por que eles vão trabalhar, o que precisam fazer e como saberão que estão sendo bem-sucedidos. E que mencione as duas palavras nojentas que nunca aparecem em definições de missão para os clientes verem: receitas e lucro.

Um exemplo de definição de missão clara e por escrito é aquela "vivenciada" pela CafePress, uma empresa que possibilita que as pessoas e grupos criem facilmente sua própria loja para vender camisetas, xícaras de café, livros e CDs.

- Na CafePress, nossa missão é possibilitar que os clientes abram lojas para vender uma ampla gama de produtos customizados (nossa meta é assegurar que eles digam que somos o melhor lugar para ir na web para fazer e vender CDs, livros e outros itens promocionais). Como fazemos isso?
  - Nós lhe oferecemos uma variedade de produtos de alta qualidade e bons serviços em uma plataforma web fácil de usar (sabemos que estamos sendo bem-sucedidos se o pedido médio for de 45 dólares por mês em nossas lojas).
  - Fazemos isso por um preço que eles consideram justo (embora mantendo a margem de 40%). Para o próximo ano, nosso plano é atingir 30 milhões de dólares em receitas e ser lucrativos (para isso, precisamos de 25 mil novos clientes por mês).
  - Nós tentamos ser bons cidadãos na comunidade (imprimimos em materiais recicláveis, utilizamos embalagens amigas do ambiente e aplicamos tintas não tóxicas).
  - Nós cuidamos de nossos funcionários (assistência médica e dentária integrais) porque quanto mais eles ficarem conosco, melhores serão nossos restaurantes.
  - E nós também oferecemos *stock options* a todos os funcionários porque eles estão interessados em nosso sucesso e todos ganharemos dinheiro a longo prazo.

Se você ler essa definição de missão frase por frase verificará que ela explica aos funcionários por que trabalham diariamente, o que precisam fazer e como saberão se estão sendo bem-sucedidos.

Elaboração da missão corporativa

A maioria das empresas investe uma enorme quantidade de tempo elaborando e lapidando sua definição de missão corporativa externa e, então, internamente, pouco faz de fato. O que descrevo aqui é bem diferente. Primeiro, a definição de missão que será elaborada agora é para uso interno. Você pode criar uma versão dela para fazer seus clientes e investidores felizes, mas não é esse o propósito agora. Segundo, a definição dessa missão é orientada para a ação; deve ser colocada por escrito para servir de diretriz diária para todos os funcionários. Por essa razão, é focada na execução e naquilo que a empresa está tentando conquistar. Se conseguir escrevê-la corretamente, a definição de sua missão corporativa ajudará os funcionários a decidirem e agirem localmente enquanto são dirigidos pela compreensão do grande quadro.

A elaboração dessa definição de missão "operacional" é um sinal visível da transição do gerenciamento empreendedor para o centrado na missão. O CEO usa essa oportunidade para obter compromisso e adesão de todos os executivos operacionais (assim como dos demais fundadores que podem não estar em funções operacionais). Se for necessário, o CEO pode envolver outros funcionários para se assegurar de que a missão é fundamentada e compartilhada. Os conselheiros também devem participar do processo para oferecer ideias e para dar a aprovação final.

Figura 6.11 Modelo para elaborar a definição da missão corporativa

Elemento da missão	Específico
Por que seus empregados trabalham diariamente	• Tornar a CafePress a maior varejista mundial de produtos customizados
O que os funcionários devem fazer todos os dias	• Assegurar que os clientes digam que somos o único lugar da web para fazer e vender CDs, livros e itens promocionais • Dar aos varejistas as ferramentas de marketing para atingirem os clientes • Tentar ser bons cidadãos em nossa comunidade. Imprimir em materiais recicláveis, usar embalagens amigas do ambiente e aplicar tintas não tóxicas sempre que possível
Como eles sabem se estão sendo bem-sucedidos	• Os clientes afirmam que a CafePress é o melhor lugar do mundo para vender e comprar itens customizados • Os clientes recebem um ótimo serviço pelo que eles consideram um preço justo • Os clientes retornam com frequência (em média, uma vez a cada três semanas)
Metas de receitas corporativas e lucratividade	• O pedido médio por loja é de 45 dólares por mês • Conquista de 25 mil novos clientes por mês • Atingir 30 milhões de dólares em receitas no final do próximo ano • Manter 40% de margem • Cuidar bem dos funcionários; oferecer *stock options* e benefícios de assistência médica e dental

A Figura 6.11 mostra um rascunho de modelo para a elaboração de uma definição de missão corporativa com base naquela que foi desenvolvida na CafePress. Enquanto você escreve (e reescreve) a definição de sua missão, lembre-se que não existem respostas certas ou erradas. O teste decisivo é esse: Os novos contratados leem a definição da missão corporativa e entendem a empresa, sua tarefa e o que precisam fazer para serem bem-sucedidos?

Tenha em mente que a definição de missão para uma empresa operando em um mercado existente será bem diferente daquelas de uma companhia em um novo ou em um ressegmentado. Em um mercado existente, a definição da missão reflete a meta de uma curva de vendas linear e ascendente. A missão descreve como a empresa executa suas ações incansavelmente para obter o melhor do mercado, enquanto se mantém paranoica em relação ao ciclo de vida do produto e à concorrência. Em um novo mercado, a missão reflete a curva de vendas em forma de bastão de hóquei e enfatiza a economia de recursos, a evangelização apaixonada e o desenvolvimento do mercado. Em um mercado ressegmentado, a missão descreve o trabalho de posicionamento e de *branding* necessários para criar uma diferenciação única da imagem da empresa.

Seguindo adiante

A definição da missão corporativa é essencial, mas é apenas o começo. A cultura centrada na missão deve envolver toda a companhia, não somente o departamento que lida com os clientes. Por essa razão, a equipe de executivos deve se esforçar intensamente para assegurar que os funcionários de todos os departamentos acreditem que compartilham um propósito comum. Isso requer comunicação constante e transversal entre todas as áreas da empresa. Na Fase 4, seguiremos adiante com o processo de centralizar a estrutura na missão, fazendo com que cada departamento elabore sua própria missão de área. Essas missões departamentais precisam responder às mesmas questões da missão corporativa: por que as pessoas trabalham lá diariamente; o que elas fazem ao longo dos dias; como sabem que estão sendo bem-sucedidas – mas em termos das metas e das atividades de cada área específica.

Fase 3: Transição da equipe de desenvolvimento de clientes para departamentos funcionais

Estabelecer a missão dos departamentos	→	Definir o papel dos departamentos por tipo de mercado

A Fase 3 da estruturação do negócio marca o fim da equipe de desenvolvimento de clientes e a mudança para departamentos formais. Durante as constantes interações com os primeiros evangelistas nos Passos de 1 a 3, a equipe de desenvolvimento de clientes descobriu como desenvolver mapas de vendas e de canais replicáveis. Com isso completo, o foco muda para a conquista dos clientes que formam a maioria do mercado. Mas isso exige mais do que um pequeno grupo de pessoas para ser executado. Infelizmente, a equipe de desenvolvimento de clientes sem uma estrutura funcional não consegue escalar o negócio. Para superar isso, a empresa agora precisa se estruturar em departamentos que agreguem funções específicas que teriam sido contraproducentes nos estágios iniciais da startup – principalmente, vendas, marketing e desenvolvimento de negócios – e os organiza apropriadamente para atender às necessidades do tipo de mercado em que está a companhia. Sendo assim, nessa fase, você:

- Elaborará definições de missão para cada departamento de acordo com suas funções no negócio.
- Definirá os papéis departamentais conforme o tipo de mercado.

A. Elaboração das missões departamentais

| Estabelecer a missão dos departamentos | → | Definir o papel dos departamentos por tipo de mercado |

Antes de começar a estruturar as vendas, o marketing e o desenvolvimento de negócios, além de outras áreas em contato direto com os clientes, você precisa definir o que esses departamentos têm que fazer. Essa frase pode soar como sarcasmo; todos nós sabemos o que eles fazem: vendas contrata gente para ir a campo e vender, marketing contrata uma equipe para redigir planilhas e cuidar da propaganda e assim por diante. Mas nada é tão simples assim, já que as metas de cada departamento são diferentes, dependendo do tipo de mercado, ideia que ficará clara na discussão ao longo deste tópico.

Sendo assim, antes de ocorrer essa estruturação formal, é tarefa da equipe de executivos definir as metas de cada área e articulá-las na forma de uma definição de missão. A razão para fazer isso antes de estruturar e contratar é que os departamentos existentes tendem a racionalizar a própria existência e as atividades desenvolvidas. Nos anais da história corporativa, muito poucos VPs foram capazes de dizer: "Acho que meu departamento e a equipe são supérfluos. Vamos nos livrar de todos eles".

Na Fase 2, você consolidou uma definição de missão corporativa que combina com o tipo de mercado. Sua tarefa agora é traduzi-la em missões departamentais, com objetivos e tarefas específicos. Por exemplo, a definição da missão de um departamento de marketing para uma empresa atuando em um mercado existente pode parecer com a história a seguir.

A missão de nosso departamento de marketing é gerar demanda de usuários finais e direcioná-los para os canais de vendas, educar os clientes e os canais sobre a diferenciação de nossos produtos e dar suporte à engenharia para que compreenda os desejos e as necessidades dos clientes. Nós atingiremos esse objetivo com as atividades de geração de demanda (propaganda, comunicação corporativa, feiras, seminários, sites etc.), análise da concorrência, materiais de apoio a canais e a clientes (relatórios, planilhas, resenha de produtos), pesquisas de mercado e documentos de requisitos de marketing.

Nossas metas são colocar quarenta mil indicações ativas e aceitas na porta de entrada do canal de vendas, obter reconhecimento de marca da empresa e do produto acima de 65% em nosso mercado-alvo, além de cinco resenhas de produto positivas por trimestre. Nós atingiremos 35% de *market share* no primeiro ano de vendas com uma equipe com cinco pessoas e gastando menos de 750 mil dólares.

A Figura 6.12 mostra como a missão departamental mantém-se alinhada com o modelo corporativo proposto anteriormente.
Essa missão departamental especifica exatamente por que as pessoas dessa área trabalham diariamente, o que devem executar ao longo de todo o dia, como sabem que estão sendo bem-sucedidas e qual a contribuição dada para a meta de lucratividade da empresa. Com essa definição, não acredito que os funcionários fiquem em dúvida

sobre qual é a missão deles. Ao longo desta seção, você verá que as metas e a missão departamental serão bem diferentes de acordo com o tipo de mercado.

Figura 6.12 Amostra de missão departamental de marketing em um novo mercado

Elemento da missão	Específico
Por que os funcionários dos departamentos trabalham diariamente	1. Criar demanda de usuários finais e direcioná-los para o canal de vendas 2. Educar o canal e os clientes sobre a diferenciação do produto 3. Ajudar a engenharia a compreender as necessidades e os desejos dos consumidores
O que eles devem fazer todos os dias	1. Atividades de geração de demanda (propaganda, comunicação corporativa, feiras, seminários, sites etc.) 2. Análise competitiva, materiais de apoio a canais e clientes (relatórios, planilhas e resenhas de produtos) 3. Pesquisas de mercado, documentos de requisitos de marketing
Como eles sabem se estão sendo bem-sucedidos	1. Quarenta mil indicações ativas e aceitas na porta de entrada do processo de vendas, reconhecimento da marca da empresa e do produto acima de 65% no mercado-alvo 2. Cinco resenhas positivas de produtos por trimestre
Contribuição para as metas de lucratividade corporativa	1. 35% de *market share* no primeiro ano 2. Equipe com cinco pessoas, gastos abaixo de 750 mil dólares

B. Papéis departamentais por tipo de mercado

Estabelecer a missão dos departamentos → Definir o papel dos departamentos por tipo de mercado

Como já dispõe da definição das missões departamentais, você pode começar a estruturar as áreas. Tenha em mente o risco subjacente de simplesmente estabelecer os departamentos por função. Agora que já conta com um processo comprovado para vender aos primeiros evangelistas e os departamentos estão sendo estruturados, a tendência natural dos executivos seniores é retornar à velha forma. O gestor de vendas diz: "Finalmente, posso montar minha força de vendas"; o gerente de marketing concorda: "Agora eu posso contratar a agência de comunicação corporativa, cuidar dos anúncios e desenvolver os documentos de requisitos de marketing para a engenharia"; e o líder de desenvolvimento de negócios sente-se aliviado: "Hora de fazer parcerias!". Nada pode estar mais longe da realidade. Cada departamento deve levar em consideração como o tipo de mercado em que a empresa está atuando define seu papel. A discussão a seguir aborda os papéis de vendas, marketing e desenvolvimento de negócios de acordo com os tipos de mercado.

Papéis dos departamentos em um mercado existente

Até esse momento, o papel do setor de vendas, como parte da equipe de desenvolvimento de clientes, tem sido buscar mapas de vendas e de canais replicáveis e assegurar a conquista dos primeiros evangelistas e pedidos para comprovar tudo isso. Agora que você tem uma massa crítica de clientes pioneiros, tal papel "é conquistar mais desses consumidores para escalar a receita e a empresa". Só em um mercado existente, porém, os primeiros evangelistas e os clientes que formam a maioria do mercado são tão parecidos assim. Dessa forma, você precisa estruturar uma área de vendas que possa operar de modo confiável e replicável a partir do mapa de vendas conhecido. Isso implica um programa de compensação de vendas que possa incentivar o comportamento correto – sem oscilações bruscas, sem incursões em busca de novos mercados; apenas o dia a dia planejado com execução incansável.

A estruturação do departamento de marketing apresenta os mesmos desafios do que o de vendas. Até então, o papel de marketing no processo de desenvolvimento de clientes tem sido descobrir e aprender – buscando novos segmentos e nichos para testar o posicionamento, a precificação, a promoção e os recursos do produto. Agora, o papel de marketing muda da criatividade para a execução. Como a partir desse ponto o departamento de vendas dedica-se exclusivamente à replicabilidade e aos ganhos de escala, tudo o que o setor de marketing precisa são os materiais de apoio para a conquista de novos clientes, o que significa que deve providenciar indicações qualificadas, análise competitiva, estudos de casos de clientes, treinamento de vendas, suporte ao canal e outras atividades do gênero. Essa mudança do papel estratégico para o de figurante tático pode ser traumática para o profissional de marketing da startup ou para a pequena equipe da área, já que há apenas um mês estavam na liderança no processo de desenvolvimento de clientes. Mas tem que ser cumprida porque a missão de vendas é conquistar *market share*.

Como a área de vendas demanda execução tática, há o perigo do marketing direcionar seus esforços criativos para a comunicação ou para o gerenciamento de produto. No primeiro caso, existe o risco desse setor confundir sua nova função, tornando-se simplesmente o departamento tradicional, contratando a agência de comunicação corporativa, desenvolvendo o *branding* da empresa e assim por diante. Se os profissionais de marketing forem mais orientados tecnicamente, o risco é que comecem a agir como gerentes de produto, desenvolvendo documentos de requisitos de marketing para o próximo lançamento. Equívocos desse tipo são uma tendência natural para profissionais criativos, que se sentem fora de ação estratégica por algum tempo. E é bem mais provável que ocorram quando a missão departamental não está bem clara e bem alinhada com a missão corporativa.

Lamentavelmente, a bolha das pontocom transformou o título "desenvolvimento de negócios" em um papel quase irreconhecível. Vamos direto ao ponto: desenvolvimento de negócios não é uma expressão do século 21 para substituir "vendas". Sempre que encontro pessoas em uma empresa usando o termo dessa forma, procuro manter distância, pois se são imprecisos com as palavras também serão confusos em relação às questões financeiras e aos demais aspectos do negócio. A real função de uma equipe de desenvolvimento de negócios é buscar as parcerias estratégicas necessárias para a empresa desenvolver seu "produto total", que poderá ser adotado pela maioria do mercado.

O "produto total" é um conceito definido por Bill Davidow[11] nos primeiros anos do marketing tecnológico. Ele diz que os clientes que formam a maioria do mercado, os pragmáticos e os conservadores da curva do ciclo de vida da adoção tecnológica, precisam de um produto de prateleira, que não represente riscos e que seja uma solução completa. Eles não querem montar partes e serviços de startups.

Em um mercado existente, seus concorrentes definem quão completa deve ser a oferta do seu produto. Se os competidores têm "produtos totais", o seu também tem que ser assim. No setor de computadores, por exemplo, a IBM é a fornecedora suprema de produtos totais. A companhia oferece hardware, software, sistemas de integração e toda a parafernália de produtos e serviços necessária para uma solução corporativa completa. Não há chance de uma startup, apenas escalando para competir nesse espaço, conseguir oferecer um produto total. Não é como nos estágios iniciais do desenvolvimento de clientes, quando a empresa estava comercializando para os pimeiros evangelistas, que ficam felizes por montarem sozinhos uma solução completa. Os clientes que formam a maioria do mercado não comprarão um produto inacabado. Consequentemente, a missão estratégica da área de desenvolvimento de negócios é viabilizar um produto total para conquistar tais clientes. Isso quer dizer que a área tem a função de desenvolver parcerias e acordos e não é uma atividade de vendas. A Tabela 6.3 sintetiza os objetivos de cada departamento em um mercado existente e os principais caminhos para atingi-los.

Tabela 6.3 Papéis dos departamentos em um mercado existente

	Objetivos	Como atingi-los
Vendas	• Execução incansável	• Estruturar, contratar e treinar
	• *Market share*	• Aplicar o mapa de vendas para orientar a execução da "receita"
Marketing	• Gerar demanda de usuários finais e direcioná-los para o canal de vendas	• Geração de demanda (comunicação corporativa, feiras, anúncios etc.)
	• Assegurar que o canal tenha ferramentas de vendas	• Material de apoio a vendas e análises competitivas
Desenvolvimento de negócios	• Desenvolver e entregar o produto total	• Acordos para, no mínimo, empatar com as soluções dos concorrentes

Papéis dos departamentos em um novo mercado

Começar a atuar em um novo mercado é um momento confuso para os profissionais de vendas. As lições arduamente aprendidas na etapa de validação pelo cliente não são aplicáveis, já que os clientes que formam a maioria do mercado não são iguais aos primeiros evangelistas para quem estavam vendendo até agora. Dessa forma, mesmo que houvesse uma infinita equipe de vendedores, a receita de vendas não crescerá se não houver uma mudança de estratégia.

---

[11] William H. Davidow. *Marketing de alta tecnologia*: uma visão de dentro. Campus, 1991.

Um perigo real para o departamento de vendas em um novo mercado é continuar a acreditar que os primeiros evangelistas representam a maioria do mercado. As vendas para esses clientes não serão suficientes para a curva de crescimento em formato de bastão de hóquei, que transformará a startup em uma grande empresa. Nesse estágio, as vendas para os primeiros evangelistas não devem ser desencorajadas (garantem a continuidade de receita), mas devem ser pensadas como um segmento a ser ultrapassado se a empresa quiser alcançar o sucesso. Como já discutido na Fase 1 desse capítulo, a tarefa agora é usá-los como "ponta de lança" em um segmento estreito do mercado ou como o alicerce para um ponto de virada.

A tarefa de marketing em um novo mercado é identificar os clientes potenciais que formam a maioria do mercado, entender como diferem dos primeiros evangelistas e desenvolver uma estratégia para cruzar o abismo e alcançá-los. O risco aqui é a área de marketing agir como se estivesse em um mercado existente e começar a colocar em prática as caras atividades de geração de demanda, ou pior, acreditar que pode acelerar a adoção pelos clientes com um programa de *branding*. Em um novo mercado, não há demanda a ser gerada. Até que os clientes da maioria do mercado sejam identificados e seja traçado um plano para afetar seu comportamento, nem mesmo uma verba infinita de marketing será capaz de alterar a receita de vendas. Nesse tipo de mercado, o marketing ainda é uma função estratégica focada na descoberta da maioria do mercado e não nas atividades de geração de demanda.

O papel de desenvolvimento de negócios em um novo mercado é ajudar as áreas de vendas e marketing a construírem uma ponte e reduzirem a distância entre uma empresa que só interessa aos evangelistas até aquela que faz sentido para a maioria do mercado. O setor de desenvolvimento de negócios atinge esse objetivo, formando alianças e parcerias congruentes com os mercados visados pela área de vendas. A meta é tornar a empresa mais "palatável" pela maioria do mercado com o desenvolvimento de um "produto total". A Tabela 6.4 apresenta os papéis dos departamentos em um novo mercado.

Tabela 6.4 Papéis dos departamentos em um novo mercado

	Objetivos	Como atingi-los
Vendas	• Identificar e vender para os clientes "pontas de lança" • Vender para mercados estreitos	• Buscar nichos para vender para a maioria do mercado • Manter vendas de baixo volume para os evangelistas precoces
Marketing	• Adotar estratégia de nicho ou de ponto de virada • Identificar clientes da maioria do mercado e planejar como atingi-los	• Desenvolver mapa para atingir a maioria do mercado • Evitar despesas de geração de demanda até que o novo mercado ganhe escalabilidade
Desenvolvimento de negócios	• Desenvolver o produto total	• Estabelecer parcerias que viabilizem o produto total, primeiro, nicho por nicho; depois, para a maioria do mercado

Papéis dos departamentos em um mercado ressegmentado

A entrada em um mercado ressegmentado exige que as estratégias e missões departamentais sejam uma combinação daquelas aplicadas em mercados novos ou existentes. Por causa disso, os departamentos das empresas nesse tipo de mercado podem acabar se sentindo e agindo de um modo um pouco esquizofrênico. Afinal, a empresa compete em um mercado existente com forte concorrência, tendo como meta a diferenciação do produto em um espaço em que não há concorrentes, mas para onde espera conseguir atrair os clientes. Nesse cenário, às vezes, a equipe de vendas pode atuar como se estivesse em um mercado existente, enquanto o marketing planeja táticas para um novo mercado. Essa confusão é normal na trajetória, mas exige sincronização forte e constante das missões e táticas.

O departamento de vendas em um mercado segmentado segue duas rotas: vender para os clientes em um mercado existente e bastante competitivo (um produto com menos atributos do que o da concorrência) e, simultaneamente, tentar localizar novos consumidores, como se fosse um novo mercado. No entanto, diferentemente do novo mercado, cujo avanço para a maioria dos clientes está previsto pelas estratégias de cruzar o abismo ou as de ponto de virada (ou seja, nicho por nicho ou epidêmica), no mercado ressegmentado, a área de vendas conta que o marketing aplique atividades de posicionamento e *branding* para "roubar" um número substancial de clientes existentes e criar o segmento diferenciado. Um dos riscos que essa ação pode implicar é a área de vendas se deixar seduzir pelos clientes existentes no mercado que sua empresa está tentando ressegmentar. Dar continuidade a essas vendas de baixo volume é apenas uma parte da estratégia. Os executivos de vendas devem manter em mente que a meta é mudar a percepção da atual base de clientes para criar um novo e muito mais valioso segmento de mercado – um no qual o seu produto é o líder.

Tabela 6.5 Papéis dos departamentos em um mercado ressegmentado

	Objetivos	Como atingi-los
Vendas	• Gerar receitas no mercado existente • Identificar e vender aos clientes "ponta de lança" do novo segmento de mercado • Atingir a subida da curva de vendas em forma de bastão de hóquei, tirando o melhor do segmento	• Escalar a força de vendas para gerar receita no mercado existente (algumas contratações) • Acrescentar novos vendedores com foco no novo segmento de mercado • Fazer a transição de vendas para o novo segmento e escalar a equipe
Marketing	• Ajudar vendas a gerar receita no mercado existente • Criar o novo segmento no mercado existente	• Usar táticas de marketing de guerrilha, minimizar as despesas • Usar posicionamento e *branding* para criar o novo segmento, com diferenciação e conscientização
Desenvolvimento de negócios	• Desenvolver e entregar o produto total para diferenciar a empresa e o produto no novo segmento	• Estabelecer parcerias que viabilizem o produto total para os clientes que formam a maioria do novo segmento

O marketing está sujeito às mesmas tentações, já que a área de vendas pressionará a equipe para que execute as atividades de geração de demanda no segmento do mercado existente. Embora algumas ações de geração de demanda sejam necessárias, o objetivo primário de marketing deve ser encontrar uma maneira de diferenciar a empresa e o produto de forma única na nova categoria – levando para lá um grande grupo de clientes do mercado existente. Do mesmo modo, a área de desenvolvimento de negócios precisa encontrar as parcerias e os relacionamentos exclusivos para constituir o "produto total", capaz de diferenciar a companhia dos demais fornecedores. A Tabela 6.5 mostra os papéis dos departamentos em um mercado ressegmentado.

Fase 4: Desenvolvendo departamentos de resposta rápida

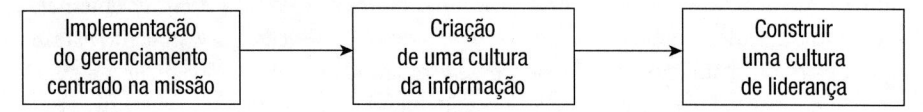

| Implementação do gerenciamento centrado na missão | → | Criação de uma cultura da informação | → | Construir uma cultura de liderança |

O mantra da Fase 4 do passo de Estruturação do Negócio é dado pela doutrina de guerra da Marinha dos Estados Unidos: qualquer um que consiga tomar e implementar decisões consistentes mais depressa conquista uma tremenda vantagem, com frequência, decisiva. O tempo de tomada de decisão, então, torna-se um fator competitivo e a oportunidade das decisões é essencial para dar ritmo ao avanço[12].

Nos negócios, não menos do que na guerra, a tomada rápida de decisões tem consequências letais para os retardatários. Para vender para a maioria do mercado e desenvolver o sucesso de longo prazo de sua empresa, você tem que criar uma estrutura ágil, capaz de responder aos clientes, competidores e ao mercado com a maior velocidade possível. Esse processo já foi iniciado na estruturação de departamentos em torno de missões claramente definidas. Agora, sua tarefa é fazer com que se tornem departamentos de resposta rápida. Para fazer isso, deve transferir a cultura de descoberta e aprendizado cultivada nos Passos de 1 a 3 para seus departamentos funcionais. Dois princípios organizacionais, a tomada de decisão descentralizada e o ciclo OODA (observar, orientar, decidir e agir), formam o alicerce dessa etapa.

Durante os passos de descoberta do cliente, validação e geração de demanda, a equipe de desenvolvimento de clientes era uma estrutura plana e incluía os fundadores que podiam tomar decisões estratégicas em um piscar de olhos. Conforme você evolui para os departamentos funcionais, precisa descentralizar a tomada de decisões para que cada área possa reagir em tempo real às mudanças ocorridas com os clientes, os concorrentes e os mercados.

---

[12] Marinha dos Estados Unidos, *Doutrina de guerra*, 1989.

Não existe hábito mais insidioso e perigoso para uma pequena companhia do que o controle formal com revisão hierarquizada, gerando a espera pelas grandes decisões. Em algumas empresas, a expressão "liderança executiva" é um paradoxo, já que todo mundo sabe que os funcionários que estão na ponta avaliam melhor a situação do que o executivo sentado atrás de sua mesa, bem longe dos fatos. Para assegurar que essa não venha a ser a descrição de sua companhia, você precisa implementar uma cultura focada na missão e um estilo de gerenciamento de baixo para cima, que empurre as decisões corporativas para a frente.

O segundo princípio para desenvolver os departamentos de resposta rápida é o ciclo OODA (observar, orientar, decidir e agir), a que me referi no Capítulo 2. Esse conceito é crucial para esse estágio da empresa, no qual está tentando crescer enquanto mantém a velocidade e a agilidade. No gerenciamento, velocidade quer dizer reduzir o tempo necessário para tomar decisão, planejar, coordenar, comunicar e o prazo para incorporar o *feedback*. Em um mercado existente, essa velocidade é relativa à competição e aos clientes. Se você está em um novo mercado ou ressegmentado, a velocidade relaciona-se ao fluxo de caixa e à lucratividade. O alvo é ser mais rápido do que seus concorrentes (ou mais rápido do que a "queima" do caixa) e reagir rapidamente às necessidades dos clientes e às oportunidades. O grau de diferença da velocidade nem precisa ser muito grande; até mesmo uma pequena aceleração causa vantagem e pode levar a resultados significativos.

Uma empresa pronta para usar e tirar o melhor do ciclo OODA em seus departamentos deve contar com as seguintes características:

Observar
- A obtenção e disseminação de informações é parte integrante da cultura departamental?
- As más notícias correm tão depressa ou mais depressa do que as boas? Ou as informações são reservadas?
- Os comunicadores são recompensados ou punidos?

Orientar
- Os departamentos têm uma cultura de compreensão do mercado? Clientes? Concorrência?
- Dispõem de um processo imparcial para avaliar os produtos da concorrência e o da própria empresa?
- A missão corporativa e as departamentais estão bem entendidas?

Decidir
- Os gestores e executivos podem tomar decisões individualmente?
- As decisões são tomadas em sintonia com as missões corporativa e departamentais?

Agir
- Existe um processo eficiente para executar as decisões táticas imediatamente?
- Existe um processo para sincronizar as ações?
- Existe um processo de "lições aprendidas" com a revisão de decisões passadas?

Para integrar a tomada de decisões descentralizada e o ciclo OODA à cultura de sua empresa, é preciso passar por três etapas. Nessa fase, você:

- Implementará o gerenciamento centrado na missão.
- Criará uma cultura de obtenção e disseminação de informações.
- Desenvolverá uma cultura de liderança.

A. Implementar o gerenciamento centrado na missão

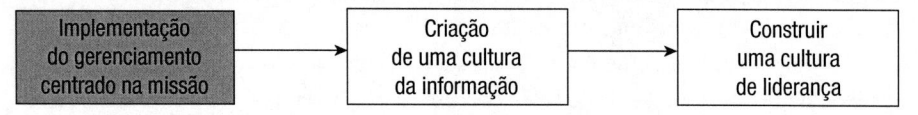

Implementação do gerenciamento centrado na missão → Criação de uma cultura da informação → Construir uma cultura de liderança

Em 1982, Andy Bechtolsheim, um estudante de graduação da Universidade de Stanford, montou um computador a partir de um microprocessador, que já estava disponível comercialmente, utilizando um sistema operacional da AT&T e que foi aprimorado por alunos da Berkeley. O *design* de Bechtolsheim era limpo, poderoso e exclusivo. Embora o equipamento fosse menos poderoso do que os microcomputadores já existentes, tinha um preço tão competitivo que podia ser comprado para ser usado por uma única pessoa. O computador que ele criou tinha também a possibilidade de ser conectado a outras máquinas com uma nova rede, então chamada Ethernet, e incluía o TCP/IP, agora conhecido por protocolo de internet.

A Universidade de Stanford licenciou o computador criado por Bechtolsheim para qualquer um que estivesse interessado. Ele e um colega de graduação, Vinod Khosla, formaram uma das nove startups que licenciaram o *design*. A empresa buscou incansavelmente por acordos corporativos (assinou um contrato de OEM – *Original Equipment Manufacturer* – de 40 milhões de dólares no segundo ano) e criou novas versões da máquina em um ritmo assombroso. Em seis meses, as vendas da empresa tinham chegado à marca de 1 bilhão de dólares e as outras oito licenciadas haviam desaparecido do mercado. Vinte anos depois, a empresa de Bechtolsheim e Khosla (cujo nome, SUN, foi emprestado da Stanford University Network) atingiu o valor de 15 bilhões.

O que diferenciou a empresa de Bechtolsheim e Khosla das demais entrantes naquele novo mercado? Foi, como alguém pode argumentar, um caso claro de vantagem do precursor? Não, de verdade. Embora a Sun contasse com o benefício de ter como um dos fundadores o *designer* do computador, todas as outras startups dispunham de equipes técnicas inovadoras e competentes. A Sun foi bem-sucedida, eu acredito, porque manteve incansavelmente o foco em sua missão e porque montou uma estrutura capaz de executar mais depressa do que seus competidores – tão mais veloz que suas decisões pareciam um borrão para a concorrência.

O gerenciamento centrado na missão é o alicerce sobre o qual as empresas ágeis estruturam departamentos de resposta rápida. Ao contrário do gerenciamento focado em processos, relativamente inflexível, a gestão focada na missão lida melhor com os dois problemas fundamentais enfrentados continuamente pelas startups: incerteza e tempo. Para as empresas pequenas, a certeza e a precisão são inatingíveis na maioria dos mercados e nas situações competitivas. Consequentemente, a companhia e seus departamentos devem se estruturar sobre o que é *atingível* – velocidade e agilidade. O gerenciamento centrado na missão oferece a flexibilidade para lidar com as situações de mudanças rápidas e tirar o melhor proveito das fugazes janelas de oportunidade do mercado e dos clientes. Isso estrutura um sistema no qual os executivos do topo da hierarquia conseguem cooperar (pelo menos, na medida da coordenação de seus esforços) e ainda os gestores dos demais níveis conquistam aquilo que eles matariam para ter na maioria das empresas: a autonomia e a grandeza para agir por iniciativa própria e com ousadia.

As táticas de gerenciamento centrado na missão dão suporte ao processo descentralizado de tomada de decisões. Uma vez implementado, esse tipo resulta em um processo ágil, veloz e informal que torna a empresa flexível, coesiva e responsiva – em outras palavras, uma empresa em crescimento que deixa as demais para trás.

A implementação do gerenciamento centrado na missão requer uma mudança consciente de pensamento por parte dos gestores e dos funcionários. O processo começa com a definição das missões departamentais que você criou na Fase 3. Além disso, o gerenciamento centrado na missão é composto por mais cinco fatores exclusivos:

- Intenção da missão.
- Iniciativa dos funcionários.
- Confiança mútua e comunicação.
- Tomada de decisão baseada no critério de "bom o bastante".
- Sincronização da missão.

Discutiremos cada um deles, enfatizando os princípios que devem norteá-lo, enquanto você implementa o gerenciamento centrado na missão.

Intenção da missão

Anteriormente neste capítulo, descrevi a definição da missão como sendo um ou dois parágrafos que explicam a todos da empresa por que diariamente trabalham, o que devem fazer ao longo do dia e como sabem que estão sendo bem-sucedidos. No entanto, essa descrição da missão detalha somente as tarefas a realizar. Na verdade, toda missão é composta por duas partes: as tarefas a cumprir e a razão, ou intenção, para executá-las. A definição de tarefas descreve que ações devem ser tomadas ("Nós vamos atingir esse ano a marca de 10 milhões em vendas com margem bruta de 45%"), enquanto a intenção indica o resultado desejado daquela ação: "Dez milhões em vendas é o ponto de equilíbrio de nosso fluxo de caixa e a margem bruta de 45% torna a empresa rentável. As duas conquistas são importantes para nós esse ano; não podemos sacrificar uma pela outra". Entre as duas partes da missão, a intenção é mais relevante, e, embora uma situação possa mudar, tornando a tarefa obsoleta (a equipe de vendas não atinge os 10 milhões em receitas), a intenção é mais duradoura e continua a orientar as ações da companhia ("Vamos ver, estamos tentando conquistar o equilíbrio do fluxo de caixa e a rentabilidade. Se não conseguimos 10 milhões em receitas esse ano, quanto temos que cortar em despesas para chegar ao ponto de equilíbrio e qual efeito haverá sobre a rentabilidade?"). Para o gerenciamento centrado na missão funcionar, você deve certificar-se de que as intenções de todas as missões (corporativa e departamentais) estão empresa, não apenas pelos executivos no topo da hierarquia, mas por todos os funcionários, de cima a baixo, em toda a companhia. Nesse estágio da vida de uma empresa, disseminar a intenção das missões corporativa e departamentais é uma forma importante para o exercício da liderança. Sendo assim, é uma responsabilidade prioritária de todos os executivos.

Mesmo que o gerenciamento centrado na missão atribua aos executivos a responsabilidade de explicar as intenções subjacentes às missões corporativa e departamentais, o processo delega aos funcionários a máxima liberdade para escolher como serão cumpridas. Por exemplo, a área de vendas pode conceber um plano para alcançar a meta: "Nós conquistaremos 10 milhões em receitas com duzentos novos pedidos a um preço médio de 50 mil e um custo de vendas de 2,7 milhões". A ideia da intenção implica que, uma vez que os funcionários compreendam o raciocínio por trás da missão, eles sejam capazes de trabalhar colaborativamente para alcançá-la.

A questão da intenção chega a um grau mais profundo. Imagine que o gestor de vendas e os demais executivos das outras áreas, vendo que a meta de receita não será alcançada, compreendam as consequências e adotem planos de contingência: "Se não vamos atingir a meta de 10 milhões em receitas, não podemos continuar a gastar como se isso ainda fosse possível". Essa deve ser uma consequência automática da intenção em um departamento centrado na missão. Com certeza, isso exige confiança implícita e comunicação de banda larga entre os executivos, um ponto que abordaremos melhor um pouco mais adiante. A alternativa oposta é o comportamento de "dedos apontados" que ocorre nas outras startups: "Bem, a área de marketing não fez o que devia ter feito, então, por que nós deveríamos cortar nossas despesas?".

Para tornar a intenção da missão amplamente disseminada na empresa, o CEO e os VPs departamentais não exercem a liderança com a oferta de diretivas explícitas e detalhadas, mas dando orientações genéricas. Nesse estilo de gerenciamento, todos os executivos e funcionários abaixo deles têm a habilidade de exercer autoridade e usar sua capacidade de julgamento e imaginação[13]. Quanto mais alto na hierarquia um executivo está, menos presa a detalhes e mais genérica deve ser a supervisão

---

[13] Spenser Wilkinson. *The brain of an army*: a popular account of the German general staff. Ashgate, 1993.

exercida. O CEO e os VPs devem intervir nas ações dos subordinados somente em casos excepcionais, quando os danos irreparáveis forem iminentes.

Em resumo, o gerenciamento centrado na missão maximiza a iniciativa dos níveis hierárquicos inferiores, ao mesmo tempo em que conquista alto grau de cooperação com o objetivo de obter os melhores resultados. É a antítese do microgerenciamento. Isso exige que os empreendedores pensem claramente a respeito de quem são, quem contrataram (e por que) e com que eficiência conseguem comunicar suas políticas. O gerenciamento centrado na missão torna-se um fracasso corporativo quando os executivos acreditam que estão liderando dessa forma e os funcionários acham exatamente o oposto – ou seja, que devem esperar por diretrizes executivas para não serem punidos por cometerem algum erro. Para evitar essa falha, a liderança empresarial precisa comunicar a política de gerenciamento centrado na missão de modo claro e consistente – e agir de acordo.

Iniciativa dos funcionários

Uma das razões para o fracasso da BetaShett foi a imposição do gerenciamento de cima para baixo. Depois da saída de Mark, todas as novas ideias tinham que ser avaliadas por comitês, enviadas através da estrutura para aprovação e, então, se aprovadas, eram devolvidas de cima para baixo aos funcionários para que cuidassem da implementação. Não é difícil entender por que logo o segundo e o terceiro escalão de gestores acompanharam Mark na saída da empresa. A nova liderança da BetaShett estava operando na suposição de que, já que a companhia havia conquistado certo tamanho, um comando hierarquizado e uma estrutura voltada a processos eram suficientes para dar continuidade ao crescimento. Infelizmente, o novo e exclusivo mercado da BetaSheet estava repleto de concorrentes que entenderam a oportunidade aberta pela companhia. Contudo, os funcionários que poderiam salvar o negócio com produtos inovadores e ideias criativas já tinham saído da empresa.

O sucesso em uma startup está relacionado à busca, descoberta e exploração de oportunidades efêmeras, possível somente quando todos os funcionários, não apenas os fundadores, têm iniciativa. Para fazer isso, os colaboradores devem aceitar que ter iniciativa e agir por autoridade própria são parte implícita de seu contrato de trabalho. Simplesmente comparecer para realizar o trabalho diário é uma característica da estrutura focada em processos, mas uma maldição para aquelas centradas na missão.

O mandato para mostrar iniciativa não significa que os funcionários podem agir como quiserem. De fato, isso atribui uma responsabilidade especial aos colaboradores para que: 1) mantenham sempre em mente a missão e a intenção; 2) coordenem suas ações com as missões corporativa e departamentais. Reciprocamente, a delegação de autoridade aos funcionários não absolve o CEO e os executivos dos departamentos da responsabilidade irrevogável sobre os resultados. Eles devem aprender como articular as missões e suas intenções de modo que os funcionários entendam os objetivos sem se sentirem limitados em sua liberdade de ação. Os executivos precisam ser capazes de expressar seus desejos clara e vigorosamente sem microgerenciar – uma capacidade que requer prática. Criar uma cultura que incentiva a iniciativa dos funcionários depende da habilidade de selecionar, contratar e reter pessoas que trabalhem melhor nesse tipo de ambiente. Você não conta com o alicerce para desenvolver departamentos de resposta rápida se contrata (ou tolera) funcionários ou executivos que esperam por ordens, acreditam que devem fazer tudo seguindo o manual, aprendem a não falar nada para o chefe que os deixe desconfortáveis ou que estão acostumados a agir como superestrelas que nunca colaboram com seus pares. Nesse estágio da existência de sua empresa, os concorrentes ou a sua própria inércia logo o colocarão fora do negócio.

Confiança mútua e comunicação

Para ser bem-sucedida, uma estrutura centrada na missão demanda confiança mútua e convicção nas habilidades e na capacidade de julgamento dos funcionários e dos gestores. Os executivos confiam que seus colaboradores cumprirão a missão com competência e supervisão mínima, trabalharão alinhados com a intenção e comunicarão todas as informações obtidas dos clientes, competidores, sucessos e fracassos entre os departamentos (as boas notícias devem circular depressa, mas as más precisam ser ainda mais velozes). Por sua vez, os funcionários confiam que os executivos lhes oferecerão a necessária liderança e apoiá-los leal e completamente, mesmo quando cometerem erros. Essa é uma grande conquista em uma startup, onde, em alguns casos, os egos inflados e as igualmente poderosas agendas políticas parecem ser a norma. A confiança mútua e a comunicação simplesmente não conseguem existir em um ambiente em que a admissão de uma falha e um pedido de ajuda são vistos como um limitador de carreira ou em que as informações são entesouradas como fonte de poder. Para que a cooperação se mantenha, a empresa deve estabelecer uma cultura que remova rapidamente os funcionários ou os executivos que não mereçam a confiança e o respeito de seus pares.

A confiança tem outra face; deve ser merecida e oferecida. Como um departamento centrado na missão é descentralizado e espontâneo mais do que microgerenciado e coercitivo, a disciplina não é imposta de cima para baixo e, por isso, deve ser gerada internamente. Para merecer a confiança dos executivos, os funcionários têm que demonstrar autodisciplina no cumprimento da missão com supervisão mínima e agir sempre de acordo com a intenção da missão. Por outro lado, para merecerem a confiança da equipe, os executivos e gestores devem demonstrar que darão suporte e proteção ao exercício da iniciativa pelos funcionários.

Um ótimo efeito colateral da confiança mútua é a elevação do moral. A confiança amplia a identificação individual com a empresa, o departamento e a missão. Os funcionários desse tipo de organização não apenas usam com orgulho a camiseta corporativa, mas também falam incessantemente sobre os projetos e as conquistas da empresa.

Decisão baseada no critério de "bom o bastante"

O general George Patton dizia: "Um bom plano executado agora de forma arrebatadora é melhor do que um plano perfeito para a semana que vem". A afirmativa também é válida na sua empresa. A maioria das decisões em uma companhia pequena precisa ser tomada diante da incerteza. Já que toda situação é única, não há solução perfeita para nenhum problema de cliente ou da concorrência e você não deve ficar ansioso para encontrar uma. Isso não significa apostar a sorte da empresa em um capricho, mas adotar planos com um grau aceitável de risco e fazer isso rapidamente. Em geral, a empresa capaz de tomar e implementar decisões consistentes com rapidez conquista uma tremenda vantagem competitiva, quase sempre, decisiva.

Decisões tempestivas também demandam reuniões eficientes com a agenda e as deliberações restritas aos temas em pauta. Chega a ser doloroso ver uma reunião de equipe executiva, que deveria ser focada em uma rápida tomada de decisão de negócio, ser obstaculizada por todo tipo de objeção de RH, jurídica, de relações públicas e/ou desenvolvimento de produto. Em qualquer companhia, é possível encontrar razões para não realizar algo. A cultura organizacional que permite que as questões adjacentes desviem o processo de tomada de decisão nunca possibilita que a empresa atue com a oportuna velocidade. Naturalmente, existem situações em que o tempo não é um fator limitante, como a estratégia de longo prazo ou a engenharia e o planejamento dos produtos, e você não deve precipitar essas decisões sem razão. Isto é, lute para desenvolver uma cultura fortemente focada em reuniões com objetivos claros para o processo de tomada de decisões. O resultado será uma cultura baseada no critério de "bom o bastante" para seguir em frente.

Sincronização da missão

Até mesmo com as definições de missão muito bem escritas e as melhores intenções, o processo centrado na missão pode fracassar sem um modo formal para manter as missões departamentais sincronizadas. A sincronização das missões é parente da sincronização dos processos que as equipes de desenvolvimento de clientes e de produto aplicaram durante as etapas de descoberta do cliente, validação e geração de demanda. Naqueles passos, os grupos de desenvolvimento de cliente e de produto atualizaram-se mutuamente a respeito da realidade do mercado e do cronograma e dos atributos do produto. Juntas, as duas equipes podiam reagir às necessidades dos clientes, mudando o desenvolvimento do produto ou a estratégia do negócio para se adaptarem às novas realidades.

Conforme você avança no processo de centralizar a estrutura na missão, todos os departamentos precisam permanecer em sincronia com a missão e a intenção corporativas. Isso significa que agora as reuniões de sincronização têm três funções: 1) assegurar que todos os departamentos ainda entendem a missão corporativa; 2) garantir que todas as missões departamentais são mutuamente sinérgicas; 3) verificar se o CEO entende e aprova a forma como cada departamento executará sua missão.

Existe um enorme contraste entre uma reunião de sincronização em uma empresa centrada na missão e aquelas realizadas em uma companhia grande e voltada para processos. Como mostra a Tabela 6.6, na organização centrada em processos, as ordens e as metas vêm de cima para baixo, enquanto os relatórios de *status* fluem de baixo para cima. Em uma empresa centrada na missão, as reuniões de sincronização focam a colaboração entre os pares; são sessões de coordenação interdepartamental que possibilitam que a empresa inteira responda com agilidade às mudanças no ambiente.

Tabela 6.6 Estratégias de sincronização por tipo de estrutura

	Estrutura de desenvolvimento de cliente	Estrutura centrada na missão	Estrutura centrada em processos
Quem?	1. Equipe em contato direto com os clientes e a equipe de desenvolvimento de produto	1. Departamento para departamento 2. Corporativa para departamento 3. Departamento para corporativa	1. Corporativa para departamentos
Por quê?	1. Atualização das hipóteses *versus* a realidade 2. Possibilitar que a empresa inteira entenda e reaja às mudanças	1. Manter missões departamentais alinhadas à corporativa 2. Assegurar que as missões departamentais são mutuamente colaborativas 3. Garantir que as ações táticas dos departamentos estão em sintonia com o(s) corporativo(s)	1. Transmitir ordens e metas de cima para baixo 2. Enviar relatórios de *status* de baixo para cima na hierarquia

B. Criar cultura de obter e disseminar informação

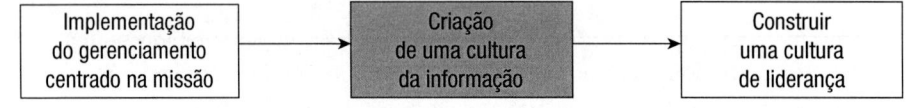

Implementação do gerenciamento centrado na missão → **Criação de uma cultura da informação** → Construir uma cultura de liderança

Para manter departamentos de resposta rápida, a empresa precisa ter um fluxo constante de informações. Nos passos de descoberta do cliente, validação pelo cliente e geração de demanda, esse fluxo assegurava a obtenção de informações oportunas pela observação pessoal e experiência – saindo de trás da mesa do escritório e indo a campo para se aproximar dos clientes, concorrentes e do mercado. Agora que a empresa já ultrapassou seu primeiro grupo de clientes, os executivos, para realmente entenderem o que está acontecendo lá fora, devem conseguir informações a partir de três perspectivas:

- Conhecimento em primeira mão.
- Visão geral.
- Ponto de vista dos clientes e competidores.

O conhecimento em primeira mão é a obtenção de informações "indo a campo e colocando a mão na massa", como você tem feito até agora. Os executivos precisam manter esse tipo de atividade mesmo quando a companhia começa a crescer. Eles têm que ouvir o que os clientes estão dizendo, o que os concorrentes estão fazendo e o que a equipe de vendas está experimentando. Com esse ponto de vista, os executivos conseguem ter uma boa noção do que podem, e do que não podem, demandar dos vendedores em campo.

Nas empresas nas quais me envolvi, isso queria dizer, primeiro, que todos os executivos (não apenas o gestor de vendas) estavam na rua conversando frequentemente com os clientes e os canais de distribuição – pelo menos, uma vez a cada trimestre. Depois de cada uma dessas incursões em campo, um resumo das impressões e descobertas de todo mundo deve ser consolidado e circular amplamente na empresa. Em segundo lugar, todos os que falam diretamente com os clientes e os canais de distribuição têm que se comunicar semanalmente para transmitirem aos demais funcionários o que ouvem e aprendem – incluindo as boas e as más notícias (Pessoalmente, prefiro as más, porque é preciso adotar alguma iniciativa para revertê-las. Uma boa notícia só significa que você recebeu o cheque de mais um cliente). Parte da mudança cultural que diferencia uma estrutura centrada na missão é a admissão de que o compartilhamento desse tipo de informação vai contra a visão natural de todo profissional de vendas do planeta, que tende a ver apenas o "lado ensolarado da calçada": "Compartilhar más notícias? Você está louco? Não vou contar para ninguém que perdi uma conta! Deixa para lá que eu perdi!". Mesmo que seja honestidade o que a empresa mais precisa.

A segunda perspectiva pode ser sintetizada por uma "visão de helicóptero" sobre o ambiente dos clientes e da concorrência. Você consolida esse ponto de vista reunindo informações de fontes variadas: dados de vendas, informações sobre sucesso e fracassos, pesquisas de mercado, análises competitivas e assim por diante. A partir dessa perspectiva geral, os executivos tentam encontrar o formato do mercado e os padrões genéricos escondidos nas situações enfrentadas com os clientes e os concorrentes. Ao mesmo tempo, conseguem calibrar se os dados de desempenho do setor e as vendas estão de acordo com as expectativas de receita e de conquista de *market share* pela companhia.

Para isso, cada departamento deve contar com uma função formal de inteligência de mercado e de clientes. Não é necessário que haja um profissional dedicado em tempo integral, apenas que ele saiba que essa é uma de suas tarefas. Seu "olheiro" de inteligência tem que obter informações primárias e secundárias e relatórios setoriais em base regular, pelo menos, mensal. Os relatórios de inteligência devem evitar a agenda política do setor e focar os fatos: dados de *market share*, consolidação dos fracassos e sucessos, avaliação da qualidade dos clientes e atendimentos de suporte técnico.

A terceira perspectiva deve trazer à tona o olhar dos clientes e dos concorrentes. Coloque-se no lugar deles com o objetivo de deduzir os possíveis movimentos da concorrência e antecipar as necessidades dos clientes. Em um mercado existente, é hora de você se fazer a seguinte pergunta: "Se eu fosse meu concorrente, contando com os recursos dele, qual seria meu próximo passo?". Sob o ponto de vista dos clientes, a pergunta pode ser: "Por que eu deveria comprar dessa empresa e não de qualquer outra? O que eu vejo que me convence a fazer um pedido?". Em um mercado novo ou ressegmentado, a questão é outra: "Por que mais do que um grupo de malucos tecnológicos deveria comprar esse produto? Como eu faço para minha avó de noventa anos entender e comprar esse produto? Como eu o explicaria para ela e suas amigas?".

Olhe para essa técnica como se estivesse jogando xadrez. Você tem que avaliar os possíveis movimentos dos dois lados do tabuleiro. Essa é uma partida que deve ser jogada em todas as reuniões de executivos e de equipes departamentais: "O que faríamos se fôssemos o concorrente? Como reagiríamos? O que estaríamos planejando?" Depois de algum tempo, esse tipo de exercício se incorporará integralmente a todas as atividades de avaliação e planejamento de sua empresa.

Entre as três perspectivas, o conhecimento em primeira mão é de longe o mais detalhado, mas agora que a companhia está maior, ela, em geral, oferece um campo de visão mais estreito. Os executivos que focam apenas esse ângulo correm o risco de perder a visão geral. Por sua vez, a "visão de helicóptero" fornece uma imagem geral do quadro, mas perde o detalhe crítico, assim como um relatório da inteligência captura apenas uma impressão mais ampla do setor e do mercado. Os executivos que se limitam a essa perspectiva geral perdem o contato com a realidade. A terceira perspectiva é um grande exercício mental limitado pelo fato de que você nunca terá certeza do que os clientes e os concorrentes estão prestes a fazer. A combinação das três perspectivas é o que ajuda os executivos a formar um cenário acurado do que está acontecendo nos negócios.

Mesmo lidando com informações dos três ângulos, os executivos e gerentes precisam lembrar de dois fatores. Primeiro, nunca haverá informação o bastante para tomar uma decisão perfeita. Segundo, sempre que possível, as decisões devem ser tomadas pelo profissional que está no foco, em contato direto com a situação observada.

Mantenha em mente o fator mais importante da obtenção de informações: o que fazer com os dados assim que você os coleta. A disseminação da informação é outra pedra fundamental das empresas ágeis, com departamentos de resposta rápida. A informação, seja boa ou ruim, nunca deve ser guardada, como se fosse uma *commodity* preciosa. A cultura de algumas companhias recompensa os executivos que entesouram conhecimento ou suprimem as más notícias. Em todas as minhas empresas, essa era uma ofensa que merecia demissão. Todas as informações, especialmente as más notícias, têm que ser dissecadas, compreendidas e provocar uma providência. Ou seja, entender os fracassos de vendas é mais importante do que conhecer as vitórias e compreender por que o produto da concorrência é melhor do que o seu tem mais relevância do que racionalizar em busca das razões pelas quais o seu ainda é superior ao deles. A disseminação da informação também quer dizer "enfrentar o cadáver dentro do armário", isto é, aquele assunto que todo mundo sabe, mas ninguém tem coragem de colocar sobre a mesa. Esse tipo de tema sempre envolve alguma questão pessoal. Pode ser alguém que não está cumprindo sua parte com a equipe, algum comportamento antiético ou qualquer outra questão que permaneça silenciosa e escondida na empresa ou nos departamentos. Quando algum comportamento problemático ocorre e não é endereçado rapidamente, a sentença de morte já começou a soar para sua estrutura de departamentos de resposta rápida.

C. Desenvolver uma cultura de liderança

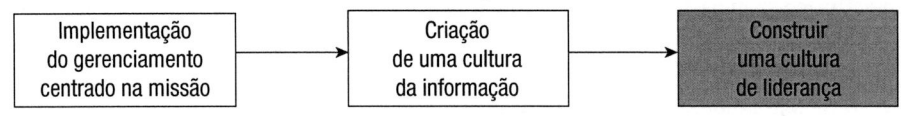

```
[Implementação do gerenciamento centrado na missão] → [Criação de uma cultura da informação] → [Construir uma cultura de liderança]
```

A Southwest Airlines começou em 1973, como uma pequena companhia aérea regional. Trinta anos depois, era a mais rentável dos Estados Unidos. Ela não conseguiu esse resultado estrondoso porque opera com aviões melhores (todas as companhias aéreas têm acesso a tudo o que a Boeing e a Airbus podem fornecer) e nem tampouco porque conta com rotas mais movimentadas ou mais rentáveis. A Southwest conquistou esse resultado positivo porque tem uma estrutura ágil com os melhores departamentos de resposta rápida. Eles trabalham em equipe para preparar os aviões para os voos seguintes em 25 minutos, enquanto seus concorrentes demoram horas. A empresa ouve todas as sugestões de seus funcionários que possibilitem corte de custos e conseguiu deixá-los 24% mais baixos do que seu competidor mais próximo. Como retorno por ouvir os funcionários, a empresa conquistou um grau jamais visto de lealdade da equipe.

A exemplificação foi utilizada apenas para dizer que a Southwest Airlines criou uma *cultura de liderança*. Os gestores são focados em inspirar, orientar e apoiar os funcionários comprometidos e em encorajá-los a terem autonomia dentro de seus limites de atuação. Ao longo do tempo, a empresa tornou-se conhecida por contar com uma equipe de funcionários com alto grau de independência, autodisciplina e iniciativa.

A companhia aérea é a prova viva de que com a cultura organizacional adequada, os empregados não só aceitam responsabilidade, como buscam ativamente por ela. Nesse tipo de empresa, o exercício da imaginação, da inventividade e da criatividade é generalizado.

Então, como é que se cria uma cultura de liderança? Um ponto é certo: é preciso mais do que uma boa pregação sobre responsabilidade e iniciativa. A filosofia de liderança da sua empresa é expressa pelo que faz (e pelo que deixa de fazer), o que estimula a responsabilidade até a base da pirâmide. Por exemplo, tentar microgerenciar os funcionários torna demorada a tomada de decisão e diminui a iniciativa individual. A imposição de um processo preciso pelo qual cada projeto deve ser desenvolvido pelos departamentos sufoca a criatividade e leva a uma abordagem cartesiana dos problemas do negócio. Insistir na certeza e na obtenção de todos os fatos antes de agir força sua empresa a perder oportunidades e uma cultura de "não risco". Apegar-se a planos preestabelecidos que já perderam a utilidade destrói a habilidade da companhia para se adaptar às circunstâncias em mutação e tirar o melhor das oportunidades da forma como surgem. Em vez disso, faça seus funcionários saberem que você quer que eles exerçam liderança e dê apoio quando agirem assim. Quando der diretrizes sobre como algo deve ser realizado, faça isso somente até o ponto de oferecer uma coordenação que não poderá ser buscada de outra forma. Dê as diretrizes do modo mais breve e simples possível, acreditando que os funcionários vão cuidar dos detalhes da execução. Mas se mantenha sempre aberto para receber o *feedback* de que o plano não está funcionando e que precisa de ajustes. Nem é preciso dizer, que essa forma de compartilhar responsabilidade e liderança depende de todo o trabalho que você já realizou para ter certeza de que todo mundo entendeu a missão e sua intenção.

Embora possa parecer óbvio que um CEO não consegue manter o gerenciamento de todos os detalhes por muito tempo, bem poucos empreendedores são capazes de oferecer autonomia, quando foram sua visão e seu brilho que geraram a ideia inicial do negócio. Essa incapacidade de delegar foi uma das perdições de Mark na BetaSheet e um dos problemas mais comuns quando um fundador é rejeitado pelos conselheiros.

Nada que está relacionado à delegação representa a revogação ou a diminuição das responsabilidades do CEO. Ao contrário, os executivos devem sempre delegar com base na filosofia de "confiar, mas verificar". Nas primeiras vezes em que uma tarefa ou um projeto for realizado, verifique para se assegurar que o trabalho foi desenvolvido de modo satisfatório. Caso tudo esteja correto, reduza a quantidade de verificação até que tudo se torne parte das reuniões de sincronização. Se a tarefa não foi cumprida ou não foi realizada a contento, ofereça diretriz, treinamento e orientação para se certificar que agora os funcionários sabem e entendem como realizá-la satisfatoriamente. Então, retroceda e deixe que façam o trabalho deles.

Outro aspecto relevante da cultura de liderança é um forte sentido de pertencimento à equipe. Os líderes formais da empresa devem reforçar os valores comuns que fazem os funcionários sentirem-se bem como parte da estrutura e da empresa. Isso significa criar uma atmosfera apoiadora na qual a iniciativa é encorajada e recompensada, o que possibilita a evolução do compartilhamento da missão pelo grupo.

A cultura de liderança também depende do estímulo à maturidade dos funcionários – engendrando neles o desejo de exercer a iniciativa, a avaliação para agir sabiamente e o afã de aceitar responsabilidades. Nesse sentido, a maturidade não se refere, necessariamente, à idade ou à senioridade. Eu já vi profissionais de vinte e poucos anos levantarem e assumirem toda a responsabilidade que pudessem ter nas mãos, enquanto aqueles com o dobro de sua idade chacoalhavam os ombros e diziam: "Esse não é o meu trabalho".

Uma das formas para incentivar a maturidade é fazer os superestrelas evoluírem para o papel de modelo e de *coach*. Quando o negócio era uma pequena startup, esses profissionais de primeira linha foram procurados porque são dez vezes mais produtivos do que a média. Mas agora, quando é preciso escalar a estrutura para crescer, você descobrirá que não existem tantas superestrelas no mercado de trabalho para suprir a ampliação da equipe. Em uma startup tradicional, quando os processos, procedimentos e regras começam a ser implementados, os cargos são redefinidos e, então, os profissionais médios são capazes de assumi-los. Os superestrelas, que tendem a ser individualistas e iconoclastas, olham para tudo aquilo com desânimo e lamentam "que a empresa esteja indo por água abaixo". Como os elfos nas histórias de *O senhor dos anéis*, eles percebem que o tempo deles acabou e, silenciosamente, desaparecem, saindo da empresa. Uma maneira de manter e motivar as superestrelas é integrá-los a equipes maiores, nas quais tenham o papel de modelo e façam *coaching* para os menos experientes. Se eles sabem ensinar, torne-os professores. Se preferirem o isolamento, faça-os servirem de modelos reverenciados. Caso sejam fracos e falantes, podem ser a voz de um pregador no deserto, às vezes, proféticos – desde que sua empresa proteja os dissidentes. Utilize-os de alguma forma: o mandato de longo prazo, a motivação e a contribuição dos superestrelas iconoclastas e dos fundadores são o teste supremo de uma cultura de liderança.

Departamentos de resposta rápida e a empresa ágil

O resultado final da estruturação de departamentos de resposta rápida é uma empresa ágil. No encerramento do passo da estruturação do negócio, você deve ter uma companhia e um processo de gerenciamento capazes de suportar a escalabilidade, uma empresa mais responsiva que os concorrentes, além de incansável e implacável na execução. A Figura 6.13 resume todos os elementos que compõem uma empresa ágil.

Figura 6.13 Departamentos de resposta rápida, gerenciamento centrado na missão e empresa ágil

Perseverar e crescer

O final desse passo de estruturação do negócio traz à lembrança a frase de Winston Churchill, na Segunda Guerra Mundial, depois que a Inglaterra, finalmente, obteve a sua primeira grande vitória sobre a Alemanha em uma batalha terrestre em El Alamein, no Norte da África: "Hoje, não é o final. Não é nem sequer o início do fim. Mas, pode ser, talvez, o final do início"[14]. O que também é válido, com certeza, agora para você e sua empresa – esse é o final do começo.

Ao final desse passo, a sua empresa deve ter passado por algumas mudanças estruturais grandes e irreversíveis. Seu negócio nunca mais será aquela pequena startup. Você avançou das vendas para os primeiros evangelistas até a localização dos clientes que formam a maioria do mercado; revisou sua equipe de gestão e montou uma estrutura centrada na missão; ainda transformou o time de desenvolvimento de clientes em departamentos funcionais de resposta rápida.

Agora, é o momento de avaliar honestamente se as atividades de estruturação do negócio lhe ofereceram um alicerce sólido para seguir em frente:

- A área de vendas conseguiu cruzar o abismo e chegar à maioria do mercado em que as vendas assumem a forma de bastão de hóquei, ou a entrada de cada pedido ainda exige um esforço heroico?
- A empresa está cumprindo o plano de receitas e de despesas?
- Em caso afirmativo, você tem um modelo de negócio viável e rentável?
- Existe uma equipe de gestão capaz de apoiar o crescimento da empresa?
- Existe uma cultura centrada na missão, disseminada por todos os departamentos da empresa?

Por mais que o processo de estruturação do negócio seja desgastante, é possível que você tenha que iterar alguma parte dele. Encontrar de uma única vez os clientes que formam a maioria do mercado é, em geral, mais difícil se sua empresa está em um novo mercado ou em um ressegmentado. Calibrar o *mix* adequado entre posicionamento e *branding* não é uma tarefa fácil e, caso a empresa não faça isso adequadamente, as vendas não decolarão como esperado. No entanto, se está sendo seguido o modelo de desenvolvimento de clientes, as consequências não serão fatais (e nem sequer devem ser limitantes para você). Desde que tenha mantido a equipe pequena e as despesas baixas, será possível bancar os custos de tentar de novo.

Apesar da dificuldade para encontrar os clientes que formam a maioria do mercado, as mudanças tectônicas na cultura da empresa são enormes e desgastantes. É por isso que a agilidade é tão importante e a razão pela qual deve haver um ótimo retorno pela implementação de uma estrutura centrada na missão com departamentos de resposta rápida. Nunca se esqueça que mudar o comportamento e as expectativas das pessoas é muito difícil e exige trabalho árduo e constante.

A recompensa por executar de modo bem-sucedido o passo de estruturação do negócio é um conjunto de palavras que todos os fundadores e CEOs ficariam orgulhos de ouvir: uma empresa rentável, bem-sucedida, incansável, focada e tenaz com funcionários satisfeitos, que está a caminho de sua IPO.

---

[14] Discurso proferido por Winston Churchill, em novembro de 1942.

Resumo da estruturação do negócio		
Fase	**Metas**	**Entregas**
1. Atingir a maioria do mercado	**Avançar a empresa das vendas iniciais para a escalabilidade do negócio**	
A. Transição dos primeiros evangelistas para os clientes da maioria do mercado	Selecionar a estratégia apropriada para atingir a maioria do mercado	Escrever plano para cruzar o abismo que combine com o tipo de mercado
B. Gestão do crescimento de vendas	Desenvolver planos de receitas e despesas para vendas, marketing e desenvolvimento de negócios que combine com o tipo de mercado	Escrever plano de vendas que combine com o tipo de mercado
2. Revisão da gestão e desenvolvimento de estrutura centrada na missão	**Crescimento supera a equipe de desenvolvimento de clientes**	
A. O conselho reavalia o CEO e a equipe de executivos	Avaliar se a atual gestão pode evoluir para os papéis da nova estrutura	Equipe de gestão que possa fazer a empresa crescer
B. Desenvolver cultura e estrutura centradas na missão	Avançar o estilo de gestão do fundador visionário para um que seja escalável em uma equipe maior	Definição da missão corporativa e da cultura centrada na missão disseminada na empresa inteira
3. Evolução da equipe de desenvolvimento de clientes para departamentos funcionais	**Estabelecer departamentos funcionais que sejam centrados na missão**	
A. Definir missões departamentais	Estabelecer metas focadas na missão para os novos departamentos	Definição das missões departamentais
B. Definir papéis departamentais	Definir os papéis dos departamentos por tipo de mercado	Escrever objetivos e responsabilidades departamentais que combinem com o tipo de mercado
4. Estruturar departamentos de resposta rápida	**Criar departamentos ágeis e de resposta rápida que ainda possam operar como em uma startup**	
A. Implementar gerenciamento centrado na missão	Desenvolver os elementos do gerenciamento centrado na missão: intenção, iniciativa, confiança e comunicação, tomada de decisão pelo critério de "bom o bastante" e sincronização das missões	Cultura centrada na missão em ação em todos os departamentos
B. Criar cultura de obtenção e disseminação de informações	Departamentos com múltiplas perspectivas da informação: conhecimento em primeira mão, visão geral, ponto de vista dos clientes	Escrever plano para a obtenção das três perspectivas de mercado e dos clientes
C. Criar cultura de liderança	Liderança por delegação, desenvolvimento de uma cultura focada na missão	Evolução do papel dos superestrelas e proteção dos dissidentes
D. Perseverar e crescer	Verificar se o setor de vendas cruzou o abismo até a maioria do mercado; equipe de gestão capaz de estruturar e crescer com a empresa	Receitas e despesas previsíveis; modelo de negócio viável e rentável; cultura centrada na missão e executivos alinhados à missão

Referências

Livros mais lidos

Esses quatro livros mudaram minha perspectiva a respeito da introdução de novos produtos, das etapas iniciais de vendas e sobre os negócios de um modo geral. *Crossing the chasm* me fez entender que existem padrões que se repetem nos estágios iniciais das empresas. Eu comecei minha pesquisa pelo conjunto de padrões repetidos que precede o abismo. Os livros *O dilema da inovação* e *The innovator's solution* me ajudaram a refinar a noção dos quatro tipos de mercado para startups. Li essas obras como guias de orientação para startups que querem competir com empresas estabelecidas. O livro *O ponto da virada* me fez entender que a estratégia de comunicação de marketing de empresas em novos mercados sempre passa pelo previsto: o ponto da virada.

- *O dilema da inovação* – quando as novas tecnologias levam empresas ao fracasso e *The innovator's solution* – Clayton M. Christensen.
- *Crossing the chasm:* marketing and selling high-tech products to mainstream customers; *Dentro do furacão:* estratégias de marketing para empresas de ponta; e *Dealing with Darwin:* how great companies innovate at every phase of their evolution – Geoffrey A. Moore.
- *O ponto da virada* (The tipping point) – como pequenas coisas podem fazer uma grande diferença – Malcolm Gladwell.

Livros de estratégia para startups

O livro *Estratégias arrasadoras* articula criticamente a ideia de que existem diferentes tipos de startups, além disso também deriva dele a noção dos três tipos de mercado adotada. A obra oferece uma moldura para as estratégias iniciais de marketing e vendas em uma startup.

O *Delivering profitable value* aborda mais sobre as proposições de valor e os sistemas de entrega de valor do que você quer voltar a ouvir falar novamente. No entanto, esse é um livro com o qual a gente se debate e, então, percebe que aprendeu com ele algo valioso.

Finalmente, *A criação de novos negócios* é um livro-texto usado em escolas de administração para ensinar empreendedorismo e há muito conteúdo para poder ignorá-lo. De início, é simplesmente desafiador, mas siga em frente e use esse aprendizado para testar se seu plano de negócios está completo.

- *Estratégias arrasadoras* – 5 estratégias e 40 ações comprovadas para obter resultados espetaculares – Rita Gunther McGrath e Ian MacMillan.
- *Delivering profitable value* – a revolutionary framework to accelerate growth, generate wealth, and rediscover the heart of business – Michael J. Lanning.
- *A criação de novos negócios* – empreendedorismo para o século 21 – Jeffry A. Timmons, José Carlos Assis Dornelas e Stephen Spinelli.

Metodologias de introdução de novos produtos

A noção de "usuário líder", de Eric Von Hippel, apresenta muitos paralelos com a descoberta do cliente. Os quatro passos de Von Hippel: 1) geração das metas e formação de equipe, 2) pesquisa de tendências, 3) rede piramidal do usuário líder e 4) oficina do usuário líder e refinamento da ideia são uma abordagem mais rigorosa e disciplinada do que a sugerida em nosso livro.

- *Breakthrough products with lead user research* – Eric Von Hippel e Mary Sonnack.
- *The sources of innovation* – Eric Von Hippel.

Livros de marketing como estratégia

Oferecendo mais do que algumas dicas práticas, esses livros são sua chance de mudar sua estratégia inteira. Peppers e Rogers abriram meus olhos para conceitos como valor do tempo de vida, clientes mais rentáveis e o completo de ciclo do cliente em "conquiste, mantenha e desenvolva". Bill Davidow me apresentou o conceito de "produto total" e as necessidades únicas da massa dos consumidores.

- *Marketing um a um* – marketing individualizado na era do cliente – Don Peppers e Martha Rogers.
- *Marketing de alta tecnologia*: uma visão de dentro e *Serviço total ao cliente*: a arma decisiva – William H. Davidow.

Livros da guerra como estratégia

A metáfora de que os negócios representam uma guerra já se tornou um clichê, mas aponta também uma verdade profunda. Muitos dos seus conceitos básicos: competição, liderança, estratégia *versus* tática, logística etc. têm suas raízes nas questões militares. A diferença é que nos negócios ninguém morre. Às vezes, na sua carreira, você precisará estudar a guerra para não se tornar uma vítima.

Sun Tzu trata de todas as estratégias básicas em *A arte da guerra* até que o advento da tecnologia pareceu superá-lo temporariamente. Na mesma linha, tente *O livro dos cinco anéis*, de Miyamoto Musashi. Ainda que esses dois livros tenham se tornado, infelizmente clichês na área de negócios, vale a pena lê-los. A obra *Da guerra*, de Carl Von Clausewitz, é uma tentativa ocidental do século XIX para entender a guerra.

Boyd é uma biografia e pode parecer deslocada aqui, mas é difícil entender a importância do ciclo OODA (observar, orientar, decidir, agir), de John Boyd, para a estratégia de negócios sem esse contexto. O ciclo OODA é o conceito central reinventado para o processo de desenvolvimento de clientes. Leia o livro e depois busque todos os sites com artigos sobre Boyd, especialmente o *Patterns of conflict*.

O livro *New Lanchester Strategy* é tão pouco convencional que tende a ser ignorado. Mas suas relações sobre o que você precisa para atacar ou defender um mercado vêm à tona com tanta frequência na vida real que eu achei difícil ignorá-lo.

- *A arte da guerra* – Sun Tzu.
- *O livro dos cinco anéis* – Miyamoto Musashi.
- *Da guerra* – Carl Von Clausewitz.
- *Boyd:* the fighter pilot who changed the art of war – Robert Coram.
- *Lanchester strategy:* an introduction – Nobuo Taoka.
- *New Lanchester Strategy:* sales and marketing strategy for the weak – Shinichi Yano.

Livros de comunicação de marketing

Os livros sobre posicionamento de Ries e Trout podem ser lidos durante um voo, ainda que, apesar de todos esses anos, continuem a ser um beijo estalado no alto da testa. Regis McKenna sempre foi um dos meus favoritos. No entanto, quando ler *Marketing de relacionamento* separe os exemplos dados entre startups e grandes empresas. O que funciona em uma, não funciona necessariamente na outra. Leia esse livro antes de mergulhar na temática do século XXI com Seth Godin.

Godin mergulha fundo nas fortes mudanças que a internet está causando no modo com que pensamos sobre clientes e como nos comunicamos com eles. O livro *Marketing de permissão* cristaliza uma técnica de marketing direto que era simplesmente impossível antes da internet. Seu livro seguinte, *Ideavirus*, fica melhor depois que você ler o anterior. O livro de Lakoff, embora escrito para uma audiência política, traz algumas ideias valiosas para o contexto da comunicação.

- *Posicionamento* – a batalha por sua mente e *As 22 consagradas leis do marketing* – Al Ries e Jack Trout.

- *Marketing de relacionamento:* estratégias bem-sucedidas para a era do cliente – Regis McKenna.
- *Marketing de permissão:* transformando desconhecidos em amigos e amigos em clientes – Seth Godin.
- *Don't think of an elephant!* – George Lakoff.

Vendas

Muitas das ideias da validação pelo cliente são baseadas nos princípios articulados por Bosworth, Heiman e Rackham. O *Vendas centradas no cliente*, de Bosworth, é muito lido por todo executivo ao lançar produtos. Sua articulação da hierarquia das necessidades dos consumidores assim como a descrição de como fazer com que os clientes articulem suas necessidades tornam o livro um *best-seller*, em especial para quem atua no *business to business*.

Os livros de Heiman são um pouco mais táticos e integram um amplo programa de treinamento em vendas de sua empresa, a Miller Heiman. Se você atua em vendas ou tem um passado na área pode pular essa leitura. Caso contrário, os livros valem a pena por causa dos conceitos básicos de "ataque e defesa". A única má notícia é que Heiman escreve como se fosse um camelô gritando – mas a gritaria vale a pena.

O *Alcançando excelência em vendas*, de Rackham, faz parte de outra série de livros sobre vendas em larga escala, grandes contas e novamente a ênfase recai sobre a venda da solução e não dos diferenciais.

O *Faça bem feito ou não faça* é da Sandler School (outra escola de metodologia de vendas no *business to business*).

- *Vendas centradas no cliente* – Michael T. Bosworth.
- *The new conceptual selling:* the most effective and proven method for face-to-face sales planning e *The new strategic selling:* the unique sales system proven sucessful by the world's best companies – Stephen E. Heiman.
- *Alcançando excelência em vendas* – construindo relacionamentos de alto valor para seus clientes – Neil Rackham.
- *Faça bem feito ou não faça* – inovando o relacionamento entre comprador e vendedor – Mahan Khalsa e Randy Illig.
- *Sandler Selling System* – www.sandler.com.
- *Miller Heiman Sales Process Consulting & Training* – www.millerheiman.com/.

Aspectos práticos das startups

O livro *Plano de negócios que dão certo*, de Jeff Timmons, sintetiza a parte relevante do *Criação de novos negócios*, mas vale a pena ter os dois na estante, porque seu modelo de como olhar para as oportunidades oferecidas por uma startup oferecem uma moldura com um rigor que eu gostaria de ter aplicado. O livro *High tech start-up*, de Nesheim, é o padrão-ouro dos aspectos práticos de todos os estágios financeiros de um negócio, do início ao IPO.

Se você prometer ignorar os conselhos de marketing que ele dá, o livro de Baird, *Engineering your start-up*, é o caminho das pedras para explicar o básico sobre finanças, valor, *stock options* etc.

O *Term sheets and valuation* é uma grande leitura quando se está diante de expressões como "liquidação preferencial" e "conversão de direitos" e não se sabe muito bem o que significam. Leia esse livro e até parecerá que você entende o que está fazendo diante daquela papelada.

O *High tech ventures*, de Gordon Bell, é incompreensível na primeira, na segunda e na terceira leituras; embora seja o melhor "manual operacional" de startups que já foi escrito. A única falha gritante é o fato de Bell assumir que o mercado existe para o produto e que o trabalho de marketing são os relatórios e as feiras. Leia em doses homeopáticas para ter visões e revelações e faça anotações (pense que está lendo a Bíblia) em vez de tentar decifrar de uma vez só.

- *Planos de negócios que dão certo e a criação de novos negócios* – Jeffry A. Timmons.
- *High tech start-up:* the complete handbook for creating successful new high tech companies – John L. Nesheim.
- *Engineering your start-up:* a guide for the high tech entrepreneur – Michael L. Baird.
- *Term sheets & valuations* – an inside look at the intricacies of venture capital – Alex Wilmerding, Aspatore Books Staff, Aspatore.com.
- *High tech ventures:* the guide for entrepreneurial success – C. Gordon Bell.

Produção

Jamais encontrei um profissional da área de produção que não tenha mencionado o livro *A meta* ao falar dos princípios da produção enxuta. É um livro técnico romanceado, o que humaniza a experiência na manufatura. *A mentalidade enxuta nas empresas* é o melhor de todos no gênero e *O sistema Toyota de produção* é o pai de todos os conceitos da área – só o tom do texto já é reparador e refrescante.

- *A meta* – um processo de melhoria contínua – Eliyahu Goldratt.
- *A mentalidade enxuta nas empresas* – elimine o desperdício e crie riqueza – James Womack.
- *O sistema Toyota de produção* – além da produção em larga escala – Taiichi Ohno.

Design de produtos

O livro de Cooper teve o mesmo impacto sobre mim que o *Crossing the chasm*, de Moore – "por que, com certeza, era o que estava errado". É um livro articulado e importante.

- *The inmates are running the Asylum:* why high tech products drive us crazy and how to restore the sanity – Alan Cooper.

Cultura e recursos humanos

Caso trabalhe em uma grande empresa e imagine sempre por que a organização não avança, a resposta pode ser encontrada em *Empresas feitas para vencer*. Você será um sortudo se ler, além deste, o *Feitas para durar*, ambos escritos por Jim Collins. O que diferencia as boas empresas das ótimas? Como institucionalizar valores e capacitar para a criação de valor quando a atual administração está tão distante? Quando li isso pela primeira vez, achei que os livros eram apenas para companhias que tinham tido a sorte de se tornar gigantes. Depois de refletir mais, cheguei à conclusão que esses livros são a inspiração para a "cultura organizacional orientada pela missão". Leia os dois livros juntos.

Ironicamente, o melhor material sobre RH para alguém que esteja em uma startup não é um livro. É o trabalho realizado na Stanford por James Baron <http://www.stanford.edu/~baron/>. Baixe os slides da apresentação na seção "Project on Emerging Companies". O livro de Baron, *Strategic human resouces*, já é um clássico na área de RH.

Finalmente, se você está trabalhando em uma startup e começou a imaginar porque o fundador anda maluco, o livro *The founder factor* ajuda a explicar muita coisa.

- *Empresas feitas para vencer*: por que apenas algumas empresas brilham e *Feitas para durar* – práticas bem-sucedidas de empresas visionárias – James C. Collins e Jerry I. Porras.
- *The human equation:* building profits by putting people first – Jeffrey Pfeffer.
- *Strategic human resources:* frameworks for general managers – James N. Baron e David Kreps.
- *The founder factor* – Nancy Truitt Pierce.

Capital de risco

Diferentemente dos livros anteriores, esse não é mais um "como fazer": são histórias pessoais. Se você nunca experimentou a vivência em primeira mão à frente de uma startup, Jerry Kaplan e Michael Wolff são boas leituras das aventuras dos fundadores com os capitalistas de risco. O *Eboys* é a história da Benchmark Capital durante a bolha da internet. O livro de Ferguson é um grande livro para o empreendedor de primeira viagem. A personalidade e a visão dele sobre os capitalistas de risco e os "processos" são como um teste de mancha de tinta Rorschach para o leitor.

- *Burn rate:* how I survived the gold rush years on the internet – Michael Wolff.
- *Startup* – uma aventura no Vale do Silício – Jerry Kaplan.
- *Eboys:* the first inside account of venture capitalism at work – Randall E. Stross.
- *A guerra dos computadores*: as batalhas pela liderança da tecnologia da informação – Charles H. Ferguson e Charles R. Morris.

História

Para ler um resumo bem escrito do por que o Vale do Silício deu certo e depois por que a Costa Leste estragou tudo, aqui está o livro. Embora a autora deixe de fora a contribuição do complexo industrial-militar para a formação do Vale do Silício, Annalee Saxenian, no *Regional advantage*, aborda todos os demais fatores.

O *The nudist on the late shift* é o livro que você manda para alguém que mora fora do Vale do Silício, mas que deseja saber como é trabalhar em uma startup.

O livro de Alfred Sloan, *My years with General Motors*, é uma grande leitura, mas não pelas razões tradicionais. Leia o livro sob o ponto de vista de um empreendedor (Durant) que construiu uma grande empresa com instinto e bravura, a levou aos 200 milhões de dólares e foi substituído pelo conselho de administração. Depois, leia como um burocrata de primeira classe cresceu dentro de uma das maiores e melhores empresas do mundo. Tenha certeza de ler esse livro junto com *Sloan rules* e *A ghost's memoir*.

- *Regional advantage:* culture and competition in Silicon Valley and Route 128 – Annalee Saxenian.
- *The nudist on the late shift* – Po Bronson.
- *Meus anos com a General Motors* – Alfred Sloan Jr.
- *Sloan rules:* Alfred P. Sloan and the triumph of General Motors – David R. Farber.
- *A ghost's memoir:* the making of Alfred P. Sloan's My years with General Motors – John McDonald.

Apêndice A

Equipe de desenvolvimento de clientes

Cenário: a morte dos departamentos

Como vimos antes neste livro, as duas primeiras etapas de uma startup – descoberta do cliente e validação pelo cliente – exigem uma estrutura orientada para tarefa e não uma funcional. E a tarefa não tem ambiguidades: aprender e descobrir que problemas têm os consumidores, se o conceito de seu produto vai solucionar esse problema, entender quem vai comprar e usar esse conhecimento para traçar um mapa de vendas. Assim, a equipe de vendas poderá vender para os consumidores. E essa estrutura (a qual vamos chamar de equipe de desenvolvimento de clientes) tem que ter agilidade para se mover repentina e rapidamente em resposta ao que é dito pelo consumidor e também o poder de reconfigurar a companhia quando o *feedback* do cliente exigir.

A estruturação de uma equipe de desenvolvimento de clientes significa configurar uma organização que interaja com os consumidores em um arranjo novo e radical. Nós sugerimos (talvez fosse melhor dizer, insistimos) que durante as etapas de descoberta e validação não estejam estruturadas as áreas de vendas, marketing ou desenvolvimento de negócios. E ainda mais doloroso para os egos envolvidos, não deve haver executivos com esses títulos. Finalmente, a equipe de desenvolvimento de clientes deve ser liderada por um dos fundadores da startup ou, pelo menos, por alguém com o mesmo poder de voto e a habilidade de alterar radicalmente a direção, o produto e a missão do empreendimento. Essa não é uma posição para um executivo "contratado", pois idealmente deve ser assumida pelo CEO fundador. Essa é uma heresia organizacional. Por que você se sente tão fortemente provocado?

Baile como uma borboleta, pique como uma abelha

As estruturas de vendas, marketing e desenvolvimento de negócios tradicionais são todas configuradas para executar processos *conhecidos*. Nosso ponto de insistência ao longo de todo este livro é que durante as etapas de descoberta e validação *nada* é conhecido e tudo é uma hipótese de trabalho. As estruturas funcionais tradicionais, os títulos e as descrições de cargos que funcionam em grandes companhias são piores do que somente inúteis em uma startup. Em geral, as grandes empresas possuem três áreas de contato com os consumidores e esses departamentos têm títulos executivos que descrevem o papel individual dos líderes da organização: VP de vendas, VP de marketing e VP de desenvolvimento de negócios. Nossa convicção é que essas estruturas e seus títulos executivos são perigosos e disfuncionais nas primeiras três etapas de uma *startup*. Por quê?

Vendas

Em um departamento de vendas já existente, a equipe sabe como comercializar para um grupo bem conhecido de clientes, utilizando uma apresentação formalizada, além de uma lista de preços definida e um contrato padronizado. Quando você quer incrementar a receita, você aumenta o número de vendedores. O dilema durante as etapas de descoberta e validação de uma startup é que você ainda não tem a menor ideia de quem são os clientes, as apresentações são alteradas diariamente e a lista de preços e o contrato estão sendo feitos ali, na hora. O pior que pode acontecer a uma startup é quando o VP de vendas atua como se estivesse em uma grande e já existente companhia com um enorme histórico de clientela. Eles levam a agenda de relacionamentos e os modelos de vendas da última empresa em que trabalharam e partem do princípio de que em uma startup tudo também é questão de gerenciar equipe e contratar mais gente. Quando um capitalista de risco pede me para diagnosticar o que está errado nas vendas de uma dessas startups (em geral, em um mercado ressegmentado e mal conseguindo traçar um plano de receitas), a conversa por telefone com o VP de vendas segue o seguinte roteiro: Eu "Como estão as vendas?"; VP: "Bem, estamos terminando de montar a equipe"; Eu: "Quantos vendedores vocês têm?"; VP: "Seis e estamos fazendo entrevistas para contratar mais"; Eu: "Quantos contratos vocês já fecharam?"; VP: (pausa perceptível) "Bem, temos uma boa lista em andamento. O problema é que a apresentação não para de mudar"; Eu: "O que quer dizer isso?"; VP: "Bem, a empresa continua mudando sua estratégia e a apresentação corporativa às vezes muda duas vezes por semana". Não é que os VPs de Vendas sejam tolos, mas estão operando em um ambiente no qual toda sua experiência e seu treinamento não têm relevância. Na maioria dos casos, eles incham prematuramente a força de vendas. Isso é uma startup, não é a IBM.

Ironicamente, se você perguntar, a maioria das startups não perderia a chance de contratar o executivo de vendas da IBM logo no início do empreendimento. Vamos considerar as competências que um VP de vendas de alto nível agregaria a uma startup: habilidade excepcional para contratar, treinar e motivar uma estrutura mundial de vendas; extrema competência para replicar o modelo nacional e internacionalmente; além de uma enorme capacidade para fazer previsões e orçamentos. A má notícia é que nos primeiros dois passos de uma startup *nenhuma dessas competências é relevante*, de fato, *essas capacidades aprimoradas em grandes empresas são tóxicas*.

Eles estruturam uma equipe de vendas antes do necessário, contratando pessoas no momento errado e operando desconfortavelmente em meio ao caos e à incerteza que definem os dias de abertura de um negócio.

O que é necessário nas etapas de descoberta e validação são as habilidades empreendedoras na área de vendas; a habilidade de alterar apresentações, consumidores e produtos todos os dias; além da habilidade de processar com calma os diferenciais do produto enquanto o cronograma e as funções estão mudando novamente. Além disso, a habilidade de ouvir as objeções dos clientes e entender se elas são, ou não, obstáculos reais ao produto, à apresentação, ao preço ou a algo mais. Não há lista de preços e apresentação de produto que durem mais de uma semana. O que se precisa em vendas no início de uma startup é um profissional que se sinta confortável no caos e na incerteza e possa fechar um pedido sem se preocupar em estruturar uma organização. A meta de nosso primeiro profissional de vendas é validar o modelo de negócio desenvolvendo um plano e fechando pedidos sem ter ainda nas mãos um produto real. Pode ser, ou não, uma pessoa com capacidade para estruturar e gerir um departamento de vendas mais tarde.

Marketing

O mesmo vale para marketing. Pergunte aos profissionais da área o que eles fazem e alguns vão dizer que o trabalho deles é construir uma marca para a empresa para que assim os consumidores entendam o que vão comprar dela. Ou a resposta pode ser: gerar demanda do usuário final e atrair e direcionar os clientes para os canais de venda. Alguns ainda dirão que o trabalho deles está relacionado a planejamento estratégico e outros considerarão que o alvo é gerar documentos de requisitos de marketing. E, embora todos estejam corretos em etapas mais tardias do desenvolvimento do negócio, nenhum deles está certo agora. Durante as etapas de descoberta e validação, nem os usuários finais, nem os mercados e nem os canais são conhecidos. Portanto, investir dinheiro em marketing para criar demanda ou redigir intrincados planos para produtos fazem parte de um exercício de futilidade e desperdício.

De vez em quando, os capitalistas de riscos me pedem para dar uma olhada no marketing de uma startup que está perdida no planejamento de receitas. "Nós achamos que eles precisam de alguma ajuda em posicionamento", costuma ser o pedido. Se a empresa está em um novo mercado ou tentando redefinir algum já existente, a continuação da conversa telefônica com o capitalista de risco (CR) costuma ser a seguinte: Eu: "Eles já têm um mapa de vendas?"; CR: "Não"; Eu: "Hummm. E então o que o marketing está fazendo para ajudar o setor de vendas a ter um?"; CR: "Bem, não sei exatamente. Parece que fazem um monte de relatórios, brochuras, apresentações comerciais e seminários na web para tentar criar e direcionar demanda. Ah! E eles também contrataram uma agência de comunicação corporativa muito cara e agora têm um novo posicionamento e uma apresentação"; Eu: "Quantas pessoas estão no departamento de marketing?"; CR: "Não sei exatamente, mas são umas quatro ou cinco". Como no caso dos profissionais de vendas, ao se verem diante do caos e da confusão, as pessoas tendem a repetir o que já fizeram antes com sucesso.

Pelo menos o marketing e a comunicação de marketing não são mais tão nocivos como já foram nos dias festivos da bolha da internet, quando por um período um novo título emergiu na área: o VP de *branding*. Esse cargo, essencialmente o VP de comunicação de marketing renomeado, vendeu uma "caixa de milagres" para centenas de CEOs crédulos com vinte e poucos anos, prometendo "criar uma marca", se pudesse dispor de alguns X milhões de dólares (sendo X igual a cerca de 80% da montanha de caixa que a startup conseguiria levantar). A dura realidade depois de gastar bilhões é que o *branding* é uma função de comunicação de marketing e geração de demanda que não deve sequer ser iniciada até que a empresa saiba quem são seus clientes, ou seja, até o final da etapa de validação. Você não pode gastar dinheiro conquistando, mantendo e desenvolvendo consumidores até que saiba quem eles são.

Mesmo assim, se você perguntar, a maioria dos CEOs de startups não perderia a oportunidade de contratar o executivo do departamento de marketing da Disney. Vamos considerar que competências de alto nível um VP de marketing agregaria ao negócio: posicionamento e *branding* feito em casa na Madison Avenue. Ou talvez competências no gerenciamento de produtos que seriam capazes de fazer a Procter & Gamble salivar. Ou até mesmo capacidade de planejamento estratégico que deixaria a McKinsey com desejo de contratá-lo. A má notícia é a mesma da área de vendas: *nenhuma dessas competências é relevante nas duas primeiras etapas da vida de uma startup.*

Desenvolvimento de negócios

Se quer ver minha pressão arterial subir, faça um convite para eu conhecer a sua recém-formada startup e me apresente um profissional com um título de cargo na área de desenvolvimento de negócios. Esse cargo é a doença mais usada e abusada em uma startup. Mais do que qualquer outro fator, a simples existência dessa função e desse título diminui as probabilidades de sucesso de uma startup. Quando ouço esse cargo aplicado em um negócio incipiente, começo a questionar a competência de todos os envolvidos no empreendimento. Desenvolvimento de negócios significa que alguém está envolvido em criar parcerias não geradoras de receita? Significa que a equipe é responsável por criar acordos geradores de receita fora dos canais primários utilizados pela empresa? Ou é apenas alguém com vontade de usar um título mais sofisticado do que vendas?

Começaremos com simplicidade. Nos dois primeiros estágios da vida de uma empresa não há necessidade de nenhuma função em desenvolvimento de negócios. Nada. Zero. Você pode diminuir o desperdício demitindo esses profissionais ou remanejando-os para fazer algo produtivo na equipe de desenvolvimento de clientes. Até que a empresa encerre a etapa de validação, você não tem a mínima ideia de quem serão seus clientes, canais ou parceiros e nem condições de fazer acordos críveis com parceiros racionais, até comprovar a existência do próprio negócio.

Na realidade, a área de desenvolvimento de negócios desempenha um papel importante em uma empresa. A função dessa equipe é construir o "produto total" para que a companhia possa vendê-lo à maioria dos clientes. O conceito de produto total foi definido por Bill Davidow no início do marketing da tecnologia. Ele afirma que a maioria – inicial e tardia – dos consumidores na adoção de inovação, descritos na curva do ciclo de vida de produtos tecnológicos, precisam de uma solução de prateleira, sem riscos, *completa*. Eles não querem juntar partes oferecidas pelas startups. No setor de computadores, a IBM é o fornecedor intermediário de produtos totais. Eles fornecem o hardware, os softwares, dão suporte aos sistemas integrados e todas as soluções subsidiárias para resolver os problemas empresariais. A tese é que um cliente da IBM não precisa buscar mais nenhum fornecedor para contar com uma solução *completa* de negócios, diferentemente de uma empresa que só vende algumas partes do pacote. Mas como você é uma startup não há como atualmente ser capaz de fornecer produtos totais. Haverá partes que você simplesmente não oferecerá: podem ser serviços de integração de sistemas, softwares terceirizados, ferramentas de configuração, aplicativos, entre outros. A meta do desenvolvimento de negócios é formar um "produto total" por meio de parcerias e acordos. Nas etapas de descoberta e validação pelo cliente, essa função é desnecessária porque você percebe que a maioria não comprará um produto incompleto de sua empresa. Em vez disso, você vende para os evangelistas precoces (*earlyvangelists*) que não apenas não precisam de um produto total, mas também se divertem juntando as partes sozinhos.

Sob o ponto de vista dos parceiros iniciais, antes de sua empresa ter uma massa crítica de clientes, poucos fornecedores e revendedores – dos quais você precisa para formar seu "produto total" – tratarão o negócio seriamente. Sendo assim, durante a descoberta e validação pelo cliente o papel do desenvolvimento de negócios é uma distração supérflua em uma startup.

Engenharia

Só para ter certeza de ter compreendido todos os aspectos básicos, é importante notar que a ideia de uma estrutura de engenharia tradicional também é um impedimento para o sucesso da startup. Isso não significa que você não necessitará de um departamento de engenharia, mas a ideia ter um em ação antes de o primeiro produto ser lançado também é um equívoco. Uau! Mas, se não há engenheiros, como são feitos o *design* e a construção do produto? Não estamos advogando a dissolução do departamento de desenvolvimento de produtos, mas apenas eliminando as partes que ainda não são necessárias. Nós constatamos que todos aqueles subgrupos que compõem um completo departamento de engenharia nas grandes empresas – um quadro inteiro de redatores de publicações técnicas, áreas de controle de qualidade, catálogos de especificações técnicas de produtos do tamanho de listas telefônicas – são todos desnecessários, por enquanto. Esses acessórios são tão onerosos para o processo de construir e distribuir o produto quanto a bagagem extra do marketing e de vendas.

A estratégia de engenharia de uma startup para o lançamento dos dois primeiros produtos é: 1) executada sob a visão técnica do fundador e modificada pelo *feedback* do consumidor nas etapas de descoberta e validação; 2) criar e implementar um plano de "entrada rápida no mercado" (mais do que ser o primeiro) para um primeiro lançamento (junto com a visão do produto para os próximos dezoito meses) chegar às mãos dos evangelistas precoces o mais depressa possível; 3) utilizar o *feedback* dos evangelistas precoces que compraram o produto para modificar suas especificações e fazer um segundo lançamento para uma base mais ampla de clientes.

As mesmas regras para quem você gostaria de ter na liderança de sua área de engenharia se aplicam também aqui. A maioria das startups provavelmente entraria no paraíso se pudesse contratar o VP de engenharia da Microsoft responsável pelo Windows. Mas como você já pode desconfiar, essa seria uma má escolha. Em uma startup, você não precisa contratar e gerenciar uma centena de engenheiros. Saber como programar os recursos para um projeto de software com cinco anos de duração ou como gerenciar testes beta com dezenas de milhares de usuários não são as competências que você quer ou precisa – pelo menos, não por enquanto. Em vez disso, o que uma startup precisa é alguém com uma visão acurada do produto, um olho infalível para os mínimos diferenciais e um ouvido afinado para sintonizar no *feedback* recebido da equipe de desenvolvimento de clientes.

Títulos contam

Um efeito colateral de não ter departamentos de vendas, marketing e desenvolvimento de negócios é que você não contará com executivos com esses títulos. De forma interessante, a eliminação destes é até mais importante do que se livrar dos próprios departamentos. Se você é um executivo em meio à confusão e ao estresse de uma startup, é fácil perder a visão do que supostamente você deveria estar fazendo de verdade (especialmente, se você não estiver seguindo uma metodologia de desenvolvimento de clientes). A tendência é retornar ao que já realizou antes em outras empresas; no caso de você ser um VP, sua missão era contratar, alocar e gerenciar pessoas. Por exemplo, quando o VP de vendas de uma startup não consegue descobrir como chegar a um planejamento de receitas, a inclinação dele é olhar para o cartão de visitas e ler o cargo. Ele verá que é "VP de vendas" e pensar: "Ah, bom, eu sou o VP de vendas, agora eu lembro: supostamente, eu existo para contratar e gerenciar departamentos de vendas. Deixa eu ir ao mercado para recrutar mais alguns vendedores. Isso vai resolver nosso problema". Não ria, pois isso acontece o tempo todo. Tente estruturar um mapa de vendas antes que ele contrate alguém para isso. Sem uma rota clara que diga o que devem fazer, as pessoas tendem a voltar para as estradas que já percorreram antes.

Formação das equipes de desenvolvimento de produtos e de clientes

Nos primeiros dois estágios de vida de uma startup (descoberta e validação), as únicas funções ou os títulos existentes são aqueles que podem sobreviver às seguintes perguntas:

- Esse departamento, título ou novo contratado ajudam sua empresa a compreender melhor:
  - Quais são os problemas dos consumidores?
  - Como o seu produto atende/resolve esses problemas?
  - Como estruturar o mapa de vendas?
  - Como conseguir pedidos para validar esse mapa?

Se a função ou o título não ajudá-lo a responder melhor a essas questões, então, são supérfluos. Livre-se deles. No lugar das funções tradicionais de vendas, marketing e desenvolvimento de negócios, propomos que o modo de uma startup se organizar durante as etapas de descoberta e validação é formar uma equipe de desenvolvimento de clientes, que terá dois papéis: execução e visão de cliente. Junto com a equipe focada no cliente existe o time responsável pela execução e visão de produto. O grupo de execução e visão de cliente deve ir ao mercado encontrar e conversar com os consumidores, enquanto a execução e visão de produto permanece dentro da empresa para desenvolver o produto. A visão se refere àqueles que podem montar o grande quadro. Do lado do cliente, a "visão" representa alguém que é capaz de se articular e falar de modo apaixonado sobre o negócio ou a relevância pessoal do novo produto e da companhia. Do lado do produto, a "visão" refere-se àquela pessoa que pode descrever a arquitetura e as vantagens tecnológicas para o consumidor, ao mesmo tempo em que é capaz de traduzir esses complexos requisitos técnicos para a equipe de execução, no lado do cliente. Com frequência, o grupo de execução, no lado do cliente tem que tomar emprestados alguns recursos técnicos para ouvir e conversar com os consumidores. Nos estágios iniciais de uma startup, mais de 50% do tempo dos visionários do produto deve ser investido diante dos clientes. As duas equipes – clientes e produto – mantêm-se solidamente no mesmo passo graças às reuniões de sincronização que descrevemos no livro.

A equipe de desenvolvimento de clientes é a tropa de choque tática das etapas de descoberta e validação. De início, esse "grupo" pode ser nada mais do que apenas o fundador indo conversar com os consumidores para testar os "problemas" que a empresa apontou em seu plano de negócios (ação da equipe de execução no lado do cliente), enquanto cinco engenheiros trabalham no produto (ação da equipe de execução no lado do produto). Mais tarde, perto do final da etapa de validação pelo cliente, essa equipe pode ser maior. Deve haver cinco ou mais pessoas validando o mapa de vendas, tentando tirar alguns pedidos e testando o posicionamento da empresa, enquanto cerca de vinte engenheiros estão prestes a distribuir o produto.

Se criar uma equipe de desenvolvimento de clientes fosse apenas renomear os tradicionais departamentos de vendas, marketing e engenharia, isso seria um exercício de futilidade. As estruturas diferem não apenas pela integração sem fronteiras de áreas, que tradicionalmente eram feudos separados, mas também se diferenciam pelo tipo de indivíduo contratado durante as etapas de descoberta e validação.

Características dos integrantes da equipe de desenvolvimento de clientes:

- Experiência em se mover entre os consumidores e a equipe de desenvolvimento de produto (vivência em marketing de produto ou gerenciamento de produto).
- Capacidade para se colocar no lugar do cliente para entender como ele trabalha e quais são os problemas que enfrenta.
- São pessoas interessadas em ouvir? Ou preferem mais falar?
- Entendem o que ouvem? Ou relatam o que gostariam de ter ouvido?
- São capazes de lidar com mudanças constantes? Ou preferem o conforto de fazer a mesma coisa diariamente?
- São capazes de se colocar no lugar do cliente e entender como trabalham e quais problemas enfrentam? Ou estão mais interessados em falar e vender o produto?
- Têm iniciativa própria ou esperam por uma diretriz?
- São inovadores e criativos ou fazem o que os outros dizem a eles?

Apêndice B

Gabarito do desenvolvimento de clientes

Os exemplos neste Apêndice são usados para ilustrar a metodologia e o processo do desenvolvimento de clientes. O seu processo real será diferente, dependendo do tipo de mercado e da sua empresa.

O exemplo usado é para uma companhia de software. Use como modelo para desenvolver seu próprio fluxograma de trabalho, específico para sua empresa e o mercado explorado.

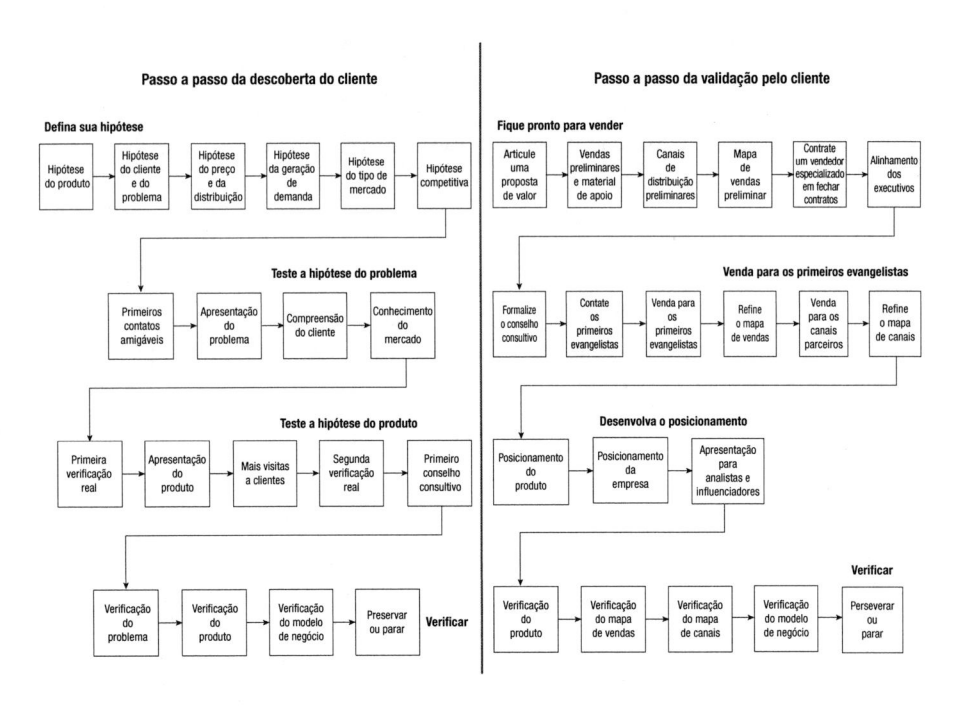

Passo a passo da descoberta do cliente

Defina sua hipótese
Hipótese do produto → Hipótese do cliente e do problema → Hipótese do preço e da distribuição → Hipótese da geração de demanda → Hipótese do tipo de mercado → Hipótese competitiva

Teste a hipótese do problema
Primeiros contatos amigáveis → Apresentação do problema → Compreensão do cliente → Conhecimento do mercado

Teste a hipótese do produto
Primeira verificação real → Apresentação do produto → Mais visitas a clientes → Segunda verificação real → Primeiro conselho consultivo

Verificar
Verificação do problema → Verificação do produto → Verificação do modelo de negócio → Preservar ou parar

Passo a passo da validação pelo cliente

Fique pronto para vender
Articule uma proposta de valor → Vendas preliminares e material de apoio → Canais de distribuição preliminares → Mapa de vendas preliminar → Contrate um vendedor especializado em fechar contratos → Alinhamento dos executivos

Venda para os primeiros evangelistas
Formalize o conselho consultivo → Contate os primeiros evangelistas → Venda para os primeiros evangelistas → Refine o mapa de vendas → Venda para os canais parceiros → Refine o mapa de canais

Desenvolva o posicionamento
Posicionamento do produto → Posicionamento da empresa → Apresentação para analistas e influenciadores

Verificar
Verificação do produto → Verificação do mapa de vendas → Verificação do mapa de canais → Verificação do modelo de negócio → Perseverar ou parar

Descoberta do cliente

Adesão do conselho e dos gestores – Etapa 0-a

Meta da Etapa 0-a: Obtenção de consenso e adesão de investidores e fundadores quanto a aplicação do processo de desenvolvimento de clientes e o tipo de mercado. Compreensão da diferença entre desenvolvimento de produto e desenvolvimento de mercado.

Responsável: qualquer pessoa que esteja atuando como CEO.
Aprovação: toda a equipe de fundadores/conselho.
Apresentador: CEO.
Tempo/esforço: reunião de ½ a um dia do time completo de fundadores e conselheiros.

Processo de desenvolvimento de clientes enfatiza o aprendizado e a descoberta.
1. Decida se há adesão do conselho e da equipe de fundadores nesse processo.
2. Assegure-se de que haja recursos suficientes para dois dos três passos da descoberta e validação de clientes.

Discuta o tipo de mercado.
1. Existente, ressegmentado ou novo.
2. Primeiro passo com o conselho na concordância sobre o mercado e os recursos financeiros necessários por tipo.

Concordância sobre a duração do desenvolvimento de clientes.
1. Conselho define quanto tempo devem durar as etapas de descoberta e validação.
2. Conselho concorda com os critérios de saída das etapas de descoberta e validação.

Critério de saída da Etapa 0-a: Consenso e adesão da equipe e do conselho ao processo de desenvolvimento de clientes, tipo de mercado e existência de critério de saída para cada uma das etapas.

Descoberta do cliente

Equipe – Etapa 0-b

Meta da etapa 0-b: Definir a equipe de desenvolvimento de clientes. Consenso sobre a metodologia e as metas da equipe.

Responsável: qualquer pessoa que esteja atuando como CEO.
Aprovação: toda a equipe de fundadores/conselho.
Apresentador: CEO.
Tempo/esforço: reunião de ½ a um dia do time completo de fundadores e conselheiros.

Revisão das diferenças organizacionais entre o desenvolvimento de produtos e o de clientes – títulos tradicionais versus funcionais.
1. Sem VP de vendas.
2. Sem VP de marketing.
3. Sem VP de desenvolvimento de negócios.

Identificar os quatro papéis funcionais para as primeiras quatro etapas da startup.
1. Quem é o visionário do negócio.
2. Quem é o executor do negócio.
3. Quem é o visionário técnico.
4. Quem é o executor técnico.

Revisar as metas de cada papel nas quatro etapas do desenvolvimento de clientes.

Enumerar de três a cinco valores centrais da equipe de fundadores.
1. Não há definição de uma missão.
2. Nada sobre lucros ou produto.
3. A ideologia fundamental é aquilo em que a empresa acredita.

Critério de saída da Etapa 0-b: Adesão da equipe e do conselho quanto à descrição funcional de cargos, aos profissionais certos nessas funções e aos valores centrais.

Hipótese da descoberta do cliente

Produto – Etapa 1-a

```
[Hipótese do produto] → [Hipótese do cliente e do problema] → [Hipótese do preço e da distribuição]
                                    ↓
[Hipótese da geração de demanda] → [Hipótese do tipo de mercado] → [Hipótese competitiva]
```

Meta da etapa 1-a: A equipe inteira deve concordar sobre os diferenciais do produto, os benefícios e o cronograma de lançamento.

Responsável: VP de execução técnica/VP de visão técnica.
Aprovação: time de fundadores e equipe executiva.
Apresentação: execução de negócios, equipe técnica.
Tempo/esforço: dois a quatro dias de preparação pelo VP de execução técnica e meio dia de apresentação/reunião estratégica com o time de fundadores e a equipe executiva.

Que problema vocês estão solucionando?

Lista dos diferenciais do produto: quais são os atributos técnicos do produto?
1. Qual é a meta geral do produto?
2. Faça um diagrama simplificado da arquitetura do produto.
3. Faça uma lista dos diferenciais.

Esses diferenciais serão facilmente compreendidos ou terão que ser explicados?

Lista de benefícios: O que os diferenciais possibilitam aos clientes?
1. Algo novo?
2. Melhor?
3. Mais?
4. Mais rápido?
5. Mais barato? etc.
6. Sob cada um dos diferenciais, resuma em três linhas os benefícios.

Esses benefícios serão aceitos de imediato ou precisarão de explicação?

Qual é o cronograma inicial de lançamento? Quando todos esses diferenciais estarão disponíveis?
1. Descreva o Lançamento 1.
2. Descreva o Lançamento 2.
3. Descreva o Lançamento 3.
4. Toda a trajetória que você já consiga vislumbrar (você formalizará isso na Etapa 4-a).

Que tipo de licença de Propriedade Intelectual você precisará?
1. O que você pode patentear?
2. O que é um segredo do negócio e você precisa proteger?
3. O que você terá que licenciar?
4. Já verificou se está infringindo o direito de Propriedade Intelectual de outras pessoas/empresas?

Qual é o custo total de propriedade do seu produto?
1. Treinamento?
2. Implantação.
3. Infraestrutura técnica adicional (mais servidores...)?
4. Infraestrutura adicional de RH.

Análise de dependência: Você depende que... aconteça, antes de conseguir ter volume de venda para o produto?
1. Fluxo de trabalho/estilo de vida mude na parte dos clientes?
2. Outros produtos necessários.
3. Condições econômicas?
4. Mudanças de comportamento?
5. Modificações na rede de fornecedores?
6. Mudanças legais?
7. Outras mudanças no comportamento da infraestrutura/do produto/dos hábitos?
8. Em caso positivo, o que fazer?
9. Quando isso deve acontecer?
10. Que consequências trará para o negócio se não acontecer?
11. Que métricas devem ser usadas para avaliar essa mudança?

Critério de saída da Etapa 1-a: Especificações do produto, lista por escrito dos diferenciais e benefícios do produto, descrição do lançamento, análise de dependência.

Hipótese da descoberta do cliente

Cliente – Etapa 1-b

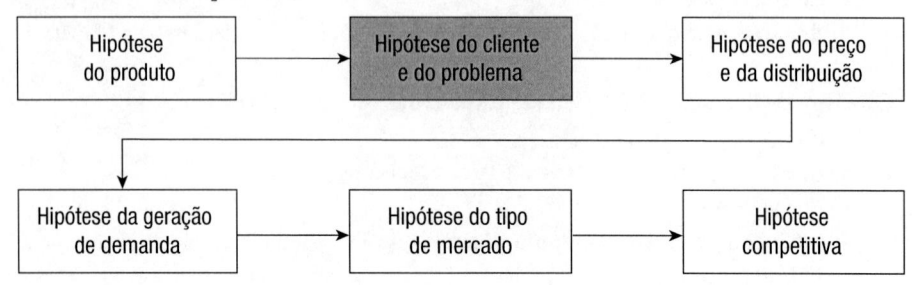

```
[Hipótese do produto] → [Hipótese do cliente e do problema] → [Hipótese do preço e da distribuição]
                                    ↓
[Hipótese da geração de demanda] → [Hipótese do tipo de mercado] → [Hipótese competitiva]
```

Meta da Etapa 1-b: Desenvolver a hipótese de quem são os clientes e quais problemas poderão ser solucionados com o uso do seu produto, antes de sair para visitá-los.
Responsável: execução de negócios, visão de negócios.
Aprovação: time de fundadores e equipe executiva.
Apresentação: equipe técnica dos fundadores.
Tempo/esforço: três a cinco dias de preparação pelo VP de execução ou de visão do negócio, meio dia de apresentação em reunião estratégica com o time de fundadores e a equipe executiva.

Defina os diferentes tipos de clientes.
1. Quem usará o produto no dia a dia de verdade?
2. Quem são os influenciadores e recomendadores?
3. Quem é o "comprador financeiro" (isto é, de qual *budget* a compra sairá?)?
4. Você acha que o comprador financeiro já tem verba para seu produto ou vai precisar aprová-la?
5. Quem são os tomadores da decisão?
6. Quem mais tem que aprovar a compra do seu produto?

Os clientes visionários entendem que têm um problema e que seu produto é a solução. Onde acha que pode encontrá-los?
1. Em que cargo ou função?
2. Em que tipo de empresa?
3. Em que segmento da indústria?
4. Lembrete: um visionário é um cliente pagante.

Em que área da organização você acredita que estão seus primeiros clientes?
1. Em que departamentos?
2. Quais são seus cargos?
3. Como eles diferem dos clientes tardios (dica: são muitos em um novo mercado e poucos em um já existente)?

Quais são os problemas dos clientes?
1. Você acha que o pior problema está no modo de operar deles?
2. É igual em todos os níveis da empresa?
3. Se tivessem uma varinha mágica, que mudança fariam primeiro?
4. Já que seu produto ainda não existe, como resolvem hoje em dia o problema? Não resolvem? Operam mal? Não percebem a necessidade?

Na "escala de reconhecimento do problema", em que nível está cada tipo de cliente (usuário, recomendadores, compradores financeiros).
1. Necessidade latente (você reconhece as necessidades dos clientes, mas eles não... ainda).
2. Necessidade ativa – o comprador está sofrendo com o problema (eles reconhecem a necessidade, mas não sabem como resolver o problema).
3. Têm uma visão da solução (o comprador tem uma visão de como resolver o problema).

Qual é o impacto organizacional desse sofrimento?
1. Individual?
2. Departamental?
3. Corporativo?

Defina a magnitude da necessidade do cliente – esse é um produto de missão crítica?
1. É um produto "eu tenho que ter"?
2. É um produto "seria bom ter"?
3. É tão importante que os próprios clientes criaram uma solução?
4. Quanto melhor são os diferenciais e os benefícios do seu produto?

Como o seu potencial usuário soluciona hoje o problema?
1. Que produtos usam? Quanto tempo eles passam utilizando-os?
2. Como rotina mudará para esses usuários a partir do seu produto?
3. Como vai alterar seu dia? Suas vidas?
4. Eles serão novos usuários?
5. Resuma "um dia na vida" de seu cliente.

Como seus clientes justificariam o retorno sobre o investimento (ROI) para seu produto?
1. O que será mensurado?
2. Receitas? Redução ou contenção de custos? Substituição de custos? Custos eliminados? Intangível?

Qual é o menor/menos complicado problema solucionado e pelo qual o usuário pagará?
1. Qual é o menor conjunto de diferenciais pelo qual o usuário pagará no primeiro lançamento?

Critério de saída da Etapa 1-b: A descrição por escrito do cliente e do modelo do problema. Isso inclui um hipotético fluxograma e processo. Então, você deve ter um palpite sobre o sofrimento atual do cliente e a amplitude do impacto organizacional.

Hipótese da descoberta do cliente

Canal/precificação – Etapa 1-c

```
[Hipótese        ] → [Hipótese do cliente] → [Hipótese do preço   ]
[do produto      ]   [e do problema      ]   [e da distribuição   ]
                                                     │
        ┌────────────────────────────────────────────┘
        ▼
[Hipótese da geração] → [Hipótese do tipo] → [Hipótese   ]
[de demanda         ]   [de mercado      ]   [competitiva]
```

Meta da Etapa 1-c: Desenvolver uma estratégia de canal de distribuição (como o produto chegará até o cliente) e o modelo de precificação.

Responsável: execução de negócio/visão de negócio.
Aprovação: execução de negócio/visão de negócio.
Apresentaçao: execuçao de negócio.
Tempo/esforço: dois a quatro dias de preparação pelo VP de execução de negócio ou de visão de negócio, ¼ de dia para apresentação em reunião estratégica com o time de fundadores e a equipe executiva.

Inicialmente, como seus usuários comprarão de você?
1. De um vendedor direto da empresa?
2. De um representante ou distribuidor?
3. Por um parceiro?
4. Em uma loja de varejo? Por correio? Pela web?
5. Escolha um canal de distribuição.

Desenhe o diagrama de canal de distribuição.
1. Quanto custará o canal (despesas diretas ou desconto para o canal)?
2. Existem custos indiretos no canal (serviços de pré-venda, verba para promoção no canal...)?
3. O que mais é necessário para o usuário utilizar/comprar o produto? Como eles comprarão o item?
4. Qual é a receita líquida depois dos custos do canal?

Se existem produtos semelhantes ao nosso...
1. Quanto os usuários pagam por ele?

Se os clientes precisam de um produto similar ao nosso...
1. Quanto eles pagam hoje para realizar a mesma atividade?

Qual é a base econômica para seu preço?
1. Produtos comparáveis que já existem (em um mercado existente)?
2. Soma dos itens necessários para estruturar uma funcionalidade equivalente?
3. Análise sobre o retorno sobre o investimento (ROI) a partir da economia de tempo, dinheiro, redução de custos (em um novo mercado)?
4. Você pretende mudar as regras existentes sobre precificação? Oferecer novos modelos de preços?

Qual é a quantidade de produto que você pode vender por vez?
1. Por domicílio ou por empresa?
2. Se o produto fosse gratuito, quantos por domicílio e quantos por empresa?

Quantos produtos você consegue vender?
1. Se você cobrar $ 1?
2. Se você cobrar $ 1 milhão?
3. Qual é o preço definido para o qual metade dos clientes diria "sim"?

Coloque-se no lugar do usuário, se tivessem seu produto...
1. Quanto pagaria pelo produto?
2. Escolha um preço preliminar.
3. Defina as unidades compradas nos primeiros dois anos.

Seria mais fácil vender seu produto se ele...
1. Fosse vendido em módulos custando menos individualmente?
2. Fosse configurado como uma solução completa?
3. Fosse vendido com outros produtos?

Critério de saída da Etapa 1-c: Tentativa de precificação, tentativa de um modelo de canais de distribuição e atividades de geração de demanda. Análise comparativa de preço.

Descoberta do cliente

Hipótese: geração de demanda – Etapa 1-d

```
┌─────────────┐    ┌─────────────────┐    ┌──────────────────┐
│  Hipótese   │───▶│ Hipótese do cliente │───▶│ Hipótese do preço │
│ do produto  │    │   e do problema     │    │ e da distribuição │
└─────────────┘    └─────────────────┘    └──────────────────┘
       │
       ▼
┌─────────────────┐    ┌──────────────┐    ┌──────────────┐
│ Hipótese da geração │───▶│ Hipótese do tipo │───▶│   Hipótese   │
│    de demanda       │    │   de mercado     │    │  competitiva │
└─────────────────┘    └──────────────┘    └──────────────┘
```

Meta da Etapa 1-d: Desenvolver uma hipótese para: a) como atingir o cliente e conduzi-lo para o seu canal de distribuição; b) quem, além de sua empresa, pode atingir e influenciar esses consumidores.

Responsável: execução de negócios, visão de negócios.
Aprovação: time inteiro de fundadores.
Apresentação: execução de negócios.
Tempo/esforço: dois a quatro dias de preparação pelo VP de execução de negócios ou visão de negócios e ¼ de dia para apresentação em reunião estratégica para o time de fundadores e a equipe executiva.

Como os seus usuários saberão de sua existência?
1. Propaganda.
2. Boca a boca.
3. Seminários.
4. Parceiros.
5. Selecione uma atividade de geração de demanda.

Comece a preparar uma lista de empresas adjacentes a seu mercado ou de infraestrutura (não competidoras).
1. Empresas que podem ser parceiras/manter contato.
2. Organizações de serviços profissionais.
3. Compreenda seus posicionamento/distribuição/produtos.

Comece a preparar uma lista dos influenciadores e recomendadores que são chave no setor
1. Indivíduos com credibilidade técnica.
2. Analistas-chave no setor (Gartner, Yankee, Jupiter etc.).

3. Analistas-chave no mercado financeiro que acompanham mercados semelhantes/adjacentes.
4. Leia os relatórios deles – seja capaz de traçar a visão de mundo deles hoje e amanhã.
5. Modifique a visão de futuro deles com sua empresa/seus produtos.

Comece a preparar uma lista dos eventos-chave (seminários/feiras).
1. Com credibilidade técnica.
2. Analistas-chave do setor (Gartner, Yankee, Jupiter etc.).

Comece a preparar uma lista de contatos-chave na imprensa.
1. Imprensa comercial.
2. Imprensa técnica.
3. Imprensa do setor.
4. Imprensa de negócios.
5. Acompanhe os jornalistas que sejam autores dos principais artigos.

Quais são as tendências-chave na opinião dos clientes/influenciadores/jornalistas para o seu setor?
1. Infraestrutura.
2. Técnica.
3. Usuários.
4. Distribuição.
5. Marketing.

Comece a estruturar um conselho consultivo.
1. Comece agora a recrutar integrantes para o conselho técnico. Inicialmente, como consultores técnicos e indicadores de talentos. Depois, como referência para os consumidores.
2. Entenda as necessidades dos clientes, negócio e marketing apontadas pelo conselho consultivo.

Critério de saída da Etapa 1-d: Listas das companhias adjacentes, influenciadores externos, eventos e imprensa. Contatos para o conselho consultivo. Resumo das tendências-chave.

Hipótese da descoberta do cliente

Tipo de mercado – Etapa 1-e

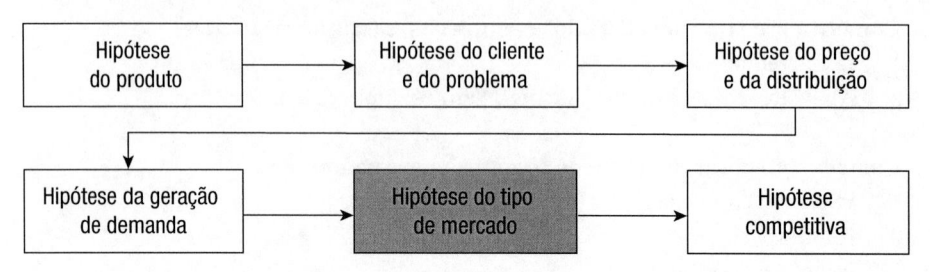

```
┌──────────────┐   ┌──────────────────┐   ┌──────────────────┐
│  Hipótese    │──▶│ Hipótese do cliente│──▶│ Hipótese do preço│
│  do produto  │   │  e do problema   │   │ e da distribuição│
└──────────────┘   └──────────────────┘   └──────────────────┘
        │
        ▼
┌──────────────────┐   ┌──────────────────┐   ┌──────────────┐
│ Hipótese da geração│──▶│ Hipótese do tipo │──▶│  Hipótese    │
│   de demanda     │   │   de mercado     │   │  competitiva │
└──────────────────┘   └──────────────────┘   └──────────────┘
```

Meta da Etapa 1-e: Reconhecimento das diretrizes do tipo de mercado: curva de vendas, estratégias de marketing, necessidades de receita e fluxo de caixa – testar tipos de mercado alternativos para a empresa e o produto.

Responsável: execução de negócios, visão de negócios.
Aprovação: time inteiro de fundadores.
Apresentação: equipe técnica de fundadores.
Tempo/esforço: dois a três dias de preparação pelo VP de execução de negócios ou de visão de negócios e mais ¼ de dia para apresentação em reunião estratégica do time de fundadores e da equipe executiva..

Você tem um novo produto para um mercado já existente?

Você precisa redefinir/reformatar um mercado?

Ou você quer criar um mercado inteiramente novo?
1. Seu produto/serviço é uma substituição de algo que os clientes já têm?
2. É uma troca?
3. É uma variação de algo que já existe, mas que pode "virar" algo novo?
4. É algo totalmente novo?

Posicionamento em um mercado existente
Caso seja um produto novo em um mercado existente, defina a base da competição
1. Posicionar o produto é a base da competição.
2. Selecionar os eixos corretos para a base da competição é crítico. Por exemplo:
   a. Diferenciais/eixo tecnológico.
   b. Preço/eixo de *performance*.
   c. Canal/eixo de margem.
3. Como são as curvas de receita e de fluxo de caixa negativo para esse tipo de mercado?

Quem lidera o mercado existente?
1. Já há padrões existentes no mercado? Em caso positivo, de quem é a agenda que os direciona?
2. Você pretende adotar os padrões, ampliá-los ou substituí-los?
3. Esses padrões são uma questão global ou nacional?

Você dispõe de alguma vantagem ou apelo em algum segmento de mercado vertical ou horizontal?
1. Em quais mercados ou segmentos?

Posicionamento em um mercado existente, que você quer ressegmentar
Caso seja um novo produto para um mercado que você pretende ressegmentar, defina a base de como quer realizar a mudança.
1. Posicionar a *mudança no mercado* é a base da competição.
2. São os novos diferenciais do produto ou serviço que redefinem o mercado.
3. Redesenhe o mapa do mercado apontando quais novos diferenciais são oferecidos. Isso é crítico. Por exemplo:
   a. Novos consumidores.
   b. Novos canais de distribuição.
   c. Diferenciais/eixo tecnológico.
   d. Preço/eixo de *performance*.
   e. Canal/eixo de margem.
4. Por que milhares de novos consumidores acreditariam e migrariam para esse segmento de mercado?
5. Como são as curvas de receita e de fluxo de caixa negativo para esse tipo de mercado?

Quem está liderando o mercado existente que você pretende ressegmentar?
1. Há padrões já existentes? Em caso positivo, de quem é a agenda que os direciona?
2. Você quer adotar, ampliar ou substituir os padrões?
3. Existem padrões globais ou são nacionais?

Posicionamento em um novo mercado
Se for um novo mercado, será preciso criá-lo.
1. O posicionamento da criação de um novo mercado é a base da competição
   a. Faça uma lista dos mercados mais próximos do nosso (um mercado é um conjunto de empresas com atributos em comum).
   b. Trace o mapa do mercado com você no centro.
   c. Dê a seu mercado uma descrição ATL (acrônimo com três letras).
2. Por que milhares de novos consumidores acreditariam e entrariam nesse mercado?
3. Como são as curvas de receita e de fluxo de caixa negativo para esse tipo de mercado?

Critério de saída da Etapa 1-e: Uma hipótese preliminar do tipo de mercado.

Descoberta do cliente

Hipótese: competição – Etapa 1-f

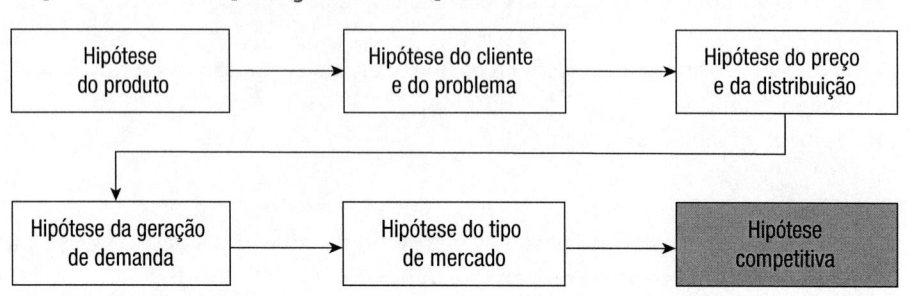

```
[Hipótese          ] → [Hipótese do cliente ] → [Hipótese do preço   ]
[do produto        ]   [e do problema       ]   [e da distribuição   ]
                                                         │
         ┌───────────────────────────────────────────────┘
         ↓
[Hipótese da geração] → [Hipótese do tipo   ] → [Hipótese           ]
[de demanda         ]   [de mercado         ]   [competitiva        ]
```

Meta da Etapa 1-f: Como um precursor que está trazendo à tona o posicionamento da empresa e do produto, você deve fazer algumas questões preliminares sobre o ambiente competitivo.

Responsável: execução de negócios, visão de negócios.
Aprovação: time inteiro de fundadores.
Apresentação: execução de negócios.
Tempo/esforço: dois a três dias de preparação pelo VP de execução de negócios ou visão de negócios mais ¼ de dia para apresentação em reunião estratégica com o time de fundadores e a equipe executiva.

Por que os consumidores comprariam seu produto?
1. Seu produto é algo que eles precisam, mas não sabem disso ainda?
2. Seu produto faz algo que eles só conseguem resolver através de múltiplos fornecedores?
3. Seu produto resolve um sofrimento real e bem definido para o qual eles ainda não têm solução. Nesse caso, como?
4. Seu produto é mais rápido/mais barato/melhor do que qualquer outro já existente. Nesse caso, você acredita que sua superioridade durará por várias gerações, por quê?
5. Seu produto possibilita que eles façam algo que não podiam fazer antes?

Por que você é diferente?
1. Novo mercado (vendendo para novos usuários que não tem outro produto como base de comparação).
2. Melhores diferenciais?
3. Melhor *performance*?
4. Melhor canal?
5. Melhor preço?

Se seu produto estivesse em um supermercado, que outros itens estariam próximos dele nas prateleiras?
Quem são seus competidores mais próximos hoje em dia?
1. Em diferenciais.
2. Em *performance*.
3. Em canal.
4. Em preço.

O que você mais gosta no produto dos competidores?
1. O que os clientes mais gostam no produto de seus competidores?
2. Se você pudesse mudar uma coisa no produto do competidor o que seria?

Quem hoje nas empresas usa o produto de seus competidores?
1. Por cargo? Por função?

Como esses produtos dos competidores são usados?
1. Descreva o fluxo de trabalho para um usuário final.
2. Descreva como isso afeta a empresa.
3. Qual o percentual de tempo investido no uso do produto?
4. Quão crítica é a missão do produto?

Critério de saída da Etapa 1-f: Uma descrição escrita do ambiente competitivo.

Descoberta do cliente

Teste do problema: primeiros contatos – Etapa 2-a

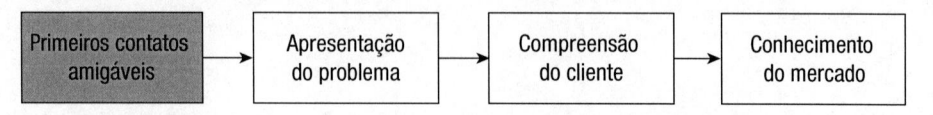

Primeiros contatos amigáveis → Apresentação do problema → Compreensão do cliente → Conhecimento do mercado

Meta da Etapa 2-a: Desenvolver uma lista de clientes e fazer um cronograma dos primeiros contatos com clientes.

Responsável: execução de negócios.
Aprovação: execução de negócios, visão de negócios.
Apresentação: execução de negócios, visão de negócios.
Tempo/esforço: cinco a dez dias de trabalho sob a coordenação do VP de execução de negócios.

Faça uma lista com cinquenta clientes potenciais com os quais poderá testar suas ideias.
1. Você está menos interessado em marcas do que em profissionais que possam lhe oferecer um tempo na agenda.
2. Não seja um esnobe por títulos. Mas...
3. Você quer investir tempo naquelas pessoas que se encaixam na hipótese de perfil de usuário.

Obtenha indicações de quem procurar para:
1. Investidores.
2. Fundadores.
3. Advogados.
4. *Headhunters* etc.
5. Revistas setoriais.
6. Livros de referência do setor.

Comece a montar uma lista de inovadores. Pergunte no mercado quem são os mais inovadores entre:
1. Empresas.
2. Departamentos das empresas.
3. Pessoas.

Redija um e-mail de apresentação.
1. A mensagem deve apresentar você com um parágrafo descrevendo a companhia e uma explicação geral do que está sendo desenvolvido e porque a pessoa deveria investir tempo em recebê-lo.
2. Peça para a pessoa que lhe deu a indicação enviar o e-mail.
3. Dê um telefonema de *follow-up* (veja adiante história de referência).
4. Cinquenta telefonemas de *follow-up* devem resultar em cinco a dez visitas.

Crie uma história de referência/script de vendas (por que você está ligando/enviando e-mail).
1. Foque a solução (não os diferenciais).
2. Que problemas você está tentando solucionar?
3. Por que é importante solucioná-los?
4. Diga que você está começando um negócio, que se refere a "X", e que está desenvolvendo "Y", mas não quer vender nada a ninguém, apenas gostaria de vinte minutos do tempo da pessoa para entender como eles trabalham/a empresa opera.
5. Dê às pessoas uma razão para receber você. O que lhes interessa ali?

Faça dez telefonemas ou envie dez e-mails por dia.
1. Ligue/mande e-mails até que tenha agendado três visitas de clientes por dia.
2. Acostume-se a ser descartado, mas sempre pergunte: "Como você está muito ocupado, com quem eu poderia conversar?".
3. Para esse primeiro contato, você está operando no nível "insensível", não faz questão de cargos, só está levantando informações.
4. Mantenha estatísticas de sucesso dos contatos.
5. Armazene todos os contatos em um banco de dados com informações detalhadas sobre os telefonemas.

Critério de saída da Etapa 2-a: Criação da história de referência e cinco a dez clientes com visitas agendadas.

Descoberta do cliente

Teste do problema: apresentação – Etapa 2-b

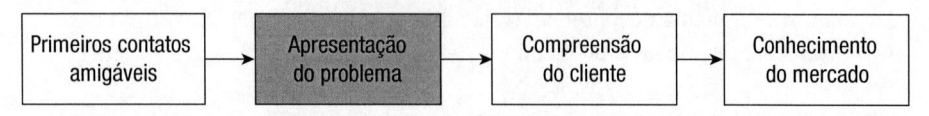

Primeiros contatos amigáveis → **Apresentação do problema** → Compreensão do cliente → Conhecimento do mercado

Meta da Etapa 2-b: Na Etapa 1-b, você levantou uma hipótese do problema. Agora, com base nessa hipótese, você criará uma apresentação que testará diante dos clientes potenciais. Em troca pelo cliente recebê-lo, você precisa oferecer a ele algo sobre o que conversar. Você estruturará uma apresentação do problema (diferentemente de uma apresentação do produto). Essa apresentação concatena sua hipótese sobre o problema do negócio que você considera importante para esses clientes e algumas soluções potenciais. Sua meta não é convencer o cliente, mas verificar se suas percepções estão corretas.

Responsável: execução de negócios.
Aprovação: execução de negócios, visão de negócios.
Apresentação: execução de negócios, visão de negócios.
Tempo/esforço: um a três dias do VP de execução de negócios ou do visionário de negócios.

Desenvolva a apresentação do problema.
1. Descreva o problema que você está tentando resolver (o sofrimento, não os diferenciais).
2. Problema/solução – slide 1.
3. Liste os problema na coluna 1.
4. As soluções atuais na coluna 2.
5. Sua solução na coluna 3.
6. Pergunte por que é importante solucionar esse problema.

Faça a segmentação dos clientes.
1. Quem compartilha do mesmo problema? Por empresa? Por setor? Por cargo?...
2. Um grupo de pessoas com um problema em comum = uma proposição de valor em comum.

Estruture um questionário.
1. Liste todos os dados que conseguir reunir.
2. Agora, encurte a lista para "quais são as três coisas que eu preciso aprender antes de ir embora?"

3. Seja consistente diante do cliente.
4. Conforme for confirmando os pontos-chave, comece a fazer perguntas diferentes.

Critério de saída da Etapa 2-b: Apresentação do problema com a solução atual e a alternativa da sua empresa, possível de ser dada como uma conversa didática.

Descoberta do cliente

Teste do problema: compreensão do cliente – Etapa 2-c

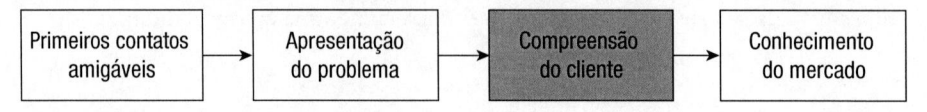

| Primeiros contatos amigáveis | → | Apresentação do problema | → | **Compreensão do cliente** | → | Conhecimento do mercado |

Meta da Etapa 2-c: Desenvolver uma profunda compreensão do cliente; como trabalha, qual o seu sofrimento e onde é mais afetado. A primeira reunião com alguém é uma sessão de "dar e receber"; você precisa oferecer algo a ele para que sinta que vale a pena recebê-lo. Em troca por estar conversando com você, compartilhe com ele sua apresentação do problema. Você deve levar um gravador e um notebook, outras pessoas acham útil ter em mãos também uma câmera digital para tirar fotos do quadro com as anotações do entrevistado. Sua meta NÃO É promover seu produto, mas validar sua compreensão do problema.

Responsável: execução de negócios.
Aprovação: execução de negócios, visão de negócios.
Apresentação: execução de negócios, visão de negócios.
Tempo/esforço: cinco a quinze dias de visitas pelo VP de execução de negócios ou visionário de negócios.

A pergunta mais importante a ser feita:
1. O que você gostaria de comprar?
2. O que leva a...
3. Como você faz isso hoje? (Se é que faz.)
4. Quanto custa para você fazer isso hoje?

Como o seu cliente-alvo trabalha?
1. Pergunte a ele como opera hoje.
2. Peça a ele para descrever/desenhar o fluxo do trabalho.
3. Ouça e entenda.
4. Não venda e nem explique o que está fazendo, a meta é entender o que ele está fazendo.

Qual é o maior sofrimento em seu modo de trabalhar?
1. Se ele tivesse uma varinha mágica e pudesse mudar algo, o que seria?
2. Essa é a questão que pode gerar o pedido inicial de compra – ouça atentamente.
3. Faça três variações dessa mesma pergunta.

Qual é o impacto organizacional desse sofrimento?
1. Individual?
2. Departamental?
3. Corporativo?
4. Quantifique o impacto (dinheiro, tempo, custos etc.)

O que faria o cliente mudar o modo atual de fazer as coisas?
1. Preço?
2. Diferenciais?
3. Novo padrão?

Caso ele tivesse um produto como esse... (Descreva o seu em termos conceituais.)
1. Que percentual de tempo seria usado em sua aplicação?
2. Quão crítica seria a missão do produto?
3. Resolveria o sofrimento mencionado antes?
4. Quais seriam as barreiras para adotar um produto como esse?

Quem ele acha que tem um produto similar?
1. Quem mais é inovador nessa área? (Outras empresas.)
2. Que outras áreas da empresa testariam esse produto?
3. Há mais alguém na empresa tentando estruturar uma solução para o problema?

Como a empresa toma conhecimento de novos produtos?
1. Feiras – ele vai? Outras pessoas da empresa vão?
2. Revistas – quais ele lê? Em quais confia? O chefe dele também lê as mesmas?
3. Vendedores – quem são os melhores?
4. Quem são os visionários entre os analistas/jornalistas que ele lê/respeita?

Esses clientes podem ser úteis futuramente?
1. Para a próxima rodada de conversas?
2. Para integrar um conselho consultivo?
3. Como cliente pagante?
4. Ser referência para você conseguir falar com outros clientes?

Critério de saída da Etapa 2-c: Idêntico ao da hipótese do cliente, só que agora baseado em fatos.

Descoberta do cliente

Teste do problema: conhecimento do mercado – Etapa 2-d

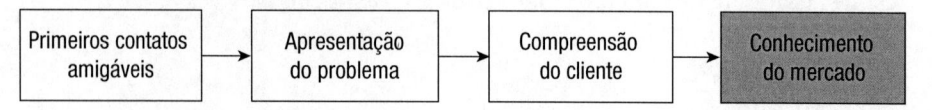

Primeiros contatos amigáveis → Apresentação do problema → Compreensão do cliente → **Conhecimento do mercado**

Meta da Etapa 2-d: Começar reuniões em empresas em mercados adjacentes, analistas, jornalistas, influenciadores e em conferências e feiras para entender a forma e a direção do mercado que você está prestes a criar.

Responsável: execução de negócios.
Aprovação: execução de negócios, visão de negócios.
Apresentação: execução de negócios, visão de negócios.
Tempo/esforço: cinco a dez dias de visitas a empresas/analistas/conferências realizadas pelo VP de execução de negócios.

Faça contato com empresas em mercados adjacentes/infraestrutura (leve-os para almoçar!).
1. Quais são as tendências do setor?
2. Quais são as necessidades-chave sem solução?
3. Quem são os *players*?
4. O que você deve ler?
5. O que deve saber?
6. A quem deve perguntar?
7. Com quais clientes deve fazer contato?
8. Assim como fez com os clientes potenciais, não apresente, não venda, apenas ouça e aprenda.

Faça contato com os influenciadores/recomendadores-chave do setor (da Etapa 1-e).
1. Quais são as tendências?
2. Quem são os *players*?
3. O que você deve ler?
4. Assim como fez com os clientes potenciais, não apresente, não venda, apenas ouça e aprenda.

Tenha cópias dos relatórios dos analistas do mercado financeiro que acompanham seu mercado ou os mercados adjacentes (da Etapa 1-e).
1. Quais são as tendências?

2. Quem são os *players*?
3. Entenda o modelo de negócio, os players chave, as métricas principais.

Participe pelo menos de duas conferências e feiras (da Etapa 1-e).
1. Quais são as tendências?
2. Quem são os *players*?
3. Quem são os participantes?
4. Qual é a visão de futuro deles?
5. Como se comparam com você?

Critério de saída da Etapa 2-d: Idêntico ao da hipótese de posicionamento, só que agora com base em dados.

Descoberta do cliente

Teste do conceito do produto: primeira verificação da realidade – Etapa 3-a

```
┌─────────────────┐     ┌─────────────────┐     ┌─────────────────┐
│ Primeira        │ ──▶ │ Apresentação    │ ──▶ │ Mais visitas    │
│ verificação     │     │ do produto      │     │ a clientes      │
│ da realidade    │     │                 │     │                 │
└─────────────────┘     └─────────────────┘     └─────────────────┘
         │
         ▼
┌─────────────────┐     ┌─────────────────┐
│ Segunda         │ ──▶ │ Primeiro        │
│ verificação     │     │ conselho        │
│ da realidade    │     │ consultivo      │
└─────────────────┘     └─────────────────┘
```

Meta da Etapa 3-a: Até agora, você deve ter conversado com cinco a dez clientes do mercado em que acredita que seu produto será demandado; Você ouviu como eles trabalham. Antes de voltar a falar com o mercado, reveja o problema com o *feedback* do cliente justamente com a equipe de desenvolvimento do produto e o conselho, testando a hipótese inicial que havia sido construída.

Responsável: execução de negócios.
Aprovação: todos.
Apresentação: execução de negócios, visão de negócios.
Tempo/esforço: um dia de preparação pelo VP de execução de negócios ou pelo visionário de negócios e ½ dia de apresentação em reunião estratégica com o time de fundadores, a equipe executiva e o conselho.

Construa um fluxograma sobre seu cliente protótipo.
1. Faça o diagrama e descreva como ele trabalha.
2. Faça o diagrama e descreva com quem ele interage.
3. Faça isso até conseguir ir ao quadro para entender e explicar como eles trabalham hoje, como é o dia a dia de trabalho, quanto tempo gastam, como investem o dinheiro etc.

Na "escala do problema", onde estão os clientes com quem conversou?
1. Você reconhece que os compradores precisam de seu produto (mas eles não sabem disso... ainda)?
2. Os compradores estão sofrendo (reconhecem a necessidade, mas não sabem como resolver o problema)?
3. Têm uma visão da solução (os compradores imaginam como solucionar o problema)?

4. Os compradores arranjaram uma solução precária, juntando várias partes?
5. Os compradores têm ou podem conseguir um orçamento?

Desenhe o fluxograma de trabalho do cliente com e sem o seu produto.
1. A diferença é dramática?
2. As pessoas pagarão por essa diferença?

O que você aprendeu com as visitas feitas aos clientes?
1. Quais foram as maiores surpresas?
2. Quais foram as maiores decepções?

Como as especificações preliminares do produto (Etapa 1) atendem às necessidades?
1. Eliminam o problema.
2. Resolvem em parte.
3. Não solucionam exatamente.

Reveja a lista de diferenciais e o cronograma de lançamento.
1. Priorize a lista de diferenciais em termos de importância para o cliente
2. Comece a datar o cronograma com um período de dois anos

Por que você é diferente?
1. Novo mercado (novos clientes sem produto comparável)?
2. Melhores diferenciais?
3. Melhor *performance*?
4. Melhor canal?
5. Melhor preço?

Reveja as especificações do produto.
1. Formalize e atualize o cronograma de lançamento da Etapa 1-a para um período de dois anos.
2. Você quer enfatizar diferentes benefícios.
3. O seu preço está correto?

Critério de saída da Etapa 3-a: Verificação da realidade. Mapeie tudo o que aprendeu com os clientes cotejando com as folhas de trabalho da hipótese inicial.

Descoberta do cliente

Teste do conceito do produto: apresentação – Etapa 3-b

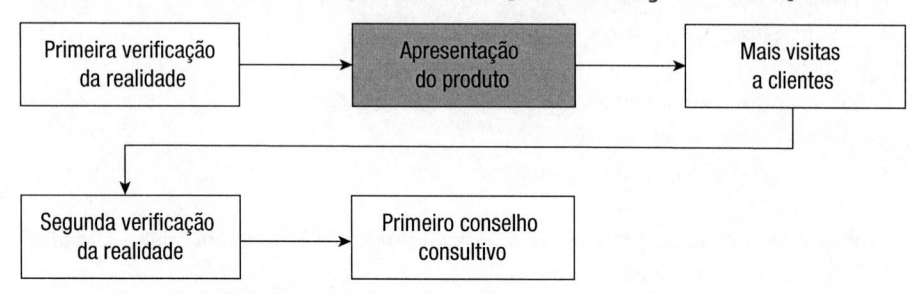

```
Primeira verificação ──▶ Apresentação ──▶ Mais visitas
da realidade              do produto         a clientes
     │
     ▼
Segunda verificação ──▶ Primeiro conselho
da realidade              consultivo
```

Meta da Etapa 3-b: Agora, você estruturará a primeira apresentação da empresa para os clientes. Decididamente, essa não é a apresentação usada para levantar recursos financeiros ou recrutar profissionais. Desfaça-se daqueles slides e comece de novo. A meta é testar suas percepções a respeito do problema que resolverá, para quem você está solucionando a dificuldade e se o seu produto resolve o problema na cabeça do seu cliente-alvo.

Responsável: execução de negócios.
Aprovação: execução de negócios, visão de negócios.
Apresentação: execução de negócios, visão de negócios.
Tempo/esforço: três a cinco dias de preparação pelo VP de execução de negócios ou o visionário de negócios.

Estruture um questionário.
1. Liste todos os dados que você pretende mostrar nessa apresentação (lembre-se que não será uma reunião de vendas).
2. Seja consistente diante dos clientes.

Comece com sua apresentação do problema.
1. O foco deve ser a razão pela qual o produto resolve o problema.
2. Descreva o problema que você está tentando resolver (o sofrimento, não os diferenciais).
3. Descreva por que é importante resolver o problema.
4. Parada total – faça uma pausa e veja se o cliente concorda com esse sofrimento.

Só então descreva o produto.
1. Se for prematuro fazer uma demo do produto, prepare cinco (não mais!) diferenciais-chave em slides.

2. Mostre os benefícios que se seguirão em dois anos – abertos de acordo com o cronograma de lançamentos.
3. Desenhe o fluxograma de trabalho sem e com o seu produto.
4. Parada total – faça uma pausa e veja se o cliente concorda com o antes e o depois.
5. Descreva quem pode ser mais impactado pelo produto na empresa.
6. Parada total – faça uma pausa e veja se o cliente concorda com o impacto sobre a organização.
7. Não se alongue por mais de vinte minutos.
8. Deixe para lá todas as questões de marketing, posicionamento e outras firulas.

Faça uma demonstração, se já houver.
1. Até mesmo o protótipo de um conceito-chave pode ajudar o cliente a entender.
2. Não deixe nenhum material com o cliente.

Critério de saída da Etapa 3-b: Uma apresentação de soluções com a qual você poderá testar sua compreensão do sofrimento do cliente, seu fluxograma de trabalho e o impacto do produto sobre a organização. Ah, é claro, você tem que testar também os diferenciais do produto.

Descoberta do cliente

Teste do conceito do produto: mais visitas – Etapa 3-c

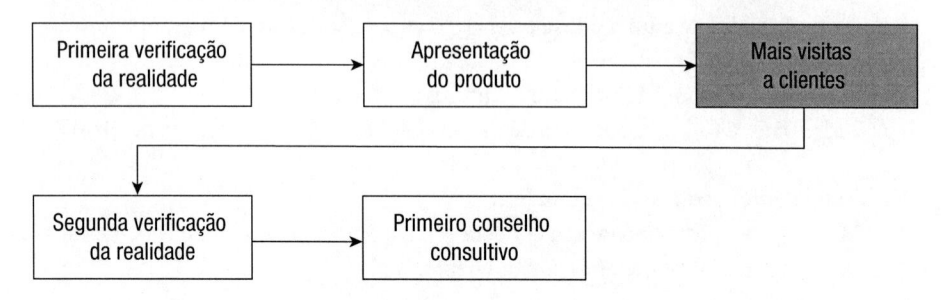

```
Primeira verificação  →  Apresentação     →  Mais visitas
da realidade             do produto          a clientes
         ↓
Segunda verificação   →  Primeiro conselho
da realidade             consultivo
```

Meta da Etapa 3-c: Comece com sua lista original de clientes e expanda para incluir mais cinco consumidores potenciais. Agora, você pode retornar àqueles clientes que aceitaram conversar anteriormente, com boa vontade e novos *prospect*os para testar sua compreensão das necessidades deles, assim como a sua ideia de produto. Você ainda não está vendendo nessa etapa, mas tentando aprender e entender. Você quer descobrir se seu produto atende a uma demanda atual ou apenas percebida.

Responsável: execução de negócios.
Aprovação: execução de negócios, visão de negócios.
Apresentação: execução de negócios, visão de negócios.
Tempo/esforço: quinze a sessenta dias de trabalho do VP de execução de negócios.

Liste os cinquenta clientes potenciais com os quais você pode testar sua visão e o produto.
1. Nessa etapa, você quer testar sua percepção de qual cargo comprará o produto.
2. Foque os cargos apropriados nas organizações para os quais poderá vender.
3. De preferência, a lista deve incluir um bom número de clientes com os quais você já conversou na Etapa 2-b.

Crie um e-mail de apresentação.
1. Um parágrafo de descrição do produto.
2. Peça para as pessoas que lhe deram a indicação enviar a mensagem.
3. Acompanhe com um telefone (veja história de referência adiante).
4. Cinquenta telefonemas de *follow-up* devem render entre cinco e dez visitas.

Crie uma história de referência/script de venda (por que você está ligando/enviando e-mail).
1. Foque a solução (não os diferenciais).

2. Que problemas você está tentando resolver?
3. Por que é importante resolver esses problemas?
4. Diga que está iniciando uma empresa e que conversou com... (empresas da Etapa 2-a), que foram indicadas por "X" e que você está estruturando "Y", mas não pretende vender nada, apenas contar com vinte minutos do tempo daquela pessoa para compreender como eles trabalham/a empresa opera.

Dê dez telefonemas por dia.
1. Ligue até conseguir marcar três visitas a clientes por dia.
2. Acostume-se a ser descartado pelo interlocutor, mas sempre pergunte: "Como você está muito ocupado, com quem eu poderia falar então?".
3. Nessa rodada de reuniões, você ainda está "insensível" e não liga para cargos, apenas quer reunir informações.
4. Mantenha estatísticas de sucesso dos contatos.

Valide sua solução na apresentação.
1. Você identificou corretamente um sério problema da empresa?
2. Você identificou corretamente quem tem mais esse problema na empresa?
3. Eles comprariam um produto para resolver o problema?

Valide seu produto na apresentação.
1. Seu produto resolve um problema para eles? Para outros?
2. O que eles acham do seu produto? Ouça.
3. Os seus diferenciais atendem às necessidades deles?
4. Que diferenciais você deve ter desde o início? E mais tarde?

Valide o posicionamento do produto.
1. Como esses clientes veem os diferenciais do seu produto?
2. Por criar um novo mercado? (Não há produto comparável.)
3. Melhor do que um produto já existente (Melhores diferenciais?; Melhor *performance*?; Melhor canal?; Melhor preço?).
4. Algo entre esses dois pontos (comparável a outros, mas mudando as regras do jogo).

Qual é o pior sofrimento no modo com que trabalham hoje?
1. Se tivessem uma varinha mágica, qual seria a primeira mudança que fariam?
2. Essa é a questão que pode gerar o pedido inicial de compra – ouça com atenção.
3. Faça três variações dessa mesma pergunta.

Qual é o impacto organizacional desse sofrimento?
1. Individual?
2. Departamental?
3. Corporativo?
4. Quantifique o impacto (em dinheiro, tempo, custos etc.).

Onde, na empresa, está o budget para esse produto?
1. Já existe um orçamento para um produto como o seu?
2. Que departamento pagará pelo produto?
3. Quem mais terá que aprovar a verba?

Valide a precificação e a distribuição do produto na apresentação.
1. Use o teste "Se eu lhe desse o produto, você usaria?" para medir o interesse.
2. Se custasse um milhão, você o compraria?
3. Teste as alternativas de distribuição, perguntando qual o canal mais provável de compra.

Valide as alternativas de compra dos consumidores.
1. Se você estivesse interessado em um produto como esse, como o encontraria?
2. Como você encontra outros produtos desse tipo?
3. Você pergunta a opinião dos outros (amigos/Gartner Group) antes de comprar?

Compreenda as exigências para uma "solução completa".
1. O que é um "produto completo" na cabeça do cliente?
2. Que outros diferenciais são necessários para tornar o produto adquirível pela maioria?
3. Que tipo de parceria de integração ou de software é necessário para tornar o produto adquirível pela maioria?

Valide o processo de aquisição de produtos pelo cliente.
1. Como sua empresa/você compra produtos como esse?
2. Qual é o processo de aprovação?
3. Quem encontra os novos produtos?
4. Quem recomenda novos produtos?
5. Quem aprova novos produtos?

Valide o processo de aprovação do cliente.
1. Quem toma a decisão: TI ou os usuários?
2. Quem tomou a decisão em relação ao último produto adquirido?

Atualize os candidatos entre os clientes para o conselho consultivo.

Critério de saída da Etapa 3-c: História de referência/*script* de vendas e cinco a dez visitas agendadas. Compreenda se você realmente entendeu o sofrimento do cliente e aumente o nível de interesse potencial dos consumidores pelo produto.

Descoberta do cliente

Teste do conceito do produto: segunda verificação da realidade – Etapa 3-d

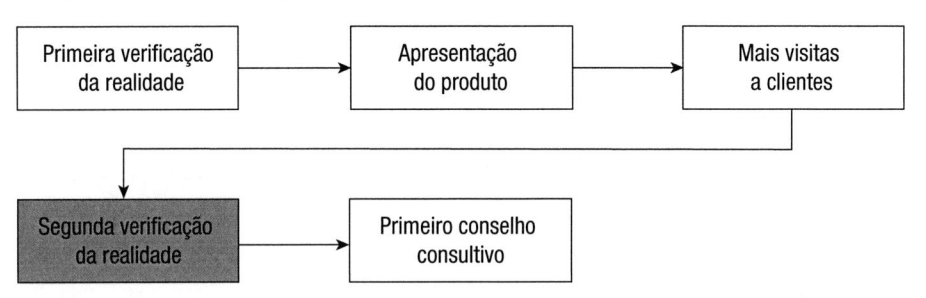

```
Primeira verificação → Apresentação → Mais visitas
da realidade         do produto        a clientes
                                          ↓
Segunda verificação → Primeiro conselho
da realidade         consultivo
```

Meta da Etapa 3-d: Até agora, você apresentou o produto para um grupo seleto de clientes e ouviu como eles trabalham. Essa etapa é para rever os diferenciais do produto diante do *feedback* dos clientes.

Responsável: execução de negócios.
Aprovação: todos.
Apresentação: execução de negócios, visão de negócios.
Tempo/esforço: um a dois dias de preparação pelo VP de execução de negócios ou pelo visionário de negócios, meio dia de reunião estratégica para apresentação ao time de fundadores, à equipe executiva e ao conselho.

Como as especificações preliminares do produto resolvem o problema dos clientes?
1. Eliminam o problema.
2. Resolvem parcialmente.
3. Não exatamente.

Reveja a lista de diferenciais e o cronograma de lançamento.
1. Priorize a lista de diferenciais de acordo com a importância para os clientes.
2. Comece a datar o cronograma de lançamento para um período de dois anos.

O que você aprendeu com as visitas aos clientes?
1. Quais são as maiores surpresas?
2. Quais foram as maiores decepções?

Reveja as especificações do produto.
1. Formalize e atualize o cronograma de lançamento da folha de trabalho 1-a em um plano de dezoito meses.

2. O seu atual plano de produto atende às necessidades do mercado?
3. Você quer enfatizar benefícios diferentes?
4. A precificação está correta?

Critério de saída da Etapa 3-d: Verificação da realidade dos diferenciais do produto. Mapeie tudo que aprendeu durante as visitas aos cliente em confronto com as folhas de trabalho da hipótese original.

Descoberta do cliente

Verificação: problema – Etapa 4-a

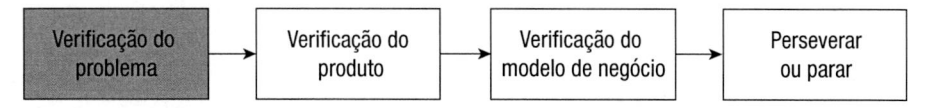

| Verificação do problema | → | Verificação do produto | → | Verificação do modelo de negócio | → | Perseverar ou parar |

Meta da Etapa 4-a: Você completou o círculo. Conversou com cinco a dez clientes e ouviu como eles trabalham. Então, retornou para a empresa e estruturou uma apresentação do problema para ir conversar com mais cinco a dez clientes para verificar se entendeu o problema, as alternativas para resolvê-lo e se a precificação para essa solução está correta.

Responsável: execução de negócios.
Aprovação: todos.
Apresentação: execução de negócios, visão de negócios.
Tempo/esforço: um a três dias de preparação pelo VP de execução de negócios ou o visionário de negócios e mais ¼ de dia para apresentação em reunião estratégica com o time de fundadores e a equipe executiva.

Testando a hipótese do problema: elimina, em parte ou não resolve?
1. Você compreendeu o real problema dos compradores?
2. Como sua solução atende às necessidades deles?
3. Você entendeu o impacto sobre outros na empresa?
4. Seu modelo de fluxograma de trabalho em um cliente protótipo estava correto?

Na "escala do problema", onde estão os clientes que você entrevistou?
1. Problema latente (você reconhece que os compradores precisam de seu produto, mas os compradores não... ainda).
2. Problema ativo – os compradores estão sofrendo (o comprador reconhece o problema, mas não sabe como resolvê-lo).
3. Problema visualizado – o comprador tem uma visão da solução.
4. Solução doméstica – solução interna arranjada (o comprador tentou solucionar o problema juntando partes).
5. Solução orçamentada – todas as alternativas acima e tem, ou pode, conseguir orçamento para a compra.

Quantifique o problema.
1. Quais são os cinco principais problemas?

2. Você resolve o primeiro ou o segundo?
3. Meça o problema em dinheiro ou tempo.

O que você aprendeu sobre o problema do cliente nessas conversas?
1. Quais são as maiores surpresas?
2. Quais são as maiores decepções?

Critério de saída da Etapa 4-a: Verificação da realidade do problema do cliente. Mapeie tudo que aprendeu nas visitas aos clientes em uma verificação da realidade para compreender as necessidades do cliente em confronto com a folha de trabalho da hipótese inicial.

Descoberta do cliente

Verificação: produto – Etapa 4-b

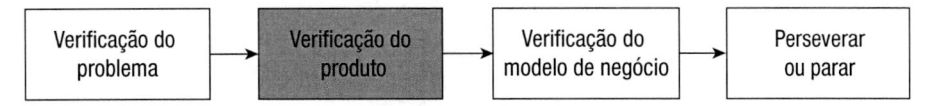

Verificação do problema → **Verificação do produto** → Verificação do modelo de negócio → Perseverar ou parar

Meta da Etapa 4-b: Nessa fase, você sintetiza tudo que aprendeu e verifica se encontrou o mercado certo para seu produto ou se precisa recomeçar a percorrer o círculo desde o início.

Responsável: execução de negócios.
Aprovação: todos.
Apresentação: execução de negócios, visão de negócios.
Tempo/esforço: um a três dias de preparação pelo VP de execução de negócios ou pelo visionário de negócios e mais ¼ de dia para apresentação em reunião estratégica com o time de fundadores e a equipe executiva.

Quão bem seu produto soluciona o sofrimento do cliente?
1. Eles podem ver a solução imediatamente?
2. Eles acham que pode ser útil?
3. Não veem necessidade?

Lista de diferenciais.
1. Os diferenciais da primeira fase de lançamento atendem as necessidades do cliente?
2. A lista de diferenciais para os próximos dezoito meses deixou os clientes excitados?

Quantifique o sofrimento.
1. Quais são os cinco principais fatores de sofrimento?
2. Você resolve o primeiro ou o segundo?
3. Meça o sofrimento em dinheiro ou tempo

O que você aprendeu nas visitas aos clientes sobre o produto?
1. Quais foram as maiores surpresas?
2. Quais foram as maiores decepções?

Por que você é diferente?
1. Novo mercado (novos usuários com produto sem comparação)?
2. Melhores diferenciais?

3. Melhor *performance*?
4. Melhor canal?
5. Melhor preço?

Reveja as especificações do produto.
1. O atual plano de produto atende às necessidades do mercado?
2. Você quer enfatizar benefícios diferentes?
3. O VP de desenvolvimento de produto ouviu as questões dos clientes em primeira mão?
4. A precificação está adequada?

Critério de saída da Etapa 4-b: Checagem da realidade do cliente e do produto. Mapeie tudo que aprendeu nas visitas aos clientes na verificação da realidade para compreender as necessidades do cliente e confronte com as folhas de trabalho da hipótese inicial.

Descoberta do cliente

Verificação: modelo de negócios – Etapa 4-c

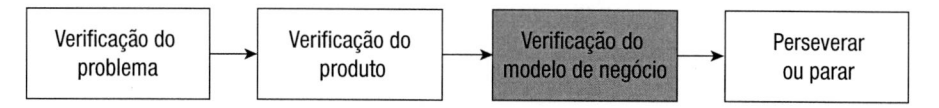

Verificação do problema → Verificação do produto → **Verificação do modelo de negócio** → Perseverar ou parar

Meta da Etapa 4-c: Faça a revisão do modelo financeiro com base nas atuais percepções do mercado. Traga a visão para a realidade: o mercado preliminar e as necessidades dos consumidores estão identificados e o produto e o preço estão validados pelos clientes potenciais. Agora, você está convicto ou ainda precisa conversar com mais pessoas?

Responsável: execução de negócios.
Aprovação: execução de negócios, visão de negócios.
Apresentação: execução de negócios, visão de negócios.
Tempo/esforço: um a três dias de preparação pelo VP de execução de negócios ou pelo visionário de negócios e mais ¼ de dia para apresentação em uma reunião estratégica com o time de fundadores e a equipe executiva.

Modelo de cliente.
1. Qual é o preço médio de venda?
2. Nos próximos três anos, quantas unidades o comprador adquire?
3. Qual é o ciclo de vida de cada cliente?

Modelo de retorno sobre o investimento (ROI).
1. Você entende o conceito de ROI para o cliente? Receitas? Redução ou contenção de custos? Custos desalocados? Custos evitados? Ganhos de produtividade? Economia de tempo? Intangível?
2. O ROI é demonstrável ou comprovável?

Tamanho do mercado.
1. Se você está criando um novo mercado, qual é o tamanho daqueles adjacentes mais próximos? Você pode ser desse tamanho? Maior?
2. Se você está expandindo um mercado, qual é o tamanho dele?

Modelo de serviço.
1. O produto requer alguma instalação ou configuração de uma terceira parte?
2. Quanto isso custará para você por cliente?
3. Quanto suporte direto você terá que oferecer?

Modelo de desenvolvimento.
1. Quanto custará desenvolver o produto?

Modelo de manufatura.
1. Quantas unidades você venderá ao longo dos próximos três anos?
2. Quanto o produto custará para ser manufaturado?

Modelo de distribuição.
1. Como você venderá o produto para seu cliente?
2. Qual será o custo do canal de distribuição?

Modelo de compra pelo cliente.
1. Como o cliente saberá e pedirá por seu produto?
2. Quanto custará para conquistar cada cliente?

Acrescente.
1. É um modelo de negócio lucrativo?

Critério de saída para a Etapa 4-b: Verificação da realidade do prazo financeiro. Se você gosta e conhece o mercado e o cliente, esse modelo de negócio faz sentido? Atende a sua necessidade de lucratividade?

Descoberta do cliente

Verificação: faça uma síntese e decida – persevere ou pare – Etapa 4-d

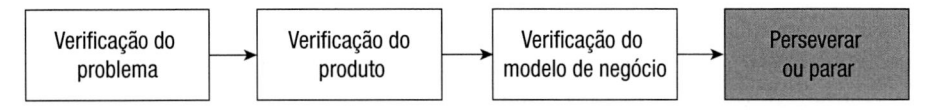

| Verificação do problema | → | Verificação do produto | → | Verificação do modelo de negócio | → | **Perseverar ou parar** |

Meta da Etapa 4-d: Você verificou diante da realidade uma série de hipóteses, foi ao mercado e testou suas percepções sobre o problema do cliente, o conceito do produto e seus diferenciais. Seu produto e preço foram validados por *potenciais* compradores e tem uma base para uma primeira visão sobre a perspectiva de vendas. Você está convicto ou precisa conversar com mais pessoas?

Responsável: execução de negócios.
Aprovação: execução de negócios, visão de negócios.
Apresentação: execução de negócios, visão de negócios.
Tempo/esforço: um a três dias de preparação pelo VP de execução de negócios ou pelo visionário de negócios e mais ¼ de dia para apresentação em reunião estratégica com o time de fundadores e a equipe executiva.

Faça uma síntese.
1. Que tipo de startup vocês são? (Novo mercado, mercado existente ou mercado reformatado.)
2. Repense o posicionamento do produto – aprendeu algo que gostaria de mudar?
3. Refaça o fluxograma de trabalho do cliente sem e com o seu produto.
4. Agora, trace o mapa de uso pelos clientes – quem são os usuários?
5. Agora, desenhe o mapa do canal de distribuição no Ano 1.
6. Sintetize a verificação do problema da folha de trabalho 4-a.
7. Sintetize a verificação do produto da folha de trabalho 4-b.

Persevere.
1. Você entende o mercado e há clientes que não podem esperar para comprar seu produto? Em caso negativo, pegue tudo que aprendeu nas Etapas de 1 a 3, modifique sua apresentação com base no *feedback* recebido e retorne à Etapa 1 para percorrer novamente todo o ciclo.
2. Experimente diversos mercados e usuários.
3. Você precisa reconfigurar ou reempacotar a oferta do produto? Se precisar, modifique sua apresentação do produto e retorne à Etapa 3-d (apresentação do produto) e refaça o percurso.

Pare.
1. Os clientes disseram que você entendeu o problema do negócio deles?
2. Você entendeu o impacto organizacional do produto?
3. Os clientes lhe disseram que as atuais especificações do produto resolvem o problema deles?
4. O líder de desenvolvimento de produto esteve diante dos clientes e entendeu seus pontos de vista?
5. O modelo financeiro está funcionando?
6. Você conseguiu cultivar pelo menos cinco clientes para os quais pode retornar e conseguir tirar os primeiros pedidos?
7. Em caso positivo, você realmente tentará vender o produto no próximo ciclo – validação pelo cliente.

Critério de saída da Etapa 4-d: Produto e negócio palpáveis. Você aprendeu tudo que podia com os clientes? Está pronto para começar a vender?

Validação pelo cliente

Fique pronto: proposta de valor – Etapa 1-a

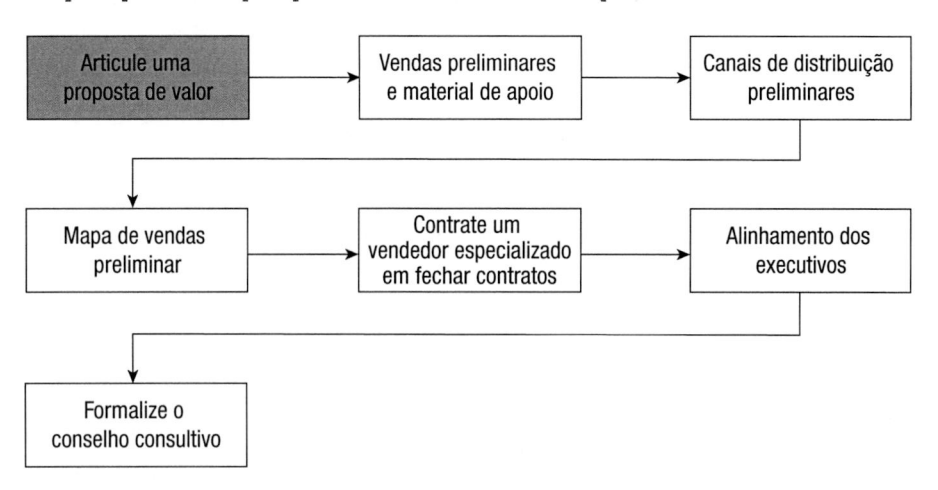

```
┌─────────────────┐     ┌─────────────────┐     ┌─────────────────────┐
│  Articule uma   │────▶│ Vendas prelimi- │────▶│ Canais de distribui-│
│ proposta de     │     │ nares e material│     │ ção preliminares    │
│ valor           │     │ de apoio        │     │                     │
└────────┬────────┘     └─────────────────┘     └─────────────────────┘
         │
         ▼
┌─────────────────┐     ┌─────────────────┐     ┌─────────────────────┐
│ Mapa de vendas  │────▶│ Contrate um     │────▶│ Alinhamento dos     │
│ preliminar      │     │ vendedor espe-  │     │ executivos          │
│                 │     │ cializado em    │     │                     │
│                 │     │ fechar contratos│     │                     │
└────────┬────────┘     └─────────────────┘     └─────────────────────┘
         │
         ▼
┌─────────────────┐
│ Formalize o     │
│ conselho        │
│ consultivo      │
└─────────────────┘
```

Meta da Etapa 1-a: Traduza tudo que aprendeu sobre o problema dos clientes e o que dão mais importância em uma proposta de valor (às vezes, chamada de proposta exclusiva de venda). Isso reduz o negócio a uma mensagem atrativa, simples e clara. É "por que você é diferente e vale a pena ser comprado". Uma proposta de valor constrói um vínculo entre o vendedor e o comprador, assume o programa de marketing e se torna o ponto focal da construção da empresa.

Entrada de dados: descoberta do cliente – tipo de mercado e compreensão do cliente.
Responsável: visionário de negócios.
Aprovação: todos.
Apresentação: execução de negócios, visão de negócios.
Tempo/esforço: cinco a dez dias de preparação pelo VP de execução de negócios ou pelo visionário de negócios.

O que você aprendeu na descoberta do cliente?
1. Quais foram os três principais problemas que os clientes disseram que enfrentam?
2. Existe uma frase recorrente para descrever o problema?
3. Ao compreender como trabalha o cliente, onde o impacto de seu produto é maior?
4. Quão significativo é o impacto sobre o modo de trabalhar dos clientes?
5. Caso haja competidores ou soluções parciais, o que você entrega que eles não conseguem ou não querem? O que você faz melhor?

Crie e desenvolva uma proposta de valor (por que você é diferente e vale a pena ser comprado?).
1. Quanto seria preciso alterar essa proposta de valor por tipo de mercado?
2. Em qual o resultado seria uma diferenciação mais clara?
3. Em qual o resultado seriam vendas mais rápidas?

Você tem uma proposta de valor incremental ou transformacional?
1. Incremental – melhora as métricas das atividades de valor individuais (tipicamente de um novo produto em um mercado existente).
2. Transformacional – cria um novo mercado ou reconfigura um setor inteiro.

Sua proposta de valor é emocionalmente atrativa?
1. Única (ou pelo menos a primeira) na mente do cliente.
2. Compreensível na linguagem do usuário. Mensagem supersimplificada.

Sua proposta de valor cria ou reforça algum fator econômico?
1. Tem impacto econômico.
2. Foca os pontos de alavancagem da cadeia de valor dos usuários.
3. Tem impacto sobre os pontos de alavancagem e é quantificável na visão do cliente.
4. Qual é o custo de adoção do produto?

Sua proposta de valor passa no teste da realidade?
1. Sua empresa é um fornecedor confiável, tem credibilidade para oferecer o produto?
2. As capacidades da empresa são congruentes com sua reputação e seu crédito?
3. Sua solução é atingível e compatível com a atual operação dos clientes? Eles têm suporte tecnológico complementar?
4. Você pode assegurar que o produto terá continuidade? Você tem um mapa evolutivo a partir do primeiro produto? O cliente percebe um compromisso de longo prazo?

Critério de saída da Etapa 1-a: Primeiro passo da proposta de valor.

Validação pelo cliente

Fique pronto: materiais de vendas – Etapa 1-b

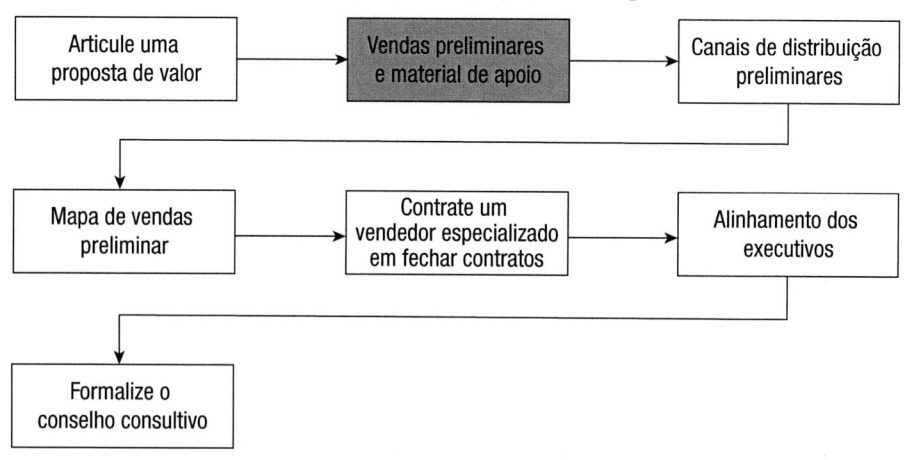

```
[Articule uma          ] → [Vendas preliminares   ] → [Canais de distribuição]
[proposta de valor     ]   [e material de apoio   ]   [preliminares          ]
      ↓                                                         │
[Mapa de vendas        ] → [Contrate um vendedor  ] → [Alinhamento dos       ]
[preliminar            ]   [especializado em      ]   [executivos            ]
      │                    [fechar contratos      ]
      ↓
[Formalize o
 conselho consultivo]
```

Meta da Etapa 1-b: Antes de sair para vender, você precisa desenvolver um mapa de apoio – um guia de todo o material que você apresentará diante do cliente. Portanto, você prepara o protótipo do material de apoio enquanto estrutura uma equipe de vendas.

Entrada de dados: descoberta do cliente – etapas de geração de demanda e compreensão do cliente.
Responsável: visionário de negócios.
Aprovação: todos.
Apresentação: execução de negócios, visionário de negócios.
Tempo/esforço: dez a trinta dias de preparação pelo VP de execução de negócios e pelo visionário, além de redatores terceirizados.

Desenvolva um mapa de apoio.
1. Liste todas as peças-chave e o material de apoio necessários para ações de marketing e vendas.
2. Discrimine onde e como cada material será usado.
3. Desenvolva SOMENTE o material que será necessário nessa etapa (você refará tudo com base no que vai aprender).
4. Esse material seria diferente dependendo do tipo de mercado?

Desenvolva as apresentações de vendas.
1. Apresentação de vendas (atualize a versão da apresentação usada na Etapa 3-d).
2. Apresentação técnica.
3. Você pode precisar de diferentes apresentações, dependendo do número de pessoas que esteja envolvido na decisão de compra na empresa.

Desenvolva lâminas de dados.
1. Lâminas com dados de produtos (diferenciais e benefícios).
2. Lâminas de soluções (sofrimento/necessidade e solução).
3. Visão geral técnica com diagramas da arquitetura.
4. Como as lâminas mudariam de acordo com o tipo de mercado?

Desenvolva relatórios descritivos sobre
1. Retorno sobre o investimento (ROI).
2. Questões técnicas-chave se forem exclusivas.
3. Questões negociais-chave se forem exclusivas.
4. Outras questões necessárias.
5. Como mudariam se fossem para outro tipo de mercado?

Desenvolva um site corporativo.
1. Quem é a empresa.
2. Que problema está tentando resolver.
3. Entre em contato para mais informações.
4. O que seria diferente no site para outro tipo de mercado?

Desenvolva material sobre preço.
1. Lista de preços.
2. Formulário de pedidos.
3. A precificação contempla o canal de distribuição proposto?

Desenvolva uma demo de vendas.
1. Demonstração móvel.
2. Demonstração na internet.
3. Demonstração fictícia baseada em slides.

Critério de saída da Etapa 1-b: Mapa de apoio, além dos materiais preliminares para as vendas iniciais junto aos potenciais clientes.

Validação pelo cliente

Fique pronto: canais de distribuição preliminares – Etapa 1-c

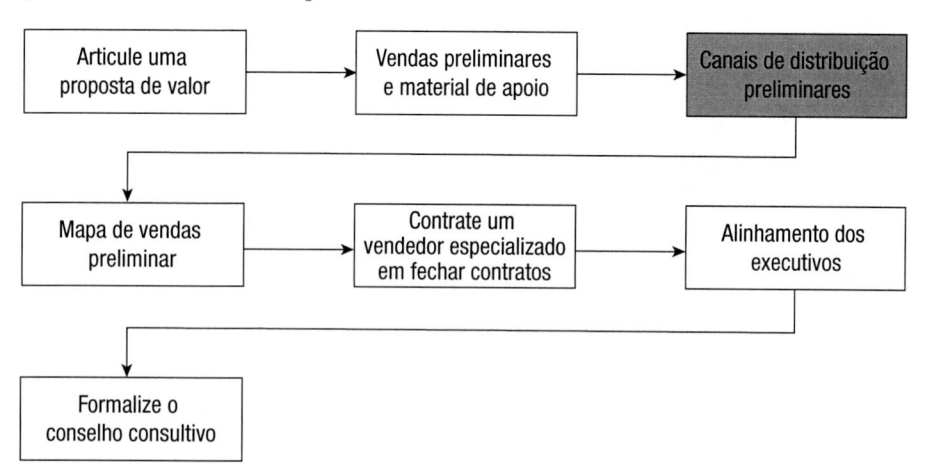

```
[Articule uma          ] → [Vendas preliminares  ] → [Canais de distribuição]
[proposta de valor     ]   [e material de apoio  ]   [preliminares         ]
         ↓
[Mapa de vendas ] → [Contrate um vendedor    ] → [Alinhamento dos]
[preliminar     ]   [especializado em        ]   [executivos     ]
                    [fechar contratos        ]
         ↓
[Formalize o        ]
[conselho consultivo]
```

Meta da Etapa 1-c: Nessa fase, você desenvolverá um mapa de canal – um guia para demonstrar como o produto vai chegar aos clientes. Nele, será preciso abranger a alimentação da cadeia e a responsabilidade, o desconto do canal, além do gerenciamento do canal e a gestão financeira.

Entrada de dados: descoberta do cliente – etapas de canal, precificação e compreensão do cliente.
Responsável: visionário de negócios.
Aprovação: execução de negócios.
Apresentação: execução de negócios, visionário de negócios e fechador de pedidos (veja adiante, na Etapa 1-e).
Tempo/esforço: três a cinco dias de preparação pelo VP de execução de negócios, o visionário de negócios, além do consultor externo de estratégia de vendas.

Entenda a alimentação da cadeia e as responsabilidades.
1. Trace a cadeia de alimentação e como você pretende chegar a seu usuário final (que estrutura fica entre você e este usuário).
2. Você entende todas as alternativas de canal de distribuição? Quais são elas e por que você as descartou?
3. Está clara para você quanta demanda será gerada por seu canal *versus* a da sua empresa? Se está, esse custo está orçado?

Entenda o desconto do canal e outros tópicos financeiros.
1. Quanto custará o canal (desconto ou despesas diretas)?
2. Existem custos indiretos de canal (apoio a pré-vendas, custos promocionais...)?
3. O que mais é necessário para que o cliente use/compre o produto? Como ele adquirirá essas partes?
4. Qual é a receita líquida depois do custo do canal?

Entenda como gerenciará o canal.
1. Que tipo de relatório receberá do canal?
2. Como você saberá o que realmente foi vendido aos usuários finais?

Análise do tipo de mercado.
1. Como o mapa preliminar mudaria por tipo de mercado?
2. Como o plano de receitas mudaria por tipo de mercado?

Critério de saída da Etapa 1-c: Mapa e plano completos do canal de distribuição.

Validação pelo cliente

Fique pronto: mapa preliminar de vendas – Etapa 1-d

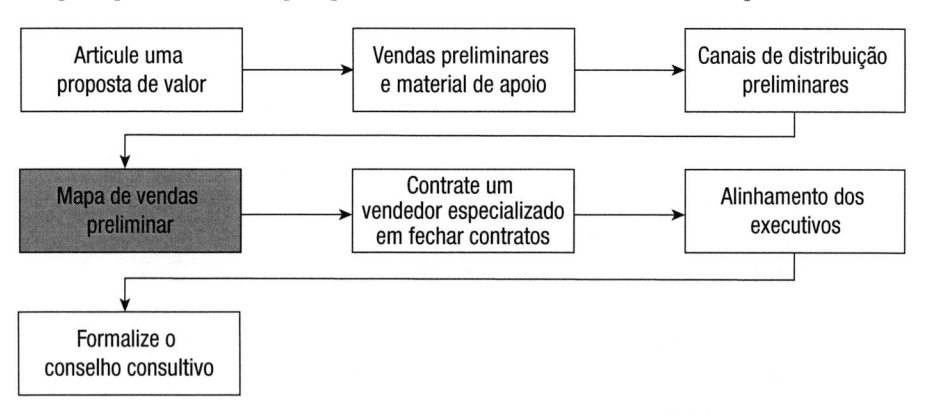

```
Articule uma          →   Vendas preliminares   →   Canais de distribuição
proposta de valor         e material de apoio        preliminares
                                                            │
         ┌──────────────────────────────────────────────────┘
         ▼
Mapa de vendas       →   Contrate um             →   Alinhamento dos
preliminar               vendedor especializado       executivos
                         em fechar contratos
         │
         ▼
Formalize o
conselho consultivo
```

Meta da Etapa 1-d: Nessa fase, você desenvolverá um mapa de vendas preliminar, consistindo de quatro elementos: 1) mapas da organização e dos influenciadores, 2) mapa do acesso ao cliente, 3) estratégia de vendas e 4) plano de implementação.

Entrada de dados: descoberta do cliente – compreensão do cliente.
Responsável: visionário de negócios.
Aprovação: execução de negócios.
Apresentação: execução de negócios, visionário de negócios e fechador de pedidos (veja próxima Etapa 1-e).
Tempo/esforço: três a cinco dias de preparação pelo VP de execução de negócios e o visionário de negócios, além do consultor externo de estratégia de vendas.

Mapas da empresa e dos influenciadores.
1. Qual é a estrutura canônica da empresa cliente? Há apenas uma?
2. Quais são as funções típicas em nosso processo de aprovação de vendas?
3. Quem têm o problema? Eles estão no processo de decisão?
4. Quem são os influenciadores, recomendadores e os tomadores de decisão?
5. Quem influencia quem no processo de compra? Em que ordem?
6. Quem pode sabotar as vendas?
7. Quem decide sobre a venda?
8. Onde está a verba?

Mapa de acesso ao cliente.
1. Qual é o melhor jeito de conquistar o cliente?
2. Existem outras pessoas fora da empresa que podem ajudar você a entrar?

Desenvolva uma estratégia de vendas.
1. Estabeleça o ROI – onde/quando no processo de venda o indicador faz diferença?
    a. O que será mensurado? Receitas? Redução ou contenção de custos? Realocação de custos? Custos evitados? Ganhos de produtividade? Economia de tempo? Intangível?
    b. Quando produto paga a si mesmo?
    c. Por que eles deveriam acreditar em você?
2. Reúna os mapas da estrutura da organização, dos influenciadores e o de acesso.
3. Crie soluções "pontos-chave de sofrimento".
4. Desenvolva o perfil do "comprador visionário ideal".
5. Crie uma história de referência e um *script* de venda.
6. O recomendador e o comprador financeiro concordam que vale a pena comprar a solução do problema?
7. Quantos contatos até fechar o pedido? Para quem? Qual é o *script* para cada um deles?
8. Desenvolva o mapa preliminar de vendas.

Plano de implementação.
1. Redija o rascunho dos contratos.
2. O plano de apoio atende à estratégia de vendas?
3. O preço atende o retorno dado pelos clientes?
4. Suporte de pré-vendas e outros serviços são necessários?
5. O cronograma de entrega atende ao plano de desenvolvimento de produto?
6. Rascunhe um processo de vendas passo a passo.

Análise por tipo de mercado.
1. Como o mapa preliminar mudaria por tipo de mercado?
2. Como o plano de receitas mudaria por tipo de mercado?

Critério de saída da Etapa 1-d: Completo, porém, preliminar, mapa de vendas.

Validação pelo cliente

Fique pronto: contrate um vendedor especializado em fechar contratos – Etapa 1-e

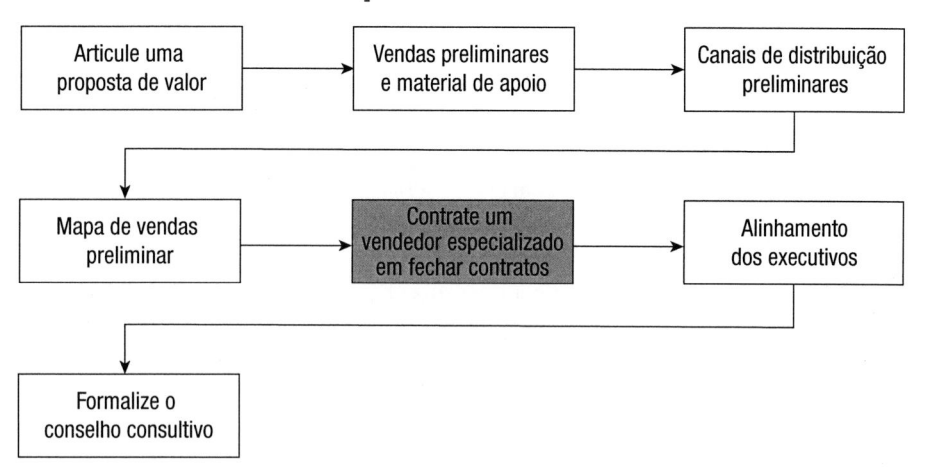

```
[Articule uma           ] → [Vendas preliminares  ] → [Canais de distribuição]
[proposta de valor      ]   [e material de apoio  ]   [preliminares         ]

[Mapa de vendas ] → [Contrate um vendedor    ] → [Alinhamento  ]
[preliminar     ]   [especializado em         ]   [dos executivos]
                    [fechar contratos         ]

[Formalize o          ]
[conselho consultivo  ]
```

Meta da Etapa 1-e: Embora os fundadores estejam conversando com os clientes e encontrando *prospects* interessados, esse grupo pode não incluir um profissional realmente experiente no "fechamento" de pedidos/contratos. Se, de fato, não houver no grupo esse profissional, está na hora de contratar um vendedor especializado em fechar contratos.

Responsável: execução de negócios.
Aprovação: todos.
Apresentação: execução de negócios.
Tempo/esforço: um dia de preparação do VP de execução de negócios e noventa dias para o processo de seleção, além de ¼ de dia para apresentação em reunião estratégica com o time de fundadores, a equipe executiva e o conselho.

Identifique a necessidade de um vendedor especializado em fechar contratos.
1. Alguém do time de fundadores tem experiência em fechar negócios?
2. Eles têm um banco de dados de contatos de primeira classe no mercado-alvo que vocês estão *prospect*ando?
3. Você apostaria a sorte da empresa na habilidade deles para fechar as primeiras vendas?

Caso contrário, contrate um vendedor especializado em fechar contratos.
1. Um "vendedor especializado em fechar contratos" tem grande traquejo e desenvoltura em realizar contatos no mercado que a empresa está entrando.

2. Eles são agressivos, querem grandes pacotes de remuneração pelo sucesso e não têm nenhum interesse em montar uma estrutura de vendas.
3. Explicitamente, NÃO contrate um VP de vendas, nem ninguém que queira montar uma estrutura de vendas.
4. Contrate alguém que se sinta confortável em conviver com ambiguidades e mudanças e cuja vida seja fechar contratos.
5. Ele deve sentir-se bem com slides mudando todo dia e com uma estratégia ambígua.
6. A experiência anterior típica é a de gerente regional.

Análise por tipo de mercado.
1. Como o mapa preliminar mudaria por tipo de mercado?
2. Como o plano de receitas mudaria por tipo de mercado?

Critério de saída da Etapa 1-e: Vendedor especializado em fechar contratos contratado e pronto para se inteirar do produto.

Validação pelo cliente

Fique pronto para vender: alinhamento dos executivos – Etapa 1-f

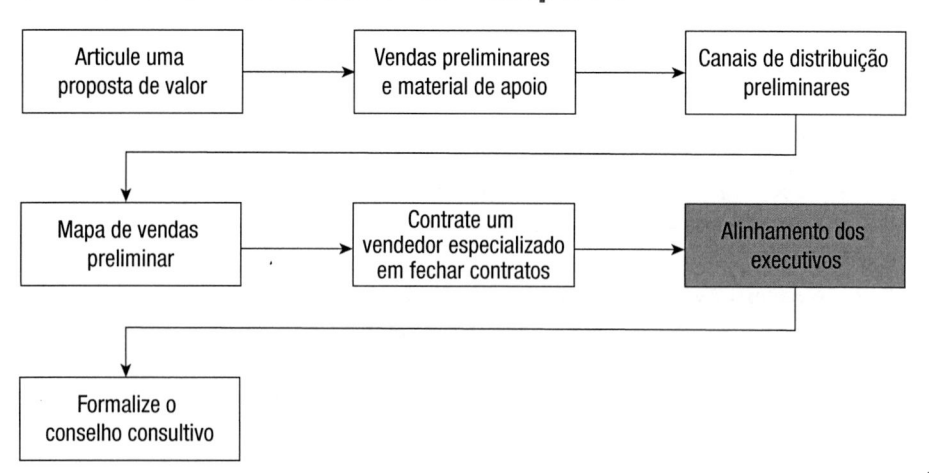

```
[Articule uma proposta de valor] → [Vendas preliminares e material de apoio] → [Canais de distribuição preliminares]
                ↓
[Mapa de vendas preliminar] → [Contrate um vendedor especializado em fechar contratos] → [Alinhamento dos executivos]
                ↓
[Formalize o conselho consultivo]
```

Meta da Etapa 1-f: A venda de um produto implica um compromisso contratual entre a empresa e o cliente no que se refere aos diferenciais e às datas de entrega. Agora, antes de vender e comprometer a companhia com uma série de entregas, todos os *players* precisam revisitar as especificações e diferenciais do produto, além do cronograma de entregas.

Entrada de dados: descoberta do cliente – compreensão do cliente.
Responsável: execução técnica, execução do negócio.
Aprovação: todos.
Apresentação: execução técnica, execução de negócios.
Tempo/esforço: um dia de preparação pelo VP de execução de negócios ou do visionário de negócios, mais ½ de apresentação em reunião estratégica com o time de fundadores e a equipe executiva.

Revisão e acordo das entregas e cronograma de engenharia.
1. Atualizar o cronograma da engenharia para lançamentos em 24 meses.
2. Acordo sobre o compromisso de diferenciais a cada lançamento.
3. Assegurar que todas as mudanças sugeridas na etapa de descoberta do cliente estejam integradas às especificações do produto.

Revisão e acordo sobre uma filosofia "boa o bastante" para as entregas e o cronograma.
1. A meta é oferecer aos clientes visionários um produto ainda incompleto, quase "bom o bastante" para o primeiro lançamento.

2. Os visionários lhe ajudarão a entender os diferenciais necessários para ter no primeiro lançamento um produto funcional.
3. A engenharia não deve batalhar pela pureza da arquitetura ou pela perfeição no lançamento 1.0. A meta deve ser lançar logo e revisar rapidamente o produto.
4. O propósito não é obter "a vantagem do primeiro lance" (não há nenhuma), nem tampouco um teste alfa ou beta gratuito, mas conseguir o *feedback* dos clientes de um produto pelo qual pagaram.

Cumprimento de prazo é crucial.
1. Você tem certeza absoluta de que será capaz de entregar um produto funcional ao vender para os evangelistas precoces?
2. Se você deixar um evangelistas precoces em má situação na empresa em que ele trabalha vai enfraquecê-lo e perder seu apoio.

Revisão e acordo do suporte da engenharia para o processo de venda.
1. O visionário técnico e de execução técnica têm que se comprometer com as demandas de vendas.
2. Os engenheiros-chave têm que se comprometer a dar suporte às investigações detalhadas dos clientes.

Revisão e acordo sobre preço, integração e suporte de pós-venda.
1. Você está cobrando o suficiente pelo produto?
2. Você estimou corretamente a quantidade de tempo necessária para instalação e integração? Está cobrando o suficiente?
3. Estimou corretamente o tempo que será necessário dedicar ao suporte de pós--venda? Está cobrando o suficiente?

Revisão e acordo do suporte de engenharia para o processo de integração.
1. Quem instala e integra o produto depois que você conseguiu vender com sucesso para os seus poucos clientes da etapa de validação?
2. Compromisso e acordo da engenharia de prestar suporte imediato antes da existência de um grupo formal de serviços de integração.
3. Uma página com o resumo do plano de integração (propriedade, prazos de detalhes).

Revisão e acordo do suporte da engenharia para o suporte inicial no pós-venda.
1. Quem dá suporte ao produto depois que você conseguiu vender com sucesso para os poucos clientes da etapa de validação?
2. Compromisso e acordo da engenharia de prestar suporte imediato antes da existência formal de um grupo de serviços de pós-venda.
3. Uma página com o resumo do plano de suporte técnico (propriedade, prazos e detalhes).

Análise do tipo de mercado.
1. Você ainda tem certeza do tipo de mercado escolhido?
2. Como essa escolha afetará as receitas e as despesas?

Critério de saída da Etapa 1-f: Engenharia formata cronograma de lançamento e lista de diferenciais. Esse setor concorda que a meta é colocar o produto nas mãos de um cliente pagante para obter *feedback*. Todos concordam que a venda para os primeiros evangelistas pode ser suportada pelo cronograma de lançamentos. Acordo sobre suporte a vendas, preço, integração e prestação de serviços de pré e pós-venda.

Validação pelo cliente

Fique pronto para vender: formalização do conselho consultivo – Etapa 1-g

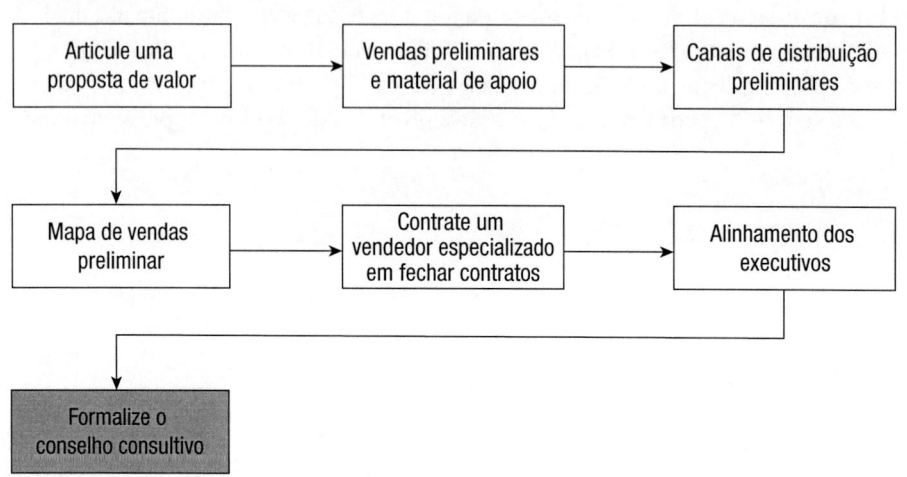

```
[Articule uma          ] → [Vendas preliminares      ] → [Canais de distribuição]
[proposta de valor     ]   [e material de apoio      ]   [preliminares          ]
         ↓
[Mapa de vendas        ] → [Contrate um vendedor     ] → [Alinhamento dos       ]
[preliminar            ]   [especializado em fechar  ]   [executivos            ]
                           [contratos                ]
         ↓
[Formalize o           ]
[conselho consultivo   ]
```

Meta da Etapa 1-g: Forme o conselho consultivo para contar com clientes visionários e especialistas do setor engajados com a empresa e o produto. Na fase de descoberta do cliente, você começou a pensar quem poderia integrar o conselho consultivo e avaliou clientes potenciais para estimar se poderiam agregar valor ou não. Agora, você deve reunir o conselho consultivo para trazer pedidos.

Entrada de dados: conselho consultivo da fase descoberta do cliente.
Responsável: visionário de negócios.
Aprovação: execução de negócios.
Apresentação: execução de negócios, visionário de negócios e fechador de pedidos.
Tempo/esforço: um a três dias de telefonemas e reuniões entre o fechador de pedidos, o VP de execução de negócios ou o visionário de negócios.

Desenvolva um mapa para o conselho consultivo.
1. Liste todos os consultores-chave que serão necessários.
2. Discrimine como cada consultor será utilizado.
3. Recrute *somente* os consultores que você precisará agora.
4. Abra exceções para "nomes de grife" e influenciadores.
5. Pense estrategicamente, não taticamente, sobre a "esfera de influência" e o "alcance" dos consultores.
6. Não acredite que você necessita de uma reunião "formal".

Assegure-se de que consultores técnicos-chave integram o conselho técnico.
1. O conselho técnico é formado para dar consultoria na área e indicar talentos técnicos. Mais tarde, será uma referência técnica para os clientes.

Assegure-se de que clientes potenciais-chave integram o conselho de clientes.
1. Inicialmente, para dar consultoria sobre o produto e, sem que saibam, para vender a eles. Mais tarde, serão referência para outros clientes e atuarão como a consciência do produto.
2. Podem se tornar grandes clientes? Você poderia seduzi-los? Têm bom instinto para produtos? Integram uma rede de clientes?
3. Dê telefonemas para receber *insights* sobre o produto e faça reuniões face a face para que ajudem no desenvolvimento da equipe da empresa.

Assegure-se de que especialistas-chave do setor estejam no conselho da indústria.
1. Especialistas com domínio reconhecido para trazer credibilidade ao seu mercado ou tecnologia específica.
2. Nomes visíveis, de grife. Podem até ser clientes, mas utilize-os especialmente para gerar credibilidade aos clientes e à mídia.
3. Dê telefonemas para receber *insights* e faça reuniões face a face para que ajudem no desenvolvimento da equipe da empresa.

Critério de saída da Etapa 1-g: Mapa do conselho consultivo concluído. Conselho consultivo do cliente e da indústria formalizado.

Validação pelo cliente

Vender: contato com os visionários – Etapa 2-a

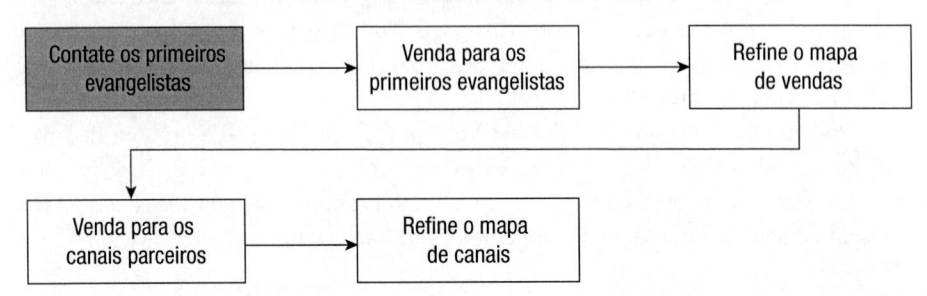

```
[Contate os primeiros evangelistas] → [Venda para os primeiros evangelistas] → [Refine o mapa de vendas]
                                              ↓
[Venda para os canais parceiros] → [Refine o mapa de canais]
```

Meta da Etapa 2-a: Na descoberta do cliente, você visitou consumidores para entender o problema deles e verificar se o seu conceito de produto resolvia seu sofrimento. Agora, você precisa encontrar os "visionários", que são os únicos clientes capazes de comprar um produto inacabado que será entregue futuramente. Eles entendem que têm um problema e visualizaram uma solução que se parece com a sua proposta. Pode ser que você tenha encontrado alguns visionários nas etapas anteriores ou terá que procurar mais alguns.

Responsável: vendedor especializado em fechar contratos e visionário de negócios.
Aprovação: execução de negócios.
Apresentação: vendedor especializado em fechar contratos, execução de negócios e visionário de negócios.
Tempo/esforço: três a oito dias de preparação pelo vendedor especializado em fechar contratos, VP de execução de negócios ou o visionário de negócios.

Encontre os visionários.
1. Eles compreendem o próprio sofrimento?
2. Conseguem articular uma visão?
3. Há características-chave dos visionários identificadas na etapa da descoberta do cliente que possam ajudar você a saber onde encontrar mais alguns?
4. O alvo não é encontrar engenheiros para realizar testes alfa entre entusiastas da tecnologia; eles não são clientes.
5. Não há produto grátis.
6. Os betas são clientes pagantes. Você pode lhes oferecer grandes descontos, mas se não encontrar ninguém disposto a pagar, está no negócio errado.

Eles têm verba para solucionar o problema?
1. Agora? Daqui a seis meses?

Faça uma lista de cinquenta clientes potenciais com quem você pode testar suas ideias.
1. Você está menos interessado em "nomes de grife" e mais em pessoas que possam lhe dedicar algum tempo.

2. Não seja um esnobe por títulos de cargos.

Consiga dicas sobre quem procurar com (atualize a Etapa 2-a da descoberta do cliente):
1. Investidores.
2. Fundadores.
3. Advogados.
4. *Headhunters* etc.
5. Revistas do setor.
6. Livros de referência no setor.

Comece a criar uma lista de inovadores. Pergunte aos outros quem são os mais inovadores.
1. Empresa.
2. Departamento de uma empresa.
3. Pessoas.

Redija um e-mail de apresentação (atualize da descoberta do cliente).
1. A mensagem deve apresentar você com um parágrafo descrevendo a companhia e uma explicação geral do que está sendo desenvolvido e por que a pessoa deveria investir tempo em recebê-lo.
2. O e-mail deve alertar que será seguido de um telefonema de *follow-up*.
3. Peça para a pessoa que lhe deu a indicação enviar o e-mail.
4. Faça o *follow-up* com um telefonema (veja história de referência a seguir).
5. Cinquenta telefonemas de *follow-up* devem render entre cinco a dez visitas.

Atualize a história de referência/script de vendas da descoberta do cliente (por que você está ligando/enviando e-mail). Foque a solução (não os diferenciais).
1. Que problemas você está tentando solucionar?
2. Por que é importante solucioná-los?
3. Diga que você está começando um negócio, que se refere a "X", está desenvolvendo "Y" e não quer vender nada a ninguém, apenas gostaria de vinte minutos do tempo da pessoa para entender como eles trabalham/a empresa opera.
4. Dê às pessoas uma razão para receber você. O que lhes interessa ali?

Faça dez telefonemas por dia.
1. Ligue até que tenha agendado três visitas de clientes por dia.
2. Acostume-se a ser descartado, mas sempre pergunte: "Como você está muito ocupado, com quem eu poderia conversar?".
3. Para essa primeira reunião, você está operando no nível "insensível", não faz questão de cargos, só está levantando informações.
4. Mantenha estatísticas de sucesso dos contatos.

Critério de saída da Etapa 2-a: Atualização da história de referência e *script* de venda e cinco a dez visitas agendadas. O fechador de pedidos lidera o esforço.

Validação pelo cliente

Vender: validação do mapa de vendas – Etapa 2-b

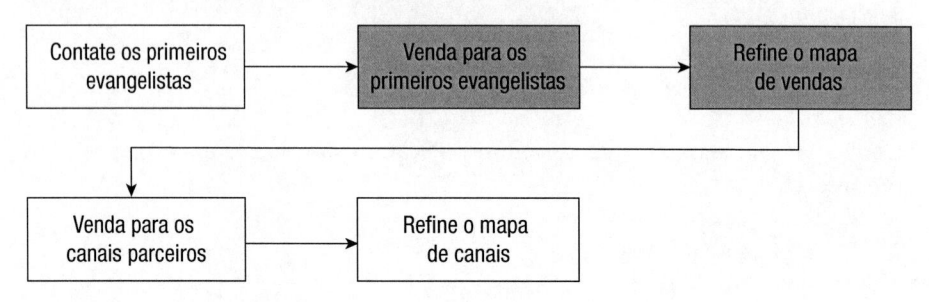

```
Contate os primeiros  →  Venda para os          →  Refine o mapa
evangelistas             primeiros evangelistas     de vendas
                                                         ↓
Venda para os         →  Refine o mapa
canais parceiros         de canais
```

Meta da Etapa 2-b: Antes, na etapa de validação pelo cliente, você estruturou um mapa de vendas hipotético. Agora, nessa fase, o carro pega a estrada. Você consegue vender para três a cinco clientes visionários antes de o produto ser entregue? A chave é conseguir encontrar os primeiros evangelistas que são executivos de alto escalão, tomadores de decisão e afeitos ao risco. Não são os clientes-padrão que você atingirá usando o processo tradicional de vendas, que será utilizado posteriormente por sua empresa. Esse é um processo único que você usará para alavancar a construção da companhia.

Responsável: visionário de negócios.
Aprovação: execução de negócios.
Apresentação: vendedor especializado em fechar contratos, execução de negócios e visionário de negócios.
Tempo/esforço: trinta a sessenta dias de preparação do VP de execução de negócios ou do visionário de negócios.

Desenhe o mapa da organização, mapeando cada cliente-alvo e os influenciadores-chave.
1. Mapeie os recomendadores-chave.
2. Mapeie os tomadores de decisão.

Revisão e execução do mapa de vendas.
1. Acione o lado operacional da empresa.
   a. Contato de vendas para a qualificação de produtos.
   b. Contato de vendas para o desenvolvimento de interesse.
   c. Contato de vendas para a descoberta de negócios.
2. Acione o lado técnico da empresa.
   a. Inoculação de TI.
   b. Descoberta técnica.
   c. Captura de soluções.

3. Declaração de aprovação do trabalho.
4. Solução aprovada.
5. Negociações.

Entenda as metas de preço.
1. Ninguém pode doar o produto, sua meta é vender um produto inacabado e ainda não entregue ao mercado.
2. Seja flexível nos termos do contrato (sem pagamento até a entrega, sem pagamento até que esteja operando de acordo com as especificações do produto etc.).
3. Seja duro nos descontos (o argumento "preciso de um desconto porque serei seu primeiro cliente" deve ser transformado em "você pagará o preço em lista porque será o primeiro a usar").
4. Tentar vender pelo preço de lista é um bom teste, assim como verifica o processo de compra e de aprovação dos clientes.

Mantenha estatísticas de sucesso e insucesso dos contatos de vendas.
1. A meta é entender onde, no processo de venda, está havendo resistência ao produto (introdução, apresentação do produto, questões organizacionais, questões do tipo "O produto não foi desenvolvido internamente", questões técnicas, preço).
2. Reavalie as questões de sucesso/insucesso semanalmente.

Critério de saída da Etapa 2-b: Entre três e cinco pedidos de compra fechados para um produto inacabado e ainda não entregue ao mercado.

Validação pelo cliente

Vender: mapa de validação do canal – Etapa 2-c

```
[Contate os primeiros evangelistas] → [Venda para os primeiros evangelistas] → [Refine o mapa de vendas]
                                                                                          ↓
[Venda para os canais parceiros] → [Refine o mapa de canais]
```

Meta da Etapa 2-c: Apresente a empresa para potenciais integradores de sistemas e parceiros de serviços e canais. Em um novo mercado, nenhuma companhia é viável até que a base de clientes conquiste escala, mas esse é o começo da dança das parcerias. Em alguns casos, os potenciais parceiros podem ser os investidores corporativos.

Responsável: visionário de negócios.
Aprovação: execução de negócios.
Apresentação: vendedor especializado em fechar contratos, execução de negócios e visionário de negócios.
Tempo/esforço: cinco a dez dias de preparação do VP de execução de negócios ou do visionário de negócios.

Entender o modelo de negócio de integradores de sistemas, canais e parceiros de serviços.
1. Como ganham dinheiro? (Por projeto? Por hora? Revendendo software?)
2. Como é o modelo de negócios deles em comparação a outros no mesmo setor?
3. Qual é a transação mínima que lhes interessa?
4. Trace o modelo de negócios deles.

Com que outras empresas esses integradores de sistemas, canais e serviços já fazem parceria?
1. Empresas complementares à sua? (Em caso positivo, nomeie quem são essas empresas.)
2. Empresas competidoras com a sua? (Em caso positivo, por que fariam um acordo com você?)

Estruture uma apresentação para integradores de sistemas, canais e serviços potencialmente parceiros.
1. Seu conceito de negócio.
2. O que há ali de interesse para eles.

Contate e se apresente para esses parceiros potenciais em integração de sistemas, canais e serviços.
1. Inicie o diálogo.
2. Aprenda sobre o negócio deles.
3. Eles já ouviram os clientes deles pedirem por um produto como o seu?

Critério de saída da Etapa 2-c: Primeira apresentação para parceiros potenciais que possam agregar valor em integração de sistemas e canais.

Validação pelo cliente

Posicionamento: produto – Etapa 3-a

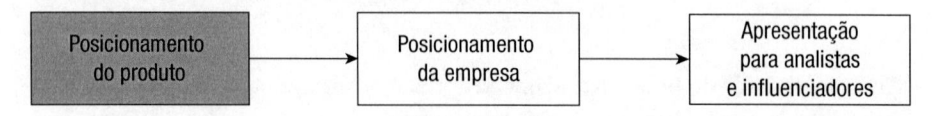

```
[Posicionamento do produto] → [Posicionamento da empresa] → [Apresentação para analistas e influenciadores]
```

Meta da Etapa 3-a: Enquanto está obtendo *feedback* dos clientes e parceiros, tem que se perguntar continuamente: "Estamos vendendo em um mercado existente? Estamos redefinindo um mercado atual? Ou estamos criando um novo mercado?". Você já fez essas perguntas na fase de descoberta do cliente – hipótese de posicionamento de produto. Nessa etapa, você deve refinar sua escolha e definir o posicionamento do produto. A partir disso, definir o segmento de clientes, os principais fatores de sofrimento do cliente e a concorrência.

Responsável: recurso de posicionamento, visionário técnico e visionário de negócios.
Aprovação: todos.
Apresentaçao: recurso de posicionamento, visionário técnico e visionário de negócios.
Tempo/esforço: dois a quatro dias de preparação pelo visionário técnico e/ou visionário de negócios e mais ¼ de dia para apresentação em reunião estratégica com o time de fundadores e a equipe executiva.

Você tem um produto novo em um mercado existente?

Você precisará redefinir um mercado?

Ou você quer criar um mercado inteiramente novo?
1. Seu produto é uma substituição de algo que os clientes já têm?
2. É uma troca?
3. É uma variação de algo que já existe, mas pode ser transformado em algo novo?
4. É algo totalmente novo?

Posicionamento em um mercado existente.
1. Usuários são conhecidos.
2. Mercado é conhecido.
3. Concorrentes estão definidos e são conhecidos.
4. Posicionamento do produto é de suma importância.

Posicionamento de produtos da concorrência.
1. Quais são os diferenciais-chave do produto?

2. Quais são os diferenciais-chave do produto líder no mercado existente?
3. Quais são os fatores de sofrimento que os clientes lhe disseram que têm?
4. Como os diferenciais de seu produto solucionam esses fatores?
5. Como os diferenciais dos produtos da concorrência solucionam esses fatores?

Se for um novo produto em um mercado existente, defina a base da concorrência.
1. Posicionamento do produto é a base da competição.
2. Selecionar os eixos corretos para a base da competição é crítico. Por exemplo:
Diferencial/eixo tecnológico.
Preço/eixo de *performance*.
Canal/eixo de margem.

Mensagens do produto.
1. Por que um cliente compraria seu produto?
2. Desenvolva uma descrição do posicionamento que articule claramente a solução do problema.
3. Compare sua empresa com a concorrência. Qual é o posicionamento deles? Estão esquecendo algo?

Quem está dirigindo o mercado?
1. Existem padrões? Em caso positivo, de quem é a agenda que direciona os padrões?
2. Você pretende adotar os padrões, ampliá-los ou substituí-los?
3. Existem questões globais além das nacionais?

Posicionamento em um novo mercado.
1. Usuários são desconhecidos.
2. Posicionamento de mercado é desconhecido e crítico.
3. Competidores não existem ainda.
4. Posicionamento do produto é secundário.

Se for um novo mercado, estruture o mapa do mercado (veja Etapa 1-e da descoberta do cliente).
1. Posicionamento da criação de um novo mercado é a base da competição.
2. Faça uma lista dos mercados mais próximos do nosso (um mercado é um conjunto de empresas com atributos em comum).
3. Trace o mapa do mercado com você no centro.
4. Dê a seu mercado uma descrição ATL (acrônimo com três letras).
5. Por que milhares de novos consumidores acreditariam e entrariam nesse mercado?

Você tem alguma vantagem ou algum apelo entre os segmentos de mercado verticais e horizontais?
1. Em quais mercados ou segmentos?

Posicionamento em um mercado existente que você quer ressegmentar.
1. Usuários são possivelmente conhecidos.
2. Posicionamento de mercado expandido é desconhecido e crítico.
3. Se você estiver errado, existem competidores.
4. Posicionamento do produto é desconhecido e crítico.

Caso seja um novo produto para um mercado que você pretende ressegmentar, defina a base de como quer realizar a mudança.
1. Posicionar a *mudança no mercado* é a base da competição.
2. São os novos diferenciais do produto ou serviço que redefinem o mercado.
3. Redesenhe o mapa do mercado apontando quais novos diferenciais são oferecidos. Isso é crítico. Por exemplo:

Novos consumidores.
Novos canais de distribuição.
Diferenciais/eixo tecnológico.
Preço/eixo de *performance*.
Canal/eixo de margem.

4. Por que milhares de novos consumidores acreditariam e migrariam para esse segmento de mercado?

Posicionamento do produto.
1. Quais são os diferenciais-chave?
2. Como esses diferenciais solucionam os fatores de sofrimento que você identificou que os clientes têm?
3. Quais são os fatores de sofrimento relatados a você pelos clientes?
4. Como o seu produto soluciona esses fatores?
5. Por que um cliente deveria comprar seu produto?
6. Redija um posicionamento que articule claramente a solução do problema.
7. Compare sua empresa com os competidores. Qual é o posicionamento deles? Você está esquecendo algo?

Geração de demanda/mensagens para gerar interesse.
1. Desenvolva e divulgue mensagens para criar interesse.
2. Desenvolva programas e *scripts* para vender apelando para os fatores de sofrimento.

Critério de saída da Etapa 3-a: A descrição por escrito do posicionamento do produto. Isso inclui o mapa hipotético do mercado e o do produto/dos diferenciais.

Validação pelo cliente

Posicionamento: empresa – Etapa 3-b

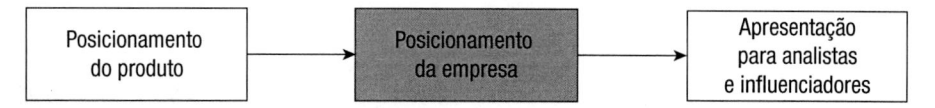

Posicionamento do produto → **Posicionamento da empresa** → Apresentação para analistas e influenciadores

Meta da Etapa 3-b: Você já decidiu como posicionar o produto. Agora, precisa articular claramente o posicionamento da empresa. Vamos revisitar os valores centrais e desenvolver a missão, a proposta única de vendas e as mensagens específicas de marketing para criar demanda e atrair o interesse.

Responsável: recurso de posicionamento, visionário técnico e visionário de negócios.
Aprovação: execução de negócios.
Apresentação: recurso de posicionamento, visionário técnico e visionário de negócios.
Tempo/esforço: dois a quatro dias de preparação pelo VP de execução de negócios ou visionários de negócios, além de mais ¼ de dia de apresentação em reunião estratégica com o time de fundadores e a equipe executiva.

Revisão dos valores centrais do time de fundadores.
1. Não é a definição da missão.
2. Nada sobre lucro ou produto.
3. É a ideologia central na qual a empresa acredita.
4. Você ainda acredita nesses valores? Eles ainda são fundamentais?

Revisão do modelo de cultura da empresa.
1. Estrela?
2. Engenharia.
3. Compromisso.
4. Autocrática.
5. Burocrática.

Posicionamento da empresa.
1. Definição da missão – por que estão no negócio?
2. Por que sua empresa é diferente? Por que você é especial? (Não se trata do mercado ou do produto, mas a respeito de pessoas, da equipe, da missão etc.)
3. Insira o posicionamento de mercado e de produto como parte da definição da missão.
4. Compare sua empresa com a concorrência. Qual é o posicionamento deles? Você está se esquecendo de algo?

Critério de saída da Etapa 3-b: A descrição por escrito do posicionamento da empresa. Definição da missão.

Validação pelo cliente

Posicionamento: apresentação aos analistas – Etapa 3-c

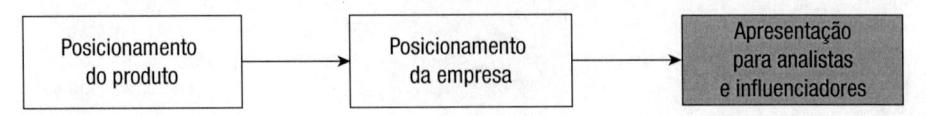

```
┌──────────────────┐     ┌──────────────────┐     ┌──────────────────┐
│  Posicionamento  │ ──▶ │  Posicionamento  │ ──▶ │   Apresentação   │
│    do produto    │     │    da empresa    │     │   para analistas │
│                  │     │                  │     │  e influenciadores│
└──────────────────┘     └──────────────────┘     └──────────────────┘
```

Meta da Etapa 3-c: Os analistas do setor são parte da fundação da credibilidade de que uma startup necessita – para que a maioria dos clientes sinta-se segura em comprar e como referência-chave para a imprensa. A meta é encontrar os analistas do setor e receber suas ideias e seu *feedback* sobre o posicionamento inicial (mercado, produto e empresa) e o que eles pensam sobre os diferenciais do produto.

Responsável: visionário de negócios.
Aprovação: todos.
Apresentação: execução de negócios, visão de negócios (e executivos técnicos, se necessário).
Tempo/esforço: dois a quatro dias de preparação pelo visionário técnico e/ou visionário de negócios, além de três a cinco dias para o desenvolvimento da apresentação e três a cinco dias para as reuniões.

Contate os analistas que você vem acompanhando (desde a Etapa 2-c da descoberta do cliente).
1. Entenda que empresas/indústrias eles abrangem.
2. Entenda que área/empresas/especialidade eles abrangem.
3. Crie um *script* curto para explicar por que eles devem se reunir com você (o que há de interessante ali para eles, por que sua empresa é importante).
4. Certifique-se de mencionar seus clientes pioneiros e o problema/fatores de sofrimento que está solucionando.
5. Marque as reuniões.
6. Pergunte a eles quanto tempo podem lhe dar, que tipo de apresentação preferem (slides tradicionais, demo, conversa informal etc.) e se a apresentação deve focar em tecnologia ou em mercado ou nos dois temas.

Estruture a apresentação para os analistas.
1. Não é uma apresentação de vendas.
2. Cada analista tem um ponto de vista sobre o mercado em que você está – entenda-o.
3. Se você está criando um novo mercado, mostre slides que descrevam a visão sobre os mercados adjacentes que você afetará.
4. A apresentação deve focar no posicionamento de mercado e de produto, além dos diferenciais detalhados.

Consolide o feedback **dos analistas.**
1. Que outras empresas estão fazendo algo parecido?
2. A sua visão atende às necessidades do mercado? Atende às necessidades dos clientes?
3. Como você deve posicionar seu produto/mercado/empresa?
4. Como você deve precificar isso? Como os outros precificam?
5. Para quem o produto deve ser vendido em uma empresa?
6. Que tipo de obstáculos você enfrentará em uma empresa?
7. Que tipos de obstáculos enfrentará fora? (Financiamento, infraestrutura, concorrência.)
8. Qual você acha que deve ser o próximo passo?

Critério de saída da Etapa 3-c: *Feedback* dos analistas, aprovação e grande entusiasmo.

Validação pelo cliente

Verificação: produto – Etapa 4-a

```
[Verificação do produto] → [Verificação do mapa de vendas] → [Verificação do mapa de canais]
        ↓
[Verificação do modelo de negócio] → [Perseverar ou parar]
```

Meta da Etapa 4-a: No ciclo de validação pelo cliente, a verificação do produto é a demonstração de que você dispõe de um produto que os clientes comprarão. Reveja todas as objeções e o *feedback* que você obteve dos clientes sobre o produto e as conclusões a que chegou sobre os diferenciais para o primeiro lançamento, os diferenciais subsequentes e assim por diante.

Responsável: vendedor especializado em fechar contratos, execução de negócios.
Aprovação: todos.
Apresentação: vendedor especializado em fechar contratos.
Tempo/esforço: um a três dias de preparação pelo VP de execução de negócios ou pelo visionário de negócios, além de ¼ de dia para apresentação em reunião estratégica com o time de fundadores e a equipe executiva.

Revisão dos diferenciais do produto.
1. O produto do primeiro lançamento atende às necessidades do mercado?
2. Quão bem o produto soluciona os fatores de sofrimento dos clientes?
3. Você perdeu contratos porque faltaram diferenciais?
4. Que diferenciais surgiram como "vencedores"?
5. Perdeu contratos porque seu produto não é bom o bastante enquanto não for uma "solução completa"?
6. Você quer enfatizar outros diferenciais?
7. O VP de desenvolvimento de produto ouviu as questões do cliente em primeira mão?

Revisão do cronograma de entrega do produto.
1. Você perdeu contratos por questões de cronograma de entrega?
2. Você tem o cronograma de entrega adequado?
3. O seu planejamento dos futuros lançamentos conta com os diferenciais corretos na ordem certa?

Critério de saída da Etapa 4-a: O vendedor especializado em fechar contratos considera que outros profissionais de vendas serão capazes de vender o produto como está especificado de modo replicável.

Validação pelo cliente

Verificação: vendas – Etapa 4-b

```
[Verificação        ]  →  [Verificação do    ]  →  [Verificação do   ]
[do produto         ]     [mapa de vendas    ]     [mapa de canais   ]
         ↓
[Verificação do     ]  →  [Perseverar        ]
[modelo de negócio  ]     [ou parar          ]
```

Meta da Etapa 4-b: Você está no ciclo de validação pelo cliente. Para isso, estruturou o material de apoio a vendas, encontrou clientes visionários e fechou entre três e cinco contratos. Nessa fase, você vai consolidar tudo o que aprendeu durante esse processo inicial de venda.

Responsável: vendedor especializado em fechar contratos e execução de negócios.
Aprovação: todos.
Apresentação: vendedor especializado em fechar contratos.
Tempo/esforço: um a três dias de preparação pelo VP de execução de negócios ou o visionário de negócios, mais ¼ de dia de apresentação em reunião estratégica com o time de fundadores e a equipe executiva.

Prospecção.
1. Qual foi o nível de dificuldade para conseguir marcar reuniões?
2. Os clientes entenderam o que você queria lhes vender?

Apresentação.
1. Você entendeu o real sofrimento dos clientes?
2. Como sua solução atende às necessidades deles?
3. Você entendeu o impacto sobre outras áreas da empresa?
4. Você precisou de uma demonstração ou um protótipo para vender?
5. O material de vendas estava adequado?

Questões organizacionais dos clientes.
1. Você identificou os tomadores de decisão certos?
2. Você entendeu quais são os outros *players*-chave na empresa?
3. Perdeu contratos porque outras áreas da empresa criaram objeções?

Preço.
1. Perdeu contratos por causa de preço?
2. Você tem o modelo de precificação correto?
3. Qual é o preço médio de venda?
4. Nos próximos três anos, quantas unidades o cliente comprará?
5. Qual é o ciclo de duração de valor de cada cliente?
6. Houve alguma objeção sobre o preço? (Se não houve, seu produto pode estar muito barato – você sempre deve ter uma módica quantidade de reclamações de preço.)
7. Além do preço absoluto do produto, você conta com o modelo correto de precificação?

Modelo ROI.
1. Você entende o ROI para o cliente? Receitas? Redução ou contenção de custos? Custos desalocados? Custos evitados? Ganhos de produtividade? Economia de tempo? Intangível?
2. O ROI é demonstrável ou comprovável?

Modelo de distribuição.
1. Suas percepções sobre o modelo de distribuição estavam corretas?
2. Qual será o custo do canal de distribuição?

Modelo de serviço/sistema de integração.
1. Suas percepções sobre serviço/sistema de integração estavam corretas?
2. Quanto isso lhe custará por cliente?
3. Quanto suporte direto você tem que oferecer?

O que você aprendeu com as visitas aos clientes?
1. Quais foram as maiores surpresas?
2. Quais foram as maiores decepções?

As vendas são escaláveis?
1. Outros profissionais conseguem vender o produto?
2. Conseguem vender sem que o time de fundadores faça contatos prévios com os clientes?
3. Quantas unidades um vendedor negocia por ano?

Recursos de vendas exigidos pela escalabilidade.
1. Quais recursos de pré e pós-venda precisam ser adicionados?
2. Quantas pessoas são necessárias na equipe de vendas? (Vendedor, pré-venda técnica, integração pós-venda, suporte técnico etc.)

Critério de saída da Etapa 4-b: Checagem da realidade de vendas e canal de distribuição. Mapeie tudo que aprendeu durante as visitas no ciclo de validação pelo cliente. O vendedor especializado em fechar contratos tem que acreditar que outros profissionais serão capazes de vender o produto de maneira replicável.

Validação pelo cliente

Verificação: canal – etapa 4-c

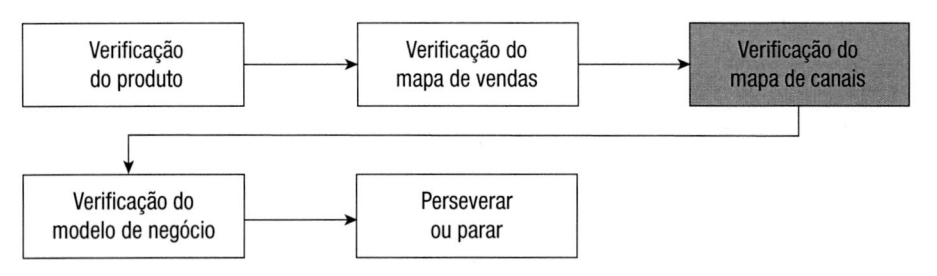

```
┌─────────────┐    ┌─────────────┐    ┌─────────────┐
│ Verificação │───▶│Verificação do│───▶│Verificação do│
│ do produto  │    │mapa de vendas│    │mapa de canais│
└──────┬──────┘    └─────────────┘    └─────────────┘
       │
       ▼
┌─────────────┐    ┌─────────────┐
│Verificação do│──▶│ Perseverar  │
│modelo de    │    │ ou parar    │
│negócio      │    │             │
└─────────────┘    └─────────────┘
```

Meta da Etapa 4-c: Suas percepções a respeito do canal de distribuição estavam corretas?

Responsável: execução de negócios.
Aprovação: execução de negócios, visão de negócios.
Apresentação: execução de negócios, visão de negócios.
Tempo/esforço: um a três dias de preparação pelo VP de execução de negócios ou pelo visionário de negócios, mais ¼ de dia para apresentação em reunião estratégica com o time de fundadores e a equipe executiva.

Modelo de distribuição.
1. Você consegue articular todas as variáveis envolvidas no modelo de distribuição e vendas?
   a. Ciclo de vendas.
   b. Preço médio de venda.
   c. Receita por vendedor por ano.
   d. Tamanho da equipe de vendas (técnico, pré e pós).
   e. Número de vendedores.
2. Duração do ciclo de vendas. Se for canal indireto, tem escalabilidade?
3. Como você treinará e educará o canal de vendas?

Outros custos do canal.
1. Custos dos parceiros de integração de sistemas.
2. Custos dos parceiros de software.
3. Outros custos inesperados? Custo de estoque, custo de propaganda para as lojas, custo de suporte extra em pré-venda?
4. Sem contar com o canal, quanto suporte direto você precisa oferecer?

Custo de criação de demanda.
1. Que tipo de atividades de criação de demanda (propaganda, comunicação corporativa, feiras etc.) será necessário para colocar o cliente no canal?
2. Quanto custará para adquirir cada cliente?
3. Você contabilizou esses custos em seu modelo de negócio? (Embora pareça óbvio, o custo de aquisição do cliente deve ser menor do que a duração do valor para o cliente. Investimento em *branding* não dá escalabilidade a um modelo de negócio falho ou não rentável.)
4. Se o canal for indireto, existem custos subterrâneos (incentivo ao canal) ou custos de criação de demanda como *displays* de ponto de venda e promoções?

Critério de saída da Etapa 4-c: Checagem da realidade do canal. Se você aprova o mercado e o cliente, esse canal de venda faz sentido? Atende às suas necessidades de rentabilidade?

Validação pelo cliente

Verificação: finanças – Etapa 4-d

```
[Verificação       ] → [Verificação do    ] → [Verificação do    ]
[do produto        ]   [mapa de vendas    ]   [mapa de canais    ]
        ↓
[Verificação do    ] → [Perseverar        ]
[modelo de negócio ]   [ou parar          ]
```

Meta da Etapa 4-d: Reveja o modelo financeiro com base em suas atuais percepções do mercado. Traga à realidade sua visão, o mercado preliminar e a identificação da necessidade do cliente, os diferenciais do produto e o preço agora validados pelos clientes. Você está convicto ou precisa conversar com mais pessoas?

Responsável: execução de negócios.
Aprovação: execução de negócios, visão de negócios.
Apresentação: execução de negócios, visão de negócios.
Tempo/esforço: um a três dias de preparação pelo VP de execução de negócios ou visionário de negócios, mais ¼ de dia para apresentação em reunião estratégica com o time de fundadores e a equipe executiva.

Modelo de venda/distribuição.
1. Ciclo de vendas.
2. Preço médio de venda.
3. Receita por vendedor por ano.
4. Tamanho da equipe de vendas (técnico, pré e pós).
5. Número de vendedores.

Modelo de produto total.
1. Custos dos parceiros de integração de sistemas.
2. Custos dos parceiros de software.

Modelo de criação de demanda.
1. Posicionamento único.
2. Custo da criação de demanda. (Como os clientes saberão e buscarão por seu produto?)
3. Quanto custará a aquisição de cada cliente?

Modelo de financiamento.
1. De quanto financiamento você precisa para lucrar?
2. De quanto você precisa até chegar ao fluxo de caixa positivo?

Modelo de desenvolvimento.
1. Recursos financeiros adicionais necessários para chegar a um produto com todos os diferenciais e que possa ser oferecido ao mercado por uma força de vendas tradicional.
2. Quanto lhe custará o desenvolvimento da sua visão do produto para daqui a dois anos?

Acrescente isso.
1. Esse é um modelo de negócio rentável?

Critério de saída da Etapa 4-d: Checagem da realidade do modelo de financiamento do negócio. Se você gosta do mercado e do cliente, esse modelo de negócio faz sentido? Atende à sua necessidade de rentabilidade?

Validação pelo cliente

Verificação: perseverar ou parar – Etapa 4-e

```
Verificação        →   Verificação do      →   Verificação do
do produto             mapa de vendas          mapa de canais
       ↓
Verificação do     →   Perseverar
modelo de negócio      ou parar
```

Meta da Etapa 4-e: Esse é apenas o início do fim ou, mais provavelmente, o fim do início. Você trouxe para a realidade a sua visão, o mercado preliminar e as necessidades identificadas do cliente, além de ter validado produto e preço com consumidores *potenciais* e formado uma base de pioneiros visionários. Agora, você está convicto ou ainda precisa conversar com mais pessoas?

Responsável: Execução de negócios.
Aprovação: Execução de negócios, Visão de negócios.
Apresentação: Execução de negócios, Visão de negócios.
Tempo/Esforço: um a três dias de preparação pelo VP de Execução de negócios e mais ¼ de dia para apresentação em reunião estratégica com o time de fundadores e a equipe executiva.

Em resumo.
1. Você pode vender o produto?
2. Você tem que reconfigurar ou reformatar o produto?
3. O preço está correto?
4. Seu modelo de negócio funciona?

Prazos.
1. Você consegue entregar o produto ou está vendendo fumaça?
2. Se a fumaça foi capaz de assegurar alguns projetos-piloto, mas o cronograma de lançamento for perdido, os pioneiros visionários ficarão em situação difícil nas empresas em que atuam e o apoio deles enfraquecerá. Nenhuma referência utilizável foi conquistada. A solução é parar as vendas, admitir os erros e transformar os projetos-piloto em algo útil – primeiro para o cliente pioneiro visionário e depois como um produto para o mercado.

Persevere.
1. Você tem clientes que compraram?
2. Se for um problema de apresentação ou de posicionamento, pegue tudo que aprendeu nas Etapas 1 a 3, faça as modificações com base no *feedback* e retorne à Etapa 1 para refazer todo o percurso.
3. Se for um problema de produto, retorne à descoberta do cliente e reconfigure o produto. Use a tecnologia de base e estruture outra configuração para o produto.

Pare.
1. Os clientes que lhe fizeram pedidos disseram que você tem um produto quente?
2. Eles comparam produtos com as especificações atuais ou você lhes vendeu fumaça?
3. Seu líder de desenvolvimento de produtos esteve diante dos clientes e entendeu as questões colocadas por eles?
4. Você fechou pedidos em diversas empresas?
5. Percorreu todo o caminho de venda na empresa para entender o impacto organizacional do produto?
6. O modelo financeiro funciona?
7. Em caso positivo, você realmente deve tentar criar um mercado, preparando a escalabilidade do negócio no próximo ciclo – geração do cliente.

Critério de saída da Etapa 4-e: Comprovar que o produto é vendável e que os diferenciais e o preço são operacionais. Você aprendeu tudo que podia com os clientes? Então, está pronto para ganhar escala.

Agora que você terminou de ler o livro, está perdendo o sono?

Precisa de ajuda estratégica no desenvolvimento de clientes? Explore o "campo de batalha" do desenvolvimento de clientes

Ler sobre o desenvolvimento de clientes pode abrir nossos olhos. Implementar a estratégia é difícil. É ainda mais complexo se você faz parte da equipe de uma startup interna de uma grande empresa, na qual é complicado conseguir adesão e onde mudar o *status quo* é uma exigência para implementar o desenvolvimento de clientes.

Nosso centro de treinamento em desenvolvimento de clientes ajuda as grandes empresas a:

- Revisarem e verificarem "diante da realidade" as atividades de descoberta do cliente.
- Mapearem e revisarem os planos e cronogramas das etapas de descoberta e validação, juntamente com análises profundas do processo, das hipóteses e das abordagens para "sair da caixa", além da indicação das iterações e dos pivôs aos quais devem conduzir esse aprendizado.
- Realizarem *brainstorms* estruturados para estratégias-chave, hipóteses, percepções e táticas.
- Explorarem com liberdade e espontaneidade as hipóteses, os passos e as alternativas do processo de descoberta do cliente.
- Compartilharem a visão prática e a perspectiva de dois veteranos experientes em desenvolvimento de clientes.

Realizado a uma hora de distância do aeroporto de São Francisco, na costa do Pacífico, esses intensivos dois dias de trabalho transformaram e reconfiguraram o processo de desenvolvimento de clientes de startups internas de empresas entre as listadas pela *Fortune 1000*, que conseguiram seguir de modo mais amplo e, nós esperamos, mais rápido. Essas sessões funcionam melhor quando toda a equipe de desenvolvimento de clientes participa, trazendo suas ferramentas fundamentais como diagrama do modelo de negócio, produto-chave, hipóteses de cliente e de canal e os resultados iniciais dos esforços da descoberta do cliente.

Para saber mais sobre o "Centro de Treinamento em desenvolvimento de clientes", por favor, entre em contato com meu parceiro, Bob Dorf, pelo telefone +1(203) 324-4247 (Estados Unidos) ou por e-mail: bob@kandsranch.com.